中国古典名著译注丛书

近思录译注

上

〔宋〕朱　熹　编
吕祖谦

王卓华　译注

中华书局

图书在版编目（CIP）数据

近思录译注/（宋）朱熹,（宋）吕祖谦编;王卓华译注. —北京:中华书局,2021.12（2023.4 重印）
（中国古典名著译注丛书）
ISBN 978-7-101-15351-4

Ⅰ.近⋯　Ⅱ.①朱⋯②吕⋯③王⋯　Ⅲ.①《近思录》-注释②《近思录》-译文　Ⅳ.B244.75

中国版本图书馆 CIP 数据核字（2021）第 187985 号

书　　　名	近思录译注（全二册）
编　　　者	〔宋〕朱　熹　〔宋〕吕祖谦
译 注 者	王卓华
丛 书 名	中国古典名著译注丛书
责任编辑	许庆江
责任印制	陈丽娜
出版发行	中华书局
	（北京市丰台区太平桥西里 38 号　100073）
	http://www.zhbc.com.cn
	E-mail:zhbc@zhbc.com.cn
印　　　刷	三河市博文印刷有限公司
版　　　次	2021 年 12 月第 1 版
	2023 年 4 月第 2 次印刷
规　　　格	开本/880×1230 毫米　1/32
	印张 20½　插页 4　字数 410 千字
印　　　数	3001-4500 册
国际书号	ISBN 978-7-101-15351-4
定　　　价	69.00 元

目 录

上 册

下 册

前　言

淳熙二年（1175）夏天，理学大师吕祖谦自浙江东阳应约来到福建建阳，访问另一位理学大师朱熹于寒泉精舍。朱熹为《近思录》所做序曰：“淳熙乙未之夏，东莱吕伯恭来自东阳，过予寒泉精舍，留止旬日。”[①]乾道五年（1169）九月，朱熹母亲祝氏亡故，次年正月，朱熹葬其母于建阳崇泰里后山天湖之阳的寒泉坞。朱熹在墓旁建“寒泉精舍”以守墓。至吕祖谦来访前，朱熹在“寒泉精舍”已住了将近六年的时间，期间多次辞却朝廷之命，潜心于学问，著书立说。

两位大师的这次会面切磋，直接产生了被后世誉为“圣学之阶梯”“性理诸书之祖”，影响我国乃至整个东北亚地区八百余年士子思想的一部理学大纲——《近思录》。二人相见后：“相与读周子、程子、张子之书，叹其广大闳博，若无津涯，而惧夫初学者不知所入也。因共掇取其关于大体而切于日用者，以为此编。总六百二十二条，分十四卷。”[②]两位大师相聚一个半月，携手辑录周敦颐、张载、程颢、程颐四子论学言论，成《近思录》十四卷。近思者，取《论语·子张》“切问而近思”语义，即切近取譬，也就是说要从自己身旁的日用常事出发来

---

① 《近思录原序》，叶采《近思录集解》卷首，元刻明修本。
② 同上。

思考义理之学。

对于辑录《近思录》的目的，朱熹在序文中说得很清楚："盖凡学者所以求端用力、处己治人之要，与夫所以辨异端、观圣贤之大略，皆粗见其梗概。以为穷乡晚进、有志于学而无明师良友以先后之者，诚得此而玩心焉，亦足以得其门而入矣。"朱熹的本意，是为那些处于穷乡僻野，有志于圣贤之学而又没有多少书可读的士子提供一个门径。朱子还说："修身大法，《小学》备矣；义理精微，《近思录》详之。""《近思录》好看。四子（即《四书》），《六经》之阶梯；《近思录》，四子之阶梯。""《近思录》一书，无不切人身，救人病者。"①也许在朱熹看来，《近思录》仅是通往六经的阶梯。但《近思录》成书后发挥的作用及在随后八百余年的影响，特别是能成为代表中国元明清三代主流哲学思想的经典，是朱、吕两位理学大师远远没有想到的。

一

朱熹（1130—1200），字元晦，自称仲晦，号晦翁，谥文，世称朱文公、朱子、紫阳先生、考亭先生、沧州病叟、云谷老人、逆翁等。祖籍南宋江南东路徽州府婺源县（今江西省婺源县），父松入闽为南剑州尤溪（今属福建三明市）县尉，北宋高宗建炎四年九月十五日，朱熹出生于尤溪。父没，遵遗嘱迁居崇安县（今福建武夷山市）五夫里。五夫里刘子羽

---

① 黎靖德辑《朱子语类》卷一百五，中华书局1986年版，第2629页。

（1086—1149，字彦修）视朱熹如己出，在其舍傍筑室安置朱熹一家，室名紫阳楼。到崇安后，朱熹即从学于五夫里胡宪（1086—1162，字原仲）、刘勉之（1091—1149，字致中）、刘子翚（1101—1147，子羽弟，字彦冲，号屏山），三位学养深厚，且均为父亲生前朋友。此后，刘勉之又以女妻之。

绍兴十七年（1147），18岁的朱熹，在建州乡试中考取贡生。十八年，中第五甲第九十名，赐同进士出身。二十一年，授左迪功郎、泉州同安县主簿。二十七年任满罢归。此后，短暂知南康军，转两浙东路常平茶盐公事，知漳州、潭州等，有时亦应诏入对，但主要精力是求学、论学、著书立说。除五夫里三师外，朱熹又师事李侗。李侗（1093—1163，字愿中），宋南剑州剑浦县（今福建南平市）人。李侗因在传道继统上占有重要地位，学者称之为"延平先生"。李侗从学罗从彦，得其《春秋》《中庸》《论语》《孟子》之说。而罗从彦受业于杨时，杨时乃从河南二程处"载道南归"后传于罗从彦。那么，朱熹得二程，经杨时、罗从彦、李侗四传之道，自然是承袭了二程"洛学"的正统。

乾道五年（1169）母亲去世后，朱熹在寒泉精舍为其守墓，开始了长达六年之久的寒泉著述时期。淳熙二年吕祖谦来访前，朱熹已经完成了一大批理论著述。

在此后的淳熙四年（1177），朱熹又完成了《周易本义》；淳熙七年，朱熹在南康军任上，为白鹿洞书院亲自订立学规，这就是著名的《白鹿洞书院教规》；淳熙九年，朱熹将《大学章句》《中庸章句》《论语集注》《孟子集注》四书合刊，于是经学史上第一次有了"四书"之名；淳熙十三年，写成《易学启蒙》；直到生命的最后，朱熹还笔耕不辍，修改并完成了影响巨大的《四书集注》。南宋理宗景定四年（1263），黎靖德以类编排，于度宗咸淳六年（1270）刊为《朱子语类大全》一百四十卷，即今通行本《朱子语类》。朱熹之子朱在辑录其《文集》一百卷，《续集》十一卷，《别集》十卷，合成《朱子大全》。朱熹是理学的集大成者，他继承周敦颐、张载、二程，兼采释、道各家思想，形成了自己完整的哲学体系。

　　吕祖谦（1137—1181），字伯恭，原籍寿州（今安徽凤台），生于婺州（今浙江金华）。南宋高宗建炎年间，其曾祖父吕好问携全家避难南迁，诏提举临安府（今浙江杭州）洞霄宫，封东莱郡侯，其祖父吕弸中始定居于婺州。学人多称其伯祖吕本中（1084—1145）为"东莱先生"，吕祖谦则被称为"小东莱先生"。但随着吕祖谦声望的不断提高，后世一般均称吕祖谦为"东莱先生"。南宋孝宗隆兴元年（1163），吕祖谦考中博学宏词科，随后又中进士，授左从政郎，改差南外敦宗院宗学教授等。乾道二年（1166），其母去世。吕祖谦在婺州为母亲守丧期间，曾教授了一批学子。乾道六年，擢为太学博士，兼国史院编修官、实录院检讨官。自乾道八年至淳熙二年，吕祖谦为父守丧。守父丧期间也以教授学子和著述为事。吕祖谦与朱熹、张栻齐名，并称"东南三贤"。

　　除与朱熹共同辑录的《近思录》外，吕祖谦著述包括：《十七史详节》二百七十三卷、《古周易》一卷、《书说》三十五卷、《吕氏家塾读诗记》三十二卷、《春秋左氏传说》

二十卷、《春秋左氏续说》十二卷、《东汉精华》十四卷、《丽泽论说集录》十卷、《历代制度详说》十二卷、《古文关键》二卷,以及《易说》《周易音义》《周易系辞精义》《东莱书说》二种、《东莱博议》《大事记》《吕氏唐鉴音注》等著作。另有《东莱集》(一名《东莱吕太史文集》)四十卷传世。吕祖谦的学术贡献是多方面的,但主要体现在经史上。吕祖谦主张明理躬行,学以致用,反对空谈心性,实开"浙东学派"先声,在理学发展史上占有重要地位。

吕祖谦与朱熹在寒泉精舍相与一个半月,共读周敦颐、张载及二程之书,从四子的约十四种书中选取"关于大体而切于日用者",于淳熙二年五月五日成《近思录》一书,二人均为该书作序或跋。因此,《近思录》是二人相会统一认识的共同成果,尤其此书首卷讲"道体",论性之本原,道之体统,是全书的核心,也是朱、吕的共同主张。

二

《近思录》共收周敦颐、张载、程颢、程颐四子语录622则,内容分别取材于周敦颐《太极图说》《通书》,张载《文集》《正蒙》《经说》《论孟说》《语录》,程颐、程颢之《文集》《遗书》《外书》《易传》《经说》等书。继承古人"述而不作"的传统,将全书分为十四类,每类一卷。每卷原无标题,现通行本标题,盖脱胎于《朱子语类》所载吴振记录的一条内容:

《近思录》逐篇纲目:(一)道体;(二)为学大要;(三)格物穷理;(四)存养;(五)改过迁善,克己复礼;(六)

齐家之道；（七）出处、进退、辞受之义；（八）治国、平天下之道；（九）制度；（十）君子处事之方；（十一）教学之道；（十二）改过及人心疵病；（十三）异端之学；（十四）圣贤气象。①

现通行各类注解本，盖均出于此，但各卷标题略有差异。今以杨伯嵒《泳斋近思录衍注》与叶采《近思录集解》为例，标题差别如下：

	卷一	卷二	卷三	卷四	卷五	卷六	卷七	卷八	卷九	卷九	卷十一	卷十二	卷十三	卷十四
泳斋近思录衍注	道体	论学	穷理	存养	省察	处家	处己	君道	治法	臣道	教人	警戒	辨异端	圣贤气象
近思录集解	道体	论学	致知	存养	克治	家道	出处	治体	治法	政事	教学	警戒	辨异端	观圣贤

张伯行《近思录集解》各卷目录与叶采《近思录集解》大体一致，只是其中卷二作"为学"；卷十二作"戒警"；卷十四作"总论圣贤"。其他各注解本亦略有改动。

束景南先生将《近思录》全书的内容分作四个部分："第一卷论太极之理的本体论和性论；二至四卷论敬知双修的认识论与修养论；五至八卷论大学之道；九至十四卷杂论儒家之学。概括了四子的政治观、人生观、教育思想、反老佛异端思想等，具体而微地构造出了以实用伦理人生哲学为核心的二程理学体系，被后世奉为'性理之祖'。"② 这四部分有机统一，既是汇辑四子的学术思想，更是通过这样的形式建构了

① 黎靖德辑《朱子语类》卷一百五，第2629页。
② 束景南《朱子大传："性的救赎之路"》（增订版）第281页，复旦大学出版社2016年版。

朱熹与吕祖谦系统的哲学体系。分而言之，十四卷内容为：

卷一，道体。此卷是《近思录》一书的总纲，讲理学的哲学依据。此卷的主旨就是论述作为阴阳变化的性命之学的形上本体，与人性至善的义理之学的形上本原。这是理解理学的原点，更是贯彻理学始终的根本性纲领。朱子教人从事圣贤之学，而圣贤之所以为圣贤，大概是穷理尽性以至于命而已。如果不理解首卷揭示的性之本原和道之体统，那么，对《近思录》第二卷后所涉论学、致知、存养、家道等等就很难"识其梗概"。可见"道体"揭示的是理学的基本概念，也是理解理学的基础。

卷二，论学。此卷主要是讨论理学家为学的目的、方法与路径。朱子等理学家所为之"学"，大体是"一种调适、安顿、运转自身生命的'为己之学'，是一种关于怎么做人的'生命的学问'。"① 这是"尊德性""明明德"，也是应该明确的所谓"道体""大方"以及"纲领指趣"。"道问学"也即为学的过程，这个过程其实就是一个不断去蔽、澄明我们生命本真状态的过程。

卷三，穷理。此卷是格物穷理，以格物致知读书为主。朱熹研读"四书"的原则是："某要人先读《大学》，以定其规模；次读《论语》，以立其根本；次读《孟子》，以观其发越；次读《中庸》，以观古人之微妙处。""果然下工夫，句句字字，涵泳切己，看得透彻，一生受用不尽。"② 这也是理学家穷理的方法论。

---

① 王广注《近思录》第28页，山东画报出版社2014年2月版。
② 黎靖德辑《朱子语类》卷第十四，第249页。

卷四，存养。此卷论述存心养性问题。"存养"即是朱子倡导的存守和涵养的精神修养工夫。陆、王之学，也偏重于存养，但《近思录》所论存养是与上卷格物穷理并重的，因而朱子说："涵养中自有穷理工夫，穷其所养之理；穷理中自有涵养工夫，养其所穷之理，两项都不相离。才见成两处，便不得。"①

卷五，杨伯嵒《泳斋近思录衍注》作"省察"，其他本多作"克治"。上列《朱子语类》中吴振所记朱熹称此卷为"改过迁善，克己复礼"，也正是教人做诚意正心的工夫。就是说，我们在问学、明道、穷理的过程中不仅要持存涵养，更要向善行看齐，同时要克制一己之私欲，以恢复天理之本然，此必力行，亦为克治之工夫。省察是修身过程中要注意克治的重大问题。

卷六，处家。其他各本多作"家道"。上列致知、存养、省察（克治）几卷内容，都是讲修身的，身不修，自不可齐其家；身修，则可齐其家。当然齐家之道首在正伦理，同时也要笃恩谊。而正伦理的核心是一个"孝"。

卷七，处己。其他各本多作"出处"。此卷主要论述出处进退辞受之义，阐述做人立品与为官居家的大原则。与儒家历来倡导的"用之则行，舍之则藏"、"穷则独善其身，达则兼济天下"一以贯之。此卷对于士人面对仕隐、义利、义命以及学问之道与追求举业时的选择等提供了遵循的原则。

---

① 黎靖德辑《朱子语类》卷第九，第149—150页。

卷八，君道。其他各本多作"治体"。此卷论君道，也就是论述治国平天下的道理。《朱子语类》卷一百五即记朱熹语，以为此卷乃"治国平天下之道"。此卷第一条即引周敦颐语曰："治天下有本，身之谓也；治天下有则，家之谓也。本必端，端本，诚心而已矣。则必善，善则，和亲而已矣。"也就是说，治理天下的根本在于修身，治天下的法则在于齐家。根本必须端正，要端正根本，就是要先诚心；好的法则，就是家庭和睦。有志之士治国平天下当勉力治纲，分正百职，创制立度，以成善治。同时要兴教化、美风俗，以复三代。

卷九，治法。如果说上卷是治国平天下的根本，也就是普遍性、一般性原则，此卷则是治国平天下的礼乐刑政等具体制度。杨伯嵒《泳斋近思录衍注》列明为"礼乐、兵刑、学校、井田、封建、冠昏丧祭"，《朱子语类》卷一百五更明确地记朱熹语，以为此卷乃"制度"。治平之道确立了根本，又必须重制度，重视具体制度是此卷的用意。

卷十，臣道。其他各本多作"政事"。此卷主要论述临政处事之道。存诚、得中、守正是临政处事的原则，义理则是判断是非的最终标准。

卷十一，教人。其他各本多作"教学"。此卷主要论述教育人的方法，以彰显理学家继承儒家重视教与学这一人生大体的传统，正如孔子所谓"诲人不倦"，孟子所谓"得天下英才而教育之"，以及《大学》："大学之道在明明德，在亲民，在止于至善。"故此卷第二条即引程颐的话说："古人生子，能食能言而教之。"为什么呢？此卷第一条即借周敦颐的话说："刚，善：为义，为直，为断，为严毅，为干固；恶：为猛，为隘，为强梁。柔，善：为慈，为顺，为巽；恶：为懦弱，为无断，为邪佞。""故圣人立教，俾人自易其恶，自至其中而止矣。"

卷十二，警戒。对此卷，杨伯嵒《泳斋近思录衍注》有个很好的注解叫"迁善改过"，应该说是非常贴切的。此卷继上卷立教易恶之后，讲修己治人，改过向善，否则人之私欲易萌，善则日消而恶日积矣。这也是朱熹在《朱子语类》卷一百五所说的"改过及人心疵病"。历代大圣大贤不仅重视修己治人之道，且必以怠荒逸欲为戒，故士子后学亦必须时时省察警戒，以使善日积，恶日消。

卷十三，辨异端。此卷主旨在辨明异端，是把儒家与佛道对比，以揭其虚妄，遏其可能的危害。其实也是力图撇清理学与佛、道之学在理论和哲学上的根本分歧。君子之学既明，所以异端不能不辨。若不能辨析异端，那么邪妄之说就会横行，坏了人的心术。辨清异端，邪说自然消亡，使君子之心得正。

卷十四，圣贤气象。其他各本或作"圣贤""观圣贤""总论圣贤"等。《朱子语类》卷一百五记朱熹语，言此卷为"圣贤气象"，即重在论述圣贤相传的道统及圣贤显现的精神气度。后学希贤、希圣之心，就是要学习圣贤，继承圣贤道统，所谓"继往贤之绝学，开万世之太平"，这正是朱熹等理学家追求的人格和终极目标，把这个内容放在最后一卷，显然其用意深刻。

由上述《近思录》结构框架和内容安排可知，此书虽为语录体，但它是一部逻辑严密的理学大纲，也是一部系统的哲学著作。

三

淳熙二年五月五日，《近思录》一书初成，而该书定稿是有个过程的，其后朱熹多次与吕祖谦商量修订《近思录》之事。《四库全书总目》也说道："《晦庵集》中有乙未八月与祖谦一书，又有丙申与祖谦一书，戊戌与祖谦一书，皆商榷改定《近思录》。"[①] 其中丙申为淳熙三年（1176），戊戌为淳熙五年（1178）。也就是说，《近思录》定稿当在南宋淳熙五年或稍后。

自从《近思录》面世之后，一直受到学界推崇，传抄刊刻不断，流布广泛。特别是注解诠释及续编等等不断出现，陈荣捷先生谓："《近思录》除儒道经书之外，注释比任何一书为多。计朱子门人一人，再传弟子四人，宋代七人，元代一人，明代二人，清代十一人，共二十一种。韩国十种。日本之注释二十四种，校注与现代语译九种，笔记讲说无数。德译一本三册，英译一册。"[②] 此处不再对这些注释本一一胪列[③]。

我们选取《近思录》进行译注，是希望在弘扬优秀传统文化的今天，对人们了解儒家、特别是程朱理学能有所裨益。

本译注在重视释文和译文通俗性的同时又注重特定概

---

① 永瑢等撰《四库全书总目》卷九十二，子部二、儒家类二，中华书局1965年版。
② 陈荣捷《近思录详注集评·引言》第2—3页，华东师范大学出版社2007年版。
③ 历代各种注释本详细介绍可参阅程水龙《近思录集校集注集评·前言》，上海古籍出版社2012年版。

念和词汇的追根溯源。如第一章第一条"无极而太极"，这是个比较抽象的概念，译文用了相对容易理解的语言："无形无象的太极是创化宇宙万物的本原"，但既要读者理解，又要对"无极""太极"这两个理学家经常用的概念进行溯源，所以注释为："太者，大，无以加之谓；极者，至极之意。以其无形之可见，故曰无极。'无极'概念源于《老子》第二十八章：'知其白，守其黑，为天下式。为天下式，常得不忒，复归于无极。'无极，指原初的、无形无象、无声无味的宇宙原始状态，为无，言理之无形无踪。'太极'，语出《易·系辞上》：'《易》有太极，是生两仪，两仪生四象，四象生八卦。''太极'，此指派生万物的本原，为有。'无极''太极'均指宇宙生生不息的本体（根），是人和天地万物的本真（原初）状态。"

　　本《译注》原文选用目前流行最早的南宋衢州学宫刻杨伯嵒《泳斋近思录衍注》本，又选取南宋至民国各个时期影响较大的叶采、张习孔、张伯行、李文炤、茅星来、江永、张绍价等注本为通校和参校本，在注释过程中既注意汲取上述注本及朱熹其他著作中公认的最贴切的，也是与本译注者一致的观点。本译注较多地引用了前哲注本的经典阐释，乃基于目前对《近思录》注释较为混乱之现实，力图正本清源。当然，正本清源的同时也注重阐发个人观点。如第二章第八十六条，解释"知崇，天也，形而上也"，先说明自己的见解，以为："知崇：见识高明、智慧崇高。"同时又指出其"语出《易·继解上》：'知崇礼卑，崇效天，卑法地。'"另引《朱子语类》卷七四解释："朱子曰：横渠'知崇，天也'一段，言知识高明如天，'形

而上'，指此理。"加以印证。再如，同条对"通昼夜而知"的
解释："通昼夜而知"既指出此语出《易·系辞上》："通乎昼夜
之道而知。"又引用《朱子语类》卷七四的解释："'通乎昼夜
而知'，通，犹兼也，兼阴阳昼夜之道而知。知昼而不知夜，知
夜而不知昼，则知皆未尽也。合知、礼而成性，则道义出矣。
知、礼，行处也。"同时又明确以为："昼夜之道：即幽明死生
鬼神之道。"既有语词出处，又有前人经典解读及个人见解；
兼顾学术渊流和个人观点，贴切《近思录》词语本意。但《近
思录》义旨深远，更味之无穷。本人虽对《近思录》沈潜反覆
几二十年，期不负先儒谆复诲诱之心，可才疏学浅，难免有不
尽、不到，甚或疏漏、臆猜之处，望方家、同志裁量批评之。

　　在译注过程中还参阅了大量当代方家著述，如陈荣捷
《近思录详注集评》、程水龙《近思录集校集注集评》、严佐之
等主编《近思录专辑》、于民雄《近思录全译》等等，受益良多，
不再一一胪列和注明，谨致谢忱。同时感谢供职单位的大力
支持和我太太王瑞红的辛苦付出，更要特别感谢责编许庆江
先生一直以来给予的指导和无私帮助，正是庆江先生帮助才
使本书生色。

王卓华

己亥孟冬写毕于岭右

庚子岁首避疫洹上改定

译注凡例

一、此书原文据北京大学图书馆藏南宋刻杨伯嵒《泳斋近思录衍注》（以下简称"杨伯嵒《衍注》"）十四卷本，以上海图书馆藏清康熙间邵仁泓重订本之叶采《近思录集解》（以下简称"叶采《集解》"）为通校本，以张习孔、张伯行、李文炤、茅星来、江永、张绍价等注本及其他各刻本为参校本，原则上不出校记，个别需要特别指出者，在注释中说明。

二、《近思录》十四卷，每卷分条译注。《近思录》原收周敦颐、程颐、程颢、张载四子语录 622 则，本《译注》据杨伯嵒《衍注》原条目顺序，但个别条目做了适当调整。如第三卷第 21 条原为第 79 条前三句，第 79 条合并至第 21 条；第五卷第 41 条的其中一部分内容又析为第十二卷的第 34 条，为避免重复，本《译注》第十二卷删除第 34 条；第五卷第 42 条，《衍注》本原无，但为补足文意，乃依李文炤等本补出；第十卷第 64 条内容更符合第十一卷"教人"，调整至第十一卷末，故第十一卷增 1 条为 22 条。《译注》按原文、译文、注释顺序排列。每条前用阿拉伯数字标识卷次和条次。如"1·2"，表示第一卷第二条；"12·3"，表示第十二卷第三条等等，其他类推。

三、《近思录》为辑周敦颐、张载、程颢、程颐四子语，或四子与其门生间对话，原语录与对话不使用引号，但四子及其与弟子对话中再征引文献则用引号标出。

　　四、杨伯峻《衍注》一书"旧注"予以保留,括注于正文中。

　　五、译文。原序及附录内容不译。正文译文以直译为主,有时为语意完整,附以补充译文。补充译文一般放括号内。

　　六、注音。生僻字、多音字等注音。

　　七、词句释义:

　　1.出注一个单音节或双音节词,则其后用冒号。

　　2.若出注为一句话,则其后亦加冒号。

　　3.若对一段话释义,两句的,该被释两句加引号,后加冒号。

　　4.若对一段话释义,三句及三句以上的,以此段话第一句做代表并加引号,然后释义。

　　5.若一个词组内两个或两个以上字需要分别解释,或一个词释文两句或两句以上者,则被释词后用冒号。

　　八、《近思录》每条出处,在该条第一个注释中先行说明。

　　九、注释中多有征引前贤及当世学人成果,以叶采《集解》为主。兼及张习孔《近思录传》(清康熙刻本,以下简称"张习孔《传》")、张伯行《近思录集解》(清乾隆元年刻本,以下简称"张伯行《集解》")、李文炤《近思录集解》(清雍正十二年四为堂刻本,以下简称"李文炤《集解》")、茅星来《近思录集注》(清《四库全书》抄本,以下简称"茅星来《集注》")、江永《近思录集注》(清嘉庆十二年刻本,以下简称"江永《集注》")、张绍价《近思录集义》(民国二十五年铅印本,以下简称"张绍价《集义》")、查洪德《近思录注译》(中州古籍出版社 2004 年 1 月版,以下简称"查洪德《注译》")等。

　　十、附录主要收录本《译注》所用通校本、参校本及其他影响较大的注本序跋，既意在彰显《近思录》影响之广泛，又重在考镜源流。

近思录前引

朱　熹

淳熙乙未之夏，东莱吕伯恭来自东阳，过予寒泉精舍，留止旬日。相与读周子、程子、张子之书，叹其广大闳博，若无津涯，而惧夫初学者不知所入也。因共掇取其关于大体而切于日用者，以为此编。总六百二十二条，分十四卷。盖凡学者所以求端用力、处己治人之要，与夫所以辨异端、观圣贤之大略，皆粗见其梗概。以为穷乡晚进、有志于学而无明师良友以先后之者，诚得此而玩心焉，亦足以得其门而入矣。如此，然后求诸四君子之全书，沈潜反覆，优柔厌饫，以致其博而反诸约焉，则其宗庙之美、百官之富，庶乎其有以尽得之。若惮烦劳、安简便，以为取足于此而可，则非今日所以纂集此书之意也。

五月五日朱熹谨识。

近思录后引

《近思录》既成，或疑首卷阴阳变化性命之说，大抵非始学者之事。祖谦窃尝与闻次缉之意，后出晚进于义理之本原，虽未容骤语，苟茫然不识其梗概，则亦何所底止？列之篇端，特使知其名义，有所向望而已。至于余卷所载讲学之方、日用躬行之实，具有科级。循是而进，自卑升高，自近及远，庶几不失纂集之旨。若乃厌卑近而骛高远，躐等陵节，流于空虚，迄无所依据，则岂所谓"近思"者耶？览者宜详之。

淳熙三年四月四日，东莱吕祖谦谨书。

近思录卷之一

道体　造化性命

凡五十一条

1·1　濂溪先生曰①：无极而太极②。太极动而生阳，动极而静，静而生阴，静极复动③。一动一静，互为其根④；分阴分阳，两仪立焉⑤。阳变阴合⑥，而生水火木金土；五气顺布⑦，四时行焉。五行，一阴阳也；阴阳，一太极也；太极，本无极也。五行之生也，各一其性。无极之真，二五之精，妙合而凝⑧。"乾道成男，坤道成女"，二气交感，化生万物。万物生生，而变化无穷焉⑨。惟人也，得其秀而最灵。形既生矣，神发知矣，五性感动，而善恶分，万事出矣⑩。圣人定之以中正仁义，（旧注：圣人之道，仁义中正而已矣。⑪）而主静，（旧注：无欲故静。）立人极焉⑫。故圣人与天地合其德，日月合其明，四时合其序，鬼神合其吉凶⑬。君子修之吉，小人悖之凶⑭。故曰："立天之道，曰阴与阳；立地之道，曰柔与刚；立人之道，曰仁与义。"⑮又曰："原始反终，故知死生之说⑯。"大哉《易》也，斯其至矣。

【译文】

　　周敦颐先生说："无形无象的太极是创化宇宙万物的本原。太极一动，就生成了阳，动到了极限，就转化为静，静生成阴，静达到了极限，又转化为动。太极一动一静，循环无端，相互为其存在的根本。（于是）阴阳即有各自的界限，也就确立了阴仪与阳仪的对立。阴阳相互交感，产生出水火木金土；水火木金土五气生成顺布于天地间，与春夏秋冬四季相协调，于是，产生了自然的和谐秩序。水火木金土五行性质各异，但都是阴阳交感的产物。（从原因上说）五行即是阴阳，阴阳相互对立，但都包容于太极之中，（从生成上说）阴阳即是太极。五行、阴阳、太极本质上具有同一性。而太极之为本原，是无形无象，无声无味的。五行生成后，各自有其特性。无极是真实的本体，阴阳五行禀赋有无极粹然精醇之气，它们神妙地会合，从而凝聚成有形有象的存在。"表现为乾道阳刚者，为男；表现为坤道阴柔者，为女。"阴阳二气相互交感，创化出宇宙万事万物。宇宙万物生生不已，而阴阳的变化，却没有穷尽。只有人可以获得天地之精神，故人为万物灵。人因阴的凝聚而生成，便有人的形质；又因阳的运作而为神，神一发动，人即能感知。仁义礼智信五性感应万物而动，得义理之正，为善；任人欲之偏，为恶。于是人世间有善恶的区别，有万象的差异。圣人制定了以中正仁义为最高准绳的道德原则，（旧注：所谓的圣人之道，也就是守持仁义中正而已。）以无欲无私之静为本，（旧注：没有欲望所以就静。）就树立了做人的最高道德标准。因此,(符合做人最高标准的)圣人心胸开阔,像天地一样广大;圣人明察万物,像日月一样光华;圣人变通而出于自然,像四时代嬗,井然有序;圣人赏善罚恶,英明无比,如同鬼神对待吉凶(无不至当)。君子修圣人之道,即是吉;小人背离圣人之道,是凶。因此,《说卦》说:"圣人定立了天之道,即阴与阳;定立了地之道,即柔与刚;定立了人之道,即仁与义。"《易·系辞上》又说:"圣人考察万物之始,因此了解其所以生;究求万物之终,因此知道其所以死。"《易》多么博大啊,它博大到至高无上的地步。

【注释】

① 此条出周敦颐《太极图说》。濂溪:周敦颐(1017—1073),字茂叔,道州营道(今湖南道县)人,北宋哲学家。晚年知南康军时,家居庐山莲花峰下,峰下有小溪,以道州营道故居濂溪之名名之,后人遂称为濂溪先生。著有《太极图说》《通书》等,后人汇编其著作为《周子全书》。其阐发儒家经典中有关心性、义理之说,多所创建。二程皆为其弟子,后世尊其为宋明理学开山之祖。

② 无极而太极:太者,大,无以加之谓;极者,至极之意。以其无形之可见,故曰无极。"无极"概念源于《老子》第二十八章,"知其白,守其黑,为天下式。为天下式,常得不忒,复归于无极。"无极,指原初的、无形无象、无声无味的宇宙原始状态,为无,言理之无形无踪。"太极",语出《易·系辞上》:"《易》有太极,是生两仪,两仪生四象,四象生八卦。""太极",此指派生万物的本原,为有。"无极""太极"均指宇宙生生不息的本体(根),是人和天地万物的本真(原初)状态。

③“太极动而生阳”等四句：阳：与“阴”相对。阴阳的原始意义，指日光的向背，向日为阳，背日为阴。历来引申为气候的寒暖，后抽象为哲学概念：指一切事物中两种对立和相互消长的存在。《老子》第四十二章：“万物负阴而抱阳，冲气以为和。”《易·系辞上》：“一阴一阳之谓道。”阴阳之矛盾乃为事物本身所固有，阴阳交替是宇宙之根本规律。

④根：根基，根本。

⑤两仪：即阴阳。

⑥阳变阴合：指阴阳交感。其结果生成水火木金土。张伯行《集解》：“阳趋乎阴，则主于施而为变；阴迎乎阳，则主于受而为合。于是阳一变生水，而阴以六合成之；阴二合生火，而阳以七变成之。”如此类推。

⑦五气：五行之气。五行为水、火、木、金、土。

⑧无极之真：无极为实在本体，故真实不虚。二五之精：二五，指阴阳二气与五行。阴阳五行出于无极，禀赋粹然精醇之气。无极曰真，以理言也；二五曰精，以气言也。真实之理、精醇之气，妙于会合而凝聚成形则见。

⑨“乾道成男”等六句：“乾道成男，坤道成女”：语出《易·系辞上》。高亨《周易大传今注》：“乾，天也。坤，地也。成犹为也。《易传》以天比男，以地比女，故言天道为男，地道为女。”《易·系辞下》谓：“男女构精，万物化生。”凡物之雌雄牝牡皆乾坤之道，男女之象也。气聚成形，形交气感，而生生变化无穷矣。

⑩“唯人也”等七句：秀：指天地阴阳之秀气。知：去声，指神智。五性：指仁义礼智信。五性感动：仁义礼智信之性感外物而动。朱子曰：“天地之性，是理也。才到阴阳五行处，便有气质之性如此，遂有昏明厚

薄之殊,得其秀而最灵,乃气质以后事。"

⑪ "旧注",指杨伯嵒《衍注》一书所附之注,叶采《集解》本、茅星来《集注》本、江永《集注》本等作"本注"。

⑫ "圣人定之"等三句:"圣人"一词,《文言》为"大人"。人极:指做人的最高标准。

⑬ "故圣人与天地合其德"等四句:《乾》之《文言》:"乾"九五"飞龙在天,利见大人",张伯行《集解》云:此四句"承上文,言圣人全体太极,表里精粗,浑然天理,无往而不合也。故覆载者,天地之德,而圣人之道德与之合其广大;光华者,日月之明,而圣人之睿智与之合其照临。四时之代嬗,昭其序也,圣人合之而变通,皆出于自然;鬼神之祸福,见其吉凶也,圣人合之而彰瘅,悉归于至当。"

⑭ "君子修之吉,小人悖之凶":言修之、悖之在乎敬肆之间。敬则戒慎恐惧随时处中,故修之而吉;肆则纵欲妄行而无所忌惮,故悖之而凶。修:修为,指修圣人之道。悖:背离,指背离圣人之道。

⑮ "立天之道"等六句:语出《易传》之《说卦》。《说卦》言圣人作《易》"观变于阴阳而立卦,发挥于刚柔而生爻,和顺于道德而理于义",在天为气而分阴阳,在地成行而为刚柔,在人则为仁义之德性,仁为柔阴,义为刚阳。

⑯ "原始反终,故知死生之说":语出《易·系辞上》。原:探究、考察。反:反观、反思。

1·2　诚，无为^①；几，善恶^②。德：爱曰仁^③，宜曰义，理曰礼，通曰智，守曰信。性焉安焉之谓圣^④，复焉执焉之谓贤^⑤，发微不可见、充周不可穷之谓神^⑥。

【译文】

所谓诚，就是无为（即天理自然，摒弃人欲私念等人为的羁绊）。任何微小行动或思想，出于自然之理，即是善；出于杂念，即是恶。德包括：把体现天道的爱的恻隐之心表达出来，是仁；行为合宜，是义；行为有条理，符合秩序，是礼；行动明白是非，通融无碍，是智；操守坚定确实，是信。人性天然完满，（不思不勉）自明自安，（浑然与天理合一者）是圣人；能反观恢复人性中固有的天理，并能保持而不丧失者，是贤人。天理发用，微妙而不可见，充塞一切、周遍一切而又不可穷尽，这就是天道阴阳变化的神奇所在。

【注释】

①此条出自周敦颐《周子通书·诚几德》第三。诚无为：诚：真实无妄，指"无欲故静"的境界；无为：犹寂然不动也。自然无伪无欲，与人为无涉。《中庸》："诚者，天之道也；诚之者，人之道也。诚者，不勉而中，不思而得，从容中道，圣人也。"

②几：几微，动之微，即微小的行动。《易·系辞下》："几者，动之微，吉之先见者也。""几，善恶"：即一念始萌，便有善恶。

③德：张伯行《集解》云："道得于身谓之德。"《朱子语类》卷九四云："仁义礼智信者，德之体；曰爱、曰宜、曰理、曰通、曰守者，德之用。"

④性：人的本质，是天道或天理在人身上的体现。如《礼记·中庸》："天命之谓性。"《孟子·告子上》："人性之善也，犹水之就下也。"《河南程氏遗书》卷一九："性出于天。"

⑤复焉执焉：复：恢复，返回；执：保持。

⑥发：动也；微：幽也。故"发微不可见"，言其"不疾而速"。一念方萌，而至理已具，所以微而不可见也。充：广也；周：遍也。故"充周不可穷"言其"不行而至"。盖随其所寓，而理无不到，所以周而不可穷也。神：《易·系辞上》："阴阳不测之谓神。"谓天道之阴阳变化不可预测。

1·3　伊川先生曰^①：喜怒哀乐之未发谓之中^②。中也者，言寂然不动者也，故曰天下之大本。发而皆中节谓之和^③。和也者，言感而遂通者也，故曰天下之达道。

【译文】

程颐先生说：喜怒哀乐没有表现出来的时候，称为中。所谓中，即是虚静不动（无思无为浑然一体）的状态，所以说，中是天地的本真。喜怒哀乐表现出来，符合天理，称为和。所谓和，即是感应发用和谐无碍、畅通自由，所以说，和是通贯天下的原则。

【注释】

①此条出《河南程氏遗书》卷二五《畅潜道录》。伊川：即程颐。程颐（1033—1107），字正叔，号伊川，河南洛阳人，北宋哲学家、教育家。官至崇政殿说书。曾与兄程颢学于周敦颐，并同为北宋理学的奠基人，

世称"二程"。著有《易传》《颜子所好何学论》等,后人所编《遗书》《文集》《经说》等,收入《二程全书》中。本条由《礼记·中庸》和《易·系辞上》两段引文组成,《系辞上》云:"易,无思也,无为也,寂然不动,感而遂通天下之故。"《中庸》谓:"喜怒哀乐之未发,谓之中;发而皆中节,谓之和。中也者,天下之大本也;和也者,天下之达道也。"程颐在此交叉引用,以相互发明。

②中:虚静澹然,不偏不倚。

③中(zhòng):符合意;节:法度、道理。和:中正和谐。

1·4　心①,一也。有指体而言者②,(旧注:"寂然不动"是也。)有指用而言者③,(旧注:"感而遂通天下之故"是也。)惟观其所见如何耳。

【译文】

心是唯一的本原。因此,有时把心说成是本体,(旧注:无思无为寂静不动时就是。)有时把心说成是作用,(旧注:感物而动,于是贯通天下之理即是。)这种区别,只是人们观察心的不同层面而产生的分别而已。

【注释】

①此条出自《二程文集》卷九程颐《答吕大临论中书》。心,指本原。南宋陆九渊说:"宇宙便是吾心,吾心即是宇宙"(《象山全集·杂说》)。明王阳明说:"天下无心外之物"(《传习录》下)。

②体:本体,指事物之本体、本质。"体"为内在,为本质。中国古代

哲学史上，有以"无""理""心"为体者，如王弼等；有以"气""物""有"为体者，如王夫之等。

③用：与"体"相对，指表象或功用、作用。"用"是"体"的外在表现。

1·5　《乾》①，天也。天者，《乾》之形体；《乾》者，天之性情。《乾》，健也②，健而无息之谓《乾》。夫天，专言之则道也③，天且弗违是也④；分而言之，则以形体谓之天，以主宰谓之帝，以功用谓之鬼神，以妙用谓之神，以性情谓之《乾》。

【译文】

《乾》即是天。天是《乾》的形体，《乾》是天的禀性。《乾》代表刚健，刚健不息即是《乾》。统一而言，天即是道；天象的运行不背离道的规律，说的正是这个意思。分别而言，从形体上看天称为天，从主宰上看称为帝，从功用上看称为鬼神，从妙用上看称为神，从禀性上看称为《乾》。

【注释】

①此条出程颐《程氏易传·乾传》。《乾》：《易》六十四卦卦名之一（按，下文释《易》六十四卦均不再注明"《易》"），与坤相对，构成阴阳两种对立势力，乾代表阳，乾之象为天。

②性情：性，体也；情，用也。朱子解云："健而不息，便是性情。"又曰："性情二者常相参。有性便有情，有情便有性。火之性情，则

是热；水之性情，则是寒；天之性情，则是健。健之用是情，惟其健，所以不息。"健：刚健不息。《乾卦·象辞》："天行健，君子以自强不息。"

③道：指规律，为天理当然之路。

④天且弗违：语出《乾卦·文言》，意谓天象不违背道的规律。

1·6　四德之元，犹五常之仁，偏言则一事，专言则包四者。^①

【译文】

元亨利贞四德之元，犹如仁义礼智信五常之仁，偏于一方面说，元只是四德之一；统而言之，那么元就可以包括四德。

【注释】

①此条亦出自程颐《程氏易传·乾传》。四德：即元亨利贞，为《乾卦》卦辞。何谓四德，历来解释不一。《乾卦》："元者善之长也，《文言》：亨者嘉之会也，利者义之和也，贞者事之干也。"据孔颖达疏："《子夏传》云：元，始也；亨，通也；利，和也；贞，正也。"高亨《周易大传今注》："元，大也。亨即享字，祭也。利即利益之利。贞，占问。卦辞言：筮遇此卦，可举行大享之祭，乃有利之占问。"五常：指仁、义、礼、智、信。叶采《集解》谓："在天为四德，元亨利贞也；在人为五常，仁义礼智信也。"

1·7　天所赋为命，物所受为性。^①

【译文】

上天所赋予的，即是命；万物所禀受的，即是性。

【注释】

①此条亦出自程颐《程氏易传·乾传》。此句内容为对《乾卦》的解说。其辞云："乾道变化，各正性命，保合太和，乃利贞。"江永《集注》引朱子曰："天以阴阳五行化生万物，气以成行，而理亦赋焉，犹命令也。于是人物之生，因各得其所赋之理，以为健顺五常之德，所谓性也。"

1·8　鬼神者，造化之迹也。①

【译文】

鬼神屈伸往来，即是不可见的神妙造化的踪迹。

【注释】

①此条亦出自程颐《程氏易传·乾传》。鬼神：杨伯峎原注谓："至之谓神，以其伸也；反之谓鬼，以其归也，则鬼神者皆二气之屈伸往来耳，非迹而何！"造化：自无而有谓之造，自有而无谓之化。江永《集注》引朱子云："如日月、星辰、风雷，皆造化之迹。天地之间，只是此一气耳。来者为神，往者为鬼。"

1·9　《剥》之为卦①，诸阳消剥已尽，独有上九一爻尚存②，如硕大之果不见食③，将有复生之理。上九亦变，则纯阴矣④，然阳无可尽之理。变于上则生于下，无间可容息也⑤。圣人发明此理，以见阳与君子之道不可亡也。或曰：《剥》尽则为纯《坤》，岂复有阳乎？曰：以卦配月，则《坤》当十月，以气消息言⑥，则阳剥为《坤》，阳来为《复》⑦，阳未尝尽也。《剥》尽于上，则《复》生于下矣。故十月谓之阳月，恐疑其无阳也。阴亦然，圣人不言耳⑧。

【译文】

《剥卦》卦形表现为：阳几乎已消落殆尽，只有上九一爻还存在着。这如同众多果实纷纷飘落，仅剩有一个大果实，不食用而种于地下，重新生长。《剥卦》上九一变，转化为《坤卦》，《坤卦》是纯阴之卦。然而阳不可能彻底消逝，阳之上九一爻消落之时，即以微小的状态逐渐生长，以至变为初九、九二等，这其间，不存在瞬刻的停息。圣人阐明这个道理，以表明阳与君子之道不会死亡。有人问：《剥卦》上九消落就变为纯阴的《坤卦》，怎么可能再生出阳呢？回答说：用卦形配月份，那么《坤卦》正当十月，从气的消长看，阳的消落即是《坤》，阳的生长即是《复》。阳并没有完全消亡，在《剥卦》上九消落，则在《复卦》初九生长出来。因此，圣人之所以称十月为阳月，正是因为担心人们误疑《坤卦》纯阴无阳；四月为阴月，其道理也是这样，只是圣人扶阳抑阴，不明说而已。

【注释】

①此条出自程颐《程氏易传·剥传》，为对《剥卦》上九爻爻辞的解

说。《剥》：六十四卦之第二十三卦，坤下艮上，五阴一阳。阴始自下生，渐长至于盛极，群阴消剥于阳。

②"诸阳消剥已尽，独有上九一爻尚存"：《剥卦》卦形为䷖，五爻皆阴，独一阳爻在上，阳几消尽。

③硕大之果不见食：意谓有丰硕的果实而不食之。此语出《剥卦》上九爻辞："硕果不食，君子得舆，小人剥庐。"《象》曰："君子得舆，民所载也。小人剥庐，终不可用也。"

④"上九亦变，则纯阴"：《剥卦》䷖上九一爻一变，即为《坤卦》䷁，《坤卦》全是阴爻，故为纯阴。下文"《剥》尽则为纯《坤》"即指此变。

⑤无间可容息：即"间不容息"，出《淮南子·原道训》。息：一息。因阴阳之变以气论，故云间不容息。

⑥消息：卦变方式之一种。每个卦体中，凡阳爻去而阴爻来，称"消"，凡阴爻去而阳爻来，称为"息"。

⑦"阳剥为《坤》，阳来为《复》"：剥：剥落、侵蚀。阳消落，《剥卦》䷖即变为《坤卦》䷁，但《坤卦》非无阳，正是阳生长之时，只是微小之阳而已，即阳逐渐生成一爻，《坤卦》就转化为《复卦》䷗。

⑧"阴亦然，圣人不言耳"：阴于四月纯阳之时，与阳于十月纯阴之时，性状相反，表现相同。只是阳为君子，圣人言之；阴为小人，圣人不言。圣人扶阳抑阴，但阴阳相互作用，相互转化则永不停息。

1·10　一阳复于下，乃天地生物之心。先儒皆以静为见天地之心，盖不知动之端，乃天地之心也。非知道者，孰能识之？①

【译文】

初九一爻（即阳爻）再生于下，这即是天地无时无刻不在生成万物。过去的儒者都认为静是天地之心，因为不懂道动的端倪，也是天地之心。不懂得一阴一阳运行规律的人们，谁能认识其中的奥妙呢？

【注释】

①此条出自程颐《程氏易传·复传》，此条为对《复卦》彖辞的解说。彖辞云："复，其见天地之心乎？"一阳复于下：《复卦》卦象为☷☳，初九一爻变阳。端：端倪，起始。知道：知，熟悉、认识、了解；道，阴阳交替运行之规律。叶采《集解》引朱子云："十月积阴（按，十月为《坤卦》☷☷，乃纯阴。），阳气收敛，天地生物之心故未尝息，但无端倪可见。一阳既复，则生意发动，乃始复见其端绪也。"

1·11　仁者，天下之公，善之本也。①

【译文】

仁即是天下之公，是善的本质。

【注释】

①此条亦出自程颐《程氏易传·复传》。叶采《集解》云："《复卦》六二传。仁者以天地万物为一体，故曰'天下之公'。四端万善，皆统乎仁，故曰'善之本也'。"四端之说见《孟子·公孙丑上》，其中有谓："恻隐之心，仁之端也。"

1·12　有感必有应。凡有动皆为感，感则必有应，所应复为感，所感复有应，所以不已也。感通之理，知道者默而观之可也。^①

【译文】

有感一定有应。一切动都是感，凡感一定有应合，所应又为感，所感又有应，（感应相互循环）因此永不停息。对于万物感通的常理，熟悉阴阳变化规律的人们往往是静静地观察就可以了。

【注释】

① 本条出自程颐《程氏易传·咸传》。复：扶又反。道：规律，此指阴阳变化（感应循环）规律。茅星来《集注》云："'所以不已也'以上，《咸》九四传。末二语，则《彖》'天地感而万物化生'节传也。'有感必有应'，总天地万物之理言之。'凡有动'五句，所以申明'有感必有应'之意。盖此理无物不有，无时不然。默而观之，而天地万物之情可见矣。"

1·13　天下之理，终而复始，所以恒而不穷。恒非一定之谓也，一定则不能恒矣。惟随时变易，及常道也。天地常久之道，天下常久之理，非知道者，孰能识之？^①

【译文】

天下的常理，无非终结后又重新开始，因此表现为恒常而又不能穷尽。恒常不是固定，一固定就不能恒常。只有随时不断变化，才是常道。天地的常久之道，天下的常久之理，对于不懂自然规律的人们来说，谁能了解它呢？

【注释】

　　① 本条出自程颐《程氏易传·恒传》，为程颐对《恒卦》的阐释。《恒卦》彖辞云："恒，久也。""天地之道，恒久而不已也。利有攸往，终则有始也。日月得天地而久照，四时变化而能久成，圣人久于其道而天下化成。观其所恒，而天地万物之情可见矣。"叶采《集解》云："随时变易不穷，乃常道也。日月往来，万化屈伸，无一息之停，然其往来屈伸，则亘万古而常然也。"

　　1·14　人性本善，有不可革者①，何也？曰：语其性，则皆善也；语其才，则有下愚之不移②。所谓下愚有二焉：自暴也③，自弃也④。人苟以善自治，则无不可移者，虽昏愚之至，皆可渐磨而进。唯自暴者拒之以不信，自弃者绝之以不为⑤，虽圣人与居，不能化而入也。仲尼之所谓下愚也。然天下自弃自暴者，非必皆昏愚也，往往强戾而才力有过人者，商辛是也⑥。圣人以其自绝于善，谓之下愚，然考其归，则诚愚也。既曰下愚，其能革面⑦，何也？曰：心虽绝于善道，其畏威而寡罪则与人同也；唯其有与人同，所以知其非性之罪也。

【译文】

　　人性原本是善的，然而又存在着凶恶而不可改悔的人，如何解释呢？回答说：就性而言，人性都是善的；就才而言，（因有明暗智愚之分）就有不肯悔改的极其昏愚的人。所谓"下愚"有二种：一是自暴者，一是自弃者。人如果能以内在的善控制自己，那么，就没有什么是不可改变的，即令是最昏暗愚蠢的人，都可以渐渐磨炼而不断进步。只有（自暴者自弃者不然）自暴者不相信善，拒绝修炼；自弃者知道善，却怠废不为。（对于这两种人）即使圣人和他们生活在一起，也不能感化他们，使他们走上正道。孔子所说的"下愚"，就是指这样的人。但是，世界上自弃自暴的人，并非一定都是昏愚的人，他们往往是强戾刚愎、才力过人的人，商纣就是典型。因为他自绝于善，圣人才说他是"下愚"。我们考察一下商纣的最后归属，就可以知道，他确实是最愚蠢的人。既然说"下愚"者顽固不化，然而又似乎能改变自己而向善，如何解释呢？回答说：小人虽然自绝于善，但他知道威刑可畏，希望不犯罪而避免惩罚，这一点，他与常人没有什么区别。恰恰因为在这一点上小人与常人相同，因此，我们可以说，小人行为不善，并非是人性造成的。

【注释】

　　① 本条出自程颐《程氏易传·革传》，为对《革卦》上六爻辞之阐释。《革》：六十四卦卦名之一。《革卦》九五云："大人虎变。"上六云："君子豹变，小人革面。"革：变易、改、改革（过错）。《革卦》象辞："汤武革命，顺乎天而应乎人。"张伯行《集解》云："此因《革卦》上六爻辞而发明之。言人性本善，固宜无待于革，而有不可革者，何也？盖以性而言，性即理也，天所以与我之理，则皆善也。以才而言，人受天理以生，而所

生之气质有昏明、强弱之异,故其性之发而为才者,亦异也。下愚不移,则昏弱之极者,然非不可移也,乃不肯移耳。"

② 才:材质。就性而言,性即天理,所以人性善。就才而言、人受天理而生,而所生的气质,有昏明强弱的不同。《河南程氏遗书》卷一九载程颐云:"性出于天,才出于气";"才则有善与不善,性则无不善。"下愚不移:语出《论语·阳货》:"惟上智与下愚不移。"

③ 自暴:犹言自害。暴戾而不信乎善,刚愎而自害其性。

④ 自弃:不求上进。知其善而怠废不为,柔慢而自绝其性。

⑤ "唯自暴者拒之以不信"等二句:此说见《孟子·离娄上》:"自暴者,不可与有言也;自弃者,不可与有为也。""拒之以不信"者,谓其无有此理也。"绝之以不为"者,则知有此理而谓己之不能为也。

⑥ 商辛:即殷纣,亦称帝辛,商代最后的君主,曾征服东夷,杀死比干,囚禁周文王。后周武王向商进攻,在牧野之战中,其兵败自杀。

⑦ 面:向也。革面:即革不善而向善。

1·15　在物为理,处物为义。①

【译文】

作为事物,其存在自有其存在的缘由,这就是理;而如何看待和处理事物,使之合理、适宜,即是义。

【注释】

① 本条出自程颐《程氏易传·艮传》。处:上声,区处。朱子《语类》卷九五云:"凡物皆有理,盖理不外乎事物之间。'处物为义'。义,宜也。

是否可否,处之得宜,所谓义也。"

1·16　动静无端,阴阳无始,非知道者,孰能识之？ ①

【译文】

　　动与静没有端倪可以寻找,阴与阳也没有开始处可以看到,不懂得动静阴阳之道的人,谁能够认识这一点呢？

【注释】

　　① 本条出自程颐《程氏经说·易说》。此为对《易·系辞上》"一阴一阳之谓道"等的阐释。端:开端;始:开始。叶采《集解》云:"动静相推,阴阳密移,无有间断。有间断则有端始,无间断故曰无端、无始也。其所以然者,道也,道固一而无间断也。"

1·17　仁者,天下之正理,失正理则无序而不和。 ①

【译文】

　　仁是天下的正理,一旦丧失正理,就会出现无序不和谐的状态。

【注释】

　　① 此条出自程颢《程氏经说·论语解》。程颢（1032—1085）,字伯淳,河南洛阳人。北宋哲学家、教育家,曾与其弟程颐同就学于周敦颐,北宋理学奠基者之一,学者称明道先生。著有《定性书》《识仁篇》等。

后人所编其《遗书》《文集》《经说》等，均收入《二程全书》。此条为程颢对《论语·八佾》"人而不仁，如礼何？人而不仁，如乐何？"之阐释。仁为天下之正理，则作事井然有序，蔼然以和。失正理，则肆欲妄行，颠倒错乱而无序，情意乖戾而不和，则虽欲用礼乐，而礼乐不为之用也。

1·18　明道先生曰^①：天地生物，各无不足之理。常思天下君臣、父子、兄弟、夫妇，有多少不尽分处。

【译文】

程颢先生说：天地化生万事万物，皆出于天理，各具性分而没有不足。我们应该经常思考：对于天下君臣、父子、兄弟、夫妇之道，还存在多少不尽职分的地方。

【注释】

①此条出自《河南程氏遗书》卷一《端伯传师说》。分：本分，指循天地生物之理所应尽的职分。杨伯峣原注云："君臣、父子、兄弟、夫妇并朋友，谓之五常。故君使臣以礼，臣事君以忠；父待子以慈，子事父以孝；兄友于弟，弟恭厥父；夫刑于妇，妇承于夫。此之谓尽其分。尽其分乃蹈其常，常者即天地生物之理各无不足处。有一不然，是谓不尽其分。"

1·19　"忠信所以进德"^①，"终日乾乾"^②，君子当终日对越在天也^③。盖上天之载，无声无臭^④，其体则谓之易，其理则谓之道，其用则谓之神^⑤。其命于人则谓之性，率性则谓之道，修道则谓之教^⑥。孟子于其中，又发挥出浩然之气^⑦，可谓尽矣。故说神"如在其上，如在其左右"^⑧；大小大事，而只曰"诚之不可掩如此夫"^⑨。彻上彻下，不过如此。形而上为道，形而下为器^⑩；须著如此说，器亦道，道亦器^⑪。但得道在，不系今与后，己与人^⑫。

【译文】

　　"忠信只是为了增进仁德"，因此，"君子每时每刻都要努力不懈"，都应当时刻面对上天。因为上天没有声音、没有气味。它的太极之本体，称为易；它的自然循环之理，称为道；它的微妙作用，称为神。它的定命作用于人，称为性；遵循天命之性行动，称为道；按照道去修炼，称为教。孟子在上述理论的基础上，又发挥出浩然之气，可以称得上使儒学到达了尽善尽美的程度。因此我们说，天的精神如在其上，如在左右，充塞贯穿一切领域。天下无论多少事，只有"诚"不可遮蔽；四方上下、古往今来，从不间断的东西，不过"诚"而已。形而上者是道，形而下者是器；但更须这样说，道器不相离，器即是道，道即是器。只要恪守"道"，就无须在意现在与将来、自己和别人之分了。

【注释】

　　①此条出《河南程氏遗书》卷一。忠信所以进德：语出《乾卦》九三《文言》。忠信：从本心出发，无一不尽，是忠；遵循实际，不违其理，是信。

　　②终口乾乾：语出《乾卦》九三爻辞："君子终日乾乾，夕惕若，厉无咎。"乾乾：努力不懈。

③ 对越：面对。越：于。

④ "上天之载，无声无臭"：语出《诗·大雅·文王》，所谓"太极本无极"也。载：指存在状态。

⑤ "其体则谓之易"等三句：此以天道来说。体：质也，犹言骨子。易：《易·系辞上》："易有太极，是生两仪，两仪生四象，四象生八卦。"故易即本体。茅星来《集注》谓："该体用而言，静而动，动而静，所以为易之体也。易者，阴阳错综变易之谓，而其所以能阴阳变化者，道也，其功用著见处则谓之神。"

⑥ "其命于人则谓之性"等三句：语出《礼记·中庸》章句："天命之谓性，率性之谓道，修道之谓教。"命：天命，天理；率：遵循；教：教化。此三句与上三句相应，以人道来说，谓：天理赋于人谓之性，循性之自然谓之道，因其自然者而修明之谓之教。

⑦ 浩然之气：指充塞天地间的一种至大至刚的精神气概。浩然：盛大流行之貌。此语出《孟子·公孙丑上》："我善养吾浩然之气。""其为气也，至大至刚，以直养而无害，则塞于天地之间。其为气也，配义与道，无是馁也。是集义所生也，非义袭而取之也。"

⑧ "故说神'如在其上，如在其左右'"：语出《礼记·中庸》："子曰：鬼神之为德，其盛矣乎！视之而弗见，听之而弗闻，体物而不可遗。使天下之人，齐明盛服以承祭祀，洋洋乎，如在其上，如在其左右。"谓神无所不在。

⑨ 大小：宋时俗语，多少、多么、何等。大小大事：即无论多么大的事。掩：掩盖、遮蔽。夫（fú）：语气词。

⑩ "形而上为道，形而下为器"：语出《易·系辞上》："形而上者谓之道，形而下者谓之器。""道"无形无象，是本体、规律、原则，指事物之

理，故曰形而上；"器"有形有象，指事物之体，即具体事物与存在，故曰形而下。

⑪"器亦道，道亦器"：言离道无器，离器无道也。正如朱子所云："有此器则有此理，有此理则有此器，未尝相离。却不是于形器之外别有所谓理。"

⑫ "但得道在"等三句：叶采《集解》云："不系，犹不拘也。言人能体道而不违，则道在我矣。不拘人己、古今，无往而不合，盖道本无间然也。"

1·20　医书言手足痿痹为不仁①，此言最善名状。仁者以天地万物为一体。莫非己也，认得为己，何所不至。若不有诸己，自不与己相干，如手足不仁，气已不贯，皆不属己。故博施济众②，乃圣人之功用。仁至难言，故止曰："己欲立而立人，己欲达而达人。能近取譬，可谓仁之方也已③。"欲令如是观仁④，可以得仁之体。

【译文】

医书上说人的手足萎缩麻木，即是不仁，这种说法最恰切地指出了病症的特征。仁者视天地万物为一个整体。（天地万物）无非是自己身内的事，人能够认识到这一点，还有什么阻碍而达不到的呢？如果不把天下事看成自己分内事，结果天下事与自己不相关，如同手足不仁，血气不通，（虽然仍存在于身体上）但已经不属于自己了。因此，广泛地给人民以好处，又能帮助大家更好地生活，是圣人功用的表现。仁最难解说，因此孔子仅如此说:"自己要站得住,同时也使别人站得住;自己要事事行得通,同时也使别人事事行得通。凡事都要以自身为例而想到别人,可以说是实行仁道的方法了。"如果能够这样看待仁,就可以把握仁的本质。

【注释】

① 此条出《河南程氏遗书》卷二上《元丰己未吕与叔东见二先生语》。痿(wěi):中医指身体某一部分萎缩或失去机能的病,如下痿(下肢瘫痪);痹(bì):中医指肢体疼痛或麻木的病。

② 博施济众:语出《论语·雍也》:"子贡曰:'如有博施于民而能济众,何如?可谓仁乎?'"叶采《集解》云:"博施济众,乃圣人之功用。子贡以是言仁,未识仁之体。夫子告之,使知人之欲无异己之欲,施于人者亦犹施于己。近取诸身而譬之于人,则得求仁之术,即此可见仁之体也。"博:广泛;济:救济。谓给予大众恩惠和接济。

③ "己欲立而立人"等四句:语出《论语·雍也》,为孔子对子贡"博施济众"一问的回答。立者:扶持之使植其生。达者:通达之使复其性。

④ 令:平声。

1·21　"生之谓性"①,性即气,气即性,生之谓也②。人生气禀,理有善恶③,然不是性中元有此两物相对而生也。有自幼而善,有自幼而恶,(旧注:后稷之克岐克嶷;子越椒始生,人知其必灭若敖氏之类。④)是气禀有然也。善固性也,然恶亦不可不谓之性也⑤。盖"生之谓性","人生而静"以上⑥,不容说。才说性时,便已不是性也。凡人说性,

只是说"继之者善"也⑦，孟子言性善是也。夫所谓"继之
者善"也者，犹水流而就下也⑧。皆水也，有流而至海，终无
所污，此何烦人力之为也；有流而未远，固已渐浊；有出而
甚远，方有所浊。有浊之多者，有浊之少者，清浊虽不同，
然不可以浊者不为水也⑨。如此，则人不可以不加澄治之
功。故用力敏勇则疾清，用力缓怠则迟清；及其清也，则却
只是元初水也，不是将清来换却浊，亦不是取出浊来，置在
一隅也。水之清，则性善之谓也，故不是善与恶在性中为两
物相对，各自出来。此理，天命也，顺而循之，则道也；循此
而修之，各得其分，则教也⑩。自天命以至于教，我无加损
焉，此舜有天下而不与焉者也⑪。

【译文】

"天生的本色叫做性"，性即是气，气即是性，"生"是两者的
统一。（人禀受气而生，由于阴阳五行之气交感错综，参差不齐）
人禀受的气有清浊偏正的不同，因此人自然有善恶之分。但这
并不是说，人性中本来就有善恶的对立，由此生出来就有善恶的
区别。有的人从小就善，有的人从小就恶，（旧注：就如后稷生下
来就懂事明礼；子越椒一生下来，人们就知道他一定使若敖氏灭亡之
类。）这是因为禀受的气清浊偏正不同造成的。善固然是性，然
而恶也不能不是性。因为"天生的本色是性"，因此，人未生出来
时是沉静而没有欲望的，就不能说性。一说到性，就已经不是性
了。凡人们说的所谓性，只是说从本原上看，人性本善，孟子的
性善论就是这个意思。所谓人性本善，如同说凡是水，都往下流。

因为都是水，有的水流向大海，最终却没有污染，无须人为干预；有的水没有流多远，却已渐渐浑浊起来；有的水流出很远之后，才开始变浊。有的水很浑浊，有的水不太浑浊，水虽然有清浊的区别，但我们却不可说浊水不是水。如此看来，要使水变清，人们就不能不在澄清治理方面下功夫。所以，治水行动敏勇，效率高，水就清得快；反之，治水行动缓息，效率低，水就清得慢。等到把水治理清时，那么，水也只是原来的水，并非用清水换浊水，也不是把浊水取出来，放在某个角落。水之清，犹如性之善。因此，我们说，善与恶不是人本性中两个相互对立的存在，也不是从人本性中各自派生出来的。人性善之理，就是天命；顺从天命遵循天命，就是道；遵循道而修身，各得其本然之分，就是教。从天命一直到教，我没有增加什么，也没有减少什么。正如孔子所说，舜得到了天下，却一点也不依据自己的意志行事，一切遵循自然的天理。

【注释】

　①此条出《河南程氏遗书》卷一《端伯传师说》。生之谓性：语出《孟子·告子上》："告子曰：'生之谓性。'"告子以为人天生的自然资质叫做性，它无所谓善恶。与孟子性善论不同。此处程颢说"生之谓性"，乃与孟子性善论相互发明，在于说明气禀之性有善有不善。

　②"性即气"等三句：叶采《集解》云："人之有生，气聚成形，理亦具焉，是之谓性。性与气本不相离也，故曰'性即气，气即性'。"生是气，生之理是性，气非理不立，理非气不行。生不外性与气，故说"生之谓也"。

③ 理有善恶："性即理"是程朱理学的基本观点。"天理"至善，无恶可言。程颢于此说"理有善恶"，谓人禀阴阳五行之气而生，其生长过程中交感错综，参差不齐，就存在清浊偏正之分，因此有善恶之分。善恶各有根据，故说"理有善恶"。

④ 克岐克嶷：《诗·大雅·生民》有"诚实匍匐，克岐克嶷"，言后稷（帝舜时掌农业之官）自幼"克岐克嶷"，有岐嶷峻茂之状，自幼而善也。毛氏曰："岐，知意也；嶷，识也。"《说文》："嶷作嶷，曰小儿有知。"子越椒：《左传》宣公四年："初，楚司马子良生子越椒。子文曰：'必杀之！是子也，熊虎之状而豺虎之声，弗杀，必灭若敖氏矣。'"张伯行《集解》云："惟理有善恶，故有自幼而善者，如后稷'克岐克嶷'之类。有自幼而恶者，如'子越椒始生，人知其必灭若敖氏'之类。同一生也，而性之不同如是。"

⑤ 恶亦不可不谓之性：此处"性"，非本然"天理"之性，指气禀生出来之"性"，气禀有清浊偏正，故气禀之性，过或不及皆是恶。

⑥ 人生而静：语本《礼记·乐记》："人生而静，天之性也。"谓人生来是沉静没有欲望的，这是上天赋予的禀性。茅星来《集注》引朱子曰："'人生而静'，'生'字已自杂气质言之。生而静以上，便只是理。'才说性'，'性'字杂气质与本然之性说。'便已不是性'，'性'字却是本然之性。"

⑦ 继之者善也：语出《易·系辞上》，曰："一阴一阳之谓道。继之者善也，成之者性也。"意谓阴阳交互作用，这一上天的法则便是道，亦即天理。从本原上看，人禀受承继"天理"，"天理"至善。这一天理法则体现在人身上就是天赋之人性。

⑧ 水流而就下：语出《孟子·告子上》："人性之善也，犹水之就

下也。"

⑨ "皆水也"等十二句：此以水之清浊譬之，见人之气质不同有如此者。茅星来《集注》引朱子曰："水之清者，性之善也。流至海而不污者，气质清明。自幼而善，圣人性之，而自全其天者也。流未远而已浊者，气质偏驳之甚，自幼而恶者也。流既远而方浊者，长而见异物而迁焉，失其赤子之心者也。浊有多少，气之昏明纯驳有浅深也，不可以浊者不为水，是恶亦不可不谓之性也。"

⑩ "此理，天命也"等七句：乃阐释《礼记·中庸》"天命之谓性，率性之谓道，修道之谓教。"人性本然之理，纯粹至善，天所命也。顺而循之，则为日用当行之道。循此而修之，使人安其分，则谓之教。

⑪ 舜有天下而不与：《论语·泰伯》："子曰：'巍巍乎，舜禹之有天下也而不与焉！'"与（yù）：参与、关连。不与：指不掺入自己的意志，一切顺从天理。此句谓：因其性之本然，顺其理之当然，不容以私智穿凿，有所加损。舜有天下，恭己无为，亦行所无事而已耳。初未尝有所矫揉造作于其间也。

1·22　观天地生物气象①。（旧注：周茂叔看。②）

【译文】

静静地观察天地万物生机之景象。（旧注：周敦颐观察。）

【注释】

① 此条出《河南程氏遗书》卷六《二先生语六》。张习孔《传》云："观天地生物性情，便自得其气象。《易》曰'乾道变化'，此性情也。又

曰'不言所利,大矣哉',此气象也。"《周易·系辞》云:"天地之大德
曰生。"

　　②周茂叔:周敦颐字茂叔。周茂叔看:即周茂叔观察天地生物气象。

　　1·23　万物之生意最可观,此"元者,善之长"也^①,
斯所谓仁也^②。

【译文】

　　万物的勃勃生机最值得观察。(万物的生意始于元,)这就
是:"元就是最大的",这就如同仁义礼智信之仁一样。

【注释】

　　①此条出《河南程氏遗书》卷一一《师训》。元:指《乾卦》"元亨
利贞"之"元"。《乾》之《文言》:"元者,善之长也。"元、亨、利、贞四德
俱善,而元俱首,故云"善之长"。元:大也。《乾》之《彖辞》云:"大哉
乾元,万物资始,乃统天。"

　　②斯所谓仁也:如元亨利贞皆是善,而元则为善之长,亨利贞皆
是从元来。仁义礼智信亦皆善也,而仁则为万善之首,义礼智信皆从
仁出。

　　1·24　满腔子是恻隐之心。^①

【译文】

　　人浑身都是恻隐之心。

【注释】

①此条出《河南程氏遗书》卷三《谢显道记忆平日语》。腔子：身躯、躯壳。《朱子语类》卷五三："或问'满腔子是恻隐之心'。曰：'此身躯壳谓之腔子。'"满腔子：即浑身。恻：伤之切；隐：痛之深；恻隐之心：即天地万物一体之心，充塞于人之身者。《孟子·公孙丑上》："恻隐之心，仁之端也。"

1·25　天地万物之理，无独必有对①，皆自然而然，非有安排也。每中夜以思，不知手之舞之足之蹈之也。

【译文】

天地万物存在的道理，绝没有一种是孤立的，一定是相对立而存在的，它们的存在都是自然而然，不是人为的布置。每当我半夜思想到这一精妙无比的自然之理时，就不自觉地手舞足蹈起来。

【注释】

①此条出《河南程氏遗书》卷一一《师训》。无独必有对：指天地万物之理，不外阴阳，没有单独存在的，只有相对立而存在的，由阴阳可推及如：动静、善恶、屈伸、往来、上下、寒暑、昼夜、消长、生死等等。或以类而相对，或以反而相对，总未有兀然独立而无对者。

1·26　中者天下之大本。天地之间，亭亭当当，直上直下之正理。出则不是，唯敬而无失最尽。①

【译文】

中是天下大的根本。天地之间，中是不偏不倚、直上直下的正理。偏离就不是正理，只有对它保持敬畏之心，不背离它，才能最终与中合一。

【注释】

① 此条出《河南程氏遗书》卷一一《师训》。《礼记·中庸》谓"喜怒哀乐之未发谓之中，发而皆中节谓之和。中也者，天下之大本也；和也者，天下之达道也。"亭亭当当，直上直下：俗语，借以形容无偏倚之意。亭亭：犹言耸立也。当当：去声，犹方正也。

1·27　伊川先生曰：公则一，私则万殊 ①。人心不同如面 ②，只是私心。

【译文】

程颐先生说：出于公心，自然一视同仁，视天地万物为一体；出于私心（必然背离天理），导致亲疏贵贱得失物我之分。所谓人心不同如相貌的不同，说的无非是各人的私心不同而已。

【注释】

① 此条出《河南程氏遗书》卷一五《入关语录》。"私则万殊"句后，《入关语录》原有"至当归一，精义无二"语。公则一：江永《集注》解云："义理之正，人心所同，故'公则一'。"万殊：各类事物的区别、不同。

②　人心不同如面：语出《左传·襄公三十一年》：“子产曰：‘人心不同，如其面焉，吾岂敢谓子面如吾面乎？’”茅星来《集注》云：“此因《左传》子产之言而论及如此。公、私，以心言。‘只是私心’，所以明‘人心不同如面’之故也。公则一循义理之当然，而不得意为奉约，故一。私则各随其义之所便安，而不循上下之分，故万殊。”

　　1·28　凡物有本末①，不可分本末为两段事，洒扫应对是其然②，必有所以然。

【译文】

　　世间万物都有本原和末节，不能把本原和末节分为两个互不相关的东西，洒水、扫地、应和、对答是其末，是具体的存在，但一定还有之所以这样的原因和道理。

【注释】

　　①　此条出《河南程氏遗书》卷一五《入关语录》。本末：本，理也，形而上者为本，即所以然；末，事也，形而下者为末，即其然。

　　②　洒：上声；扫：去声。

　　1·29　杨子拔一毛不为，墨子又摩顶放踵为之①，此皆是不得中，至如子莫执中，欲执此二者之中，不知怎么执得、识得②。则凡事物上，皆天然有个中在那上，不待人安排也，安排著则不中矣③。

【译文】

　　杨朱哪怕拔一根毫毛（而有利于天下），他都不会干；墨子即使从头到脚都磨伤了，（只要对天下有利）他也会去做。这两种态度都不符合中。至于子莫取中间态度，想要在杨朱和墨子之间取个中间平衡，却不知道怎么取，也不懂得何为中。那么，在任何事物上，都天然存在中，它不需要人为布置，人为因素一参杂其间，就不是中了。

【注释】

　　①此条出《河南程氏遗书》卷一七《伊川先生语三》。"杨子拔一毛不为，墨子又摩顶放踵为之"：见《孟子·尽心上》："孟子曰：'杨子取为我，拔一毛而利天下，不为也。墨子兼爱，摩顶放踵利天下，为之。'"杨子：即杨朱，战国时魏人，先秦古书中称其为杨子、阳子居或阳生。杨子主张"为我""贵生""重己"等。墨子（约前468—前376）：名翟，宋国人。墨子主张"兼爱""非命""非乐""尚同"，反对儒家"礼乐""天命"等思想。著有《墨子》，共五十三篇。摩顶放踵：从头顶到脚根都磨伤，意谓不辞劳苦。摩：磨；放：至；踵（zhǒng）：脚后根。

　　②子莫执中：语出《孟子·尽心上》："子莫执中，执中为近之。执中无权，犹执一也。所恶执中者，为其贼道也，举一废百也。"子莫：战国时鲁国贤人。执中：采取中间态度。

　　③安排：安，安顿；排，排部。安顿排布皆用意布置、措置之谓。著：犹言为也。

　　1·30　问：时中如何^①？曰：中字最难识，须是默识心通。且试言：一厅则中央为中；一家则厅中非中，而堂为中；言一国，则堂非中，而国之中为中。推此类可见矣。如三过其门不入，在禹、稷之世为中，若居陋巷，则非中也。居陋巷，在颜子之时为中，若三过其门不入，则非中也^②。

【译文】

有人问：什么是"时中"？程颐回答说："中"最难把握，必须默审其理，融会贯通，才能了解究竟。姑且试着（用显而易见的事物）说一说：一厅以中央为中；一家以堂为中，而厅的中央就不是中；一国以国之中为中，而堂就不是中。以此类推，何为"中"，也就可以想见了。比如禹三过家门而不入，在禹和稷的境遇下是"中"，假若他们像颜回一样居住在小巷里，就不是"中"了；颜回居住在小巷，在颜回的生存境遇下是"中"，假若颜回三过其门而不入，就不是"中"了。

【注释】

①此条出《河南程氏遗书》卷一八《刘元承手编》。时中：谓随时有中、处中，不可执一而求，即所谓权也。《礼记·中庸》谓："君子之中庸也，君子时中。"

②"如三过其门不入"等八句：禹、稷时当其治，故以济物为中；颜子时当其衰，故以独善为中。《孟子·离娄下》："禹、稷当平世，三过其门而不入，孔子贤之。颜子当乱世，居于陋巷，一箪食，一瓢饮，人不堪其忧，颜子不改其乐，孔子贤之。"禹：姒姓，亦称大禹、夏禹、戎禹，一说名文命，鲧之子。原为夏后氏部落领袖，奉舜命治理洪水，领导人民疏通

江河，兴修沟渠，治水十三年，三过家门而不入。后因治水有功，被舜选为继承人。稷（jì）：《礼记·祭法》："厉山氏之有天下也，其子曰农，能殖百谷；夏之衰也，周弃继之，故祀以为稷。"农与弃被人们奉为五谷之神，即是稷。颜子（前521—前490）：即颜渊，名回，字子渊，春秋末鲁国人，孔子学生。渊早逝，有"复圣"之称。

1·31　无妄之谓诚；不欺，其次矣①。（旧注：一本云：李邦直云"不欺之谓诚"，便以不欺为诚。徐仲车云"不息之谓诚"，《中庸》言"至诚无息"，非以无息解诚也。或以问先生，先生曰云云。②）

【译文】

无妄即是诚；毫无一念之欺，属于次一等的诚。（旧注：另一版本有：李清臣说"不欺就是诚"，于是就以不欺为诚。徐积说"不息就是诚"，《中庸》有"至诚无息"的话，但并不是以"无息"解释"诚"。有人去问程颐先生，程颐先生就说了上面的话。）

【注释】

①此条出《河南程氏遗书》卷六《二先生语六》，因李邦直云"不欺之谓诚"，徐仲车云"不息之谓诚"，故或以问程先生，而先生答之语。无妄：实理之自然，而无一毫之虚假伪妄，所以称作"诚"；不欺：知实理之当然而无一念之欺，而思"诚"，向"诚"靠拢。

②李邦直，名清臣，魏人，北宋绍圣初为中书侍郎。徐仲车，名积，楚州山阳人，以聋疾不仕，后赐谥节孝处士。

1・32　冲漠无朕，万象森然已具，未应不是先，已应不是后[①]。如百尺之木，自根本至枝叶，皆是一贯。不可道上面一段事，无形无兆，却待人旋安排引入来教人涂辙[②]。既是涂辙，却只是一个涂辙[③]。

【译文】

宇宙本体浑然一体，无形无象，但宇宙万象却栩栩如生。（本体无时间先后之分）本体的寂静状态不是先，本体的运动状态不是后。如同一棵百尺高的参天大树，从它的根到它的枝叶，浑然一体，不可分割。不能说本体先是虚空无有，等到它化生天地万象后，却要人对它们进行安排分类，教人们去寻找路脉。既然说是路脉，纵然千条万条，只是一条路脉。

【注释】

①　此条出《河南程氏遗书》卷一五《入关语录》。"冲漠无朕"等四句，叶采《集解》云："冲漠未形而万理毕具，即所谓'无极而太极'也。未应者寂然不动之时也，已应者感而遂通之时也。已应之理悉具于未应之时，故未应非先，已应非后。"冲漠无朕：犹言宇宙本体无形无象，浑然一体。冲漠：澹静貌。冲：虚空。漠：通"寞"，寂静无声。朕（zhèn）：朕兆、萌兆。无朕：指宇宙万物产生之前的虚寂状态。森然：参差布列貌。未应：指静，寂然不动的状态。已应：指动，交感流通的状态。

②　"如百尺之木"等六句：谓道有体用而非两段，犹木有根本，是生枝叶，上下一贯，未尝间断，不可道上面浑然虚空，是未应，不是先也；不是待安排引入来教人涂辙，是已应，不是后也。正如朱子所云："天只是

一元之气"（《朱子语类》卷六），此一元之气流行不息，便是大本，便是太极。上面一段事：指浑然状态的本体。旋：随后。涂辙：路脉，犹言规矩尺度。涂：同"途"，路。辙：车轮压出的痕迹。

③ "既是涂辙，却只是一个涂辙"：此处用以明上文"一贯"之意，言事虽千头万绪，而其理初无有二也。叶采《集解》云："言此理流行于气形事为之中，亦未尝有二致也。朱子曰：'如父之慈、子之孝，只是一条路，从源头下来。'"

1·33　近取诸身，百理皆具①。屈伸往来之义，只于鼻息之间见之。屈伸往来只是理，不必将既屈之气，复为方伸之气。生生之理，自然不息②。如《复卦》言"七日来复"，其间元不断续。阳已复生，物极必返。其理须如此：有生便有死，有始便有终③。

【译文】

从人体的各个组成部分看，都有其存在的各种各样的"理"。屈伸往来的含义，只要在鼻子呼吸之间就可以体验到。屈伸往来只是"理"。因此，不必把已屈之气，看成是方伸之气，万物生生不息，这是天理使然。例如《复卦》说"七日来复"，是说阴阳回圈，原本就无所谓中断可言。阳在上消落，又会在下生成出来，事物到达极端必然走向反面。这个道理就是：有生便有死，有始便有终。

【注释】

①此条出《河南程氏遗书》卷一五《入关语录》。近取诸身，谓近处取法于人自己的身体，语出《系辞下》："近取诸身，远取诸物。"

②"屈伸往来之义"等七句：叶采《集解》云："鼻息呼吸，可见屈伸往来之义。以理而言，则屈伸往来自然不息；以气而言，则不是以既屈之气为方伸之气，如释氏所谓'轮回'者也。朱子曰：此段为横渠'形溃反原'之说而发也。"张载（1020—1077），字子厚，凤翔郿县（今陕西眉县）横渠镇人，理学创始人之一，世称横渠先生，尊称张子。张载哲学本体论为气本论。认为宇宙的本体，万物的始基是气，一切万物都是由气化而来的，形态万千的万物，都是气的不同表现形态。气本无形，是为太虚。太虚之气分为阴阳。气相感相应，聚而为形质。气去而形散，复为无形。气之屈即气之去，气之伸即气之来。气之来则物禀气而生（伸、长），物之溃则气复去而返于太虚。张载同时认为人有生死，物有始终，但气是永恒的。程颐对此有所批驳，认为气是生生不息的，永恒不变的是理。所谓"生生之理，自然不息。"

③七日来复：语出《复卦》："反复其道，七日来复。"复：《说文》："往来也。"《复卦》所谓"七日"，其解有三：一谓卦气起《中孚》䷞，六日七分之后为《复》䷗；一谓过《坤》䷁六位，至《复》为七日；一谓自五月《姤》䷫一阴生，至十一月一阳生，凡七月。程、朱并取自《姤》至《复》之说。阳已复生：《复卦》䷗五阴一阳，阳在上消落已尽，又于下复生出来。返：同"反"。"如《复卦》言'七日来复'"等七句，言生生之理自然不息，无有间断，物极必返，理之自然，生死始终皆一理也。

1·34　明道先生曰：天地之间只有一个感与应而已，

更有甚事？ ①

【译文】

　　程颢先生说：天地之间除了阴阳的感与应无限循环之外，还存在着什么呢？

【注释】

　　① 此条出《河南程氏遗书》卷一五《入关语录》。甚：犹何也。朱子《语类》卷九五谓："明道言：'天地之间，只有一个感应而已。'盖阴阳之变化，万物之生成，情伪之相通，事为之始终，一为感，则一为应。循环相代，所以不已也。"

　　1·35　问仁。伊川先生曰：此在诸公自思之，将圣贤所言仁处类聚观之，体认出来 ①。孟子曰："恻隐之心，仁也。"后人遂以爱为仁。爱自是情，仁自是性，岂可专以爱为也？孟子言"恻隐之心，仁之端也" ②，既曰仁之端，则不可便谓之仁。退之言"博爱之谓仁" ③，非也。仁者固博爱，然便以博爱为仁则不可。

【译文】

　　弟子问什么是仁。程颐先生说：这需要诸位自己思考，只有把圣贤关于仁的界说与实践，统一起来思考，才有所体认。孟子说"恻隐之心即是仁"，后人于是就认为爱即是仁。爱本是情，仁本是性，怎么可以专把爱说成是仁呢？孟子说"恻隐之心是仁的开端",既然说是仁的开端,就不能说成是仁。韩愈说"博爱即是仁",错了。仁固然是博爱,但由此就认为博爱即是仁,就行不通。

【注释】

①此条出《河南程氏遗书》卷一八《刘元承手编》。情:与性相对,性是体,情是用。仁是爱之体,爱是仁之用,体发用,即表现喜怒好恶之情。体认:体,验也;认,辨识也。

②"孟子曰"与"孟子言"两段:分别见《孟子》之《告子上》与《公孙丑上》。《告子上》谓:"恻隐之心,人皆有之;羞恶之心,人皆有之;恭敬之心,人皆有之;是非之心,人皆有之。恻隐之心,仁也;羞恶之心,义也;恭敬之心,礼也;是非之心,智也。仁义礼智,非由外铄我也,我固有之也。"《公孙丑上》云:"恻隐之心,仁之端也;羞恶之心,义之端也;辞让之心,礼之端也;是非之心,智之端也。人之有是四端也,犹其有四体也"。端:开端。杨伯峻《衍注》原注云:"端,绪也,犹茧之有绪,抽之则成丝。"

③韩愈(768—824),字退之,世称韩昌黎。唐代河南河阳(今河南孟县南)人。文学上倡导古文运动,哲学上维护儒家正统。著有《昌黎先生集》。韩愈《原道》首言"博爱之谓仁"。

1·36　问:仁与心何异?曰:心譬如谷种,生之性便是仁,阳气发处乃情也。①

【译文】

弟子问:仁与心有什么区别呢?程颐说:打个比方,心即是谷种,谷种所以能生长,是因为有生之性,这个性就是仁,而谷种遇到阳气而萌芽就是情(也就是谷种生之性的发用和表现)。

【注释】

①此条出《河南程氏遗书》卷一八《刘元承手编》。叶采《集解》解此条云:"以谷种喻心,生之性,便是爱至理;阳气发处,便是恻隐之情。"

1·37　义训宜,礼训别,智训知,仁当何训?说者谓训觉、训人,皆非也①。当合孔孟言仁处大概研究之,二三岁得之,未晚也②。

【译文】

义解释为合宜,礼解释为区别,智解释为知道,仁应当如何解释?有人说应该解释为觉悟或解释为人,这两种解释,都不对。应该从孔孟关于仁的解释的基本观点出发,全面地进行研究、思考、实践,能够用两三年时间把握仁的真谛,并不算晚。

【注释】

①此条出《河南程氏遗书》卷二四《邹德久本》。"义训宜"等六句:张伯行《集解》云:"仁义礼智,皆吾心之天理,而仁包乎三者,其道至大,故三者易训,而仁难训。训,犹解也,以此字之义通乎彼字之义而得其解也。""有以'觉'训仁者,谓仁无物欲之蔽,疾痛疴痒,触之即

觉。夫觉自是智之用,仁可兼智,故仁者无所不觉耳,究不足以尽仁之蕴也。""又有以'人'训仁者,谓天地生生之理,以人体之,则恻怛慈爱之意自无间断。夫仁固以人为体,然人是气,仁是理,理从气上识取,认气为理,其说亦非。"

　　② 大概:大略,基本的内容。

　　1·38　性即理也。天下之理^①,原其所自,未有不善^②。喜怒哀乐未发,何尝不善? 发而中节,则无往而不善,发不中节,然后为不善。故凡言善恶,皆先善而后恶;言吉凶,皆先吉而后凶;言是非,皆先是而后非。(旧注:《易传》曰:"成而后有败,败非先成者也。得而后有失,非得何以有失也?")

【译文】

　　性即是理。天下的理,推求其本原的性质,没有不是善的。喜怒哀乐没有表现出来时,哪里有什么不是善的呢? 表现出来以后全都符合法度,那么无论在哪里,没有不是善的。喜怒哀乐表现出来不符合法度,才是不善的。因此,凡说善恶,都是先说善而后说恶;说吉凶,都是先说吉后说凶;说是非,都是先说是后说非。(旧注:《易传》说:"成就了以后才会有失败,失败不会在成就的前面。得到后会有失去,没有得到怎么会有失去呢?")

【注释】

　　① 此条出《河南程氏遗书》卷二二上《伊川杂录》。性即理也:朱子《语类》卷五云:"伊川'性即理也',横渠'心统性情',二句颠扑不破。"

②原：推求，察究。自：原来的样子，本然面目。

1·39　问：心有善恶否①？曰：在天为命，在义为理，在人为性，主于身为心，其实一也②。心本善，发于思虑，则有善有不善。若既发，则可谓之情，不可谓之心③。譬如水，只可谓之水；至如流而为派④，或行于东，或行于西，却谓之流也。

【译文】

问：心是否有善恶呢？程颐回答说：（永恒变化中）体现为天道的，是命；（伦常日用中）体现为当然之义的，是理；天理在人身上体现出来的本质，是性；人一身的主宰，是心；命、理、性、心，它们实际是一个东西。心本来即善，心表现于思虑，那么就有善与不善的区别了。假如说心的思虑已经展现出来，那就可以说是情（是用），而不能说是心（是体）了。例如水只是水，流淌过程中分为若干支流，有的流向东，有的流向西，这种变化，就称作流。

【注释】

①此条出《河南程氏遗书》卷一八《刘元承手编》。此问为刘安节问程颐。

②"在天为命"等五句：李文炤《集解》云："在义为理，言事物当然之宜，即理之所在也。"又引"潜室陈氏曰：'理对义言，理为体而义为用；理对道言，则道为体而理为用。'"

③ "心本善" 等六句：此因心而推本言之，见心无不善也。叶采《集解》解云："推本而言，心岂有不善？自七情之发，而后有善恶之分。朱子曰：'既发，不可谓之非心，但有不善，则非心之本体。'" 本善：指心之本体而言。既发：承发于思虑而言。

④ 派：水的分流。

1·40　性出于天，才出于气①。气清则才清，气浊则才浊。才则有善有不善，性则无不善。

【译文】

　　人的本性源于天理，人的才质源于气。气清醇，才质就清醇；气昏浊，才质就昏浊。才质有善也有不善，而本性就没有不善。

【注释】

　　① 此条出《河南程氏遗书》卷一九《杨遵道录》。叶采《集解》云："性本乎理，理无不善；才本乎气，气则不齐。故或以之为善，或以之为恶。孟子曰：'若夫为不善，非才之罪也。'" "才" 有二义：一训才质，犹言材料质干，以体言；一训才能，犹言其会做事，或不会做事，以用言。

1·41　性者，自然完具①。信，只是有此者也，故四端不言信②。

【译文】

　　性（是人心中的天理），人天然完全毕具仁义礼智信之天理

（毫无亏欠）。所谓"信"，无非是说天理真实存在于人心中，因此，孟子只说仁、义、礼、智四端，而不说"信"。

【注释】

①此条出《河南程氏遗书》卷九《少日所闻诸师友说》。"性者，自然完具"：即性是人心中的自然天理，完全毕具了仁义礼智信五德，无所亏欠。

②"信"等三句：所谓信，实兼仁义礼智，非仁义礼智之外别有所谓信。故四端不言信，信已立于四端之中了。信：即诚，实理也。四端：指仁、义、礼、智四种道德观念的端绪、萌芽。《孟子·公孙丑上》："恻隐之心，仁之端也；羞恶之心，义之端也；辞让之心，礼之端也；是非之心，智之端也。人之有是四端也，犹其有四体也。"

1·42　心，生道也，有是心斯具是形以生^①。恻隐之心，人之生道也^②。

【译文】

心是生命的本原和主宰，有这个心就有形有象，就有生命的产生。恻隐之心，是人的生命的本原和主宰。

【注释】

①此条出张载《河南程氏遗书》卷二一下《附师说后》。"心，生道也"：此言生人之道，也即人之心以生为道也，道即理，即本原和主宰，即所谓仁。"有是心，斯具是形"：此言人道是心，即就生人之道言之。心

含理与气,有虚灵知觉。

②"恻隐之心,人之生道也":有恻隐之心,故凡疾痛疴痒触着便动,自然生意周流无间,故曰"人之生道"。

1·43　横渠先生曰:气坱然太虚^①,升降飞扬,未尝止息。此虚实动静之机,阴阳刚柔之始。浮而上者阳之清,降而下者阴之浊。其感遇聚结,为风雨,为霜雪,万品之流行,山川之融结。精粕煨烬,无非教也。^②

【译文】

张载先生说:气弥漫于太虚之中,它上升、下降、飞扬,从不停止运动。它虚虚实实、动静交感的妙用,确立了阴、阳、刚、柔的性质。飘浮在上的是清醇的阳气,沉降在下的是昏浊的阴气。阴阳感应、交通、聚汇、散发,就形成风雨、霜雪,也就有万事万物的存在、流布,也就有山川消融与聚结。就是酒的糟粕,经火煨烬之后,也是气的渣滓,(消长变化,生生不穷,皆道体之流行)无非是对人的教化。

【注释】

① 此条出张载《正蒙·太和篇》。坱(yǎng):尘埃。坱然:盛大氤氲之义。太虚:一指虚空,一指气的存在状态。张载《正蒙·太和篇》:"太虚不能无气,气不能不聚而为万物,万物不能不散而为太虚。"

② 叶采《集解》解此条云:"坱然太虚,周流山下,亘古穷今,未尝止息者,元气也。虚实动静,妙用由是而形,故曰极。阴阳刚柔,定体由

是而立,故曰始。判而为上下清浊,合而为风雨霜雪;凝而为人物山川之形质,散而为糟粕煨烬之查滓。消长万变,生生不穷,皆道体之流行,故曰无非至教。"糟:酒滓也。粕:许慎云:"已漉粗糟也"。煨烬:火馀也。无非教也:言无非天地所以为教者也。

1·44　游气纷扰①,合而成质者②,生人物之万殊;其阴阳两端,循环不已者③,立天地之大义。

【译文】

流行的气参差纷扰,气氤氲交合,生成形质,构成千差万别的人和万事万物;气的阴阳两极,相互感应,循环不已,建立起天地间根本的法则。

【注释】

①此条出张载《正蒙·太和篇》。游气:游离之气,指太和阴阳之气循环而游。纷扰:参差不齐。

②合:氤氲交合。质:形质。

③"阴阳两端,循环不已":《朱子语类》卷九十八云:"昼夜运而无息者,便是阴阳两端。"

1·45　天体物不遗,犹仁体事而无不在也①。"礼仪三百,威仪三千②",无一物而非仁也;"昊天曰明,及尔出王,昊天曰旦,及尔游衍③",无一物之不体也。

【译文】

上天生成万物，无一遗漏，正如万事由仁心做成一样，无所不在。"礼仪三百，威仪三千"，没有一条不是仁的体现。"广大无边的上天多么明朗，和你一道同来往，广大无边的上天刚刚明亮，和你一起同游逛"，（由上可知）没有一样东西不被天体察啊。

【注释】

① 此条出张载《正蒙·天道篇》。天体物不遗：语出《礼记·中庸》："子曰：'鬼神之为德，其盛矣乎？视之而弗见，听之而弗闻，体物而不可遗。'"《朱子语类》卷九八云："理者物之体，仁者事之体。事事物物，皆具天理，皆是仁做得出来。"体，犹生也。体物，犹言干事。

② "礼仪三百，威仪三千"：语出《礼记·中庸》："优优大哉！礼仪三百，威仪三千，待其人然后行。"礼仪：礼节的主要规则、仪式，又称礼经。威仪：典礼中的动作规范及待人接物的礼节，又称曲礼。

③ "昊天曰明"等四句：语出《诗经·大雅·板》。昊：广大无边。王（wǎng）：同往。旦：明也。衍：从容。

1·46　鬼神者，二气之良能也。①

【译文】

所谓鬼神，就是阴阳二气自然地屈伸往来，本于自然的交感相应。

【注释】

　　① 此条出张载《正蒙·太和篇》。鬼神：以一气言，则至而伸者为神，反而归者为鬼。二气：即阴阳。良能：自然而然、本然之善也，语出《孟子·尽心上》："人之所不学而能者，其良能也。"这里借指阴阳二气相互作用，本于自然。江永《集注》云："问：'鬼神是功用良能。'曰：'但以一屈一伸看，一伸去便生许多物事，一屈来更无一物，便是良能功用。'"

　　1·47　物之初生，气日至而滋息 ①；物生既盈，气日反而游散 ②。至之谓神，以其伸也 ③；反之谓鬼，以其归也 ④。

【译文】

　　万物萌芽时，所禀之气每日每时弥漫着，因此万物得以生长；等到它们壮大而走向衰老时，气就不断地离开返归太虚。气来称为神，因为它表现为伸展生长；气之返回称为鬼，因为它表现为回归。

【注释】

　　① 此条出张载《正蒙·动物篇第五》。《朱子语类》卷六三谓："造化之妙，不可得而见，于其气之往来屈伸者足以见之。微鬼神，则造化无迹矣。横渠'物之初生'一章，尤说得分晓。"滋息：生长。

　　② 盈：满、溢。游散：消而就尽也。

　　③ 伸：指气之方长者。反：同"返"，离开。

　　④ 归：指气之已退者。

1·48　性者，万物之一源，非有我之得私也；惟大人为能尽其道，是故立必俱立，知必周知，爱必兼爱，成不独成。彼自蔽塞而不知顺吾理者，则亦未如之何矣。①

【译文】

　　性是万物唯一的本原，并非为我一人所独有，只有德行崇高的圣人能懂得万物同性之道，我与万物合一。因此，圣人要立身，一定同时使所有的人都能立身；自己懂得道，同时会使所有的人都懂道；圣人的爱一定是博爱；圣人也不独自成就自己。（尽管如此）但那些偏狭蔽塞的人不知道顺应天理，就不知其会走入什么样的歧途了。

【注释】

　　① 此条出张载《正蒙·诚明篇第六》。张伯行《集解》解此条云："此言性为人所同得，而大人近性之，非以自私也。万物本乎天，天所命之理是为性，如水有万派，其源则一，非我所得私。但人皆有性而莫之能尽，惟大人能尽己之性，则能尽人之性。"大人：圣人。《荀子·成相》："大人哉舜，南面而立万物备。"

1·49　一故神①，譬之人身，四体皆一物，故触之而无不觉，不待心使至此而后觉也，此所谓"感而遂通，不行而至，不疾而速也。"②

【译文】

一即是神,(随感而通)如同人的四肢,只是统一的有机体的组成部分,不可分割。因此,触摸四肢,四肢就没有感觉不到的,不需要等待心发布命令后才有感觉。这就是《易·系辞上》所说的"感应就能通晓,不行动却能达到目的,不加快速度却迅速无比。"

【注释】

①此条出张载《横渠易说·系辞上》。一故神:意犹一动一静互为其根,或谓体一而用神。语出《正蒙·参两篇》:"一物两体,气也;一故神,两故化,此天之所以参也。"江永《集注》云:"问:'一故神。'朱子曰:'一是一个道理,却有两端用处不同。譬如阴阳。阴中有阳,阳中有阴,阳极生阴,阴极又生阳,所以神化无穷。'"

②"感而遂通"等三句:语出《易·系辞上》:"《易》无思也,无为也,寂然不动,感而遂通天下之故。……唯神也,故不疾而速,不行而至。"张载所引有所省略,顺序亦有不同。

1·50　心,统性情者也。①

【译文】

心是统摄性与情的。

【注释】

①此条出张载《拾遗·性理拾遗》。张载《正蒙·太和》谓:"合性与

知觉,有心之名。"张伯行《集解》云:"此言人心之妙,包乎性情。……朱子曰:'未动为性,已动为情,心则贯乎动静而无不在。'"

1·51　凡物莫不有是性,由通蔽开塞,所以有人物之别;由蔽有厚薄,故有智愚之别。塞者,牢不可开;厚者,可以开而开之也难。薄者,开之也易,开则达于天道,与圣人一。①

【译文】
　　大凡天地万物无不有性,但由于存在通畅遮蔽开阔闭塞的不同,因此就有人与物的差别。由于遮蔽的程度有轻有重,因此人就有智愚的差别。闭塞的东西,极其牢固而不可开启;而遮蔽严重的人,可以开启,但开启十分困难。遮蔽较轻的人,开启就比较容易,开启就能最终上达于天道,与圣人相同了。

【注释】
　　① 此条出张载《拾遗·性理拾遗》。塞者:牢不可开,谓物也。厚者:开之难,谓愚也。薄者:开之易,谓智也。叶采《集解》解此条云:"有是气必有是理,此人与物之所共也。由气有通蔽开塞,故有人物之异;由蔽有厚薄,故人又有智愚之异。塞者,气拘而填实之也,故不可开,此言物也;蔽者,但昏暗而有所不通,皆可开也,顾有难易之分耳。及其既开,则通乎天道,与圣人一,此言人也。"

近思录卷之二

论学

凡一百一十一条

2·1　濂溪先生曰：圣希天，贤希圣，士希贤^①。伊尹、颜渊，大贤也^②。伊尹耻其君不为尧舜，一夫不得其所，若挞于市^③；颜渊"不迁怒，不贰过"，"三月不违仁"^④。志伊尹之所志，学颜渊之所学。过则圣，及则贤，不及则亦不失于令名。

【译文】

周敦颐先生说：圣人效法天道，贤人效法圣人，士人效法贤人。伊尹和颜回均为大贤人。伊尹把不能使自己的君主成为尧舜看成是自己的耻辱，认为只要有一个人达不到应达到的境界，就好像自己在集市上受到鞭打一样；颜回"不迁怒于人，不犯同样的错误"，"能够长期恪守仁德"。士人应该树立像伊尹一样的宏伟志向，学习像颜回一样的学习方向。超过他们，就是圣人，达到他们的境界，就是贤人，即使赶不上他们，也不会丧失士人的名节。

【注释】

①此条出周敦颐《周子通书·志学第十》。圣希天：朱子《语类》卷九四：“问：‘圣希天。’若论圣人，自与天相似了。得非圣人未尝自以为圣，虽已至圣处，而犹戒慎恐惧，未尝顷刻忘所法则否？曰：不消如此说。天自是天，人自是人，终是如何得似天？自是用法天。”希：字本作“睎”，望也，效法也。“贤希圣，士希贤”：张习孔《传》云：“希圣希贤者，志学兼励。有此志，必务此学，自成此志。”

②伊尹：名伊，尹是官名；一说名挚。商汤时贤臣，曾助汤攻灭夏桀。

③“伊尹耻其君不为尧舜”等三句：语出《尚书·说命下》：“王曰……，昔先正保衡作我先王，乃曰：‘予弗克俾厥后惟尧舜，其心愧耻，若挞于市。’一夫不获，则曰：‘时予之辜。’”保衡，即伊尹。

④“不迁怒，不贰过”：语出《论语·雍也》：“鲁哀公问：‘弟子孰为好学？’孔子对曰：‘有颜回者好学，不迁怒，不贰过。不幸短命死矣，今也则亡。’”此为孔子对颜回的评价。颜渊，名回，孔子弟子。三月不违仁：语亦出《论语·雍也》：“子曰‘回也，其心三月不违仁，其余则日月至焉而已矣。’”张伯行《集解》云：“颜渊居于陋巷，乐仲尼之道，其承夫子克复之教，遂能纯养其心性，至于不迁不贰，惩忿深而改过勇，何私欲之净耶！三月不违，历时久而心理纯，何天德之刚耶！读《论语》而见其孜孜好学，以夫子为归，是颜渊之希圣也。”

2·2　圣人之道，入乎耳，存乎心，蕴之为德行①，行之为事业。彼以文辞而已者，陋矣②。

【译文】

圣人的仁道精神，耳朵里听进去，存留于心中，把仁德蕴含于自身，（日积月累）使之成为美好的德行。在日常人伦中践行这种德行，从而成就宏伟的事业。那些仅仅把圣人精神看成是文章词采的人是多么浅陋啊。

【注释】

①此条出周敦颐《周子通书·陋第三十四》。蕴（yùn）：积累，藏蓄。德行：茅星来《集注》云："'德行'之'行'，去声。陈氏曰：'圣人之道，仁义中正而已。以此积于中为德行，道之体也；发于外为事业，道之用也。'"

②"彼以文辞而已者，陋矣"：叶采《集解》引朱子语谓："欲人真知道德之重，而不溺于文辞之陋也。"张习孔《传》则谓："徒以文辞者，原未知圣道，求圣道者，当思'蕴'字是何诣境。"

2·3　或问：圣人之门，其徒三千，独称颜子为好学①。夫《诗》《书》六艺②，三千子非不习而通也，然则颜子所独好者，何学也？伊川先生曰：学以至圣人之道也③。圣人可学而至欤？曰：然。学之道如何？曰：天地储精，得五行之秀者为人④。其本也真而静，其未发也五性具焉，曰仁、义、礼、智、信⑤。形既生矣，外物触其形而动于中矣，其中动而七情出焉，曰喜、怒、哀、乐、爱、恶、欲。情既炽而益荡，其性凿矣⑥。是故觉者约其情使合于中⑦，正其心，养其性；愚者则不知制之，纵其情而至于邪僻，梏其性而亡之⑧。然学之道，必先明诸心，知所养，然后力行以求至，所谓"自明而诚"也⑨。诚之之道⑩，在乎信道笃，信道笃则行之果，行之果则守之固。仁义忠信不离乎心，造次必于是，颠沛必于是⑪，出处语默必于是⑫，久而弗失，则居之安，动容周旋中礼，而邪僻之心无自生矣。故颜子所事，则曰："非礼勿视，非礼勿听，非礼勿言，非礼勿动。"⑬仲尼称之，则曰："得一善，则拳拳服膺而弗失之矣。"⑭又曰："不迁怒，不贰过。""有不善未尝不知，知之未尝复行也。"⑮此其好之、笃学之道也。然圣人则不思而得，不勉而中⑯，颜子则必思而后得，必勉而后中；其与圣人相去一息。所未至者，守之也，非化之也。以其好学之心，假之以年⑰，则不日而化矣。后人不达，以谓圣本生知，非学可至，而为学之道遂失。不求诸己而求诸外，以博闻强记、巧文丽辞为工，荣华其言，鲜有至于道者，则今之学与颜子所好异矣。⑱

【译文】

有人问：孔子门下有三千弟子，唯独称赞颜回好学。《诗》《书》六艺，三千弟子并非没有学习而通晓的，然而却说只有颜回一人好学，颜回学的是什么呢？程颐先生回答说：是通过学习达到与圣人同一的境界。又问：圣人境界可以通过学习而达到吗？回答说：是这样。学习的方法和路径是什么呢？回答说：天地储藏阴阳五行之精粹，能够禀受五行秀气的就是人。人的本质真诚无妄、淡然而静，在其原始虚静的状态中，已具备了仁、义、礼、智、信五个本善之性。人生长出来后，就有形质（有了五官四肢等），外在的东西触及人的形体器官，就会引起回应，由此人就会生发七种不同的情感，称为喜、怒、哀、乐、爱、恶、欲。人的情欲达到炽烈的程度后就会更加放荡，（其结果是）人的本性受到戕害。因此，觉悟的人会约束自己的情感，使它的表现合于中道，并且通过端正自己的内心，从而养育自己的本性；愚蠢的人则不知道控制自己的情感，放纵自己的情欲，甚至达到邪侈放僻的程度，致使他们最后一点善的本性也受到束缚以至消亡了。这样看来，要了解学的方法，必须首先明白了然于心，知道自己养成的方向，这样以后才能通过自己的实践以达到自己的目标。这就是所说的"通过明白事理而达到诚的境界"的道理。要使自己做到诚，根本方法在于笃信天道，笃信天道行为就必然果断，行为果断操守就必然坚定。仁义忠信之道不离开身心，急遽苟且的时候一定牢记仁义忠信，颠沛流离中不忘仁义忠信，出仕、隐退以及说话还是沉默时，都会恪守仁义忠信之道。长久地坚持仁义忠信而不丢失它，那么，饮食起居就会安详自如，一举一动、与人交际应酬就会符合礼仪，而邪僻的念头也就无从滋生了。因此，颜回问实践仁德应该怎么做时，孔子就回答说："不合于礼的事不看，不合于礼的事不听，不合于礼的事不说，不合于礼的事不做。"孔子称赞颜回时就说："颜回得到一条善理，就会牢牢地记在心上，不让它失去。"还说："颜回不把怒气迁移到别人身上，不犯同样的错误。""有过错没有认识不到的，认识到了再不会重犯。"上面所说这些，大概就是喜欢仁道、笃学仁道的方法吧。然而圣人则与颜回不同，圣人不思考就能达到仁道，不努力就已经符合中道；而颜回就必须通过思考然后才能体悟仁道，必须通过努力然后才能符合仁道。颜回与孔子的差距，只在瞬息之间。颜回之所以未能达到圣人的境界，因为他只能谨守仁道，还没有达到化的程度。按照颜回好学不倦的内心追求，只要多给他一些年岁，那么，时间不长他就会达到化境了。后人达不到圣人的境界，以为圣人原本生来就能什么都懂，不是通过学可以达到的，于是，为学之道就消失了。那些不从内心严格要求自己，一味追求外在得失，以为博闻强记、巧文丽辞是学问之工，一味把言辞修饰得繁富华丽的人，几乎不会有达到圣人之道的。那么现在人所谓的学与颜回的追求真是有很大的不同啊。

【注释】

　　① 此条出《河南程氏文集》卷八《杂著·颜子所好何学论》。独称颜子为好学：事见《论语·雍也》："哀公问：'弟子孰为好学？孔子对曰：'有颜回者好学，不迁怒，不贰过，不幸短命死矣，今也则亡，未闻好学者也。'"

　　② 六艺：一指六经，一指礼、乐、射、御、书、数六艺，此指后者。《史记》曰：孔子"弟子盖三千焉，身通六艺者七十二人。"

　　③ 学圣人之道：道者，方法之谓，言学以至乎圣人之方法也。下文言学之道与学之得，其道皆此意。

　　④ "天地储精，得五行之秀者为人"：叶采《集解》谓："人物万殊，莫非二气五行之所为也。然人则得其精且秀者，是以能通于道而为圣为贤。"储：凝也，即所谓妙合而凝之义。精：即《太极图说》所谓"二五之精"。二为阴阳；五为五行，或谓仁义礼智信五德。

⑤ "其本也真而静"等三句：江永《集注》引朱子云："其本也真而静，是说未发。真便是不杂，无人伪，静便是未感。""'真''静'两字不同。真指本体而言，静但言其初未感乎物。未发，即静之谓。五性，即真之谓。仁义礼智信者，未发之蕴，而性之真也。"

⑥ 七情：见《礼记·礼运》，言人有七情，曰："喜、怒、哀、乐、爱、恶、欲。"凿：斫害也。

⑦ 觉：觉其情荡性凿也。约：检束、收束也。

⑧ 纵其情：谓不正其心也。梏其性：谓不养其性也。梏（gù）：犹桎梏，拘禁、束缚也。

⑨ 知所养：养，一作"往"。《朱子语类》卷三〇云："一本作'知所养'，恐'往'字为是。'往'与'行'相应。"自明而诚：语出《礼记·中庸》："自诚明，谓之性；自明诚，谓之教。"自明而诚，意谓通过学习教化而明白事理，最后达到与"诚"（天道）合一的境界。

⑩ 诚之之道：语出《礼记·中庸》："诚者，天之道。诚之者，人之道也。"诚之：使之诚，使自己做到"诚"。

⑪ "造次必于是，颠沛必于是"：语出《论语·里仁》："子曰：'君子无终食之间违仁，造次必于是，颠沛必于是。'"造次：急遽苟且之时。颠沛：倾覆流离之际。意谓急遽苟且与颠沛流离的时候也与仁德在一起。

⑫ 出处：出，出仕；处，隐退。

⑬ "非礼勿视"等四句：语出《论语·颜渊》，为孔子对颜渊提问的回答。

⑭ "得一善，则拳拳服膺而弗失之矣"：语出《礼记·中庸》："子曰：'回之为人也，择乎中庸。得一善，则拳拳服膺而弗失之矣。'"拳拳服膺：牢牢放在心上。拳拳：奉持之貌。服：犹佩也，放置。膺：胸口。

⑮ "有不善未尝不知,知之未尝复行也":语出《易·系辞下》:"子曰:'颜氏之子,其殆庶几乎。有不善未尝不知,知之未尝复行也。'"

⑯ "不思而得,不勉而中":语出《礼记·中庸》:"诚者,不勉而中,不思而得,从容中道,圣人也。"程颐所引顺序不同。意谓不用思考,无须努力,就能合于天道。

⑰ 假:给予。年:年岁,时日。

⑱ "后人不达"等十句:言后世剩下无传,不知反身修德,徒以记问、词章为学,去道远矣。博闻强记:指训诂之学。巧文丽辞:指辞章之学。鲜:上声。

2·4　横渠问于明道先生曰:定性未能不动,犹累于外物,何如? 明道先生曰:所谓定者,动亦定,静亦定,无将迎,无内外①。苟以外物为外,牵己而从之,是以己性为有内外也;且以性为随物于外,则当其在外时,何者为在内? 是有意于绝外诱,而不知性之无内外也,既以内外为二本,则又乌可遽语定哉②? 夫天地之常,以其心普万物而无心;圣人之常,以其情顺万事而无情。故君子之学,莫若扩然而大公,物来而顺应。《易》曰:"贞吉悔亡,憧憧往来,朋从尔思③。"苟规规于外诱之除④,将见灭于东而生于西也,非惟日之不足,顾其端无穷,不可得而除也。人之情各有所蔽,故不能适道,大率患在于自私而用智⑤。自私则不能以有为为应迹⑥,用智则不能以明觉为自然。今以恶外物之心,而求照无物之地,是反鉴而索照也⑦。《易》曰:"艮其背,不获其身,行其庭,不见其人。"⑧孟子亦曰:

"所恶于智者，为其凿也。"⑨与其非外而是内，不若内外之两忘也。两忘则澄然无事矣⑩。无事则定，定则明，明则尚，何应物之为累哉？圣人之喜，以物之当喜；圣人之怒，以物之当怒。是圣人之喜怒，不系于心而系于物也。是则圣人岂不应于物哉？乌得以从外者为非，而更求在内者为是也⑪？今以自私用智之喜怒，而视圣人喜怒之正为何如哉？夫人之情，易发而难制者，惟怒为甚，第能于怒时遽忘其怒⑫，而观理之是非，亦可见外诱之不足恶，而于道亦思过半矣。

【译文】

张载问程颢先生说：要稳定本性但还做不到内心不动，好像受到外面东西的牵累，怎么办呢？程颢先生回答说：所说的定性，心动是定，静也是定。（稳定的本性）无离去与返回之分，也没有内与外之别。假如把外物做为外，牵引自己去顺从它，这样看，即是认为自己的本性有内外之分。进一步说，如果认为本性顺随外面的东西在外，那么，当本性在外时，在内的是什么呢？这样看，就是有意图地拒绝外面东西的引诱，而不知道本性并无内外之分。既然认为内与外是两个不相关的东西，又怎么可以急切地说所谓"定"呢？天地之所以永恒，是因为天地以其博大心胸普育万物而无私心；圣人之所以永恒，是因为圣人以其博大情怀顺应万事而无私情。因此，君子所要学的，无非是达到不存一毫私念的扩然大公境界，一切外物都能顺应。《咸卦》九四爻辞说："贞卜吉利，无所悔恨。即使你心意不安、思虑不绝，朋友们都会顺从你的意旨。"如果拘泥于根除外在事物的诱惑,结果必然是东边的引诱消除了,西边的引诱又出现了。非但没有充足的时间,而且外在事物的端绪无穷无尽无法顾及,那怎么可能有办法除绝呢? 人的情感各有被蒙蔽的地方,所以不能适应天道,(之所以如此)大概其害在于人的自私和运用机心。自私就不能以自己所作出的行动反应来顺应事物本来的面目;用智就不能把天然明觉的智慧观照作为自然之理。现在以厌恶外在事物的态度来关照和寻求纯粹的内在本性,如同拿镜子的背面来照东西一样。《艮卦》说:"人的背部静止了,全身就静止了。行走在庭院中,也不会看见那里的人。"孟子也说:"人们之所以厌恶机心,因为它往往穿凿附会(与自然相悖)。"与其否定"外"而肯定"内",不如内外都忘却。忘却内外是非之别,就能够达到澄然无事状态,澄然无事则稳定,稳定则明达,明达则境界高远。如此,应遇天地万物,还有什么牵累可言呢? 圣人欣悦喜欢,是因为事物应当欣悦喜欢才喜欢;圣人愤怒,是因为事物应当愤怒才愤怒。因此,圣人的喜和怒,不决定于自己内心而决定于物。圣人怎么可以不顺应万事万物呢? 但又不能说顺应于外就不对,换过来求于内就是正确的呢? 现在用出于自私机心的喜怒,来关照认识圣人大公正当的喜怒之情怎么可以呢? 人的七情中,容易发作而又难以控制的感情,只有怒最重。但如果能在发怒时立刻忘掉怒本身,进而体察发怒本身的是非曲直。这样,就能够懂得外在事物的诱发不能毁损本性,不足以厌弃,而且对"道"的真谛的体悟也就得到大半了。

【注释】

①此条出《河南程氏文集》卷二《书记·答横渠张子厚先生书》。"所谓定者"等三句：杨伯嵒《衍注》原注云："心斋坐忘，百念俱泯者，定也。酬酢万变，方寸不扰者，亦定也。人知'动亦定、静亦定'之理，则死生祸福，穷达荣辱，岂足为此性之累哉！"定：本稳定意，此处"定"者，言德行立也。德行既立，则动静常定，何动之有？将迎：送迎。将：送。无将迎者，不为外物所累也。

②遽（jù）：匆忙、忽然。

③"贞吉悔亡"等三句：语出《咸卦》九四爻辞。贞吉：占吉。憧憧：往来不绝，指心意不安、思虑不绝。朋：朋友。茅星来《集注》云："此节引《易》以见外物不可去之意。上文'廓然大公'，便是贞也。'物来顺应'，则吉而悔亡矣。若'规规于外诱之除'，所谓'憧憧往来'也。'灭于东而生于西'，则'朋从尔思'矣。"

④规规：浅陋拘泥貌。《庄子·秋水》："子乃规规然而求之以察，索之以辩。"陶潜《饮酒》诗之十三："规规一何愚，兀傲差若颖。"

⑤智：机巧、机心。

⑥应迹：应世之迹、应事物之迹。此指因物之来而应之，非有心也。

⑦鉴：镜子之别名。反鉴：镜子的背面。

⑧"艮其背"等四句：语出《艮卦》卦辞。艮（gèn）：止。背：指《艮卦》卦中两阳爻。背对外界不与外物接，不动其心。杨伯嵒《衍注》原注云："背者，人之所不见也。庭者，接物之地也。'艮其背，不获其身'，则内观无我；'行其庭，不见其人'，则外观无物。岂非'动亦定，静亦定'者乎？"

⑨"所恶于智者，为其凿也"：语出《孟子·离娄下》。意谓人们之所

以厌恶机巧，因为它往往穿凿附会，背离自然。凿：穿凿、牵强。

⑩ 两忘：语出《庄子·大宗师》："与其誉尧而非桀也，不如两忘而化其道。"澄然无事：淡漠无为也，近庄子坐忘之境。

⑪ 更：换。

⑫ 第：但、只。

2·5　伊川先生《答朱长文书》曰 ①：圣贤之言，不得已也。盖有是言则是理明；无是言，则天下之理有阙焉 ②。如彼耒耜陶冶之器 ③，一不制，则生人之道有不足矣。圣贤之言，虽欲已，得乎？然其包涵尽天下之理，亦甚约也 ④。后之人始执卷，则以文章为先，平生所为，动多于圣人。然有之无所补，无之靡所阙，乃无用之赘言也 ⑤。不止赘而已，既不得其要，则离真失正，反害于道，必矣。来书所谓欲使后人见其不忘乎善，此乃世人之私心也。夫子"疾没世而名不称焉"者 ⑥，疾没身无善可称云尔，非谓疾无名也，名者可以厉中人 ⑦。君子所存，非所汲汲 ⑧。

【译文】

程颐先生《答朱长文书》说：自古圣贤的垂世之言，都是不得已而说出来的。因此，有圣贤的这些话，那么天理就可以昭示于天下；无圣贤的这些话，天理就有欠缺。就像那农具陶器一样，一件不制造出来，那么人们的日常生活、生产就有欠缺和不足。圣贤的这些垂世之言，即使是不想说，能做到吗？他们说了，然而却囊括了天下之理，而且是十分简洁的。后人从开始读书起，就把写文章作为第一等的大事，他们一生所作的文章，所作的事情，动辄比圣人还多。然而这些东西存在，对世道人心没有什么补益；不存在，对世道人心也没有什么欠缺，它们全是无用的废话。而且这些东西不仅仅是无用的废话，它们不仅繁琐冗长，不切要旨，而且背离真理，丧失正义，反而会造成对"道"的损害，事实一定会是这样。你来信所说的希望让后人读到你的文章而记住你的善意，这是世俗人私心的表现。孔子"引以为恨的是终身不被人称颂"，但他恨的是善没有被人称颂，而不是恨名声不被称颂。名声可以鼓励中等材质的人。君子追求的是圣贤境界，因此，名声不是君子汲汲欲求的东西。

【注释】

①　此条出《河南程氏文集》卷九《事启·答朱长文书》，由原书摘编而成。朱长文（1039—1098），字伯原，号乐圃，苏州吴县人。未冠，举嘉祐四年进士乙科，以病足不肯试，筑室乐圃坊，著书阅古。"乐圃坊"藏书多有珍本秘笈，于是闻名于京师。吴人化其贤，士大夫过者，以不到乐圃为耻。著有《吴郡图经续集》《琴台记》《乐圃馀稿》《乐圃集》等。

②　阙：同"缺"，空缺。

③　耒耜（lěi sì）：农具的统称。柄曲木曰耒，末端刃曰耜。

④　约：简明、简要。

⑤　靡（mǐ）：无。赘（zhuì）：多余的，无用的。无益之言为赘，如人身之赘胧也。

⑥　疾没世而名不称焉：语出《论语·卫灵公》："子曰：'君子疾没世而名不称焉。'"疾：痛恨。

⑦ 名者可以厉中人："中人"语出《论语·雍也》："子曰：中人以上可以语上也，中人以下不可以语上也。"后世随为性分上、中、下之三品，中人之性可善可不善。厉：同"励"，鼓励。

⑧ 汲汲：形容心情急切的样子，热中、急于得到。

2·6　内积忠信，所以进德也；择言笃志，所以居业也①。知至至之，致知也，求知所至而后至之②。知之在先，故可与几③。所谓"始条理者，知之事也。"知终终之④，力行也；知所终则力进而终之。守之在后，故可与存义。所谓"终条理者，圣之事也。"⑤此学之始终也。

【译文】

人应该以忠信为本，以培养自己的品德；该说的话就说，不该说的话就不说，使自己志向坚定，这是操守自己事业的立足点。"知"产生后就要运用它，这就是"致知"，也就是说，要先了解"知"所以产生的途径，然后运用它。只有先获得了对事物的认识，由此才可以了解事物发展变化的征兆。所谓奏乐中，节奏旋律的开始，即是"知"的体现。"知"可以完结就应该完结它，尽力转化为行动实践。换言之，知道事情能够完成，就应该努力通过自己的行动，最终完成它。事业完成之后，能够忠实地守护，就能够保存道义。所谓奏乐中，能使节奏旋律完满终结，即是"圣"的体现。我们所说的"学"，无非是一个知行并进，自始至终的过程而已。

【注释】

① 此条出《周易程氏传》卷一《乾传》。"内积忠信"等四句：语出《乾卦·文言》："子曰：'君子进德修业。忠信，所以进德也；修辞立其诚，所以居业也。'""修辞立其诚"即程颐所谓"择言笃志"。居业：建立功业。

② 知至至之：语出《乾卦·文言》："知至至之，可与几也；知终终之，可与存义也。""知至至之"以下，基本上是《乾卦·文言》和《孟子·万章下》中的原话，程颐把两者结合起来，交叉引用，以相互发明。知至至之：前"至"字，名词，意谓到来的时机。知至：即知道时机到来了（此从认识角度看）。"至之"之"至"字作动词用，立即就去做（此从行动角度说）。致知：《礼记·中庸》："致知在格物"。朱熹注："致，推极也；知，犹识也。"

③ 几：《易·系辞下》："几者，动之微，吉凶之先见者也。"即今所言事机、征兆。与几：把握住几微、征兆。

④ 知终终之：知道该结束的时候就结束。前"终"字，名词，意指结果。后"终"字，用如动词。

⑤ "始条理者，知之事也"与"终条理者，圣之事也"：语出《孟子·万章下》："孔子，圣之时者也。孔子谓之集大成。集大成也者，金声而玉振之也。金声也者，始条理也；玉振之也者，终条理也。始条理者，智之事也；终条理者，圣之事也。"此以奏乐作比，开始敲镈钟（金声）是节奏条理的开始，用玉磬（玉振）结束，是节奏条理的终结。

2·7　君子主敬以直其内，守义以方其外①。敬立而内直，义形而外方，义形于外，非在外也。敬义既立，其德盛矣,不期大而大矣,德不孤也②,无所用而不周③,无所施而不利,孰为疑乎?

【译文】

　　君子以敬慎的态度为本,以达到内在精神的纯正;恪守道义,以达到外在表现的方正。做到敬慎,内在精神就自然纯正,恪守道义外在表现就自然方正。道义虽然通过外在行为表现出来,(但外在表现源于内在精神,)道义的表现不是外在的。一旦敬慎与道义矗立起来,人的德行就自然深厚广博,不企望宏大却自然宏大。德行不是孤高的,它所发生的作用,无不周遍,它所施加的影响,无论在什么地方都会带来利益。谁会对德行产生怀疑呢?

【注释】

　　① 此条出《周易程氏传》卷一《坤传》。《坤卦》六二爻辞:“直、方、大,不习无不利。”《坤卦》之《文言》谓:“直其正也,方其义也。君子敬以直内,义以方外,敬义立而德不孤。”直:正,端正。方:正,方正。此处两者皆用作动词。

　　② 德不孤:语出《论语·里仁》:“子曰:‘德不孤,必有邻。’”意谓有德者不会孤单。孔子语在前,故《文言》之“德不孤”,是对孔子原话之引用。

　　③ 周:遍,周遍。

　　2·8　动以天为无妄①,动以人欲则妄矣,无妄之义大矣哉！虽无邪心，苟不合正理，则妄矣，乃邪心也；既已无妄，不宜有往，往则妄也。故《无妄》之象曰[②]："其匪正有眚，不利有攸往。"[③]

【译文】

行动以天道为根据，即是无妄；以私欲为依据，即是虚妄。（可见）无妄的含义多么博大精深！人的行动虽然没有邪念，但如果不符合正理，就是虚妄，也是邪心；即使内心已经纯正，但在不适合行动的情况下，有所行动也是虚妄。因此《无妄》象辞说："行为不正当，则有灾殃，有所往则不利。"

【注释】

① 此条出《周易程氏传》卷二《无妄传》。《无妄》，六十四卦卦名之一，其卦☳之外卦为《乾》☰，乾者，天也；内卦为《震》☳，震者，动也。故曰无妄乃动以天。但须循正道而动，不可妄行，故卦名曰《无妄》。无妄即无曲邪谬乱之行。

② 彖（tuàn）：即彖传，亦称彖辞。是解释各卦基本观念的篇名。孔颖达疏："彖辞统论一卦之义，或说其卦之德，或说其卦之文，或说其卦之名。"彖属于《易传》（即《十翼》）之一。

③ "其匪正有眚，不利有攸往"：非谓无妄即不宜往也。时止则止，时行则行焉。匪：同"非"。眚（shěng）：过也，灾也。攸：所。

2·9 人之蕴畜[①]，由学而大[②]，在多闻前古圣贤之言与行[③]，考迹以观其用，察言以求其心，识而得之[④]，以畜成其德。

【译文】

　　人的德行是积累起来的,有一个通过学习而不断扩大的过程。因此,应该多多体悟古代圣贤的言行,通过考察他们的行为来观察他们的作用,通过考察他们的言论来探求他们的心灵,深刻领悟并融化于心,并在不断积累的基础上,成就自己的德行。

【注释】

　　① 此条出《周易程氏传》卷二《大畜》。蕴畜:积蓄、积累。畜:通"蓄"。《大畜》之《象辞》曰:"天在山中,大畜。君子以多识前言往行,以畜其德。"本段为程颐对《象辞》的阐释。

　　② 大:扩大。

　　③ 多闻前古圣贤之言与行:总言君子之学。行:去声。

　　④ 识（zhì）:记住。

　　2·10　《咸》之《象》曰:"君子以虚受人。"①《传》曰②:"中无私主,则无感不通;以量而容之,择合而受之,非圣人有感必通之道也③。其九四曰:'贞吉悔亡,憧憧往来,朋从尔思④。'《传》曰:'感者,人之动也。'故《咸》皆就人身取象,四当心位⑤,而不言'咸其心',感乃心也。感之道无所不通,有所私系,则害于感通,所谓悔也。圣人感天下之心,如寒暑往来雨旸⑥,无不通,无不应者,亦贞而已矣。贞者，虚中无我之谓也。若往来憧憧然，用其私心以感物，则思之所及者，有能感而动，所不及者，不能感也。以有系之私心，既主于一隅一事^⑦，岂能廓然无所不通乎^⑧？"

【译文】

《咸卦》的《象辞》说："君子以虚怀若谷的态度，接受他人的教益。"程颐的《易传》说："从容中道，毫无私念，就能随感而通。以做出来的气量容纳事物，以选择合适的机会承受事物，都不是圣人有感必通的圆融之道。《咸卦》九四爻辞说：'贞卜吉利，无所悔恨，纷遝往来，朋友们都顺从你的意旨。'《易传》说：'所谓感，即是人的行动。'所以《咸卦》六爻全是以人一身之形取象，第四爻正处在心的位置上，因此不说'感其心'，因为感即是心。感的本质就是无所不通，人如果有私心杂念，就会损害感通，这就是所说的悔恨。圣人与天地之心交感相应，如同天地寒往暑来、雨晴变化，不能不感通，不能不感应，（之所以如此）也是圣人处正无我而已。所谓'贞'即'正'，就是所说的虚空圆融的无我境界。就如（物我之间），往来纷然不绝，如果用自己的私心去感受事物，那么，欲望所涉及的东西，可能会因自己的行动作出反应，欲望不能涉及的东西，也就无所谓反应。人如果受私心束缚，偏执于一个具体的地方（或方面）和一个具体的事情，怎么能够做到廓然大公无所不通呢？"

【注释】

①　此条出《周易程氏传》卷三《咸传》，朱熹、吕祖谦编辑时有增减。《咸》，六十四卦卦名之一。《咸卦》象为☶，《兑》上《艮》下，为山上有泽，其气以虚而通。象，即象传，亦称象辞。"象"有描写万物形象之意，分"大象""小象"两种，说明卦的称为"大象"，说明六爻的称为"小象"。《咸卦》之《象辞》曰："山上有泽，咸，君子以虚受人。"虚：谦虚，指君子虚怀若谷的胸襟。

②　《易传》，此处为程颐著作之一，不同于《易》组成部分的《易传》，后者对《易经》而言，故称《传》，也称《十翼》，包括《彖》上下、《象》上下、《系辞》上下、《文言》《序卦》《说卦》《杂卦》十篇。

③　"中无私主"等五句：叶采《集解》云："咸者，感也，故《咸卦》皆以感为义。"宋代理学家认为，宇宙万物之间就是一个感与应的关系。

④　"贞吉悔亡"等三句：叶采《集解》云："'憧憧往来'者，私心也。若无私心，则澄然泰然，何至憧憧也！惟其私心有系，故其所思者有及与不及，而其所感者有通与不通。所谓'朋从尔思'者，盖思惟及其朋类，亦惟朋类乃从其思耳。"详见2·4条注③。贞：正也。

⑤　"《咸》皆就人身取象，四当心位"：据《象辞》，《易》中的卦和爻都是一种"象"，而"象"则摹拟客观事物现象，并作出吉凶休咎的解释。《咸卦》都是自人身取象，首先，其卦为上兑，下艮。下艮为少男，上兑为少女，此为以人身取象；六爻皆以人一身之形取象，初为拇，二为腓，三为股，五为脢，上为辅颊舌，第四爻（即九四爻）的爻位居股之上，脢之下，正当心位。

⑥　旸（yáng）：日出，天晴。

⑦一隅：一处，一个方面。

⑧廓然：一作"扩然"，空旷寂静貌。言推一己为大公，则能使一心包容万物。

2·11　君子之遇险阻，必自省于身。有失而致之乎？有所未善则改之，无歉于心则加勉，乃自修其德也。①

【译文】

君子在人生道路上遇到险厄困阻，必须自我反省。是否因为自己有所过失而导致这样的结果呢？如果有做得不好的地方就应该改正，如果内心无所愧歉就以此勉励自己，这就是君子自我修养德行的方法。

【注释】

①此条出《周易程氏传》卷三《蹇传》，是程颐对《蹇卦·象辞》的解释。《蹇卦·象辞》曰："山上有水，蹇。君子以反身修德。"《蹇卦》☷内卦为《艮》☶，外卦为《坎》☵。艮为山，坎为水，山上有水，山高水险，是蹇卦的卦象，意谓遭遇险阻。山上有水，则见险当止而不进。叶采《集解》解此条云："此教人以处险难之道。自省其身而有不善，则当速改，不可以怠而废。苟无愧焉，则益当自勉，不可以沮而废。君子反躬之学，虽遇艰阻，亦莫非进德之地。"

2·12　非明则动无所之，非动则明无所用。①

【译文】

自己心里不清楚而盲目行动,就不知道行动的方向;不行动,而仅仅心里清楚也就没有任何用处。

【注释】

①此条出《周易程氏传》卷四《丰传》。《丰》之《象》曰:"明以动,故丰。"意谓内心明然后行动,所以能丰大。丰:大也。

2·13　习,重习也①。时复思绎②,浃洽于中则说也③。以善及人而信从者众,故可乐也④;虽乐于及人,不见是而无闷⑤,乃所谓君子。

【译文】

所谓习,就是重复演习。时时反复思考、寻绎推求,使学到的东西融会贯通在自己的心中,自然就会喜悦。以自己的善行推及影响别人,于是信从此善行的人越来越多,这当然是一件值得高兴的事;虽然乐于以自己的善推及影响他人,但如果不被他人赞同却毫无烦闷之感,这就是所说的君子了。

【注释】

①此条出《河南程氏经说》卷六《论语解》。习:演习,实习,复习。重:平声,反复。

②思绎:反复推求。绎(yì):抽出、理出头绪。

③浃洽:浃:浸渍,透彻;洽:浸润,润泽。江永《集注》引朱子云:

"'浃洽'二字,宜子细看。凡于圣贤言语,思量透彻,乃有所得。譬之浸物于水,水若未入,只是外面稍湿,里面依前干燥,必浸之久,则透内皆湿。程子之言,极有深意。"说:同"悦"。

④ "以善及人而信从者众,故可乐也":为程颐解《论语·学而》"有朋自远方来,不亦乐乎?"句意而引申之。叶采《集解》云:"善有诸己,足以及人。信从者众,同归于善,岂不可乐也?"

⑤ 无闷:不烦闷。语出《乾》之《文言》:"子曰:'龙,德而隐者也。不易乎世,不成乎名,遁世无闷,不见是而无闷。'"

2·14 古之学者为己,欲得之于己也;今之学者为人,欲见知于人也。①

【译文】

古代的人学习是为了培养自己,是希望通过学习使自己(在道德学问方面)有所收获;现在的人学习不过是给人看(是想被别人了解称赞而已)。

【注释】

① 此条出《河南程氏经说》卷六《论语解》,为程颐对《论语·宪问》部分内容的解释。《论语·宪问》:"子曰:'古之学者为己,今之学者为人。'"

2·15 伊川先生谓方道辅曰①:圣人之道,坦如大路,学者病不得其门耳,得其门,无远之不到也。求入其门,不由于经乎^②？今之治经者亦众矣，然而买椟还珠之蔽^③，人人皆是。经所以载道也，诵其言辞，解其训诂，而不及道，乃无用之糟粕耳。觊足下由经以求道^④，勉之又勉，异日见卓尔有立于前^⑤。后不知手之舞、足之蹈，不加勉而不能自止矣。

【译文】

程颐先生对方元寀说：圣人的学说，像康庄大道一样平坦宽广顺畅，一般学者的问题在于找不到进入的门径，假如找到了门径，那么，无论多么遥远的地方没有不能到达的。要寻求圣人学说的门径，难道可以绕开六经吗？现在研读经学的人很多，然而买椟还珠的毛病，几乎人人都是这样。经是用来承载"道"的，只知道背诵经书的言辞，解释经书中字句的含义，而没有体悟经书中"道"的真谛，那么，经就只不过是毫无价值的糟粕罢了。希望你能通过治经来寻求"道"，反复勉励自己，时间久了，你会发现圣人之道卓然展现在眼前，之后，你肯定会高兴得不禁手舞足蹈的，（到了这种境界）即使你不勉励自己，你也不能停止对"道"的永恒追求了。

【注释】

①此条出《河南程氏文集·遗文·与方元寀手帖》。方道辅：名元寀，莆田人，程颐学生之一。

②经：指六经。包括《诗》《书》《礼》《易》《乐》《春秋》等儒家经典。

③ 买椟还珠：事见《韩非子·外储说左上》："楚人有卖其珠于郑者，为木兰之柜，熏以桂椒，缀以珠玉，饰以玫瑰，辑以羽翠，郑人买其椟而还其珠。"后世用以比喻舍本逐末，取舍不当。此借指经学者得经之言辞训诂，而丢却其道。椟：匣子。

④ 觊（jì）：希望。

⑤ 卓尔：特立貌；超然高举貌。

2·16　明道先生曰："修辞立其诚"①，不可不子细理会②。言能修省言辞，便是要立诚③。若只是修饰言辞为心，只是为伪也。若修其言辞，正为立己之诚意，乃是体当自家"敬以直内、义以方外"之实事④。道之浩浩，何处下手，惟立诚才有可居之处，有可居之处，则可以修业也⑤。"终日乾乾"，大小大事，却只是"忠信所以进德"，为实下手处，"修辞立其诚"，为实修业处⑥。

【译文】

程颢先生说："修辞立其诚"这句话，不能不仔细理解它的真正本意。这句话是说，人要改正自己外在的言辞，首先必须确立内在的诚实心志。如果仅仅把怎样修饰自己的言辞放在心上，那只是在作伪。如果改正自己的言辞，正是为了确立自己内在的诚实心志，那才是体认自己，（使自己的语言贴切真实地表达自己的心志）符合"以敬肃为本以保持内在精神的纯粹，恪守道义以达到外在表现的方正"要求的实际事情。"道"浩大无边，（修"道"）从何处用力？唯有从确立自己的诚实心志用力处，才能有坚实的根基,有了坚实的根基,就可以修为自己的事业。因此,"君子每时每刻都要勤勉努力",无论做大事还是小事,最基本的是:"以忠信为本,增进仁德",这是实实在在用力之处;"修辞立其诚"这是实实在在修业的地方。

【注释】

① 此条出《河南程氏遗书》卷一《端伯传师说》,"明道",原做"伯淳"。此条系答苏昞(字季明)之问,为程颐对"修辞立其诚"的阐释。修辞立其诚:语出《乾》之《文言》:"子曰:'君子进德修业,忠信,所以进德也。修辞立其诚,所以居业也。'"

② 子细:仔细。

③ 修省:张习孔《传》解云:"修者,治而去之之谓,《论语》所谓'修慝'是也。……其所谓'省'者,乃减省之省,非省察之省。"修慝,谓改正错误。

④ 敬以直内、义以方外:语出《坤卦·文言》。参见 2·7 条注 ①。

⑤ "道之浩浩"等五句:叶采《集解》云:"浩浩,流行盛大貌。下手,谓用力处。道之广大于何用功,惟立己之诚意,始有可据守之地。此诚既立,则其业之所就日以广大。"

⑥ "终日乾乾"等六句:叶采《集解》云:"君子终日乾乾,是体天行健之事,可谓大矣。然其实则惟忠信积于内,而无一念之不实者,为用功之地;修辞立于外,而无一言之不实者,为见功之地。盖表里一于诚。至诚,故乾乾而不息。"终日乾乾:见 1·19 条注 ②。

2·17　伊川先生曰:志道恳切①,固是诚意。若迫切不中理，则反为不诚。盖实理中自有缓急^②，不容如是之迫，观天地之化乃可知。

【译文】

程颐先生说：有志于学道，而且恳恻切至，本来是真诚之意。如果急迫恳切，但不符合客观的道理，就反而变得不真诚。因为实存的理中自然有缓有急有先后次序，不容像这样背理而行的过于急迫。观察一下天地造化（循序而进的规律），就可以明白（怎样有志于学"道"了）。

【注释】

① 此条出《河南程氏遗书》卷二上《元丰己未吕与叔东见二先生语》。叶采《集解》云："有志于道，恳恻切至，固诚意也。然迫切之过，而至于欲速助长，则反害乎实理。如春生、夏长、秋成、冬实，固不容一息之间断，亦不能一日而遽就也。"志道：志于道，"志"为动词。

② 缓急：此处指先后次序。

2·18　孟子才高，学之无可依据。学者当学颜子，入圣人为近，有用力处。又曰：学者要学得不错，须是学颜子。^①（旧注：有准的。）

【译文】

孟子才气高迈，向孟子学习，找不到用力的地方，没有依据。学者应该学颜回，圣人之道就容易接近，就有用力实践的地方。

程颢又说：学者学圣人之道要学得不走样，必须学颜回。（旧注：有明确的方向。）

【注释】

①此条出《河南程氏遗书》卷二上《元丰己未吕与叔东见二先生语》、卷三《谢显道记忆平日语》。均为程颢所言。

2·19　明道先生曰：且省外事，但明乎善，惟进诚心，其文章虽不中，不远矣。所守不约，泛滥无功。①

【译文】

程颢先生说：姑且省简外边（威仪、制度等繁杂）的事务，只专心明达本然的善，只增进内在心灵的真诚，这样，即使文章写得不尽完美，也差得不远了。人所守护的东西不简明精微，纵然辞意浮泛，终是劳而无功。

【注释】

①此条出《河南程氏遗书》卷二上《元丰己未吕与叔东见二先生语》，为程颢先生语。省：简省。外事：此处指威仪、制度等。叶采《集解》云：“文章是威仪制度之类。此段恐是吕与叔自关中来初见程子时，程子所言。盖学者多用心于礼文制度之事，而不近里，故以此告之。”

2·20　学者识得仁体，实有诸己，只要义理栽培①。如求经义，皆栽培之意。

【译文】

　　学者学道的根本目的在于认识本体的"仁"，而且要实际使自己具备仁，（是"仁"的精神存在的体现）剩下的只是用义理培养自己。如同读经书探求其义理，都是培养的意思。

【注释】

　　①此条出《河南程氏遗书》卷二上《元丰己未吕与叔东见二先生语》，为程颢先生语。《朱子语类》卷九五谓："识得与实有，须做两句看。识得，是知之也；实有，是得之也。"

　　2·21　昔受学于周茂叔，每令寻颜子仲尼乐处，所乐何事。①

【译文】

　　过去我们跟从周敦颐学习的时候，（周先生）常常要我们探寻和体悟颜回孔子的快乐境界，探寻和体悟他们感到快乐的是什么事情。

【注释】

　　①此条出《河南程氏遗书》卷二上《元丰己未吕与叔东见二先生语》，为程颢先生语。《论语·雍也》有："子曰：'贤哉，回也！一箪食，一瓢饮，在陋巷，人不堪其忧，回也不改其乐。'"《论语·述而》云："子曰：'饭疏食，饮水，曲肱而枕之，乐亦在其中矣。'"颜子仲尼乐处：即指颜回孔子这种超然淡泊、素其位而行的乐天境界。《朱子语

类》卷三一云：“孔、颜之乐，只是私意净尽，天理昭融，自然无一毫系累耳。”

　　2·22　所见所期不可不远且大，然行之亦须量力有渐。志大心劳，力小任重，恐终败事。①

【译文】

　　（读书人的）眼光和自己的期望，不能不高远而且博大，然而实际做事必须量力而行，循序渐进。志向大然而却心劳力竭，力量小然而却承担重任，恐怕最终只能失败。

【注释】

　　①此条出《河南程氏遗书》卷二上《元丰己未吕与叔东见二先生语》，为程颢先生语。

　　2·23　朋友讲习，更莫如“相观而善”工夫多。①

【译文】

　　朋友之间讲习讨论，比不上“朋友之间相互砥砺、相互感化”的益处大。

【注释】

　　①此条出《河南程氏遗书》卷二上《元丰己未吕与叔东见二先生语》，为程颢先生语。朋友讲习：语出《兑卦·象传》：“丽泽兑，君子

以朋友讲习。"相观而善:语出《礼记·学记》:"相观而善之谓摩。"叶采《集解》云:"朋友相处,非独讲辩之功,熏陶渐染,得于观感,自然进益。"

2·24 须是大其心使开阔,譬如为九层之台,须大做脚须得。①

【译文】

(学道)必须扩大自己的心胸,使自己开阔起来,就如要建造九层高的楼台,就必须使基脚的面积做大才行。

【注释】

①此条出《河南程氏遗书》卷二上《元丰己未吕与叔东见二先生语》,为程颢先生语。《朱子语类》卷九五有:"朱子曰:'心只是放宽平便大,不要先有一私意隔碍便大。心大便自然不急迫。'"

2·25 明道先生曰:自"舜发于畎亩之中",至"百里奚举于市①",若要熟也,须从这里过②。

【译文】

程颢先生说:(《孟子》一书中)从"舜发于畎亩之中",到"百里奚举于市"一段话,(说明)士人若要身心道理成熟,必须经过这样的人生坎坷患难。

【注释】

① 此条出《河南程氏遗书》卷三《谢显道记忆平日语》。"舜发于畎亩之中"，"百里奚举于市"：事见《孟子·告子下》："孟子曰：'舜发于畎亩之中，傅说举于版筑之间，胶鬲举于鱼盐之中，管夷吾举于士，孙叔敖举于海，百里奚举于市。故天将降大任于斯人也，必先苦其心志，劳其筋骨，饿其体肤，空乏其身。'"发：发达，兴旺。畎：田间小沟。百里奚：姓百里，名奚，字子明，春秋时楚国宛（今河南南阳）人。奚饱读诗书，才学超人，但出身贫贱。秦穆公用五张黑羊皮从集市上把奚买回，奚成为秦国一代名相。

② "若要熟也，须从这里过"：张绍价《解义》谓："工夫就大处作，尤须就实处做。动心忍性，增益不能。从贫困艰苦中练出毅力，方可以当大任而不惧。故曰'若要熟也，须从这里过'。优游安逸，志弱骨柔，遗大投艰，必至偾事。"偾事：谓败事。

2·26　参也，竟以鲁得之。①

【译文】

曾参最终因为鲁钝获得了孔子的真道。

【注释】

① 此条出《河南程氏遗书》卷三《谢显道记忆平日语》。曾参（前505—前436），字子舆，春秋末鲁国南武城（今山东费县）人，孔子学生，以孝著称。相传《大学》是其作品，有"宗圣"之称。鲁：鲁钝、迟钝。《论语·先进》云："柴也愚，参也鲁。"《朱子语类》卷三九谓："缘

他（曾参）质钝，不解便理会得，故著工夫去看，遂看得来透彻，非他人所及。"

2·27　明道先生以记诵博识为玩物丧志。^①（旧注：时以经语录作一册。郑毂云："尝见显道先生云^②：'某从洛中学时录古人善行别作一册，明道见之，曰是玩物丧志。'盖言心中不宜容丝发事。"）

【译文】

程颢先生把（仅仅）以记诵词章、展示博学多识看做是玩物丧志。（旧注：当时把经书上的话抄录为一册。郑毂说："我曾经见谢良佐先生说：'我跟随程先生学习时，曾经抄录了一册古人的善行，程颢先生看到后说，这是玩物丧志。'意思是说为学要内心宁静，静到心里连一丝头发这样的外事也不容。"）

【注释】

①　此条出《河南程氏遗书》卷三《谢显道记忆平日语》。玩物丧志：《周书·旅獒》："玩人丧德，玩物丧志。"张伯行《集解》云："言人耽玩外物，便丧失胸中之志气也。著意记诵博识而无得于大道，则心局于此，而书亦物矣，故为'玩物丧志'。"识（zhì）：记诵。

②　显道先生：即谢良佐。良佐（1050—1103），字显道，蔡州上蔡（今河南上蔡县）人，人称上蔡先生或谢上蔡，程颐学生。谢良佐创立了上蔡学派，是心学的奠基人、湖湘学派的鼻祖。有《论语说》《上蔡语录》等著作。

2·28 礼乐只在进反之间 ①，便得性情之正。

【译文】

（礼乐是用来陶冶人的性情的）在礼与乐之间保持一张一弛，就可以达到性情的纯正。

【注释】

① 此条出《河南程氏遗书》卷三《拾遗》，为程颢先生语。《礼记·乐记》："礼主其减，乐主其盈。礼减而进，以进为文；乐盈而反，以反为文。"进反：即进返，犹言一张一弛，相互制约。《朱子语类》卷九五解云："礼，如凡事俭约，如收敛恭敬，便是减。须当著力向前去做，便是进，故以进为文。乐，如歌咏和乐，便是盈。须当有个节制，和而不流，便是反，故以反为文。礼减而却前进去，乐盈而却反退来，便是得性情之正。"

2·29 父子君臣，天下之定理，无所逃于天地之间 ①。安得天分 ②，不有私心，则行一不义，杀一不辜，有所不为 ③。有分毫私，便不是王者事。

【译文】

父父子子、君君臣臣，（作为人伦秩序）是天下的定理，任何人都无法逃离之外（所以也逃不脱这一秩序）。人只要安于天理确定的名分，没有私心，那么，即使行一不义，杀一个无辜的人（就可以得到天下），也不会这样做。假若心中有一分一毫的私欲,就不是圣王应做的事情。

【注释】

　　① 此条出《河南程氏遗书》卷五《二先生语五》。无所逃于天地之间:语出《庄子·人间世》:"臣之君,义也,无适而非君也,无所逃于天地之间。"

　　② 天分:即天理也。分:去声。

　　③ "行一不义"等三句:语出《孟子·公孙丑上》,讲王者之事:"行一不义,杀一不辜而得天下,皆不为也。"

　　2·30　论性不论气,不备;论气不论性,不明。二之则不是。①

【译文】

　　只说天性而不说气禀,是不完备的;只说气禀而不说天性,是说不明白的。而把天性与气禀割裂开来,则是不对的。

【注释】

　　① 此条出《河南程氏遗书》卷六《二先生语六》。《朱子语类》卷五九解此云:"盖本然之性,只是至善,然不以气质而论之,则莫知其有昏明开塞,刚柔强弱,故有所不备。徒论气质之性,而不自本原言之,则虽知有昏明开塞、刚柔强弱之不同,而不知至善之源未尝有异,故其论有所不明。须是合性与气观之,然后尽。盖性即气,气即性也。"

2·31　论学便要明理，论治便须识体。^①

【译文】

讲论学问就要明白其义理，论治理天下就必须懂得政体。

【注释】

①　此条出《河南程氏遗书》卷五《二先生语五》。《朱子语类》卷九五："这'体'字，只事理合当做处。凡事皆有个体，皆有个当然处。问：是体段之'体'否？曰：也是如此。又问：如为朝廷有朝廷之体，为一国有一国之体，为州县有州县之体否？曰：然。是个大体有格局当做处。如做州县，便合治告讦、除盗贼、劝农桑、抑末作；如朝廷，便须开言路、通下情、消朋党；如为大吏，便须求贤才、去赃吏、除暴敛、均力役。这个都是底定格局，合当如此做。"

2·32　曾点、漆雕开已见大意^①，故圣人与之^②。

【译文】

曾点和漆雕开都已经体悟到了人生精神境界的根本旨归，因此孔子对他们表示赞同。

【注释】

①　此条出《河南程氏遗书》卷六《二先生语六》。曾点：即曾晳，名点。晳为曾参的父亲，孔子的学生。漆雕开：复姓漆雕，名开，字子开，孔子的学生。

②圣人与之：其事分别见《论语·公冶长》："子使漆雕开仕。对曰：
'吾斯之未能信。'子说。"漆雕开言其对仕进做官没有信心。《论语·先
进》："（曾点）曰：'莫春者，春服既成，冠者五六人，童子六七人，浴乎
沂，风乎舞雩，咏而归。'夫子喟然叹曰：'吾与点也。'"与：赞同、赞赏。
曾点和漆雕开均不热衷于仕进，孔子对二人的回答，深感满意，故程颢说
"圣人与之"。

2·33 根本须是先培壅，然后可立趋向也。趋向既
正，所造浅深，则由勉与不勉也。①

【译文】

人的立身之本必须先培植好，这样以后才可以确立人生的
方向。只要方向端正了，那么，所取得成就的大小，就决定于自
己努力不努力了。

【注释】

①此条出《河南程氏遗书》卷六《二先生语六》。张伯行《集解》解
此条云："此欲人务本立志、用力勉学也。学必知根本之所在，如一身为
万物之根本，皆一心为万事之根本，皆当居敬穷理。若种植然，先加培壅，
使其根本坚固，然后可立志向前，必以圣贤为期，则趋向正矣。趋向既
正，便好用力。须知后来所造之浅，乃由于力之不勉；所造之深，实由于
力之能勉耳。苟能惟日孜孜，何患心之不正、身之不修，而有志之不竟成
哉？"壅（yōng）：原意为把泥土或肥料培在植物的根部，此为栽培意。
《管子·轻重甲》："次日大雨且至，趣芸壅培。"《朱子语类》卷九五："朱

子曰：涵养持静，便是栽培。"

2·34　敬、义夹持直上，达天德自此。①

【译文】

内持敬肃，外守道义，径直向上，达到天人合一的境界就由此开始。

【注释】

①此条出《河南程氏遗书》卷六《二先生语六》。《坤》之《文言》："敬以直内，义以方外。"敬，以使其内直；义，以使其方外。《朱子语类》卷九五谓："最是他下得'夹持'两字好。敬主乎中，义防于外，二者相夹持。要放下霎时也不得，只得直上去，故便达天德。"天德：指最高的精神境界。

2·35　懈意一生，便是自弃自暴。①

【译文】

懈怠的意念一产生，就是自暴自弃。

【注释】

①此条出《河南程氏遗书》卷六《二先生语六》。意承上条，张绍价《集义》解云："敬义功夫，夹持直上，不容一息少懈。懈意略萌，则工夫间断，无由上达天德。故谓之自暴自弃。"自弃自暴：语出《孟子·离

娄上》："自暴者，不可与有言也；自弃者，不可与有为也。言非礼义，谓
之自暴也；吾身不能居仁由义，谓之自弃也。仁，人之安宅也；义，人之
正路也。旷安宅而弗居，舍正路而不由，哀哉！"

2·36　不学便老而衰。[①]

【译文】

　　人不学习（义理），精神就会变老，意志就会衰退。

【注释】

　　①此条出《河南程氏遗书》卷七《二先生语七》。张伯行《集解》云：
"天下无不衰之人，而有不衰之学。学者，学乎义理者也。义理无穷，岂
有衰时？不学则理不足以养心，志不足以帅气，至老而倦于勤。凡事渐
有衰谢之意矣。"

2·37　人之学不进，只是不勇。[①]

【译文】

　　如果人的学问不能进步，这只是因为没有勇往直前的精神。

【注释】

　　①此条出《河南程氏遗书》卷一四《亥九月过汝所闻》。勇：指志气
之勇。

2·38　学者为气所胜，习所夺，只可责志。[①]

【译文】

学道的人，如果被自己的意气战胜，或者被习俗所束缚，只能责怪他意志不坚定。

【注释】

①此条出《河南程氏遗书》卷一五《入关语录》。习：习俗。志：杨伯峣《衍注》云："'志。气之帅也。'能持其志，则气习不能移矣。"

2·39　内重则可以胜外之轻；得深则可以见诱之小。[①]

【译文】

人如果把内在道义看得重，就会把外在的功名利禄等看轻了。人如果内在道德学问深厚，境界高远，自然就会觉得外部的诱惑力比较小了。

【注释】

①此条出《河南程氏遗书》卷六《二先生语六》。内：指道义而言；外：指功名利禄而言。得深：就内而言；诱：就外而言。

2·40　董仲舒谓："正其义，不谋其利；明其道，不计其功。"[①]孙思邈曰："胆欲大而心欲小，智欲圆而行欲方。"[②]可以为法矣。

【译文】

董仲舒说："端正义理，不去谋取私利；修明君子自然之道，不去计较道德功利。"孙思邈说："胆子要大，心要细；心智应该圆融，行为应该端正。"可以用这两句话作为人生效仿的法则。

【注释】

①此条出《河南程氏遗书》卷九《少日所闻诸师友说》。董仲舒（前179—前104）：西汉哲学家，今文经学大师，广川（今河北枣强）人。汉景帝时任博士，讲授《公羊春秋》。著作有《春秋繁露》和《董子文集》。"正其义"等四句：张伯行《集解》云："盖义者，事理之所宜；利者，人情之所欲；道者，日用之当行；功者，效验之自至。正其心以要乎义理之归，绝无一毫私利自便之谋，致其知以求乎道理之当，总不敢有预期速效之计。此心何等磊落，何等光明！"

②孙思邈（581—682）：唐医学家，京兆华原（今陕西耀县）人。其著作有《千金要方》《千金翼方》等。"胆欲大而心欲小"等两句：叶采《集解》谓："胆大则敢于有为，心小则密于察理；智圆则通而不滞，行方则正而不流。"

2·41　大抵学不言而自得者，乃自得也，有安排布置者^①，皆非自得也。

【译文】

关于读书学问，大体上是那些不说在嘴上，而实际有所收获的人，才是真正的收获；而那些刻意安排如何做而自以为有所收获的人，都不是什么真正的收获。

【注释】

　　① 此条出《河南程氏遗书》卷一一《师训》。自得：语出《孟子·离娄下》："君子深造之以道，欲其自得之也。"安排布置：意为主观感觉，勉强而已。陈埴《近思杂问》解云："安排布置非是见于设施，谓此心此理未到纯熟两忘地位，必有营度计虑之劳，逆施偷做之病。"

　　2·42　视听、思虑、动作，皆天也。人但于其中，要识得真与妄尔。①

【译文】

　　人的眼能视、耳能听、心能思考、四肢能动，都是天赋的本能。人只要处在视听、思虑、动作之中，就是要了解"真"与"妄"的区别罢了。

【注释】

　　①此条出《河南程氏遗书》卷一一《师训》。叶采《集解》云："视听、思虑、言动，皆天理自然而不容己者，然顺理则为真，从欲则为妄。"

　　2·43　明道先生曰：学只要鞭辟近里，著己而已①。故"切问而近思，则仁在其中矣。"②"言忠信，行笃敬，虽蛮貊之邦，行矣。言不忠信，行不笃敬，虽州里，行乎哉？

立则见其参于前也，在舆则见其倚于衡也，夫然后行。"③
只此是学。质美者明得尽，查滓便浑化④，却与天地同体；
其次惟庄敬持养，及其至则一也。"

【译文】

程颢先生说：求学只是要鞭策自己，切实透辟，贴切自身罢
了。因此子夏说："恳切地发问，多考虑当前习知易见的问题，
那么仁德就在这中间了。"孔子说："言语忠诚可靠，行为忠厚
敬持，即使到了蛮貊之地，也是行得通的。言语不忠诚可靠，行
为不能忠厚敬持，即使在本乡本土，难道能行得通吗？ 站着，就
仿佛看见忠诚可靠、忠厚敬持几个字在我们面前；坐车，就仿佛
看见这几个字刻在车前的横木上，这样以后才能处处行得通。"
只有这才是真正的学。气质优秀的人，天然明白忠信笃敬，使得
一切私欲等渣滓，都能浑然得到净化，从而达到与天地合一的境
界；次一等的人，只有在保持端庄敬持的基础上，不断修炼，以
去除一切私欲等渣滓，最终也能达到与天地合一的境界。

【注释】

①　此条出《河南程氏遗书》卷一一《师训》。"学只要鞭辟近里，著
己而已"：茅星来《集注》谓："辟，婢亦反，《遗书》注云'一作约'。朱
子曰：'鞭辟近里，洛中语。辟，驱辟也，言如以鞭驱辟督向里去也。'"
鞭辟近里：即切实透辟意。近里、著己：切己，均犹言贴身也。

②　"切问而近思，则仁在其中矣"：语出《论语·子张》："子夏曰：'博
学而笃志，切问而近思，仁在其中矣。'"切：恳切。近思：谓就习知易见

者思之。

③"言忠信"等十一句：语出《论语·卫灵公》，为孔子对子张提问的回答。蛮貊：蛮，南蛮；貊（mò），指北狄。蛮貊均为古代对边远地区少数民族的蔑称。参：并立。衡：车前横木。

④"质美者明得尽，查滓便浑化"：张绍价《解义》云："明者，明善之明。明得尽者，察于人心天命之本然，真知至善之所在，一毫私意容留不得，故查滓便浑化。"查滓：即渣滓，"查"同"渣"。

2·44　"忠信所以进德"，"修辞立其诚，所以居业"者^①，乾道也。"敬以直内，义以方外"者，坤道也^②。

【译文】

《乾》之《文言》所谓"以忠信来增进自己的品德"；"修省自己的外在言辞，确立自己的内在诚意，以保持自己事业的稳固"的说法，是乾道。《坤》之《文言》所说的"以敬肃为本，以达到内在精神的纯正；恪守道义，以达到外在表现的方正"，是坤道。

【注释】

①此条出《河南程氏遗书》卷一一《师训》。叶采《集解》谓："《乾》主健主动，故进德修业，皆进为不息之道。《坤》主顺主静，故敬直义方，皆收敛裁节之道。""忠信所以进德"等三句：见2·6条注①。

②"敬以直内，义以方外"：见2·7条注①。

2·45　凡人才学，便须知著力处；既学，便须知得力处。①

【译文】

大凡人开始学习的时候，必须知道学习的切要用力在哪里；学习以后，必须知道学习获益在什么地方。

【注释】

①此条出《河南程氏遗书》卷一二《戊冬见伯淳先生洛中所闻》。茅星来《集注》谓："著力处，是当然工夫，如颜子'博文约礼'之类是也。得力处，是自然效验，如上蔡去个'矜'字之类是也。"

2·46　有人治园圃，役知力甚劳。先生曰：《蛊》之《象》："君子以振民育德。"君子之事，惟有此二者，余无他焉。二者，为己为人之道也。①

【译文】

有一个人从事园圃的种植与管理工作，役使自己的心智和体力，非常劳累。程颐先生说：《蛊卦》的《象辞》说："君子要来振救民众，同时要涵养自己德行。"君子要做的事情只有这两件，此外没有其他了。这两件事：一是为自己（涵养德性），一是把自己的德性推及他人（以振民）。

【注释】

①此条出《河南程氏遗书》卷一四《亥九月过汝所闻》。叶采《集解》云："振民，谓兴起而作成之。育德，谓涵养己德。成己成人皆吾道之当然，外此则无益之事，非君子所务也。"治：平声。园：外畔藩篱之名，其内之地种树及菜果者，则谓之圃。役：用也。知（zhì）：同智。《蛊》：六十四卦卦名之一。

2·47　"博学而笃志，切问而近思"，何以言"仁在其中"矣①？学者要思得之，了此，便是彻上彻下之道②。

【译文】

"广泛地学习，坚定自己的志向；恳切地发问，多考虑当前习知易见的问题"，子夏为什么就认为"仁德就在这中间"了呢？读书人应该好好思考体悟其中的道理，明白了这其中的道理，就是懂得了形上形下贯通的本质了。

【注释】

①此条出《河南程氏遗书》卷一四《亥九月过汝所闻》。"博学而笃志"等三句：语出《论语·子张》，见2·43注②。杨伯峻《衍注》引朱子语云："四者（博学、笃志、切问、近思），皆学问思辨之事耳，未及乎力行而为仁也。然从事于此，则心不外驰，而所存自熟，故曰'人在其中矣'。"

②彻上彻下：指形而上与形而下的贯通。茅星来《集注》引胡云峰语谓："此则'博学笃志，切问近思'是彻下；'仁在其中'是彻上。"

2·48　弘而不毅，则难立；毅而不弘，则无以居之。^①（旧注：《西铭》，言弘之道。）

【译文】

宽弘而不坚毅（宽大有馀而刚强不足），就难以自立；坚毅而不宽弘（刚强有馀而狭陋自足），就不能持守。（旧注：张载《西铭》是讲如何做到宽弘的道理。）

【注释】

①此条出《河南程氏遗书》卷一四《亥九月过汝所闻》。弘毅：语出《论语·泰伯》："曾子曰：士不可以不弘毅，任重而道远。"茅星来《集注》云："弘毅，说见《论语集注》。不毅，则志气颓惰，而不足以自守，故难立。不弘，则识量浅狭，而不能以有容，故无以居之。程子尝论《西铭》为仁之体，即此所'言弘之道'也。其能体此意，令实有诸己。笃志固执而不变者，便是毅。"弘：宽广、宽大、宽弘。毅：刚强、坚毅。

2·49　伊川先生曰：古之学者，优柔厌饫，有先后次序^①；今之学者，却只做一场话说，务高而已。常爱杜元凯语^②："若江海之浸，膏泽之润^③，涣然冰释^④，怡然理顺，然后为得也。"今之学者，往往以游、夏为小^⑤，不足学。然游、夏一言一事，却总是实。后之学者好高，如人游心于千里之外，然自身却只在此。

【译文】

程颐先生说：古时候的读书人，从容且沉酣其中，学习有先后次序；现在的读书人，却只把学习当做一场话说，好高骛远罢了。常常喜爱杜预的话："读书如同江海的浸渍，雨水的滋润，仿佛冰雪一样逐渐消散融化，弄通了道理，怡然自得之感就会油然而起，这样之后才能有所收获。"现在的读书人，往往小看子游和子夏，认为他们不足以效仿。然而子游、子夏说话做事，却总是实实在在的。后世的读书人好高骛远，就像一个人，他的心游荡在千里之外，然而自己的身躯依然只停留在此处。

【注释】

①此条出《河南程氏遗书》卷一五《入关语录》。优柔厌饫：优柔：从容自得。厌饫：沉酣而饱满。饫（yù）：饱。叶采《集解》云："古之为学者有序，随时随事各尽其力，优柔而不迫，厌饫而有余，故其用功也实，而自得也深。"

②杜元凯（222—284），名预，字元凯，西晋将领、学者，京兆杜陵（今陕西西安东南）人。杜预曾任镇南大将军，以灭吴功，封当阳县侯。著有《春秋左氏经传集解》《春秋释例》等。

③膏泽：犹雨泽，滋润土壤的雨水。

④涣：消散。

⑤游、夏：子游与子夏，均为孔子学生。子游，姓言名偃，字子游，春秋时吴地常熟（今属江苏）人。子夏（前507—？），卜氏，名商，字子夏，晋国温（今河南温县西南）人。相传《诗》《春秋》等儒家经典由他们传授下来。《论语·先进》："德行：颜渊、闵子骞、冉伯牛、仲弓；言语：

宰我、子贡；政事：冉有、季路；文学：子游、子夏。"文学：此指古代文献典籍，即《易》《书》《诗》等。以子游、子夏为长，盖由此。

2·50　修养之所以引年^①，国祚之所以祈天永命^②，常人之至于圣贤，皆工夫到这里，则有此应^③。

【译文】

修炼其精神，充养其元气，之所以能延年益寿；国家的命运之所以通过祈求上天保佑而长久延续；常人能够达到圣贤的境界，都是因为坚持不懈的工夫到了这里，就必然有这种回报和效应。

【注释】

①此条出《河南程氏遗书》卷一五《入关语录》。引年：延年。

②国祚：国家的命运。祈：祈祷。

③应：应验，效验。

2·51　忠恕所以公平，造德则自忠恕，其致则公平。^①

【译文】

恪守忠恕，就能实现公平。增进、培养自己的德行就必须从忠恕开始，而忠恕落实的地方就是公平。

【注释】

①此条出《河南程氏遗书》卷一五《入关语录》。叶采《集解》解此

条云："发乎真心之谓忠,推以及人之谓恕,忠恕则视人犹己,故大公而至平。致,极至也。学者进德则自忠恕,其极至则公平。"忠恕:《论语·里仁》:"曾子曰:'夫子之道,忠恕而已矣。'"朱熹注:"尽己之谓忠,推己之谓恕,而已矣者,竭尽而无余之辞也。"忠即是"己欲立而立人,己欲达而达人"(《论语·雍也》)。恕即是"己所不欲,勿施于人"(《论语·卫灵公》)。造德:进德、成就德。

2·52　仁之道,要之只消道一公字。公只是仁之理,不可将公便唤做仁。公而以人体之,故为仁。只为公则物我兼照,故仁所以能恕,所以能爱。恕则仁之施,爱则仁之用也。①

【译文】

实现和达到仁的方法,最重要的只须说是一个公字。但公只是仁所表现出来的道理,不能把公便叫作仁。(摒弃私念)公心在人的身上体现出来,因而成为仁。本于公,就能够达到物我同一,无所偏废的境界,由此,就能明白仁之所以能恕,能爱的道理,就能明白恕只是仁的实行,爱只是仁的作用。

【注释】

①此条出《河南程氏遗书》卷一五《入关语录》。消:须也。《朱子语类》卷九五:"朱子曰:'公而以人体之为人。'仁是人心所固有之理,公则仁,私则不仁。未可便以公为仁,须是体之以人方是仁。公、恕、爱,皆所以言仁者也。公在仁之前,恕与爱在仁之后。公在能仁,仁则能爱

能恕故也。"

2·53　今之学者，如登山麓。方其迤逦，莫不阔步；及到峻处便止。须是要刚决果敢以进。①

【译文】

现在的人求学，如同登山一样。正当在平缓的山路上时，无不昂首阔步；等走到峻险的地方时，就畏惧不前。一定要刚决果敢地前进（才能达到目标）。

【注释】

①此条出《河南程氏遗书》卷一七《伊川先生语三》。迤逦（yǐ lǐ）：山势坦缓也。峻：陡急也。

2·54　人谓要力行，亦只是浅近语。人既能知见，一切事皆所当为，不必待著意，才著意，便是有个私心。这一点意气，能得几时子。①

【译文】

人们说要用实际行动做实事，这也仅是一句普通浅显的话。人只要能明白事理，（那么）一切应当做的事，自然会去做，不必执著于自己的见解，一执著，便是有个私心作怪。人的这点点意气，能够支撑多久呢？

【注释】

①此条出《河南程氏遗书》卷一七《伊川先生语三》。叶采《集解》解此条云："真知事之当然，则不待著意，自不容已，著意为之已是私心。所谓私者，非安乎天理之自然，而出乎人力之使然也。徒以其意气之使然，则亦必不能久，故君子莫急于致知。"著意：刻意，执著。时子：时候。

2·55　知之必好之，好之必求之，求之必得之①。古人此个学，是终身事。果能颠沛造次必于是，岂有不得道理②！

【译文】

对于学问，懂得它的人必然喜好它，喜好它的人必然追求它，追求它的人必然得到它。古人把求学看成是终身大事，如果能够在任何艰难曲折颠沛流离的情况下始终不断地学习，岂有不能获得学问的道理！

【注释】

①此条出《河南程氏遗书》卷一七《伊川先生语三》。知之必好之：《论语·雍也》："子曰：'知之者不如好之者，好之者不如乐之者。'"知之者，知有此道也。好之者，嗜好其道也。求之者，求得之于己也。好：去声。孔子比较学问境界之高低，程颐得到启示，进而展示为学问的必然指向。

②"古人此个学"等四句：语意出《论语·里仁》："君子无终食之间违仁，造次必于是，颠沛必于是。"见2·3条注⑪。

2·56　古之学者一，今之学者三，异端不与焉。一曰文章之学，二曰训诂之学，三曰儒者之学。欲趋道，舍儒者之学不可。①

【译文】

古时候的人求学，只有一个目标。现在的人求学，有三个目标，异端尚且不包括在内：第一是词章之学，第二是训诂之学，第三是孔门儒学。（现在的人）如果想要求道，舍弃孔门儒学是不可能的。

【注释】

① 此条出《河南程氏遗书》卷一八《刘元承手编》。张伯行《集解》云："此程子叹学术之日分也。言古之时学重为己，务求实得，止有儒者一途，舍儒而外有异端而已。今之学者多务为人，弊遂日滋，学术已分为三，而异端尚不与焉。其一溺于文词，徒富丽为工，务以悦人，曰文章之学。其二牵于注释，寻章摘句，不观其大，曰训诂之学。其三乃为言坊行表，求修己治人之要，而曰儒者之学。"异端：指一切反正统的学说。

2·57　问：作文害道否？曰：害也。凡为文不专意则不工，若专意，则志局于此，又安能于天地同其大也？《书》曰："玩物丧志"①，为文亦玩物也。吕与叔有诗云②："学如元凯方成癖③，文似相如始类俳④。独立孔门无一事，只输颜氏得心斋⑤。"此诗甚好！昔之学者，惟务养情性，其他则不学。今为文者，专务章句，悦人耳目。既务悦人，非俳优而何？曰：古者学为文否？曰：人见六经^⑥，便以谓圣人亦作文，不知圣人亦摅发胸中所蕴，自成文耳^⑦，所谓"有德者必有言"也^⑧。曰：游、夏称文学^⑨，何也？曰：游、夏亦何尝秉笔学为词章也？且如"观乎天文以察时变，观乎人文以化成天下"^⑩，此岂词章之文也？

【译文】

　　有人问：写文章是否对学道有危害呢？（程颐）回答说：有危害啊。大凡写文章，不专心就写不工整，假若专心写，那么心志就局限在写文章上了，又怎么能达到心胸像天地一样阔大（而包容万物）呢？《尚书》说："玩物丧志"，而舞文弄墨也属于玩物啊。吕大临有一首诗说："学如元凯方成癖，文似相如始类俳。独立孔门无一事，只输颜氏得心斋。"这首诗非常好！古代的学者，唯一的追求是一定要修养自己的真性情，其他任何东西就不学了。现在的人写文章，仅仅追求寻章摘句，借以取悦他人耳目。既然以取悦于他人为目的，那又与优伶有什么差别呢？问：古时候的人是否学习写文章呢？（程颐）回答说：人们看见儒家的六经，便以为这是圣人也写文章。但他们不知道圣人是抒发内心所蕴蓄的精神和情感，自然成文章罢了。这就是孔子所说的"有道德的人一定有精辟的名言"。又问：子游、子夏以文学著称，又怎么解释呢？（程颐）回答说：子游、子夏什么时候拿着笔学过词章之学呢？如《贲卦》之《彖》所说"观察天文天象，以此来了解时序的变化；观察社会人文现象，就可用以教化成就天下的人。"这里的"文"难道是所谓词章之"文"吗？

【注释】

① 此条出《河南程氏遗书》卷一八《刘元承手编》。《书》：亦称《尚书》《书经》，儒家经典之一。玩物丧志，参见 2·27 条注 ①。

② 吕与叔，名大临，字与叔，程颐门人。

③ 元凯，即杜预。参见 2·49 条注 ②。

④ 司马相如（前179—前117），字长卿，蜀郡成都人，西汉辞赋家。代表作有《子虚赋》《上林赋》等，其作徒炫文词，务以悦人，故曰 "类俳"。俳优：优伶、伶人。

⑤ 输：传也。心斋：语出《庄子·人间世》："惟道集虚，虚者心斋也。" 指一种排除思虑和欲望的精神修养方法，在虚静状态下悟道。此处指修养境界。

⑥ 六经：指《易》《诗》《礼》《乐》《书》《春秋》六部儒家经典。

⑦ 摅发：摅（shū）：同抒；发：表达。

⑧ 有德者必有言：语出《论语·宪问》："子曰：'有德者必有言，有言者不必有德。'" 言：指名言。

⑨ 游、夏称文学：参见 2·49 条注 ⑤。

⑩ "观乎天文以察时变，观乎人文以化成天下"：语出《贲卦》之《彖》："刚柔交错，天文也；文明以止，人文也。观乎天文以察时变，观乎人文以化成天下。" 天文：指日月星辰之文。人文：谓人伦礼乐之文。

2·58　涵养须用敬，进学则在致知。 ①

【译文】

身心的修养必须保持端庄敬肃，学问的进步就在于格物致知。

【注释】

①此条出《河南程氏遗书》卷一八《刘元承手编》。涵养：身心的修养。

2·59 莫说道将第一等让与别人，且做第二等①。才如此说，便是自弃。虽与不能"居仁由义"者差等不同②，其自小一也。言学便以道为志，言人便以圣为志。

【译文】

不要说把第一等的志向让给别人，自己只做第二等的追求。只要像这样说，就是自弃。虽然说这种话的人与那些不能"内怀仁爱之心，行事遵循义理"的人存在一定区别，但自我看不起都是一样的。说求学，就要以求道为志向；说做人，就要以做圣人为志向。

【注释】

①此条出《河南程氏遗书》卷一八《刘元承手编》。因门人问"学者须志于大，如何？"而程子告之以此。故一、二等均指志向。

②居仁由义：内怀仁爱之心，行事遵循义理。语出《孟子·尽心上》："居仁由义，大人之事备矣。"

2·60 问："必有事焉"，当用敬否？曰：敬是涵养一事，"必有事焉"，须用"集义"^①。只知用敬，不知"集义"，却是都无事也。问：义莫是中理否？曰：中理在事义在心^②。

【译文】

问：孟子说"一定要专事于养气"的话，是否应当用敬肃来培养呢？程颐回答说：敬肃只是涵养性情的事。孟子所说的"一定要专事养气"的问题，是说必须"通过积累自己的善行"来培养。只知保持敬肃，不知道"积累自己的善行"，那不是专事养气。问：义的表现是否都符合理？程颐说：符合理的事在于把义放在心中（并以此为根据做事）。

【注释】

①此条出《河南程氏遗书》卷一八《刘元承手编》。"必有事焉""集义"：语均出《孟子·公孙丑上》："'敢问夫子恶乎长？'曰：'我知言，我善养吾浩然之气。'敢问何谓浩然之气？'曰：'难言也。其为气也，至大至刚，以直养而无害，则塞于天地之间。其为气也，配义与道；无是，馁也。是集义所生者，非义袭而取之也。行有不慊于心，则馁矣。我故曰，告子未尝知义，以其外之也。必有事焉，而勿正，心勿忘，勿助长也。'"集义：犹言积善，指事事符合于义。

②中理在事义在心：叶采《集解》解云："义者，吾心之裁制。中理者，合乎事理之宜也，故有在事在心之别。"中：去声，符合。

2·61　问：敬义何别？曰：敬只是持己之道，义便知有是有非，顺理而行，是为义也。若只守一个敬，不知集义，却是都无事也。且如欲为孝，不成只守着一个孝字，须是知所以为孝之道，所以侍奉当如何，温清当如何①。然后能尽孝道也。

【译文】

问：敬与义有什么区别呢？程颐回答说：敬只是个人身心修养的方法，而义是让你明白是非，顺着理去做，就是行义。如果只守持一个敬肃，不懂得积累自己的善行，那反而不是专事养气。例如想孝顺父母，不能只是守着一个孝字，必须是懂得为什么孝顺父母的道理，由此，就知道应当如何侍奉，如何使他们感到子女的温存和体贴，只有这样，才能说尽到了孝道。

【注释】

① 此条出《河南程氏遗书》卷一八《刘元承手编》，《衍注》本原与前条不分，今参照叶采本单独析为一条。温清："冬温夏清"的省称，冬天温暖，夏天凉爽。此处意为子女对父母的温存与体贴。清（qìng）：凉。

2·62　学者须要务实，不要近名方是。有意近名，则是伪也。大本已失，更学何事？为名与为利，清浊虽不同，然其利心则一也。①

【译文】

求学的人必须要务实,不要图虚名才对。执著于虚名,就是作伪。求学的根本已经丧失,求学还有什么可做呢? 图名与贪利,虽有清高与恶浊的区别,然而他们有利于私欲的表现都是一样的。

【注释】

① 此条出《河南程氏遗书》卷一八《刘元承手编》。张伯行《集解》解此条云:"此程子欲人务实而戒人以慕名之失也。学期有得,不务实则浮而无据,安能有得? 故须是专务着实而无半点为名意思,方是圣贤之学。""为名""为利"之"为",去声。

2·63　"回也,其心三月不违仁" ①,只是无纤毫私意。有少私意 ②,便是不仁。

【译文】

孔子说的"颜回,他能够长时间不离开仁德",(颜回之所以能如此)只是因为他毫无一点私心杂念,哪怕是一点点私心杂念,也就不是仁德。

【注释】

① 此条出《河南程氏遗书》卷二二上《伊川杂录》。"回也,其心三月不违仁":参见 2·1 条注 ④。三月:言其久,非确指三个月。

② 少私意:谓微有私意。

2·64　"仁者先难而后获。"① 有为而作，皆先获也②。古人惟知为仁而已，今人皆先获也。

【译文】

孔子认为："仁德的人只尽心做事，无所畏惧，至于收获，则放在后面。"未行动之前，先计较效果、得失、收获才下手做事，这就是"先获"。古时候的人只知道奉行仁德，现在的人则首先想到的是获得。

【注释】

①此条出《河南程氏遗书》卷二二上《伊川杂录》。仁者先难而后获：《论语·雍也》云："（樊迟）问仁。曰：'仁者先难而后获，可谓仁矣。'"指先要付出艰苦的劳动，然后才能有所收获。难：谓付出一定的努力。获：有期望之意。

②有为而作：江永《集注》引朱子曰："先计其效，而后为其事，则其事虽公，而意则私。"先获：未行动之前，先考虑收获。

2·65　有求为圣人之志，然后可与共学；学而善思，然后可与适道；思而有所得，则可与立；立而化之，则可与权。①

【译文】

有志于追求圣人境界的人，这样就可以与他一起学习了；学习中能够善于思考，这样就可以和他一起追求道；（在求道过程中）通过思考能有所收获，就可以和他事事依礼义而行，坚定不移；坚定地依礼义而行而又能融会贯通，就可以和他一起通权达变而行为合义了。

【注释】

①　此条出《河南程氏遗书》卷二五《畅潜道录》。程颐这段话出自《论语·子罕》："子曰：'可与共学，未可以适道；可以适道，未可以立；可以立，未可以权。'"孔子从否定方面立论，程颐此处反其道而从肯定角度立论。适道：追求道。适：往。权：变通，指随时制宜，惟变所适。

2·66　"古之学者为己"，其终至于成物；今之学者为物，其终至于丧己。①

【译文】

"古时候的人求学是为了提高自己（的道德修养）"，这样最终却成就了万事万物（使其各得其所）；现在的人求学只是为了外物，而最终却丧失了自己的基本人性。

【注释】

①　此条出《河南程氏遗书》卷二五《畅潜道录》。张伯行《集解》解此条云："学所以尽性，而性合内外、通物我，不可相遗者也。然得其实功，成则兼成；役其浮志，丧亦兼丧。故古之学者知实功在于一己，于是为之不懈，务穷天下之理，以尽天命之性，其终也，己之性尽，物之性亦

尽,遂至于成物而万物各得其所焉。今之为者,浮气盛而日役于物,亦复为之不置,务工一人之术,以争人世之权,其终也功名不可知,而心术已难问,遂至于丧己,而俯仰亦觉其自惭矣。"古之学者为己:参见2·14条注①。为、丧:俱去声。

2·67　君子之学必日新。日新者,日进也。不日新者必日退,未有不进而不退者。惟圣人之道无所进退,以其所造者极也。①

【译文】

君子求学一定要每天获得新的感受。每天新的感受就是每天进步。没有每天的进步,必然退步,没有不进步也不退步的。只有圣人之道,才没有所谓进与退的区别,因为它达到了（仁至义尽、尽善尽美的）终极境界。

【注释】

①此条出《河南程氏遗书》卷二五《畅潜道录》。日新:语出《礼记·大学》:"汤之盘铭曰:苟日新,日日新,又日新。"

2·68　明道先生曰:性静者可以为学。①

【译文】

程颢先生说:禀性醇静的人,就可以读书作学问了。

【注释】

　　① 此条出《河南程氏外书》卷一《朱公掞录拾遗》。张习孔《传》谓：
"静者性之体，其体未失，故可以为学。"性静：天性沉静、醇静。

　　2·69　弘而不毅则无规矩^①，毅而不弘则隘陋。

【译文】

　　人宽广而不坚毅，那么治学就没有规矩。人坚毅而不宽广，
学问就显得狭隘浅陋。

【注释】

　　① 此条出《河南程氏外书》卷二《朱公问学拾遗》。《论语·泰伯》云：
"士不可以不弘毅，任重而道远。"弘：宽广、广大。

　　2·70　知性善以忠信为本，此"先立其大者"。^①

【译文】

　　知道自己天性本来纯粹至善，由此确立忠信为本，这就是孟
子所说的"首先确立自己涉身处事的根本立场"。

【注释】

　　① 此条出《河南程氏外书》卷二《朱公问学拾遗》。叶采《集解》云：
"学莫大于知性，真知性之本善，则知之大者。忠信以为质，然后礼义有
所措。以忠信为本，则行之大者。"先立其大者：语出《孟子·告子上》：

"先立乎其大者,则其小者不能夺也。"

2·71　伊川先生曰：人安重则学坚固。①

【译文】

程颐先生说：人如果安静庄重,那么所学的东西自然坚实稳固。

【注释】

①此条出《河南程氏外书》卷六《罗氏本拾遗》。张伯行《集解》解此条云："凡人轻浮则气虚而见识不定,亦神散而操守不力。故人能安静厚重,则气实神完,识力自确然不移,而所学因以坚固,此即《论语》'重威'节意也。"

2·72　"博学之,审问之,慎思之,明辨之,笃行之。"① 五者废其一,非学也。

【译文】

《礼记·中庸》上说："要广博地学习,要详细地询问,要慎重地思考,要清晰地辨别,要忠实地实践。"这五件事废弃一件,就不是真正的学。

【注释】

①此条出《河南程氏外书》卷六《罗氏本拾遗》。"博学之"等五句：语出《礼记·中庸》："博学之,审问之,慎思之,明辨之,笃行之。

有弗学，学之弗能，弗措也；有弗问，问之弗知，弗措也；有弗思，思之弗得，弗措也；有弗辨，辨之弗明，弗措也；有弗行，行之弗笃，弗措也。人一能之，己百之，人十能之，己千之。果能此道矣，虽愚必明，虽柔必强。"

2·73　张思叔请问^①：其论或太高？伊川不答，良久曰：累高必自下。

【译文】

张思叔向程颐请教说：我的立论有时是不是太高深？程颐不作回答。过了很久，程颐说：高深的理论一定是先从下层开始累积起来的。

【注释】

①此条出《河南程氏外书》卷一一《时氏本拾遗》。张绎，字思叔，寿安（今河南宜阳县）人，程颐学生。茅星来《集注》云："伊川归自涪陵，思叔始从之受学，年二十岁矣。"累：积累也。

2·74　明道先生曰：人之为学，忌先立标准^①，若循循不已，自有所至矣。

【译文】

程颢先生说：人求学，最忌讳的是先确立标准，如果循序渐进，永不停息，自然会达到目的。

【注释】

①此条出《河南程氏外书》卷一二《传闻杂记》。标准：标：表、帜；准：的。

2·75　尹彦明见伊川后，半年，方得《大学》《西铭》看。①

【译文】

尹彦明受业于程颐半年以后，（程颐）才拿《大学》和《西铭》给他读。

【注释】

①此条出《河南程氏外书》卷一二《传闻杂记》。张伯行《集解》云："此亦教不躐等之意也。《大学》明内圣外王之道，《西铭》通事亲事天之理，规模广大，意义精微，初学见之，未必能无逆于心。"尹彦明：名焞，字彦明，号和靖，河南洛阳人，程颐学生。《西铭》：张载著，原为《正蒙·乾称篇》的一部分，作者曾于学堂双牖节录《乾称篇》，左书《砭愚》，右书《订顽》。后程颐将《砭愚》改称《东铭》，《订顽》改称《西铭》。

2·76　有人说无心。伊川曰：无心便不是，只当云无私心。①

【译文】

有人说人应当做到无心。程颐说：说人应当无心不对，只能说人应当无私心。

【注释】

① 此条出《河南程氏外书》卷一二《传闻杂记》。叶采《集解》云：
"苟欲无心，则必一切绝灭，思虑槁木死灰而后可。岂理也哉！故圣贤
未尝无心，特是心之所存所用者，无非本天理之公而绝乎人欲之私耳。"

2·77　谢显道见伊川 ①。伊川曰："近日事如何 ②？"
对曰："天下何思何虑？" ③ 伊川曰："是则是有此理，贤却
发得太早在。"伊川直是会锻炼得人 ④，说了又道："恰好著
工夫也。"

【译文】

谢良佐拜见程颐。程颐问道："近来学问工夫等事情做得怎
么样呢？"谢良佐回答说："天下有什么可以值得思考和忧虑的
呢？"程颐说："这个话说得很有道理，也是贤人言论，但对于你
来说，却是说得太早了一点。"程颐实实在在地让人得到了陶铸
锻炼，他讲完后又说："正好是著力下工夫的时候。"

【注释】

① 此条出《河南程氏外书》卷一二《传闻杂记》。谢显道，参见 2·27
注 ②。

② 事：谓所事，指学问工夫的事情。

③ 天下何思何虑：语出《易·系辞下》传："子曰：'天下何思何虑？

天下同归而殊途，一致而百虑。天下何思何虑？日往则月来，月往则日来，日月相推而明生焉。'"李文炤《集解》云："何虑何思，从容中道之候也。故讥其太早，然苟能用力以求之，亦无不可至者，不然则猖狂而自恣矣。"江永《近思录集解》亦谓："事物各有当然之理，何思何虑，顺理而行，因物付物者也。谢氏之学未至此，故谓其发之太早。"

④ 锻炼：犹言陶铸也。

2·78　谢显道云：昔伯淳教诲，只管著他言语。伯淳曰："与贤说话，却似扶醉汉，救得一边，倒了一边。"只怕人执著一边。①

【译文】

谢良佐说：过去听程颢先生的教诲，只是执著于他说的话。程颢说："和你说话，就像扶醉汉一样，扶到这一边，又倒向了那一边。"只是怕一个人固执于一端。

【注释】

① 此条出《河南程氏外书》卷一二《传闻杂记》。张伯行《集解》云："此上蔡见地明白后，因悟当日受教之难融，并述明道之言，见其善发人之病也。学者中未有主，一闻警戒，把持不定，东走西作，真似不耐何。往往支吾逃遁，多著闲话。譬如酒醉人，颠三倒四，才扶起这边，已倒那边，既不自在，犹自矫强，怕人扶持。"

2·79　横渠先生曰："精义入神"①，事豫吾内②，求利吾外也;"利用安身"③,素利吾外④,致养吾内也;"穷神知化"⑤,乃养盛自至,非思勉之能强。故崇德而外,君子未或致知也。

【译文】

张载先生说:"精研义理达到微妙的境界",事情未发生时其道理早已纯熟于心间,这样就能获得处理外在事情的有利效果;"利用内在的修炼,安顿自己的精神生命",就一向有利于外在的行为处世,以致于内在的德行也会得到养育;"穷究事物的奥秘,认识事物的变化",就知道这一切都是天地化育的自然结果,不是人的思想行动所能强行改变的。因此,君子除了推崇、认识天地神化的盛德之外,再也没有需要认知的东西了。

【注释】

①此条出张载《正蒙·神化篇第四》。精义入神:语出《易·系辞下》:"精义入神,以致用也。"精义:精研事物的义理。入神:进入微妙处。

②豫:事未至而先知其理。

③利用安身:利用知识,静养生命。语出《易·系辞下》:"利用安身,以崇德也。"

④素利:犹言一向从容有利。

⑤穷神知化:语出《易·系辞下》:"穷神知化。德之盛也。"穷神:穷究事物的神妙。知化:认识事物的变化。

2·80　形而后有气质之性,善反之则天地之性在

焉 ①。故气质之性,君子有弗性者焉 ②。

【译文】

　　人有形有象之后也就有了气质之性,善于克服气质之性的诱惑(使归于正),就能够保存自己的天地之性。因此,气质之性,君子以其非天地之性的本然状态,故不把它作为本性看待。

【注释】

　　① 此条出张载《正蒙·诚明篇第六》。"形而后有气质之性"等三句:叶采《集解》云:"天命流行,赋予万物,本无非善,所谓天地之性也。气聚成形,性为气质所拘,则有纯驳偏正之异,所谓气质之性也。然人能以善道自反,则天地之性复至矣。"形:形体也,谓耳目口鼻形成以后。气质之性:与天地之性相对,意谓出于生理要求的感觉、欲望等。天地之性:亦称"义理之性""天命之性"。指天赋的仁、义、礼、智本性,至纯至善。

　　② 弗性:茅星来《集注》云:"弗性者,以其非性之本然,故弗以为性也。"

　　2·81　德不胜气,性命于气;德胜其气,性命于德 ①。穷理尽性,则性天德,命天理。气之不可变者,独死生修夭而已 ②。

【译文】

　　德行不能战胜气质,性与命就受制于气质;德行战胜气质,性与命就决定于德性。穷究事物的道理，完满自己的本性，那么，本性就是天德，命运就是天理。拘于气质而无法改变的人，只有死生和寿夭罢了。

【注释】

① 此条出张载《正蒙·诚明篇第六》。"德不胜气"等四句：茅星来《集注》云："言德不能有以胜其气，则气为之主，而性命皆气也。德能有以胜其气，则德为之主，而性命无非德矣。朱子曰：'性命于气'是性命都由气，则性不能全其本然，命不能顺其自然。'性命于德'，是性命都由德，则性能全天德，命能顺天命。"

② "穷理尽性"等五句：叶采《集解》云："穷万物之理而尽一己之性，此问学之极功也。学至于是，则查滓浑化，义理昭融，所性者即天之德，所命者即天之理，尚何气质之为累哉！独死生寿夭，则禀气有定数而不可移耳。"穷理尽性：语出《说卦》："穷理尽性而至于命。"

2·82　莫非天也，阳明胜则德性用，阴浊胜则物欲行。"领恶而全好者"①，其必由学乎？

【译文】

一切事物无不是出于天理，光明的阳气胜出，德性就自然发用；暗浊的阴气胜出，人欲就自然横流。"去除物欲之恶，保全人的善行"，难道不是必须通过学习的吗？

【注释】

① 此条出张载《正蒙·诚明篇第六》。领恶而全好者：语出《礼记·仲

尼燕居》:"敢问礼也者,领恶而全好者与?"郑玄注:"领,犹理治也。好,善也。"孔颖达疏:"治去恶事而留全善事。"陈澔集说引刘氏曰:"领恶犹克己也。视听言动,非礼则勿。所以克去己私之恶,而全天理之善也。"

2·83　大其心则能体天下之物。物有未体,则心为有外。世人之心,止于见闻之狭。圣人尽性,不以见闻梏其心,其视天下无一物非我①。孟子谓"尽心则知性知天",以此②。天大无外。故有外之心,不足以合天心。

【译文】

使自己的心胸开阔,就能够体察天下万事万物的道理。假若不能体察天下万事万物,那么,心就会自然外在于物。世上一般人的心胸停留于看到、听到的狭隘的东西。圣人则能够完满自己的天性,不会仅以看到的听到的事情限制自己的本心,圣人看待的天下,没有一物一事在个人之外、与自己无关。孟子所说的"全部发挥心中的善端,就能了解自己的本性,进而认识天理",就是这个道理。天无比广大,没有任何东西在天之外。因此,凡是认为有一事一物外在于我的人,都不能达到天心包容一切、体察一切的博大状态。

【注释】

①此条出张载《正蒙·大心篇第七》。"大其心则能体天下之物"等八句:《朱子语类》卷九八:"问:'物有未体,则心为有外。''体'之义如何?曰:'此是置心在物中,究见其理,如格物、致知之义,与体用之体

不同。'"梏（gù）：束缚、限制意。

　　②尽心则知性知天：语出《孟子·尽心上》："尽其心者，如其性也，知其性则知天矣。"

　　2·84　仲尼绝四^①。自始学至成德，竭两端之教也^②。意有思也，必有待也，固不化也，我有方也。四者有一焉，则与天地为不相似矣^③。

【译文】

　　孔子禁止学生犯四种毛病（凭空推测，事先作肯定判断，固执，唯我独是）。他在求学到成圣成德的过程中，总是从事情的正反两方面竭尽思考（因此没有常人难免的上述四种毛病）。凭空推测就是凭主观见解看待事物；事先作肯定判断就要求事情的发展一定如此；固执就必然执著于成见，顽固不化；唯我独是就是棱角分明，容不得人。以上四种毛病只要有一种存在，就是与天地之道不一致。

【注释】

　　①此条出张载《正蒙·中正篇第八》。仲尼绝四：语出《论语·子罕》："子绝四：毋意，毋必，毋固，毋我。"《朱子语类》卷三六："朱子曰：横渠之意，以'绝'为禁止之辞。是言圣人将这四者使学者禁绝而勿为。"茅星来《集注》云："张子（指张伯行）解'绝''毋'，并为禁止之意，故以此为圣人设教之道，与《论语集注》异。意，是思量要如此也（即凭空推测意）。必者，是事未至而期于必行（即事先作肯定判断），若预为之

待者然，故曰有待。固者，是事之已过，滞而不化（即固执）。我者，是事必欲自己出，此心便不弘大（自以为是意），如限于方隅者然，故曰有方。"此言是。

②竭两端之教：语出《论语·子罕》："子曰：'吾有知乎哉？无知也。有鄙夫问于我，空空如也。我叩其两端而竭焉。'"两端：犹言两头，指问题正反两个方面。

③与天地为不相似：语出《易·系辞上》："与天地相似，故不违。"

2·85　上达反天理，下达徇人欲者欤！^①

【译文】

君子向上去而复返通达天理，小人循着人的私欲向下去而堕落啊！

【注释】

①此条出张载《正蒙·诚明篇第六》。上达反天理：语出《论语·宪问》："子曰：'君子上达，小人下达。'"反：返也。

2·86　知崇，天也，形而上也^①。通昼夜而知，其知崇矣。知及之，而不以礼性之，非己有也。故知礼成性而道义出，如天地位而《易》行。^②

【译文】

人的见识高明如天，是形而上的道理。《易》所谓兼知幽明死生鬼神等阴阳之道,这种见识是崇高的。见识达到了如此高的地步,而不依据谦卑的礼来实行并使之固化为自己的本性,那么,这种见识就不是你自己所拥有的。因此,只有把高明的见识,依据谦卑的礼的规范行动从而成就自己的善性,道义就会体现出来,(其道理)就如同天和地确立了各自的地位,《易》的原则就运行于天地之间一样。

【注释】

①此条出张载《正蒙·至当篇第九》。"知崇"等三句:知崇:见识高明、智慧崇高。语出《易·系辞上》:"知崇礼卑,崇效天,卑法地。"《朱子语类》卷七四:"朱子曰:横渠'知崇,天也'一段,言知识高明如天,'形而上',指此理。"

②通昼夜而知:语出《易·系辞上》:"通乎昼夜之道而知。"《朱子语类》卷七四:"'通乎昼夜而知',通,犹兼也,兼阴阳昼夜之道而知。知昼而不知夜,知夜而不知昼,则知皆未尽也。合知、礼而成性,则道义出矣。知、礼,行处也。"昼夜之道:即幽明死生鬼神之道,或谓一阴一阳之道。天地位而《易》行:语出《易·系辞上》:"天地设位,而《易》行乎其中矣。"意谓天地立其上下之位,《易》道即运行于天地之间。

2·87　困之进人也,为德辨①,为感速。孟子谓"人有德、慧、术、智者,常存乎疢疾",以此②。

【译文】

　　困境可以促进人的成长，因为困厄最能考验人的德行（使其明理），从而使人感悟而奋勇向上。孟子所说的："人之所以有德行、智慧、本领、知识，常常是通过灾患磨炼出来的。"正是这个道理。

【注释】

　　①此条出张载《正蒙·三十篇第十一》。为德辨：语出《易·系辞下》："《困》，德之辨也。"意谓《困卦》说的是人处于穷困境遇时，则操心危惧而无骄佚之蔽，故其见理也明。辨：明也。

　　②"人有德、慧、术、智者，常存乎疢疾"：语出《孟子·尽心上》："孟子曰：'人之有德、慧、术、知者，恒存乎疢疾。'"疢（chèn）疾：灾患。

　　2·88　言有教，动有法；昼有为，宵有得；息有养，瞬有存。①

【译文】

　　说话要依据圣贤教诲，行动要遵循法度；白天要有所作为，夜晚要有所心得；一息之间精神得到滋养，一瞬之间天理常存心中。

【注释】

　　①此条出张载《正蒙·有德篇第十二》。叶采《集解》云："非先王之法言不敢言，言有教也；非先王之德行不敢行，动有法也。终日乾乾，

昼有为也;夜气所养,宵有得也。气之出入为息,一息而必有所养也。目之开阖为瞬,一瞬而必有所存也。此言君子无往无时而非学也。"息:一息,瞬息。

2·89　横渠先生作《订顽》曰[1]:乾称父,坤称母[2]。予兹藐焉,乃混然中处。故天地之塞,吾其体;天地之帅,吾其性[3]。民,吾同胞;物,吾与也[4]。大君者,吾父母宗子[5];其大臣,宗子之家相也[6]。尊高年,所以长其长;慈孤弱,所以幼其幼[7]。圣其合德,贤其秀也。凡天下疲癃残疾、茕独鳏寡,皆吾兄弟之颠连而无告者也[8]。于时保之,子之翼也;乐且不忧,纯乎孝者也[9]。违曰悖德,害仁曰贼,济恶者不才,其践形惟肖者也[10]。知化则善述其事,穷神则善继其志[11]。不愧屋漏为无忝[12],存心养性为匪懈[13]。恶旨酒,崇伯子之顾养[14];育英才,颍封人之锡类[15]。不弛劳而底豫,舜其功也[16];无所逃而待烹,申生其恭也[17]。体其受而归全者,参乎[18]?勇于从而顺令者,伯奇也[19]。富贵福泽,将厚吾之生也;贫贱忧戚,庸玉女于成也[20]。存,吾顺事,没,吾宁也。"(旧注:明道先生曰:"《订顽》之言,极醇无杂,秦汉以来学者所未到。"又曰:"《订顽》一篇,意极完备,乃仁之体也。学者其体此意,令有诸己,其地位已高。到此地位,自别有见处。不可穷高极远,于道无补也。"又曰:"《订顽》立心便达得天德。"又曰:"游酢得《西铭》读之[21],即涣然不逆于心。曰:'此《中庸》之理也,能求于言语之外者也。'"杨中立问曰:"《西铭》言体而不及用,恐其流遂至于兼爱[22],何如？"伊川先生曰："横渠立言诚有过者，乃在《正蒙》㉓。《西铭》之书，推理以存义，扩前圣所未发，与孟子性善养气之论同功，岂墨氏之比哉？《西铭》明理一而分殊㉔，墨氏则二本而无分。分殊之蔽，私胜而失仁；无分之罪，兼爱而无义。分立而推理一，以止私胜之流，仁之方也。无别而迷兼爱，以至于无父之极㉕，义之贼也。子比而同之，过矣。且彼欲使人推而行之，本为用也，反谓不及，不亦异乎？"）又作《砭愚》曰：戏言出于思也，戏动作于谋也。发于声见乎四支㉖，谓非己心，不明也；欲人无己疑，不能也。过言非心也，过动非诚也。失于声缪迷其四体㉗，谓己当然，自诬也；欲他人己从，诬人也。或谓出于心者，归咎为己戏；失于思者，自诬为己诚，不知戒其出汝者，归咎其不出汝者，长傲且遂非，不知孰甚焉。（旧注：横渠学堂双牖，右书《订顽》，左书《砭愚》。伊川曰："是起争端。"改《订顽》曰《西铭》，《砭愚》曰《东铭》。）

【译文】

张载先生所做的《订顽》说：乾被称为父，坤被称为母。我们这些人这么邈小，仍混然融汇在天地之中。因此充满天地之间的气构成我们的身体，统帅天地的精神构成我们的本性。天下生民是我们的同胞，大地万物是我们的朋友。君主是我们这个天地父母共尊的嫡长子，国君的大臣是嫡长子的总管。尊重年老的人，那是尊重自己的老人；怜爱孤独弱小的人，那是关怀自己的幼童。圣人，与这一天地德行合一；贤人，则是这一天地德行的优秀代表。整个天下一切衰老残疾、鳏寡孤独的人，都是我们的困苦不堪、求告无门的兄弟。（畏惧上天的威德）做对的事，恭敬保护你的各种亲人，是天地之子扶助天地德行的职责；乐天知命而且无忧无虑，是纯笃仁孝的人。违背父母之命，即是背离天地德行；戕害仁道的人，那是贼子；助长邪恶的人，是不才之子；那些践行天地德行仁义于形色的人，是天地父母的好儿子。知道天地万物的变化就善于遵循天地的法则，成就天地的事业；穷究万物的微妙之道就能够承继天地的精神。在人所看不到的地方也不做亏心事；守护本心，养育本性，即是不懈地追求与天道合一的表现。厌恶美酒，是如鲧之子大禹一样护养天赋的本性；培育英才，就如颖考叔一样把孝行美德给予他的朋类人。不懈怠地竭力事亲，让冥顽的父亲享受安乐，是舜的功绩；无法逃离孝道存在的天地之间，宁愿等待赐死，那是申生的无比恭顺。身体受之于父母，而完整地归还给父母，是曾参啊；能够勇于顺从父亲错误之命的人，是伯奇。承受上天和先人的恩泽而富贵和享受丰厚的生活，是天地对我们生命的厚待；生活于贫贱和忧戚之中，是天地对我们的考验，使我们笃志成功。我活着，顺乎天地父母之道而行事；我死了，（也因无愧天地父母）无悔无憾。"（旧注：程颢先生说："张载的《订顽》讲述的内容，极为纯正，没有丝毫杂质。秦汉以来，还没有哪一位学者达到他这样的高度。"先生又说：《订顽》这篇文章，意义非常完备，是仁的精神的体现。学者如果能充分体会其中的寓意，而且让它融汇在自己心中，这样就会达到比较高的境界。达到这种境界自然就会有对天地之道的把握和独到见解。千万不可不切实际地好高骛远，这对于追求天地之道是无益无补的。"先生又说："《订顽》确定精神追求的方向，就可以上达天德。"
先生又说："游酢获得《西铭》读后，便觉精神焕发，没有任何与心意
不一致的感觉。他说：'《西铭》的意义正是《中庸》展示的道理，而其
中的道理，深刻地超越了言语之外的东西。'"杨中立问："《西铭》只说
体，而不说用，恐怕有流于墨子兼爱之嫌，您看是这样吗？"程颐先生
说："张载的学说，确实有过高的地方，正是《正蒙》一书。《西铭》这
本书通过推及天地之理以展现仁义，扩充了前代圣人没有阐发的思想，
与孟子的性善说、养气论具有同等的功绩，墨子岂能相提并论！《西
铭》阐明天地之理是唯一的，但寓于万事万物之中，而万事万物各不相
同，各具特性。而墨子则主张两个本原，不分别万事万物的差异。不
讲天地之理的本原，蔽于事物的差异区别，结果必然是私欲泛滥而使
仁爱消失；不区分事物差异的罪责，导致兼爱而无正义可言。区分事
物的特性与差异，从中推出绝对、唯一的天地之理，以天地之理观照一
切，来制止私欲横流，这是保证仁道的方法。不区别事物的特性与差
异，一味迷恋于兼爱，以至于走到无父无母的极端程度，这是仁义的贼
子。你把张载与墨子同等看待，是错误的。况且，张载的本意是要人
们推行和实践天地德行，'体'即是'用'，'用'是'体'的表现。而
你反而说张载不讲'用'，不也是令人感到十分诧异吗？"）张载又撰
有《砭愚》一文说：戏谑的言语，出于人的思想；戏谑的动作，出
于人内心的谋划。戏谑之言通过声音表现出来，戏谑动作通过
四肢做出来，若说不是出于自己的本心，那是不明事理。（既然
说了不该说的话，做了不该做的事）要别人不怀疑自己（言行
的动机），那是不可能的。过失的言论不符合本心的要求，过失
的行为不符合诚善的标准。说了有损人格的话，做出了错误而

有害道德的行为，却视为理所当然，就是自我欺骗。想要他人顺从自己的所作所为，就是对他人（是非感的）诬蔑。有的人虽然也认为（言行）源于心，但却把自己的过失归咎于一时的儿戏。思想上迷失，还自我欺骗地认为自己的心灵是诚实的。（这种人）不懂得警戒导致言行失误的原因，却把失误归咎于结果本身。因此，任意滋长自己的傲慢之气而且逐渐地走向错误，已经不知道有谁比这更过分的了。（旧注：张载学堂的两个窗户，右边窗户书写有《订顽》，左边的窗户书写有《砭愚》。程颐说："'顽''愚'两字容易引起误解，导致争端。"把《订顽》改为《西铭》，《砭愚》改为《东铭》。）

【注释】

①　此条出《河南程氏外书》卷一一《时氏本拾遗》，为张载《正蒙·乾称篇》首段。张绍价《解义》云："顽者私欲锢蔽，冥顽不灵，与天人不相关，犹痿痹之人，痛痒不觉。作此订之，推论本原，详示工夫，使知求仁之方，庶无私己之失也。"《订顽》：即《西铭》。参见 2·75 条注 ①。

②　"乾称父，坤称母"：《易经》之说。《说卦》："乾，天也，故称乎父；坤，地也，故称乎母。"

③　"天地之塞，吾其体；天地之帅，吾其性"：语本《孟子·公孙丑上》："百善养吾浩然之气。……其为气也。至大至用，以直养而无害，则塞于天地之间。"又说："夫志，气之帅也；气，体之充也。"塞：充塞。帅：主导，此言精神本质。吾其体：谓天地之气构成我的身体。叶采《集解》云："朱子曰：'乾阳、坤阴，此天地之气塞乎两间，而人物之所资以为体者也，故曰：天地之塞，吾其体。乾健、坤顺，此天地之志，为气之帅，

而人物之所得以为性者也，故曰：天地之帅，吾其性。深察乎此，则父乾、母坤，混然中处之实可见矣。'"

④ 与：同类、同伴。

⑤ 大君：国君、君主。宗子：嫡长子。嫡长子为族人兄弟所共宗，故称"宗子"。《礼记·曲礼下》："支子不祭，祭必告于宗子。"

⑥ 家相：一家的总管。

⑦ "长其长"：敬重长者。第一个"长"为动词。幼其幼：爱护幼小的人。第一个"幼"为动词。

⑧ 疲癃（lóng）：衰老多病。茕独鳏寡：泛指无依无靠的人。茕（qióng）：孤独意。鳏寡：老而无妻为鳏，无夫曰寡。鳏（guān）：颠连：困顿不堪貌。无告：有苦无处求告，形容处境极为不堪。"大君者"至"皆吾兄弟之颠连而无告者也"等十三句：张绍价《解义》曰："亲亲、仁民、爱物，理一而分殊，而三者之中，又各有分之殊焉。同胞中有大君，有大臣，有高年，有孤弱，有圣有贤，有疲癃残疾茕独鳏寡，莫非父乾母坤，其理未尝不一。然品类不齐，则所以用吾仁者，亦因之而异，或为宗子，或为家相，或尊或慈，或师或友，或矜哀。因其类之高下，以为爱之差等，则分殊中之分殊也。"

⑨ 于时保之：语出《诗·周颂·我将》："畏天之威，于时保之。"时：是。翼：扶助、恭敬。乐且不忧：语出《易·系辞上》："乐天知命，故不忧。"叶采《集解》解"于时保之"等四句引朱子曰："畏天以自保者，犹其敬亲之至也；乐天而不忧者，犹其爱亲之纯也。"

⑩ 违：指违背父母之命。害仁曰贼：《孟子·梁惠王下》："贼仁者谓之贼。"害仁：即贼仁。践形：指将仁义实践于形色之中，语出《孟子·尽心上》："形色，天性也；惟圣人然后可以践形。"惟肖者：像父母

的儿子。"违曰悖德"等四句：张绍价《解义》谓："悖德子、贼子、不才子，不知畏天，遑知乐天。践形惟肖，乃能畏天乐天，而为与天合德之圣人。"

⑪ "知化则善述其事，穷神则善继其志"：语本《易·系辞下》："穷神知化，德之盛也。"又《礼记·中庸》："夫孝者，善继人之志，善述人之事也。"知化：晓知变化之道。穷神：谓穷极微妙之神。叶采《集解》解此二句引朱子曰："孝子，善继人之志、善述人之事者也。圣人知变化之道，则所行者无非天地之事矣；通神明之德，则所存者无非天地之心矣。此二者皆乐天践形之事也。"又曰："化底是气有迹可见，故为事；神底是理无形可窥、故为志。"

⑫ 不愧屋漏为无忝：《诗·大雅·抑》："相在尔室，尚不愧屋漏。"毛传："西北隅谓之屋漏。"郑玄笺："屋，小帐也；漏，隐也。"不愧屋漏：犹谓不欺暗室，言心地光明，不在暗中做坏事，起坏念头。无忝：语出《诗·小雅·小宛》："夙兴夜寐，无忝尔所生。"忝：辱、有愧于。

⑬ 存心养性：语出《孟子·尽心上》："存其心，养其性，所以事天也。"匪懈：语出《诗经·大雅·烝民》："夙夜匪懈。"匪：非。

⑭ "恶旨酒，崇伯子之顾养"：《孟子·离娄下》："孟子曰：'禹恶旨酒而好善言。'"旨酒：美酒。崇伯子：即大禹。崇：国名。伯：爵。《史记索隐》云："《连山易》曰：'鲧封于崇。'"《国语》有"崇伯鲧。"顾养：善于保养天性。

⑮ 颍封人之锡类：《左传·隐公元年》："颍考叔，纯孝也，爱其母，施及庄公。《诗》曰：'孝子不匮，永锡尔类'，其是之谓乎！"颍：地名。锡：通赐。锡类：把恩德赐给朋类。颍封人：即郑大夫颍考叔。封人：官名，春秋时为典守封疆之官。

⑯ 不弛劳而底豫：语出《孟子·离娄上》："舜尽事亲之道而瞽瞍底

豫,瞽叟底豫而天下化。"瞽叟:舜之父亲。弛:放松、松懈。底:致,到。豫:安乐、快乐。

⑰ 无所逃而待烹:语出《礼记·檀弓》:"晋献公将杀其世子申生,申生辞于狐突,……再拜稽首乃卒,是以为恭世子也。"待烹:即等待杀戮。恭:敬顺事上曰恭。申生因其顺从父亲而自缢,死后谥为恭。

⑱ 体其受而归全:《礼记·祭义》:"曾子问诸夫子曰:'父母全而生之,子全而归之,可谓孝矣;不亏其体,不辱其亲,可谓全矣。"体其受:身体受之于父母。参:即曾子。曾子名参,字子舆,春秋末年鲁国南武城(今山东临沂平邑县)人,为孔子的晚期弟子之一。

⑲ 伯奇:周大夫尹吉甫子。《颜氏家训·后娶篇》:"吉甫,贤父也;伯奇,孝子也。"伯奇事亲至诚,为后母所间,被放逐。伯奇以顺令父亲著称。

⑳ 庸:用。玉女于成:谓上天宝贵你,使你得到成功。女:汝也。

㉑ 游酢:字定夫,二程门人。

㉒ 兼爱:先秦墨家主张。其认为爱无差别等级,人与人之间有平等的、不分厚薄亲疏的彼此之爱。

㉓《正蒙》:张载著作,共九卷,十七篇,包括《太和》《参两》《天道》《神化》《诚明》《大心》《乾称》等篇目。后《正蒙》编入《张子全书》,《近思录》多有引用。王夫之《张子正蒙注·序论》云:"谓之正蒙者,养蒙以圣功之正也。"

㉔ 理一而分殊:宋代理学家重要观念。《二程遗书》卷二上:"万物皆是一理。""一物之理即万物之理。"即宇宙间有一最高之"理",而万物各自之理是这个最高之"理"的体现。

㉕ 无父之极:《孟子·滕文公下》:"杨氏为我,是无君也;墨氏兼爱,是无父也。无君无父,是禽兽也。"无父:把自己的父亲看得和别人的父

亲一样，没有自己的父亲。

㉖ 支：通"肢"。

㉗ 缪：通谬。

2·90　将修己^①，必先厚重以自持。厚重知学，德乃进而不固矣^②。忠信进德，惟尚友而急贤^③。欲胜己者亲，无如改过之不吝。

【译文】

如果要修养自己的德行，必须首先笃厚庄重来自我持有。笃厚庄重并且知道学习的目的，德行就会提高而不至于固滞。忠信是提高德行的根据，但同时必须上与古代的人交朋友和渴求贤人的帮助。如果要与胜过自己的人亲近，最明智的选择莫过于果断地改正自己的错误。

【注释】

① 此条出《河南程氏外书》卷一一《时氏本拾遗》、张载《正蒙·乾称篇》第一七。《论语·学而》："君子不重则不威；学则不固。主忠信，无友不如己者。过，则勿惮改。"本节为张载对孔子此段论述的发明，但与孔子本义不尽相同。张伯行《集解》云："此横渠因《论语》'不重则不威'一章而明其贯串相因之功也。欲修己者，轻浮便非任道之器，故必先厚重以自持。厚重而不知学，则拘固之病不免也。厚重而又知学，德自日进而不固滞矣。"

② 固：固滞。

③ 尚友："尚"通"上"。谓上与古人做朋友。《孟子·万章下》："以友天下之善士为未足，又尚论古之人；颂其诗，读其书，不知其人，可乎？是以论其世也，是尚友也。"此处引申为与高于己者交游。

2·91　横渠先生谓范巽之曰 ①：吾辈不及古人，病源何在？巽之请问。先生曰：此非难悟。设此语者，盖欲学者存意之不忘，庶游心浸熟 ②，有一日脱然如大寐之得醒耳。

【译文】

张载先生问范育说：我们这代人比不上古人，不足的根源在哪里呢？范育（不能回答）向张载请教。张载先生说：这点并不难领悟。我之所以如此设问，是希望想治学的人时时想到我们不如古人，把这一点牢记在心，就自然能够专心省察，浸灌纯熟，终有一天突然如睡梦醒来，豁然开朗而已。

【注释】

① 此条出张载《拾遗·近思录拾遗》。范巽之：名育，字巽之，张载门人。张伯行《集解》云："学者患在终日悠泛无警觉处，故张子设此语以问巽之，而巽之未悟，因再请其旨。其意以不及古人之病源，一时难以认取，故先生发之曰此无甚难悟。其所以设此语，乃欲学者时时存此不及之意而不忘，自能游心省察，积久浸灌纯熟，必有一日自得病源而去之、脱然如沉睡之得醒耳，非即今便欲苦求所谓病源也。"

② 游心：心神专注。

2·92　未知立心，恶思多之致疑；既知所立，恶讲治之不精。讲治之思，莫非术内，虽勤而何厌！所以急于可欲者，求立吾心于不疑之地，然后若决江河以利吾往^①。逊此志，务时敏，厥修乃来^②。故虽仲尼之才之美，然且敏以求之^③。今持不逮之资^④，而欲徐徐以听其自适，非所闻也。

【译文】

（治学者）内心没有确立自己的志向时，毛病在于思虑多且乱，反而导致疑惑；内心确立了自己的志向，毛病在于讲习治学不精到。讲习、治学方面的思考，没有不是学术分内事情的，尽管勤苦，却不能有任何厌倦之感。（治学者）所急切追求的东西，是内心确立坚定的志向而且不能有任何可以疑惑之处。有了坚定的志向以后，（求学治学之路）就像江河决堤一样，奔流向前，走到你所要达到的地方。（此外，）务必要平顺你的心志，务必时时奋勉努力，学问和修身才会不断取得进步。因此，尽管孔子天才横溢，却仍然在孜孜不倦地追求。今天才智远远不及孔子的人，却企望悠闲自在地就达到预想的目标，不是我们听说的事情啊。

【注释】

①此条出张载《拾遗·近思录拾遗》。"未知立心"等十句：茅星来《集注》云："术，学术也。可欲者可欲之谓善也。上言思多致疑，则致思之病也。讲治不精，则讲治之病也。要之，此二者莫非在我学术之内，

不可有缺,所以虽勤而不厌也。急于可欲之善,则无善恶之杂,而立吾心于不疑之地矣。若决江河以利吾往,则果于为善,而不患讲治之不精矣。"恶:去声,毛病、问题。

②"逊此志"等三句:语出《尚书·说命下》:"惟学逊志,务时敏,厥修乃来。"逊:顺也。敏:努力。厥:其。修:修养。

③敏以求之:语出《论语·述而》:"子曰:'我非生而知之者,好古,敏以求之者也。'"

④逮(dài):到、及也。

2·93 明善为本,固执之乃立,扩充之则大,易视之则小,在人能弘之而已。①

【译文】

明白善是（修身的）根本;能够牢固地恪守善这个（修身的）根本,人就能够挺立于人世间;能够推广扩充自己的善,人就能够无比光辉高大。反之,以轻忽的态度对待善,人就必然渺小狭隘。对于人来说,（真正的价值和追求）无非在于能够弘扬善而已。

【注释】

①此条出张载《拾遗·性理拾遗》。茅星来《集注》解此条云:"易,音异。四'之'字,皆指'善''字而言。以《大学》八条目言之,则明善、致知、格物之事也;固执,诚意、正心修身之事也;扩充,齐家、治国、平天下之事。以《中庸》三达德言之,则明善,智也;固执,仁也;扩充,

勇也。弘之者，亦廓而大之，使知之无不至，行之无不尽也。"易视之：谓玩忽视之、轻忽视之。

2·94　今且只将"尊德性而道问学"为心①，日自求于问学者有所背否？于德性有所懈否？此义亦是博文约礼②，下学上达③。以此警策一年，安得不长④？每日须求多少为益，知所亡，改得少不善，此德性上之益⑤。读书求义理，编书须理会有所归著，勿徒写过，又多识前言往行，此问学上益也⑥。勿使有俄顷闲度，逐日似此，三年庶几有进。

【译文】

　　现在只要把《中庸》所说的"尊德性而道问学"做为内心（的目标追求），每天就应该问问自己，是否违背了"道问学"？是否对"尊德性"有所松懈？"尊德性而道问学"也是用文献来丰富自己的知识，用礼节来约束自己的行为，也就是下学人事，上达天理。用上述圣贤的教诲来警戒和鞭策自己，坚持一年左右，怎么会不取得进步呢？每天必须在道德修养上或多或少有所收益；在认识自己不足、不善的基础上，不断改正，使之逐渐减少，这就是德性上的收益。读书是为了探求义理；编书必须先了解纲目指归，不能仅仅抄写了事；还要多多了解前人往贤的嘉言懿行。能做到上述几点，就是学问上的收益。不让光阴须臾间虚度，能天天这样做，大概三年的时间就会取得进步。

【注释】

①此条出张载《拾遗·近思录拾遗》。尊德行而道问学：语出《礼记·中庸》："君子尊德性而道问学，致广大而尽精微，极高明而道中庸。"尊：崇尚敬持。道（dǎo）：由也。问学：学习及询问。

②博文约礼：意谓用文献来丰富人的知识，用礼节来约束人的行为。语出《论语·子罕》："颜回喟然叹曰：'仰之弥高，钻之弥坚；瞻之在前，忽焉在后。夫子循循然善诱人，博我以文，约我以礼，欲罢不能。'"

③下学上达：意谓下学人事，上达天理。语出《论语·宪问》："子曰：'不怨天，不尤人，下学而上达。'"

④长：上声，长进。

⑤"每日须求多少为益"等四句：张伯行《集解》谓："自此以下示其求益工夫，言每日既以违背懈怠自警策，又须于德性问学上实得求益工夫，方为有用。知吾心中有所未知，涵泳久而心体自莹彻，便知其所亡。吾心中未能满其本然之善，即是不善，磨砺深而不善亦渐少，是谓改得少不善。此乃德性上之益，而每日所当知者也。"

⑥"读书求义理"等五句：叶采《集解》谓："读书者，必穷其义理，不徒事章句训诂之末。编书者，必求其言归，不徒务博洽纪录之功。多识前哲之言行，以广所知，则学日进矣。"前言往行：指前人往贤的嘉言懿行。语出《周易·大畜》："君子以多识前言往行，以畜其德。"

2·95　为天地立心，为生民立道，为去圣继绝学，为万世开太平。①

【译文】

　　学者应该为天地确立生生之心，为百姓树立义理纲常等神圣的道德原则，为先贤往圣而继承其开创的道统，为后世万代开辟永续的太平基业。

【注释】

　　① 此条出张载《横渠文集·张子语录》卷中。叶采《集解》解此条云："天地以生生为心，圣人参赞化育，使万物各正其性命，此'为天地立心'也。建明义理，扶植纲常，此'为生民立道'也。继绝学，谓缵述道统。开太平，如有王者起，必来取法，利泽垂于万世。学者以此立志，则所任至大而不安于小成，所存至公而不苟于近用。"为：去声。

　　2·96　载所以使学者先学礼者，只为学礼，则便除去了世俗一副当习熟缠绕①。譬之延蔓之物，解缠绕即上去②。苟能除去了一副当世习，便自然脱洒也。又学礼，则可以守得定。

【译文】

　　我之所以要读书人先学礼的原因，只是因为学礼就可以排除世俗的一整套繁文缛节的纠缠纷扰。就譬如蔓延生长的植物，解除了枝蔓的缠绕，就容易向上生长。假如读书人能够排除目前世俗的繁文习俗的束缚，心胸就自然超脱洒落了。（在此前提下）又通过学礼，就可以使身心守持坚定。

【注释】

①此条出张载《横渠文集·张子语录》卷下。一副当：犹言一整套。习熟：指习惯并熟悉于一套世故的繁文缛节。为、当：并去声。

②解：脱也。上：上声。

2·97　须放心宽快公平以求之，乃可见道，况德性自广大。《易》曰："穷神知化，德之盛也。"①岂浅心可得！

【译文】

（求道）必须把内心放得宽广、舒畅、公正、平易，以此来求道，就可以体悟和发现道，况且人的德性本来就宽广弘大。《易·系辞下》说："穷究事物的神妙，认识事物的变化，是最伟大的德性。"道岂是浅狭之心可以求得的！

【注释】

①此条出张载《横渠易说·系辞下》。"穷神知化，德之盛也"：语出《易·系辞下》。参见2·79条注⑤。

2·98　人多以老成则不肯下问，故终身不知。又为人以道义先觉处之，不可复谓有所不知，故亦不肯下问。从不肯问，遂生百端欺妄人，我宁终身不知。①

【译文】

人往往认为自己年长老成就不肯下问于后辈，因此终身只能处于无知状态。又或者做人总以道义自居、以先觉自许，不能再由别人说自己有所不知，因此不肯下问。从来不肯向别人请教，于是就有了各种各样欺瞒他人的事情，（若如此）我宁愿终身什么都不懂（也不愿不请教而既欺妄自己也欺妄别人）。

【注释】

　　① 此条出张载《拾遗·近思录拾遗》。《论语·公冶长》："敏而好学，不耻下问。"此条据此而发挥之。叶采《集解》云其："言人虚骄，耻于下问，内则欺己，外则欺人，终于不知而已。"为：去声。处：上声。

　　2·99　多闻不足以尽天下之故^①，苟以多闻而待天下之变，则道足以酬其所尝知^②。若劫之不测，则遂穷矣^③。

【译文】

　　仅以广博的知识还不能完全穷尽天下所有的事情，如果用广博的知识来应对天下万事万物的变化，那么你所把握的规则能够应对自己知识范围内的事情。假如突然遇到自己知识范围无法预测的外力胁迫的事情，就没有应对的办法了。

【注释】

　　① 此条杨伯峻《衍注》云据张载《孟子说》，今见《张子全书》卷十四。张伯行《集解》谓："学贵实有所得，乃可以泛应不穷。若徒求多闻，谓可以博洽为周知之资，则耳目有限而天下之故无穷，何足以尽之？苟欲以多闻待天下事变之来，则其道仅足以应其所尝知者。一旦举其所

未尝闻者而试之,便足以夺其所恃,而使之证据无从,则胸无真识,遂穷而无以应之矣。然则多闻虽学者事,而亦非君子之所贵也。"多闻:见闻广博。故:原因,所以然也。

②酬:应对。

③劫:以力胁取也。

2·100　为学大益,在自求变化气质^①。不尔,皆为人之弊^②,卒无所发明,不得见圣人之奥。

【译文】

求学所能获得的最大益处,在于自己主动追求自身气质的变化。如果不这样,(任何其他的探求)都是做人的弊端,最终不能有所发现、有所明白,也就无法知晓圣人奥妙的本旨了。

【注释】

①此条出张载《经学理窟·义理》。变化气质:《朱子语类》卷一二二:"或问:东莱谓变化气质,方可言学。曰:此意甚善。但如鄙意,则以为学乃能变化气质耳。若不读书穷理主敬存心,而徒切切计较于昨非今是之间,恐亦劳而无补也。"

②为:去声。

2·101　文要密察,心要洪放。^①

【译文】

外在的脉络表现应细密分明，内心世界要宽广舒展。

【注释】

　①此条出张载《经学理窟·礼乐》。叶采《集解》云："文不密察，则见理粗疏；心不洪放，则所有狭滞。"文：纹饰，指外在的脉络。密：详细。察：明辨。洪：宽广。放：舒展。

　2·102　不知疑者，只是不便实作。既实作则须有疑。有不行处，是疑也。①

【译文】

　不知道有疑问，只是因为没有通过实践去做。只要通过实践去做了，就必然有疑问。做事时有行不通的地方，就是疑问。

【注释】

　①此条出张载《经学理窟·气质》。茅星来《集注》云："作，非止作事，凡讲习、讨论、省察、克治之类皆是。不行，谓行有所不通也。朱子曰：'学者须于思路断绝无可搜寻处忽地彻悟，方始有得。'"

　2·103　心大则百物皆通，心小则百物皆病。①

【译文】

　心胸宽广宏远，处己待人等一切事理，就无不通透；心胸狭小浅陋,处己待人等一切事理都会窒碍不通。

【注释】

　　① 此条出张载《经学理窟·气质》。叶采《集解》曰:"心大则宽平宏远,故处己待人无往而不达;心小则偏急固陋,无所处而不为病也。"通:谓道理通透,行无不得也。病:谓窒碍而不通。

　　2·104　人虽有功,不及于学 ①,心亦不宜忘。心苟不忘,则虽接人事,即是实行,莫非道也。心若忘之,则终身由之,只是俗事。

【译文】

　　一人即使有其他事要做,而无暇顾及学问,但内心却不应该忘记学问之道。假如内心能念念不忘,那么,即使是接人待物,也是实践学问之道,这些没有不是学问之道的。如果内心忘了学问之道,即使终身以道而行,那也只能是俗事了。

【注释】

　　① 此条出张载《经学理窟·义理》。功:通"工",犹事也。

　　2·105　合内外,平物我,此见道之大端。 ①

【译文】

　　人能做到内外一致,平等地对待外物与自我,这样就能够认识到道的大意了。

【注释】

①此条出张载《经学理窟·义理》。茅星来《集注》谓："见道之大端，犹曾点、漆雕开见大意而已。"

2·106 既学而先有以功业为意者，于学便相害。既有意，必穿凿创意，作起事也。德未成而先以功业为事，是代大匠斲①，希不伤手也②。

【译文】

求学后，一开始就把建功立业为目的，对于学道是有伤害的。既然已经先有建功立业的意图，学习就必然会穿凿创造，这样就会兴起事端。德行还没有到一定境界就想到要建功立业，就像不知道怎样使用斧头却要代替大匠人砍伐树木，（这样的人）很少不伤害到自己的手。

【注释】

①此条出张载《经学理窟·学大原上》。代大匠斲：语出《老子》七十四章："夫代司杀者杀，是谓代大匠斲。夫代大匠斲者，稀有不伤其手矣。"斲（zhuó）：削、砍。

②希：罕也，稀少意。

2·107 窃尝病孔孟既没，诸儒嚣然，不知反约穷源①，勇于苟作，持不逮之资而急知后世。明者一览，如见肝肺然，多见其不知量也②。方且创艾其弊③，默养吾诚，顾所患日力不足，而未果他为也。

【译文】

　　我内心里曾经不满孔子、孟子之后各位儒者嚣张轻狂的样子。他们不知道回归圣人的精要之道，不懂得探究圣人的根本精神，却肆无忌惮地随意著述，他们的德行、才智远不及圣人，却急切地凭此向后世传授学问。（对他们的这种所作所为，）明眼人一看，就像看见他们的肝肺一样了然，被看到的只是他们不能正确地估量自己、缺少自知之明。我正要消除他们的弊端，默默地涵养我心中的"诚"，只是忧虑时间有限，能力不够，而不能顾及像那些所谓的儒者的作为了。

【注释】

　　①此条出张载《横渠文集佚存·与赵大观书》。反约：即"返约"，谓返回到根本。约：简要、精要。

　　②多见其不知量：语出《论语·子张》："仲尼，日月也，无得而逾焉。人虽欲自绝，其何伤于日月乎？多见其不知量也。"多：此处与"只"同。不知量：谓不自知其分量。

　　③创艾：一作"创刈"。创：惩也。艾（yì）：治也。

　　2·108　学未至而好语变者，必知终有患。盖变不可轻议，若骤然语变，则知操术已不正。①

【译文】

学术未达到至精至纯而喜好谈论权宜变通的人，一定知道这样最终会带来危害的。因为权变不能轻易谈论，假如一个人突然急切地谈论权变，那么，就可以知道其掌握的学术之源已偏离了正道。

【注释】

①此条出张载《经学理窟·义理》。茅星来《集注》解此云："变者，非常行之道。盖权宜之事也，自非见理明制义精者，不足以与此。苟学未至而轻于语变，则知其学术之源已不正，终必流于邪谲矣。"变：权变，权宜。

2·109 凡事蔽盖不见底，只是不求益。有人不肯言其道义所得所至，不得见底，又非"于吾言无所不说"。①

【译文】

凡是遇到事情遮蔽掩盖着不让人看出究竟的，只能认为这是不求进取。有的人不肯说他自己在道义修养方面有什么收获，达到什么程度，又不让别人了解他的究竟，（这样的人，）不是孔子说的"对我的话没有不喜欢的"。

【注释】

①此条出张载《经学理窟·义理》。叶采《集解》云："人不肯言其知之所得、行之所至，使人不可得而见者，盖苟安自足，恐人之非己，又

非若颜子之如愚,于圣言无所不悦者之比也。"于吾言无所不说:语出
《论语·先进》:"回也,非助我者也,于吾言无所不说。"吾言:吾圣人
之言。说(yuè):同"悦"。

2·110　耳目役于外,揽外事者,其实是自堕,不肯自
治,只言短长,不能反躬者也。^①

【译文】

　　一个人如果耳目受外界役使,只兜揽外界的事情和见闻,这
样的结果一定是自我懈惰,不能修养自身,也只能会是说长道
短,不会反躬自问了。

【注释】

　　①此条出张载《经学理窟·义理》。茅星来《集注》谓:"役,用也。揽,
兜揽也。所谓外者,凡博闻广见、通晓世务、无所得于身心者皆是。'只
言短长,不能反躬',谓但知讲论古今得失,而不能反求之躬,以实有诸
己者也。所谓'耳目役于外,揽外事者'如此。程子以记诵博识为玩物
丧志,亦此意也。"

2·111　学者大不宜志小气轻。志小则易足,易足则
无由进;气轻则以未知为已知,未学为已学。^①

【译文】

　　求学最不应该的是志向狭隘与气性轻浮。志向狭隘就容易

满足,容易满足就没有进步的阶梯;气性轻浮就会把不懂装作懂,把没有学过的当做已经学过的。

【注释】

①　此条出张载《经学理窟·学大原下》。叶采《集解》云:"志小则易于自足,故怠惰而无新功;气轻则易于自大,故虚诞而无实得。"

近思录卷之三

穷理　经史

凡七十八条（按：《衍注》原为七十九条，去其重复一条。）

3·1　伊川先生《答朱长文书》曰：心通乎道①，然后能辨是非，如持权衡以较轻重②。孟子所谓"知言"是也③。心不通于道，而较古人之是非，犹不持权衡而酌轻重，竭其目力，劳其心智，虽使时中④，亦古人所谓"亿则屡中"⑤，君子不贵也。

【译文】

程颐先生《答朱长文书》说：人心首先要明白事物发展的道理，然后才能辨别是非，就如用秤来称东西，用这个方法来比较出轻重。孟子所说的"知言"就是这个道理。人心不能与事物发展的道理相通，却要评判古人的是非，就像不用秤来称东西，却要衡量轻重，白白耗尽自己的眼力，使其心智受到劳苦，虽然有时也能猜中，也不过是古人所说的"凭空揣度也能常常猜对"，但君子是不会看重的。

【注释】

① 此条出《河南程氏文集》卷九《书启·答朱长文书》。通：晓达。道：事物当然之理。通道：茅星来《集注》谓："通道，如所谓豁然贯通、全体大用无不明是也。"

② 权：秤锤。衡：秤杆。

③ 知言：语出《孟子·公孙丑上》："（孟子）曰：'我知言。'……'何谓知言？'曰：'诐辞知其所蔽，淫辞知其所陷，邪辞知其所离，遁辞知其所穷。'"

④ 时中：谓有时而中之。中：去声。

⑤ 亿则屡中：语出《论语·先进》第十一："子曰：'赐不受命，而货殖焉，亿则屡中。'"亿：同"臆"，揣度，猜测。

3·2　伊川先生答门人曰：孔孟之门，岂皆贤哲？固多众人。以众人观圣贤①，弗识者多矣。惟其不敢信己而信其师，是故求而后得。今诸君于某言，才不合，则置不复思，所以终异也。不可便放下，更且思之，致知之方也。

【译文】

程颐先生回答自己的学生说：孔子、孟子的门下，难道都是贤哲之士吗？本来比较多的都是一般人。用一般人的眼光来看待圣贤之士，不熟悉和不理解的会很多。只有不盲目地自以为是，而是相信老师的教诲，这样来苦心探求，之后才能有所收获。现在诸位对于我说的话，有一点（与你们的看法）不相吻合，就

放置不理而不是去反复思考,这就是最终观点不同的原因。(你
们)不要不认可老师的话就放置不理,应该是变换思路反复思
考这些话,这是"致知"的方法啊。

【注释】

①此条亦出《河南程氏文集》卷九《书启·答朱长文书》。圣贤:指
孔子、孟子。

3·3　伊川先生《答横渠先生》曰:所论大概[①],有
苦心极力之象,而无宽裕温厚之气,非明睿所照,而考索至
此[②],故意屡偏而言多窒,小出入时有之。(旧注:明所照
者,如目所睹,纤微尽识之矣。考索至者,如揣料于物,约见
仿佛尔,能无差乎?)更愿完养思虑,涵泳义理,他日自当
条畅[③]。

【译文】

程颐先生《答横渠先生》说:看了你来信论述的大概情况,
(我感觉你)有做学问刻苦用心、极力追求的气象,然而却没有
宽裕和温厚和平的气度。(你做学问)大概不是(基于本心的)
明识睿思的(由开端看到结束的)总体观照,而是基于零零碎
碎的考究探索凑合成这样,因此你的看法每每偏离了古人的原
意,并且语言多有不通之处,时常有与古人原意不相符合的地
方。(旧注:明识睿思的整体关照,就像眼睛看到的物体,非常细小的
东西都看到了。零零碎碎的考究探索,就像揣测预料事物,大致看到一

个仿佛的情况罢了，能说没有差别吗？）我更希望你能全面地培养你的思想和心力，深入体会义理，（这样）以后有一天自然会达到融会贯通的境界。

【注释】

①此条出《河南程氏文集》卷九《书启·答横渠先生书》。张伯行《集解》解此条云："观其所论大概，集引古人之言，贯串己意以断事，从杂博中过来者，故有苦心极力之象，而无宽裕有馀、温厚和平之气。盖非从本心之明睿毕照，即始见终者，乃由零碎考索凑合如此。故以己之意释古人之意，则屡偏；以古人之言附己之言，则多窒。虽本原不差，大段皆是，而小有出入，亦时不免也。"大概：概略、概要。

②"非明睿所照，而考索至此"：《朱子语类》卷九九："朱子曰：答书之中云：'非明睿所照，而考索至此。'盖横渠却只是一向苦思求将向前去，却欠涵泳以待其义理自形见处。"考索：考察探究。

③"更愿完养思虑"等三句：李文炤《集解》云："完养思虑，则心不至于苦；涵泳义理，则力不至于极。条畅者，宽裕温厚之气所发也。"涵泳：深入体会。

　　3·4　欲知得与不得，于心气上验之。思虑有得，中心悦豫①，沛然有裕者②，实得也；思虑有得，心气劳耗者，实未得也，强揣度耳。尝有人言："比因学道，思虑心虚。"曰：人之血气，固有虚实，疾病之来，圣贤所不免，然未闻自古圣贤，因学而致心疾者。③

【译文】

如想要知道自己求学问道有没有收获，可以在自己的心力和精神气象上得到验证。（求学问道）苦心思虑有了收获，若内心喜悦愉快，气血充盛丰裕，自己就确实有了收获；（如果求学问道）苦心思虑以为有了收获，但是精神萎靡，心气耗竭，就不可能是真正的收获，不过是牵强揣度罢了。曾经有人说："近来因为求学问道，苦心思虑造成心力虚弱。"我说：人的血气，本来就有虚有实。疾病来临，虽圣人贤人也不可避免。但是，却从来没有听说过自古以来的圣贤是因为求学问道而导致心虚之病的。

【注释】

①此条出《河南程氏遗书》卷二上《元丰己未吕与叔东见二先生语》。张伯行《集解》云："此言学贵实得，实有所得，则义理足以养心，不患心疾也。学道必由思虑，思虑皆可有得，而欲验其得与不得之候，只须自家心气上体勘便分晓。盖从容厌饫而自得者，胸中道理浃洽，无制缚，无拘碍，心安气顺。"悦豫：喜悦、愉快。

②沛然：指气血充盛的样子。

③"比因学道"等九句：茅星来《集注》谓："比，音秘。此因上言心气有宽裕劳耗之不同，而类记之也。盖尝有人言于程子，而程子语之如此。比，近也。心，五脏之一也，与他处解作神明主宰者不同。'学道思虑心虚'者，言因学道而思虑，以至心虚也。血气平和则无疾，虚是不足之疾，实是有余之疾。心疾，即心虚也。心过用则虚，虚则成疾，故曰心疾。"比：靠近，此指近来。

3·5 今日杂信鬼怪异说者,只是不先烛理^①。若于事上一一理会^②,则有甚尽期。须只于学上理会。

【译文】

现在之所以有一些人迷信各种鬼怪神异之说,其原因仅在于没有先(在大源头上)考察事理。假如人们胡乱在鬼怪异说方面一件事一件事地臆度,那样就没有什么尽头了。(君子)需要的只是学道明理。

【注释】

①此条出《河南程氏遗书》卷二下《附东见录后》。烛理:考察事理。

②事:指鬼怪异说。

3·6 学原于思。^①

【译文】

学问源于思考。

【注释】

①此条出《河南程氏遗书》卷六《二先生语六》。茅星来《集注》云:"不思则虽欲为学,无所从入,故曰'学原于思'。朱子曰:'学者于敬上未有用力处,且自思入,思之一字,于学者最有力。'"

3·7 所谓"日月至焉",与久而不息者,所见规模虽略相似,其意味气象迥别①。须心潜默识②,玩索久之,庶几自得。学者不学圣人则已,欲学之,须熟玩味圣人之气象,不可只于名上理会③,如此只是讲论文字。

【译文】

所谓"一天或一月这样的短期内追求仁道达到的水准",与一个长期不懈追求仁道的人所达到的水准相比,虽然可见的成果大致相似,但其中所蕴含的内在精神与外在的意气形象则相去甚远。(前者)必须潜心苦学,默默牢记、玩味和体悟仁道精神,久而久之,或许可以融会贯通浑然自得。求学的人不学圣人之道则罢,如若要学圣人之道,就必须长期深入地玩味和体会圣人的意气形象,切不可只在概念上体会理解,如果只停留在概念理解上,那样只是讲论文字罢了。

【注释】

① 此条出《河南程氏遗书》卷一五《入关语录》。"所谓'日月至焉'"等四句:《朱子语类》卷三一:"看来日月至与不息者全然别,伊川言'略相似',何也?曰:若论到至处,却是与久而不息底一般。只是日月至者,至得不长久。不息者,纯然无间断。"日月至:谓在一天或一月这样的短期内求仁求道达到的水准。气象:犹言意气形象。迥(jiǒng):远也。

② 识(zhì):记。

③ 名:人或事物的称谓,此指概念。

　　3·8　问：忠信进德之事^①，固可勉强，然致知甚难。伊川先生曰：学者固当勉强，然须是知了方行得。若不知，只是觑却尧^②，学他行事，无尧许多聪明睿智，怎生得如他"动容周旋中礼？"^③ 如子所言，是笃信而固守之，非固有之也^④。未致知，便欲诚意，是躐等也^⑤；勉强行者，安能持久？除非烛理明，自然乐循理。性本善，循理而行，是顺理事。本亦不难，但为人不知，旋安排著^⑥，便道难也。知有多少般数^⑦，煞有深浅^⑧。学者须是真知，才知得是，便泰然行将去也。某年二十时，解释经义与今无异，然思今日，觉得意味与少时自别。

【译文】

　　问：恪守忠信和增进仁德这类事情，固然还可以尽力勉强，然而致知却非常困难。程颐先生回答说：求学问道的人在"行"上本来就应当尽力勉强，然而必须是先有了知，然后才能付诸行动。假如不懂得这个道理，只不过是看到尧，就模仿他的样子去做事，却没有尧那么多的聪明睿智，（一般人）怎么能生得像尧一样，"举止、仪容和进退、揖让都符合礼"呢？如你所说的，（致知很难）是你恪守信念勠力坚持，而不是从容自得的。在没有获得明确认识的情况下就想要使自己意念真诚，这就是超越先后次序；继而勉强行动，这怎么能够持久呢？除非把事理考察明白，然后自然而然和满怀喜悦地遵循天理行动。人性本来就善，遵循天理行动，这样是顺乎事物本来的道理行动。天理本来也不难理解，但由于不被人们所认识和了解（不免穿凿附会），临事随即安排布置（必然造成阻滞无序），自然就觉得困难了。知识有多少和种类之别，的确有深有浅。求学的人必须是求真知，才能了解事物的真理，这样就可以泰然付诸行动了。我二十岁时，解释儒家经典的义理，和今天一般人也没有什么差异，然而想想今天，感觉到儒家经典的意味与年轻时的感受差别很大。

【注释】

①　此条出《河南程氏遗书》卷一八《刘元承手编》。忠信进德：语出《乾卦》，参见 2・16 条注 ①。叶采《集解》云："忠信进德，力行也。谓行可以强而进，知不可以强而进。"

②　觑（qù）：窥伺。

③　动容周旋中礼：语出《孟子・尽心下》："尧、舜，性者也；汤、武反之也。动容周旋中礼者，盛德之至也。"动：举止。容：仪容。周旋：指日常待人处事。

④　"固守""固有"：叶采《集解》谓："固守者，勉强而坚执；固有者，从容而自得。"

⑤　"致知""诚意"：《礼记・大学》："欲正其心者，先诚其意；欲诚其意者，先致其知。致知在格物，格物而后知至，知至而后意诚，意诚而后心正。"躐（liè）等：不按次序、逾越等级。

⑥　旋：随后，不久。

⑦　般数：各种各样。

⑧　煞有：的确有。

3·9　凡一物上有一理,须是穷致其理。穷理亦多端:或读书,讲明义理;或论古今人物,别其是非;或应接事物,而处其当,皆穷理也^①。或问:格物^②,须物物格之?还只格一物而万理皆知?曰:怎得便会贯通?若只格一物便通众理,虽颜子亦不敢如此道。须是今日格一件,明日又格一件,积习既多,然后脱然自有贯通处。(旧注:又曰:所务于穷理者,非道尽穷了天下万物之理,又不道是穷得一理便到。只要积累多,后自然见去。)

【译文】

　　大凡是每一样东西都有一个理,必须深入探究发现这个理。探究事物之理是多途径多角度的:有的通过读书,讲明义理;有的通过评论古今人物,辨别谁是谁非;有的在待人处事上,做得恰当合宜,这些都是深入探究事理。有人问:认识事物,是必须一件一件地认识呢?还是只要认识一件事物就可以感知世间万物的理呢?程颐回答说:(只认识一件事物)怎么能够就融会贯通呢?假如只认识一个事物就可以遍通事物之理,即使颜回也不敢这样说。必须是今天认识一事物,明天又认识一事物,长期积累起来这些对事物不断的认识,时间久了,这样以后才可能在不经意之间达到融会贯通的境界。(旧注:程颐又回答说:所谓探究事物之理,并非是说要究尽天下万事万物之理,也不是说只要认识了一个事物之理就可以明白万物之理。只要不断对一个一个事物之理进行探究,积累多了,之后就自然会见到万物之理。)

【注释】

①此条出《河南程氏遗书》卷一八《刘元承手编》。叶采《集解》解读书、论古今人物、应接事物："三者，穷理之目，当随遇而究竟。然'读书，讲明义理'尤为要切，而观人处事之准则，要亦于书而得之。"

②格物：即推究事物的原理，语出《礼记·大学》："致知在格物，物格而后知至。"汉郑玄注："格，来也；物，犹事也。"《河南程氏遗书》卷二五《畅潜道录》，程颐谓："格犹穷也，物犹理也，犹日穷其理。"其认为"格物"乃是"即物而穷其理"，其说甚是。《颜元集》卷一《四书正误》则解释"格物"为"犯手（动手）实做其事。"

3·10　"思曰睿"①，思虑久后，睿自然生。若于一事上思未得，且别换一事思之，不可专守着这一事。盖人之知识于这里蔽着，虽强思亦不通也②。

【译文】

"思考贵在通达"，人只要长久地思考，通达的境界就自然会达到。假如对一件事情思考不出结果，就把这件事放下，换其他的事情思考，不应该总是一心只想着这件事情。由于人的认知在这一件事情上被遮蔽住了，尽管尽力去思考，最终也不会通达的。

【注释】

①此条出《河南程氏遗书》卷一八《刘元承手编》。思曰睿：出自《尚书·洪范》："思曰睿，睿曰圣。"睿：通达。

②知识：此处指心之分辨，非闻见之知。强：上声，此处指使用强力，

硬性地去做。

3·11 问：人有志于学，然知识蔽固，力量不至，则如之何？曰：只是致知，若智识明，则力量自进。[①]

【译文】

问：有人立志于学问，然而知识浅陋蔽塞，能力不足，那应该怎么办呢？程颐回答说：只是在于致知，假如通过致知智慧和认知明达了，那么（你自己的）力量就会不断增进。

【注释】

① 此条出《河南程氏遗书》卷一八《刘元承手编》。张伯行《集解》谓："人之为学固要识力并进，然识高则力勇，力量未至还是知识未明，而知识之所以蔽固者，则推致之功未尽也。故或以为问，而答之曰'只是致知'。"蔽固：同"蔽锢"，谓浅陋蔽塞。

3·12 问：观物察己，还因见物反求诸身否？曰：不必如此说。物我一理[①]，才明彼即晓此，此合内外之道也。又问：致知先求之四端[②]，如何？曰：求之情性，固是切于身，然一草一木皆有理，须是察[③]。（旧注：又曰：自一身之中，至万物之理，但理会得多，相次自然豁然有觉处[④]。）

【译文】

问：观察事物，省察自己，是否还应该通过观察事物来反省自己呢？程颐回答说：没有必要这样说。物和我体现的都是同一理，明白事物之理即明白自身之理，这就是内外、物我合一的天道本质。又问：致知先探究人们固有的恻隐、羞恶、辞让、是非这四个方面，可以吗？程颐回答说：探究自身的情性，对于自身来说固然十分切当，可是一草一木都有它的天理，因此必须明察。（旧注：程颐又说：从人自身的理，一直到天下万事万物的理，只要不断认识，领会多了，内心会依次开阔起来，自然会达到豁然贯通的境界。）

【注释】

　　① 此条出《河南程氏遗书》卷一八《刘元承手编》。物我一理：叶采《集解》谓："天下无二理，物之理即吾心之理也。因见物而反求诸身，则是以物我为二致。"

　　② 四端：指恻隐、羞恶、辞让、是非。张伯行《集解》云："欲致知者，近取诸身，先求之恻隐、羞恶、辞让、是非之四端，固可即己之理以通万物之理。"

　　③ "求之情性"等四句：《朱子语类》卷一五："朱子曰：上而无极太极，下而至于一草一木一昆虫之微，亦各有理。一书不读，则阙了一书道理；一事不穷，则阙了一事道理；一物不格，则阙了一物道理。须著逐一件与他理会过。"

　　④ 相次：渐次。

　　3·13　"思曰睿"，"睿作圣。"① 致思如掘井，初有浑水，久后稍引动得清者出来，人思虑始皆溷浊②，久自明快。

【译文】

　　"思考贵在通达"，"思考通达就能圣明"。思考犹如掘井，开始冒出来的是浑水，随后渐渐冒出来的是清水；人的思考也一样，开始时混乱无序，久而久之，自然就会渐渐明快起来。

【注释】

　　① 此条出《河南程氏遗书》卷一八《刘元承手编》。叶采《集解》解此条曰："致思则能通乎理，故明睿生；充其睿则可以入圣域，故睿作圣。然致思之始，疑虑方生，所以溷浊。致思之久，疑虑既消，自然明快。由思而生睿也。"睿作圣：意谓思考通达就能圣明，参见 3·10 注 ①。

　　② 浑、溷：皆浊也。

　　3·14　问：如何是"近思"①？曰：以类而推②。

【译文】

　　问：怎么样叫"近思"呢？程颐回答说：按照熟悉的身边事物的类别推广开来（去认识）。

【注释】

　　① 此条出《河南程氏遗书》卷二二上《伊川杂录》。近思：《论语·子张》语，参见 2·43 注 ②。

　　② 以类而推：茅星来《集注》引朱子曰："以类而推者，……只是从易晓者推将去，一步又一步，若远去寻讨，则不切于己。"

3·15　学者先要会能疑。①

【译文】

求学的人首先要学会发现问题、提出疑问。

【注释】

①此条出《河南程氏外书》卷一一《时氏本拾遗》。张伯行《集解》云："疑者,悟之阶也。会疑便是用功于学。"

3·16　横渠答范巽之曰:所访物怪神奸,此非难语,顾语未必信耳①。孟子所谓"知性知天"②,学至于知天,则物所从出,当源源自见③;知所从出,则物之当有当无,莫不心谕④,亦不待语而后知。诸公所论,但守之不失,不为异端所劫,进进不已,则物怪不须辩,异端不必攻,不逾期年⑤,吾道胜矣。若欲委之无穷,付之以不可知,则学为疑挠,智为物昏⑥,交来无间,卒无以自存,而溺于怪妄必矣。

【译文】

张载复信给范育说:就你所问的物怪神奸现象,这本来不是什么难以解释的,但解释的话,人们不一定就会相信罢了。孟子说的"认识了人的本性就能认识天理",通过求学达到认识天理的地步,那么,天下万物之理如何从天理派生,就当会逐渐地被认识到了。认识到万物之理皆源于天理,那么,某种事物之所以存在还是不存在的道理,也就心里没有不明白的了,也不需要等到别人解释过后才了解。诸位的论述,只需要守持天理,不偏离天理,不被异端邪说胁迫,不断地上进。那么奇异现象就无须辨别,异端邪说就不必攻击,不超过一年,我们的天道就会战胜奇异神妖和异端邪说。如果因为无法穷究就想把物怪神奸放在一边,因为无法认知就不把它放在眼里,那么,求学问道的路上就会被异端之说疑惑阻挠,人的心智就会受到物怪神奸的干扰而昏暗不明,疑惑阻挠和干扰纷至沓来,以致于最终连自己的本真都无法保存,而被奇异神妖和异端邪说所淹没就是一定的事情了。

【注释】

①此条出张载《文集佚存·答范巽之书》。叶采《集解》云:"物异为怪,神妖为奸。见理未明,自不能无疑,虽得于人言,亦未必信。"范巽之:见 2·91 注 ①。访:问。顾:但是。

②知性知天:《孟子·尽心上》:"尽其心者,知其性也;知其性,则知天矣。"

③源源:《孟子·万章上》:"欲常常而见之,故源源而来。"谓源源若水之相继也。

④谕:同"喻",明白。

⑤期(jī)年:一周年。

⑥"学为疑挠,智为物昏":茅星来《集注》谓:"疑,谓为异端之说所惑也。物,即指物怪神奸而言。疑挠、物昏,谓为疑所挠、物所昏也。"

3·17　子贡谓:"夫子之言性与天道,不可得而闻。"①

既言"夫子之言"，则是居常语之矣。圣门学者以仁为己任[2]，不以苟知为得，必以了悟为闻，因有是说。

【译文】

子贡说："孔夫子谈人性与天道的言论，我们没弄明白，没有达到闻道的效果。"子贡既然明说这是"孔子的言论"，那么其言论就是孔子平时常常说过的话。圣人门下的学生，把实行仁德作为自己的责任，不把肤浅的认识作为收获，一定把彻底领悟圣人之教作为"闻"而有所收获。因此，子贡才有上述说法。

【注释】

① 此条出《张子语录·语录上》。"子贡谓：'夫子之言性与天道，不可得而闻'"：语出《论语·公冶长》："子贡曰：'夫子之文章，可得而闻也；夫子之言性与天道，不可得而闻也。'"不可得而闻：杨伯峻《衍注》原解谓："夫闻也者，非耳剽壁听之谓也，必有豁然开、怡然顺者。是闻也，其'朝闻道'之'闻'乎！"子贡（前520年—前456年），复姓端木，名赐，字子贡（古同子赣），以字行。春秋末年卫国（今河南浚县）人。孔子的得意门生，孔门十哲之一。其善经商，富至千金，并参与政治活动，曾游说齐、吴等国，促使吴伐齐救鲁。孔子曾称其为"瑚琏之器"。

② 以仁为己任：语出《论语·泰伯》："曾子曰：'士不可以不弘毅，任重而道远，仁以为己任，不亦重乎？死而后已，不亦远乎？'"

3·18　义理之学，亦须深沈方有造，非浅易轻浮之可得也。①

【译文】

　　义理方面的学问，也必须深入潜心才能有所造诣，不是浅尝辄止、轻率浮泛就可能有收获的。"

【注释】

　　① 此条出张载《经学理窟·义理》。《朱子语类》卷一〇："朱子曰：'圣人言语，一重又一重，须入深去看。若只要皮肤，便有差错，须深沉方有得。'"沈：同"沉"。

　　3·19　学不能推究事理，只是心粗。至如颜子未至于圣人处，犹是心粗。①

【译文】

　　求学不能够推究事物的道理，只不过是不细心。至于像颜回这样圣明的人，依然没有达到圣人境界，还是因为不细心。

【注释】

　　① 此条出张载《经学理窟·义理》。学者通病乃心粗。颜子比之众人纯粹，但比圣人却粗，故颜子不能不违仁于三月之后者。

　　3·20　"博学于文"者①，只要得"习坎心亨"②，盖人经历险阻艰难，然后其心亨通。

【译文】

广泛地学习了古代文献的人，只要经历学习过程中的重重困难后，就会融会贯通。因为人们经受了艰难险阻的考验，这样以后他的心胸才能豁然通达。

【注释】

① 此条出张载《拾遗·近思录拾遗》。博学于文：语出《论语·雍也》："君子博学于文，约之以礼。"文：文献。

② 习坎心亨：语出《坎卦》卦辞："习坎，有孚，维心亨，行有尚。"《坎》之《象传》曰："习坎，重险也。水流而不盈，行险而不失其信。维心亨，乃以刚中也。"《朱子语类》卷三三："朱子曰：'博学于文'，又要得'习坎心亨'。如应事接物之类皆是文，但以事理切磨讲究，自是心亨。且如读书，每思索不通处，则翻来覆去，倒横直竖，处处室塞，然其间须有一路可通。只此便是许多艰难险阻，习之可以求通，通处便是亨也。"习、坎：《周易集解》引陆绩曰："习，重也。坎，险也。"《坎卦》为同卦（☵）相叠，坎为险，其卦象（䷜）为重重险阻。亨：通也。

3·21　义理有疑，则濯去旧见，以来新意 ①。心中有所开，即便札记 ②，不思则还塞之矣。更须得朋友之助，一日间朋友论著，则一日间意思差别 ③。须日日如此讲论，久则自觉进也。

【译文】

在学习理解义理时有了疑惑，就应该排除陈旧的见解，用这个方法来（消除疑惑）获得新的认识。（随着）内心有所启发，就应该随即记录下来（慢慢体会），不（随即记录下来）去慢慢思考，就依然会处于蔽塞状态而不能理解。（理解义理）还必须得到朋友的帮助，朋友们一天在一起讲论义理，那么一天里对义理意思的理解相较就会有所不同。只要天天坚持这样讲论研究，时间久了，就自然会感觉到不断的进步。

【注释】

①此条出张载《经学理窟·学大原下》。（按，此条原为杨伯嵒《衍注》卷三第七十九条，同书第二十一条则仅有"义理有疑，则濯去旧见，以来新意"句。叶采《集解》、茅星来和江永《集注》等第二十一条则与《衍注》第七十九条同，今合并为一条置此处。）张伯行《集解》谓："新意既来，旧障尽撤，则前所未知者而今知之，是'心中有所开'也"。濯（zhuó）：以水去垢，即洗也。

②札记：谓以笺札记之也。

③差：较也。

3·22 凡致思到说不得处，始复审思明辨，乃为善学也。若告子则到说不得处遂已，更不复求。①

【译文】

大凡人们思考问题到了说不出一个结果的时候，就应该重新开始反复审慎地思考，清晰明白地辨别，这才是善于学习的表现。如果像告子那样，到了说不出一个结果的时候就放下，也不再反复思考和探求（那就谈不上善于学习了）。

【注释】

① 此条出张载《孟子说》，又见《张子全书·拾遗·近思录拾遗》。告子：战国时思想家。名与事迹均不详。《孟子·告子上》记载告子曾与孟子辩论人性问题。告子提出性无善恶论，与孟子提出的性善论不同。《孟子·公孙丑上》："告子曰：'不得于言，勿求于心；不得于心，勿求于气。'不得于心，勿求于气，可；不得于言，勿求于心，不可。"杨伯峻《衍注》云："告子曰：'不得于言，勿求于心。'谓于言有所不达，则当舍置其言，而不必反求其理于心。盖告子但欲固守其心而不动，而不知审思明辨之不可废，此所以不能无蔽而有义外之说也。"

3·23　伊川先生曰：凡看文字，先须晓其文义，然后可求其意。未有文义不晓而见意者也。①

【译文】

程颐先生说：但凡读书，首先必须了解其文字的含义，这样以后才可能探求文章的思想。没有不通晓文字的含义却想明白文章思想的。

【注释】

① 此条出《河南程氏遗书》卷二二上《伊川杂录》。《朱子语类》卷一〇："朱子曰：读得通贯后，义理自出。"

3·24　学者要自得。六经浩渺，乍来难尽晓，且见得路径后，各自立得一个门庭，归而求之可矣。①

【译文】

求学的人关键在于要有所收获。六经博大精深，初学者刚开始很难全面了解，但只要找到学习切入的门径，就可以各自找到一个适合自己学习的方法，（按这种方法）回去探求就可以了。

【注释】

①此条出《河南程氏遗书》卷二二上《伊川杂录》。门庭：门径、方法。《朱子语类》卷九六："'六经浩渺，乍难尽晓。且见得路迳后，各自立得一个门庭。'问：'如何是门庭？'曰：'是读书之法。如读此一书，须知此书当如何读。'"

3·25　凡解文字，但易其心①，自见理。理只是人理，甚分明，如一条平坦底道路。《诗》曰："周道如砥，其直如矢。"②此之谓也。或曰：圣人之言，恐不可以浅近看他。曰：圣人之言，自有近处，自有深远处。如近处，怎生强要凿教深远得？扬子曰："圣人之言远如天，贤人之言近如地。"③颐与改之曰："圣人之言，其远如天，其近如地。"

【译文】

凡是解析文字的含义，只要保持平常心，就自然能发现理。所谓理只是人心中之理，无比清晰分明，如同一条平坦的道路。

《诗经》说："大路如同磨刀石一样平，又直得像箭一样。"说的就是这个意思。有人说：圣人的言论，恐怕不能用浅近的眼光来看他。程颐回答说：圣人的言论，自然有它浅近的地方，自然也有它深远的地方。如果浅近贴切，怎么可以随意穿凿附会，硬要说成是寓意深远呢？扬雄在《法言》中说："圣人的言论远如天，贤人的言论近如地"。我把这句话改为："圣人的言论，像天一样深远，像地一样切近。"

【注释】

①　此条出《河南程氏遗书》卷一八《刘元承手编》。张伯行《集解》谓："此欲人平心观理，不必强生穿凿也。"易：平易。

②　"周道如砥，其直如矢"：语出《诗经·小雅·大东》。砥：砺石，即磨刀石，言平也。

③　"圣人之言远如天，贤人之言近如地"：此句见扬雄《法言·五百》。张伯行《集解》云："扬子云惟不达于圣人之言，故其著为《法言》，以圣人之言为'远如天'，而以'近如地'者为贤人之言，岂知圣人包蕴无所不尽，语远而不遗乎近，语近而不遗乎远，其远如天，其近如地，不必分远近而二视之也！自贤人以下则不免所见之偏，而言或滞于一隅耳。"扬雄（前53—公元18），字子云。西汉光禄卿。蜀郡成都（今四川成都郫都区）人。著有《法言》《太玄》《方言》等。

3·26　学者不泥文义者①，又全背却远去；理会文义者，又滞泥不通。如子濯孺子为将之事②，孟子只取其不背师之意，人须就上面理会事君之道如何也。又如万章问舜完廪浚井事^③,孟子只答他大意,人须要理会浚井如何出得来,完廪又怎生下得来。若此之学,徒费心力。

【译文】

　　求学而（自以为）不拘泥于文字含义的人,就又完全背离（文章中的思想）,离原意太远了;而（自以为）理解和领会了文字含义的人,却又处处显得阻滞不通。例如子濯孺子率领郑国军队入侵卫国的事,孟子仅肯定这个故事中庾公之斯没有违背老师教诲的意义,人们还必须在这个事件上怎样理解和领会如何对待君王命令这个道理。又比如万章问孟子怎样评价舜修缮粮仓和淘井这两件事,孟子仅仅回答万章这两件事中舜帝最主要和根本的意义,人们若还必须要理解和领会舜在井底淘井,是怎样从井里爬出来的吗? 舜修粮仓,又是怎样从仓顶下来的? 假如这样求学,是白白耗费心力。

【注释】

　　① 此条出《河南程氏遗书》卷一八《刘元承手编》。张绍价《集义》解此条谓:"不泥文义者,多失之疏略。拘泥文义者,又执一不通,其不得圣人之意一也。子濯孺子事,孟子只取其不背师,以见取友之宜端。舜完廪浚井,孟子之意,只言象忧亦忧,象喜亦喜,以见天理人情之至。读书须识大意,若只从小处理会,则滞泥不通矣。"泥:拘泥。
　　② 子濯孺子为将之事:借指下文"不背师"与"事君之道。"事见《孟子·离娄下》:"逢蒙学射于羿,尽羿之道,思天下惟羿为愈己,于是杀羿。孟子曰:'是亦羿有罪焉。'公明仪曰:'宜若无罪焉。'曰:'薄乎

云尔,恶得无罪？'郑人使子濯孺子侵卫,卫使庾公之斯追之。子濯孺子曰:'今日我疾作,不可以执弓,吾死矣夫!'问其仆曰:'追我者谁也？'其仆曰:'庾公之斯也。'曰:'吾生矣。'其仆曰:'庾公之斯,卫之善射者也。'夫子曰'吾生,何谓也？'曰:'庾公之斯学射于尹公之他,尹公之他射于我。夫尹公之他,端人也,其取友必端矣。'庾公之斯至,曰:'夫子何为不执弓？'曰:'今日我疾作,不可以执弓。'曰:'小人学射于尹公之他,尹公之他学射于夫子,我不忍以夫子之道反害夫子。虽然,今日之事,君事也,我不敢废。'抽矢扣轮,去其金,发乘（四也）矢而后反。"羿:夏代诸侯国有穷国国君,善射,百发百中。逢蒙:羿之学生,后来叛变,帮助寒浞杀羿。

③万章问舜完廪浚井事:事见《孟子·万章上》:"万章曰:'父母使舜完廪,捐阶,瞽瞍焚廪。使浚井,出,从而掩之。'"完:修缮。廪:粮仓。浚:挖、淘。

3·27　凡观书,不可以相类泥其义,不尔,则字字相梗。当观其文势上下之意,如"充实之谓美"①,与《诗》之美不同。

【译文】

大凡读书,不能因为是相似的语言就拘泥了文义,否则,每一个字就会阻碍你读下去。应当看你所读文章的思路、立意变化以及上下文的联系（来理解相同语言的含义）,如孟子说的"充实之谓美"的"美"字,与《诗》所呈现的"美",含义是不同的。

【注释】

①　此条出《河南程氏遗书》卷一八《刘元承手编》。充实之谓美：《孟子·尽心下》："（孟子）曰：'充实之谓美。充实而有光辉之谓大，大而化之之谓圣，圣而不可知之之谓神。'"叶采《集解》云："充实之美在己，《诗》之美在人。如此之类，岂可泥为一义？"

3·28　问：莹中尝爱文中子①。或问学《易》，子曰："终日乾乾"可也②。此语最尽。文王所以圣，亦只是个不已。先生曰：凡说经义，如只管节节推上去，可知是尽。夫"终日乾乾"，未尽得《易》。据此一句，只做得九三使。若谓乾乾是不已，不已又是道，渐渐推去，则自然是尽，只是理不如此③。

【译文】

有人问：陈瓘曾经喜欢文中子的言论。有人问王通如何学好《易》的问题，王通说："终日乾乾（即整天努力不懈）"就可以了。（陈瓘认为）王通的这句话概括得最为详尽。周文王之所以是圣人，也只是因为他不断追求，勤勉不息的原因。程颐先生说：大凡讲说经书的含义，如果一定要一节一节不断地进行推演，就可以清楚这样会探求详尽。《乾卦》里所说的"终日乾乾"，并未穷尽《易》的全部思想。根据这一句话，只能在《乾卦》九三爻辞范围内进行解释。假如说"乾乾"是勤勉努力、永不停息，又把勤勉努力，永不停息解释为"道"，一步一步逐渐推演开来，那么自然会推演穷尽《易》理，只是理原本并不是像这样的。

【注释】

①此条出《河南程氏遗书》卷一九《杨遵道录》。陈瓘（guàn），字莹中，号了翁，宋南剑州沙县（今属福建）人，程颐门人，有《了翁易说》等。王通（584—617），字仲淹，门人私谥曰"文中子"，降州龙门（今山西河津）人，隋末不仕，教授于河、汾间。其弟凝，子福郊、福畤，叙其议论、增益为书，名曰《中说》，亦称《文中子》。

②终日乾乾：《乾卦》九三爻辞。"君子终日乾乾，夕惕若，厉无咎。"乾乾：勤勉努力。

③"此语最尽"至结尾一段：张习孔《传》云："'此语最尽'者，言包括得道理尽也。'可知是尽'者，言亦可以说得尽也。疑此是河南方言。'自然是尽'者，言据他说自然是尽底。二语皆不许之词。"

3·29　"子在川上曰：逝者如斯夫。"①言道之体如此，这里须是自见得。张绎曰②："此便是无穷。"先生曰：固是道无穷，然怎生一个"无穷"，便道了得他③？

【译文】

"孔子在河边说：消逝的东西像这流去的河水一样啊！"言说和把握道的本体也是这样。这里，求学的人必须自己时时省察和体悟。张绎说："这就是无穷的意思。"程颐先生说：本来道体就是无穷的，但怎么可以随便用一个"无穷"的词，就能解释得了本体的道呢？

【注释】

①此条出《河南程氏遗书》卷一九《杨遵道录》。"子在川上曰：逝者如斯夫"：语出《论语·子罕》。

②张绎：字思叔，程颐门人。

③"固是道无穷"之"道"：道体；"便道了得他"之"道"：言也。

3·30　今人不会读书。如"诵《诗》三百，授之以政，不达；使于四方，不能专对。虽多，亦奚以为？"①须是未读《诗》时，不达于政，不能专对；既读《诗》后，便达于政，能专对四方，始是读《诗》。"人而不为《周南》《召南》，其犹正墙面。"②须是未读《诗》时如面墙；到读了后，便不面墙，方是有验。大抵读书只此便是法。如读《论语》，旧时未读，是这个人；及读了，后来又只是这个人③，便是不曾读也。

【译文】

现在的人不会读书。比如孔子说："熟读《诗经》三百篇，把处理政事的任务交给他，却办不通；让他出使外国，又不能独立地谈判应对。书虽然读得多，又有什么用处呢？"（会读书的人）应该是未读《诗经》的时候，不能顺利地处理政治事务，也不能独立地谈判应对；已经读了《诗经》后，就能顺利地处理政治事务，也能独立地出使应对，这才能开始被称为读《诗经》。孔子又说："读书人如果不学习《周南》《召南》，这些人就好像面对墙壁站着。"一定是未读《诗经》时，就好像面对墙壁站着；到读了《诗经》以后，就不再是面对墙壁站着了，这正是（读书有所收获的）验证。关于读书，大抵上只要这样做就是好方法。比如读《论语》，过去没有读过，是这样一个人；等到读了之后，还是从前的这样一个人，可以说这个人就是没有读过《论语》的。

【注释】

① 此条出《河南程氏遗书》卷一九《杨遵道录》。"诵《诗》三百"等七句：语出《论语·子路》，为孔子说的话。达：通达、顺利。使：出使。专：独也。专对：据杨伯峻《论语译注》："古代的使节，只接受使命，至于如何去交涉应对，只能随机应变，独立行事，更不能事事请示或者早就在国内一切安排好，这便叫做'受命不受辞'，也就是这里的'专对'。同时春秋时代的外交酬酢和谈判，多半背诵《诗》篇来代替语言（《左传》里充满了这种记载），所以《诗》是外交人才的必读书。"

② "人而不为《周南》《召南》，其犹正墙面"：语出《论语·阳货》："子谓伯鱼曰：'女为《周南》《召南》矣乎？人而不为《周南》《召南》，其犹正墙面而立也与？'"为：犹学也。《周南》《召南》，均为《诗经·国风》之诗篇，所言皆修身齐家之事。正墙面：叶采《集解》谓："言即其至近之地，而一物无所见，一步不可行也。"

③ "及读了，后来又只是这个人"：茅星来《集注》引朱子曰："读了依旧是这个人，盖因不曾得他里面意思。书自是书，与自己身心无干。"又曰："如口里读'思无邪'心里却胡思乱想，此便是不曾读。又如《书》说'九德'、《礼》说'九容'处，皆是。"

3·31　凡看文字，如七年、一世、百年之事，皆当思其如何作为，乃有益。①

【译文】

凡是看书读经典，如孔子所说的"有道德的人教养人民七年，就可以叫他们入伍当兵。""如果有想实行王道者，也必须经过三十年才能实现仁政。""有道德的人治理国家，一百年之后，也可以克服残暴免除刑杀了。"等等，都应当仔细思考怎样做为，才能更加有益。

【注释】

① 此条出《河南程氏遗书》卷二二上《伊川杂录》。张伯行《集解》解此条云："圣人之言无一字无下落处，故凡看文字要逐字研究。如《论语》言教民可即戎而约以七年，言王者仁天下而定以必世，言胜残去杀而期于百年，都非虚语。当思其治效之迟速浅深，以究其规模之设施次第，了然胸中，方为明体达用之儒，而所读之书实见其益。此亦致知之一事也。"七年、一世、百年之事：均出《论语·子路》："子曰：'善人教民七年，亦可以即戎矣。'""子曰：'如有王者，必世而后仁。'""子曰：'善人为邦百年，可以胜残去杀矣。'"一世：谓一代。王充《论衡·宣汉》："孔子所谓一世，三十年也。"

3·32　凡解经，不同无害；但紧要处，不可不同尔。①

【译文】

大凡诠解经书，见解不同并无害处；但如果是特别关键的义理本原等地方，就不允许不同了。

【注释】

① 杨伯嵒《衍注》云此条见《外书》，今本《二程外书》无此条。张伯行《集解》解此条云："解经可以不同者，谓文义也；紧要处不可不同者，谓道理也。如心性理命之旨，道德纲常之要，本领一差则学术都差，若止字句之训诂，意见各殊，固无甚害。"紧要处：李文炤《集解》："紧要处，谓义理之本原也。"

3·33　焞初到①，问为学之方。先生曰：公要知为学，须是读书，书不必多看，要知其约②，多看而不知其约，书肆耳。颐缘少时读书贪多③，如今多忘了，须是将圣人言语玩味，入心记着，然后力去行之，自有所得。

【译文】

尹焞初到（程颐门下求学）时，就向程颐请教治学的方法。程颐先生说：你要了解怎样治学，必须是先读书，书也不必多看，重要的在于把握关键，书看得多而不能把握关键，就如同藏书的店铺罢了。我因为小时候读书贪多，到现在读过的书大多忘记了，必须把书中圣人的言论仔细体悟，牢记在心中，然后遵照圣人的教导去努力实践，自然就会有所收获。

【注释】

①　今本《二程外书》无此条。尹焞（tūn）（1070—1142），字彦明，一字德充，号和靖，洛阳人。程颐弟子。

②　约：要，关键。

③　缘：因为。

3·34　初学入德之门，无如《大学》，其他莫如《语》《孟》。①

【译文】

对于初学者来说，进入德行的门径，首先必须读《大学》，其次不如读《论语》与《孟子》。"

【注释】

①　此条出《河南程氏遗书》卷二二上《伊川杂录》。《朱子语类》卷一四："朱子曰：某要人先读《大学》，以定其规模。次读《论语》，以立其根本。次读《孟子》以观其发越。次读《中庸》，以求古人之微妙处。《大学》一篇有等级次第，总作一处，易晓，宜先看。《论语》却实，但言语散见，初亦难看。《孟子》有感激兴发人心处。《中庸》亦难读，看三书后方宜读之。"入德：语出《礼记·中庸》："知远之近，知风之自，知微之险，可与入德矣。"入德，即入德之门。其他：此谓其次也。

3·35　学者先须读《语》《孟》。穷得《语》《孟》，自有要约处，以此观他经，甚省力。《语》《孟》如丈尺权衡相

似，以此去量度事物，自然见得长短轻重。^①

【译文】

　　求学的人必须先读《论语》《孟子》。穷究了《论语》《孟子》，自然会把握要领和关键，在此基础上读其他经典，就特别省力了。《论语》《孟子》就像尺子与枰一样，用它们去量度事物，自然就看出长短和轻重了。

【注释】

　　①此条出《河南程氏遗书》卷一八《刘元承手编》。叶采《集解》谓："《语》《孟》之书，尤切于学者身心日用之常，得其要领则易于推明他经，而可以权度事物矣。"丈尺：谓以丈尺为单位来计量。权衡：称量物体轻重的器具。权：秤砣；衡：秤杆。

　　3·36　读《论语》者，但将诸弟子问处，便作己问；将圣人答处，便作今日耳闻，自然有得。若能于《论》《孟》中深求玩味，将来涵养成甚生气质^①！

【译文】

　　读《论语》的人，只要把孔子众多弟子问孔子的话，当作自己的提问；将孔子对弟子的回答，便当做如同自己现在正在亲自聆听，自然就会有所收获。如果能对《论语》《孟子》中的深刻义理深入探究、仔细体悟，将来一定可以涵养成为一个气质非常的人！

【注释】

　　① 此条出《河南程氏遗书》卷二二上《伊川杂录》。甚生：叶采《集解》云："甚生，犹非常也。"甚是。茅星来《集注》谓："甚生，犹怎生也，洛中语。陈定宇曰：'谓愚者明，柔者强，生出好气质也，亦通。'"

　　3·37　凡看《语》《孟》，且须熟玩味，将圣人之言语切己，不可只作一场话说。人只看得此二书切己，终身尽多也①。

【译文】

　　大凡读《论语》《孟子》，必须读熟和仔细体会，把圣人说的话贴切自己的言行，不能仅仅当做一场一般的空话。一个人只要把这两部书贴切自己言行，必将一生受用不尽。

【注释】

　　① 此条出《河南程氏遗书》卷二二上《伊川杂录》。终身尽多：叶采《集解》："终身尽多，谓一生受用不尽。"茅星来《集注》："尽，子忍反，古通用'尽'。玩味，方得圣人意思。切己，则于身心有益。尽，犹极也，足也。"

　　3·38　《论语》，有读了后全无事者，有读了后其中得一两句喜者，有读了后知好之者，有读了后不知手之舞之足之蹈之者。①

【译文】

读《论语》，有读了以后像什么事情都没有发生一样的人，有读了后对其中一两句有心得就感到欣喜的人，有读了后懂得其中的价值而爱好它的人，也有读了后快乐得不知不觉就手舞足蹈起来的人。

【注释】

①此条出《河南程氏遗书》卷一九《杨遵道录》。张伯行《集解》云："一部《论语》，几样读法，只因用功有浅深，故其所见不同。全无事者，全无所得也。得一二句喜者，这一二句是入头处，从此著实理会，便知圣贤格言自句句好。好之者，真知其味而必欲得之也。手舞足蹈则自得而乐之矣。学者由喜而好，以至于乐，庶乎圣人之意可得而见欤！"

3·39　学者当以《论语》《孟子》为本。《论语》《孟子》既治，则《六经》可不治而明矣①。读书者当观圣人所以作经之意，与圣人所以用心，与圣人所以至圣人，而吾之所以未至者，所以未得者②。句句而求之，昼诵而味之，中夜而思之，平其心，易其气，阙其疑③，则圣人之意见矣。"

【译文】

求学的人应当以《论语》《孟子》为治学的根本。研治过了《论语》《孟子》，那么《六经》就自然容易明白了。读书的人应当关照到这些问题：圣人作经的本意是什么？和圣人用心作经的原因是什么？以及圣人之所以成为圣人的原因是什么？而我自己的行为达不到圣人高度的原因是什么？没有得到圣人智慧的原因又是什么？认真探究《论语》《孟子》的每一句话，白天熟读体会，晚上反复思考，保持平常的心态，保持平易的情绪，有疑惑的地方保留下来，那么，圣人之意就会呈现出来了。

【注释】

①此条出《河南程氏遗书》卷二五《畅潜道录》。不治而明：叶采《集解》云："不治而明，言易明也。"

②"未至""未得"：叶采《集解》谓："未至，以所行言；未得，以所知言。"

③阙其疑：对疑难问题莫去穿凿附会，保留着。阙：保留。张习孔《传》谓："阙疑句更切要，在圣人则可删，后生浅识，则阙之而已矣。"

　　3·40　读《论语》《孟子》而不知道，所谓"虽多，亦奚以为？"①

【译文】

　　读《论语》和《孟子》，却不明白"道"是什么，这就是所说的，书读得再多，又有什么用呢？

【注释】

①此条出《河南程氏遗书》卷六《二先生语六》。张习孔《传》谓："孔孟之言平易近人，读之易晓，实至道之所存也。一字一句，皆有根柢，

故先生欲人于此见道。"虽多，亦奚以为"：语出《论语·子路》："子曰：'诵《诗》三百，授之以政，不达；使于四方，不能专对。虽多，亦奚以为。'"奚：何，什么。

3·41　《论语》《孟子》只剩读着，便自意足，学者须是玩味。若以言语解着，意便不足。某始作此二书文字，既而思之又似剩，只有些先儒错会处，却待与整理过。①

【译文】

《论语》《孟子》只要多读，便自然会明白其中的义理完满，治学的人（读这两本书）必须仔细体会。假如只用字面进行解释，其中的义理反而不尽。我当初曾做过这两本书的解释，做过后反复思考，好像又是多余的。只有一些先儒们错误领会的地方，却需要等待机会重新整理改正。

【注释】

①　此条出《河南程氏外书》卷五《冯氏本拾遗》。张伯行《集解》云："'剩，余也，犹言多也。'圣贤语意包含完满，后人一偏之见则未免有破绽处，故读《语》《孟》者只熟读精思，则义理本周密而其意自足。若出己见，以语言自为诠释，恐于圣贤言中言外之意不能包括无遗，而反失之疏漏。"

3·42　问：且将《语》《孟》紧要处看，如何？伊川曰：固是好，然若有得，终不浃洽。盖吾道非如释氏，一见了便从空寂去。①

【译文】

有人问：读《论语》《孟子》，选择关键的地方读，怎样呢？"程颐回答说："本来这样读很好，但如果（仅是读关键地方）有所收获，终究也不能融会贯通。因为我们儒道不像佛教，佛教一见了（关键问题）就走向空寂（那就没有什么可探求的了）。"

【注释】

① 此条出《河南程氏外书》卷一二《传闻杂记》。叶采《集解》引朱子语曰："此是程子答吕晋伯问。后来晋伯终身坐此病，说得孤单，入禅学去。学者读书，须逐一去理会，便通贯浃洽。"浃洽：融洽、贯通。

3·43　"兴于《诗》"者①，吟咏性情，涵畅道德之中而歆动之，有"吾与点也"之气象②。（旧注：又云："兴于《诗》"，是兴起人善意，汪洋浩大③，皆是此意。）

【译文】

孔子说的"《诗经》使人振奋"，是说《诗》是通过吟咏人的性情，使人涵养条畅于道德之中，兴起歆慕和激动之情，达到孔子所赞赏的曾皙那种超越世俗羁绊、忘却功名利禄的境界。（旧注：又说："《诗经》使人振奋"，是说《诗经》能使人兴起善心，兴起汪洋浩大意象等，都是说的这个意思。）

【注释】

① 此条出《河南程氏外书》卷三《陈氏本拾遗》。兴于《诗》：语出《论语·泰伯》："子曰：'兴于《诗》，立于礼、成于乐。'"

② 吾与点也：语出《论语·先进》："（曾皙）曰：'莫春者，春服既成，冠者五六人，童子六七人，浴乎沂，风乎舞雩，咏而归。'夫子喟然叹曰：'吾与点也！'"谓孔子赞同曾皙所追求的忘乎功名、超然随意的境界。点：即曾点，又名曾皙，字子皙，春秋末年鲁国南武城（今属山东嘉祥）人。孔子早期弟子，曾参之父。

③ 汪洋浩大：李文炤《集解》云："言善端之发，如水之流溢而不可御也。"叶采《集解》谓："诗人之词，宽平忠厚，固有兴起人汪洋浩大之意。"

3·44　谢显道云：明道先生善言《诗》，他又浑不曾章解句释，但优游玩味，吟哦上下，便使人有得处。"瞻彼日月，悠悠我思。道之云远，曷云能来？"思之切矣。终曰："百尔君子，不知德行。不忮不求，何用不臧！"①归于正也。又云：伯淳常谈《诗》，并不下一字训诂，有时只转却一两字②，点掇地念过③，便教人省悟。又曰：古人所以贵亲炙之也④。

【译文】

谢良佐说：程颢先生善于解说《诗经》，但他又不是完整地对《诗经》章句进行逐一解释，只是从容地体悟玩味，上下吟哦，这样就使人有所收获和启发。《诗经·雄雉》："瞻彼日月，悠悠我思。道之云远，曷云能来？"四句，他仅解释说：表达急切的思念之情。最后他对这首诗的"百尔君子，不知德行；不忮不求，何用不臧"四句说是"回归于正道"。谢良佐又说：程颢常常谈论《诗经》，但他却不对任何一个字进行解释，有时只是转换一两个字，选择出来指示给大家读，以便指导人们反省领悟。谢良佐又说：这就是古人之所以重视亲身受到教诲的原因。

【注释】

①此条出《河南程氏外书》卷一二《传闻杂记》。浑：全、整个。"瞻彼日月，悠悠我思，道之云远，曷云能来？""百尔君子，不知德行，不忮不求，何用不臧"：均出《诗经·雄雉》。云：作语助。曷：何时。忮（zhì）：害、嫉妒也。求：贪求、贪心。臧：美好的、善良的。

②转却：转换。

③点掇地：即选择出来。茅星来《集注》谓："'点掇地'，宋时方言，点，点缀；掇，拈取；地，俗语助也。"

④亲炙：亲近而熏炙，即亲身受到教诲、教益。

3·45　明道先生曰：学者不可以不看《诗》，看《诗》便使人长一格价。①

【译文】

程颢先生说：求学的人不能不读《诗经》，只要读《诗经》，就可以使人价值高一个档次。

【注释】

①此条出《河南程氏外书》卷一二《传闻杂记》。张伯行《集解》解此条云："兴观群怨，《诗》之益备矣。看《诗》则己之真性情流露，必能变化气质，长一格价，故不可以不看《诗》。"价：语助词。

3·46　"不以文害辞。"①文，文字之文，举一字则是文，成句是辞。《诗》为解一字不行，却迁就他说。如"有周不显"②，自是作文当如此。

【译文】

孟子说的"不以文害辞"。所谓文，即文字之文，举一个字就是文，完整的句子就是辞。解释《诗经》，只解释其中一个字有时是不通的，反而要照应曲折处和其他含义。如"有周不显"，（不能理解为周朝不光辉荣耀）自然是解析文字就应该采取这种方法。

【注释】

①此条出《河南程氏外书》卷一《朱公掞录拾遗》。不以文害辞：语出《孟子·万章上》："故说《诗》者，不以文害辞，不以辞害志。"

②有周不显：言周朝光辉荣耀。叶采《集解》："言周家岂不显乎？盖言其显也，苟宜谓之不显，则是以文害辞。"此语出《诗·大雅·文王》："文王在上，于昭于天。周虽旧邦，其命维新。有周不显，帝命不时。文王陟降，在帝左右。"有周：周王朝。有：语助词。不：语助词。显：光也。

3·47　看《书》须要见二帝三王之道^①,如二《典》^②,即求尧所以治民,舜所以事君。

【译文】

读《尚书》必须领悟二帝三王为君的道理,例如读其中的《尧典》和《舜典》,就应该探求尧如何治民的道理和舜如何事君的道理。

【注释】

①此条出《河南程氏遗书》卷二四《邹德久本》。二帝三王:二帝指尧与舜;三王指夏禹、商汤、周文王和武王。

②二《典》:指《尚书》中的《尧典》和《舜典》二篇。

3·48　《中庸》之书,是孔门传授,成于子思、孟子^①。其书虽是杂记,更不分精粗,一衮说了^②。今人语道,多说高便遗却卑,说本便遗却末^③。

【译文】

《中庸》这部书,是孔门后人传授下来的,成书于子思和孟子。《中庸》尽管是一部杂记(也不是出于一时),更是不分精细与粗略,但却混在一块儿说出(浑然构成系统的思想体系)。现在的人解说《中庸》的含义,说了高深的方面却遗漏了浅显的方面,说了根本的方面却遗漏了细微末节。

【注释】

　　① 此条出《河南程氏遗书》卷一五《入关语录》。子思（前483—前402）：姓孔，名伋，孔子之孙。相传曾受业于曾子。其学主"中庸"，孟子曾受业其门人，继承其学说，形成儒家思孟学派。《汉书·艺文志》著录《子思》二十三篇，已佚。叶采《集解》云："《中庸》，子思所述而传之孟子者也。"

　　② 一衮：衮，同滚。一滚，犹言混在一道。《朱子语类》卷三四："此四句，是四件事，不可一滚说了。"

　　③ "今人语道"等三句：江永《集注》云："《中庸》语道，高卑本末皆兼之。"

　　3·49　伊川先生《易传序》曰：《易》，变易也，随时变易以从道也①。其为书也，广大悉备，将以顺性命之理，通幽明之故，尽事物之情、而示开物成务之道也②。圣人之忧患后世，可谓至矣。去古虽远，遗经尚存。然而前儒失意以传言，后学诵言而忘味。自秦而下，盖无传矣。予生千载之后，悼斯文之湮晦。将俾后人沿流而求源③，此《传》所以作也。《易》有圣人之道四焉："以言者尚其辞，以动者尚其变，以制器者尚其象，以卜筮者尚其占。"④吉凶消长之理，进退存亡之道，备于辞。推辞考卦，可以知变，象与占在其中矣。"君子居则观其象而玩其辞，动则观其变而玩其占。"⑤得于辞，不达其意者有矣，未有不得于辞而能通其意者也。至微者理也，至著者象也。体用一源，显微无间。"观会通以行其典礼"⑥，则辞无所不备。故善学者，求言必自近。易于近者，非知言者也。予所传者辞也，由辞以得意，则在乎人焉。

【译文】

　　程颐先生《易传序》说：《易》的本质即是变化，按照时序不断变化来顺应天道。圣人作《易》这本书，是因为它内容高深广大，万事万物尽在其中，圣人将以此来顺遂性命的天理，通晓幽暗与光明的缘由，穷尽万事万物的情状，揭示事物的道理，并按这个道理来确定行事的方法。圣人对后世的忧患意识，可以说（通过这本书）达到了极限状态。（今天）尽管距离古代已经很远了，但《易》仍然遗存在人世间。然而，过去的儒者丢失了《易》的本意，却来妄加诠释，后来的儒者只会记诵其言论而忘却了它的真正的意味。从秦朝之后，（《易》的本意）已失传了。我生于千年之后，悲悼《易》的精神遭到埋没。为了让后来的人们沿着支脉而探求《易》的根本精神的源头，这就是我作《易传》的原因。《易》具备了圣人之道的四个方面：用《易》来议论事物，就注重卦爻辞；用《易》来指导行动，就注重卦爻的变化；用《易》来创制器物，就注重卦象；用《易》来卜筮，就注重占断的结果。吉凶、消长、进退、存亡的道理，全部存在于卦爻辞中。推演探究卦爻辞，就可以以此来了解事物的变化，而卦象与占断也尽在卦爻辞之中。"君子平常无事之时就观察卦象，揣摩爻辞；有所行动之时就观察卦象的变化，揣摩占断的吉凶。"了解了卦爻辞而不能体会《易》的本意者或许是有的，但不会有不了解卦爻辞却能贯通《易》本意的人。微妙无比、无形无象的是理；可感可知、有形有象的是象。本体与作用同源于一个本原,明显与特别细小没有区别。"圣人通过观察事理的普遍联系,从而推行社会的制度和礼仪",那么这种普遍联系的卦爻辞完整无缺地蕴含于其中。因此,善于学《易》的人,就必须从切近的卦爻辞入手。但如果认为卦爻辞切近而轻视它,就不能了解圣人言辞的含义。我所阐释的是《易》的卦爻辞,而能否通过卦爻辞来领悟《易》的真正意义,那就在于读者自己了。

【注释】

①　此条出《河南程氏文集》卷八《易传序》。"《易》,变易也":语出《易·乾凿度》:孔子曰:"易者,变易也,不易也。"郑玄注曰:"易一言而函三义:简易一也,变易二也,不易三也。"朱子曰:"易有交易,有变易。交易是阳交于阴,阴交于阳,是卦图上底,如'天地定位''山泽通气'云云者是也。变易是阳变阴,阴变阳,老阳变为少阴,老阴变为少阳,此是占筮之法,如'昼夜寒暑''屈伸往来'者是也。"又曰:"程子以《易》为人事之书,故云然。"随时变易以从道:叶采《集解》谓:"阴阳变易而生万化,圣人象之而画卦爻使人体卦爻之变易而随时以从道也。或问:'易即道也,何以言变易以从道?'朱子曰:'易之所以变易,固皆理之当然。圣人作《易》,因象明理,教人以变易从道之方耳。如《乾》初则潜、二则见之类是也。'"

②　开物成务之道:《易·系辞上》:"夫易开物成务。"开物之道:开示或揭示事物的道理;成务之道:成就或确定行事的方法。张绍价《解义》云:"圣人作《易》,使人知吉知凶,以通天下之志,则物开而知之明;使人趋吉避凶,以定天下之业,则务成而行之就。"开:开通、了解。务:

事务,指具体行事。

　　③俾后人沿流而求源:俾(bǐ):使也。沿:循也。流:支脉,支流,指下文所谓辞。源:源头,指《易》之理。

　　④"《易》有圣人之道四焉"等五句:语出《易·系辞上传》:"子曰:'知变化之道者,其知神之所为乎!'《易》有圣人之道四焉,以言者尚其辞,以动者尚其变,以制器者尚其象,以卜筮者尚其占。"叶采《集解》曰:"辞者,圣人所系之辞。变者,阴阳老少之变。象者,天地、山泽、雷风、水火之类是也。占者,吉凶悔吝、厉无咎之类是也。辞者,言之则也,故以言者尚其辞。变者,动之时也,故以动者尚其变。象事知器,故制器者尚其象。占事知来,故卜筮者尚其占。然辞、变、象、占虽各有尚,而吉凶、消长、进退、存亡,《易》之大用皆具于辞。故变推辞而可知,象与占皆不外乎辞也。"尚:取、注重、尊用之。卜筮:古代占卜,用龟甲称卜,用蓍草称筮,合称卜筮。占:卜问、预测。

　　⑤"君子居则观其象而玩其辞,动则观其变而玩其占":语出《易·系辞上传》:"是故,君子居则观其象而玩其辞,动则观其变而玩其占。是以自天佑之,吉无不利。"此为孔子教人如何学《易》,即在平时观象玩辞,有事占筮,则观变玩占。张伯行《集解》云:"玩,习也,谓观之详也。惟其变与象占皆具于辞,是以君子之于《易》也,在平居则观其象而玩其辞,以求尽乎卦之理,统全体而言之也。到临事则观其变而玩其占,以各尽乎爻之用,指一节而言之也。观象玩辞学《易》也,观变玩占用《易》也。"

　　⑥观会通以行其典礼:语出《易·系辞上》:"圣人有以见天下之动,而观其会通,以行其典礼,系辞焉以断其吉凶,是故谓之爻。"《朱子语类》卷六七:"朱子曰:'至微者理也,至著者象也。体用一原,显微无

间。观会通以行其典礼,则辞无所不备。'此是一个理,一个象,一个辞。然欲理会理与象,又须辞上理会。辞上所载,皆'观会通以行其典礼'之事。凡于事物须就其聚处理会,寻得一个通路行去。若不寻得一个通路,只驀地行去,则必有碍。典礼,只是常事。会,是事之合聚交加分别处。"
典礼:制度和礼仪。

3·50　伊川《答张闳中书》曰 ①:《易传》未传,自量精力未衰,尚觊有少进尔 ②。来书云:"《易》之义本起于数",则非也。有理而后有象,有象而后有数。《易》因象以明理,由象而知数,得其义则象数在其中矣 ③。(旧注:理无形也,故因象以明理。理既见乎辞矣,则可由辞以观象,故曰"得其义则象数在其中矣。")必欲穷象之隐微,尽数之毫忽 ④,乃寻流逐末,术家之所尚,非儒者之所务也。

【译文】

程颐《答张闳中书》说:我的《易传》还未传下去,自己感觉精力还没有衰退,还希望今后能够有些许进步。你来信说"《易》的涵义原本源于数",这种说法就错了。有理然后才有象,有象然后才有数。《易》通过卦象来说明理,通过卦象来了解数。了解了《易》的义理,那么象和数也就包含在其中了。(旧注:理是无形的,因而要通过卦象来明了义理。义理已经通过卦爻辞表达出来了,就可以通过卦爻辞来认识卦象,所以说"了解了《易》的义理,那么象和数也就包含在其中了。")假如一定想要穷究卦象的隐晦和数的细微之处,那就是沿着支流去追逐末节,这是术数家所崇尚的,不是儒家应该做的事情。

【注释】

①此条出《河南程氏文集》卷九《答张闳中书》。张闳中,据《伊洛渊源录》知为程门弟子,名字、事迹不详。《易传》未传:据江永《集注》谓:"程子云:'《易传》已成书,但逐旋修补,期以七十,其书可出。'"

②觊(jì):希望得到。

③"有理而后有象"等五句:言理为象数之本。张绍价《解义》谓:"理即太极也,推之则平,散之则万殊。理无形也,圣人持假象以明之,故有理而后有象,有象而后有数。未有象以前,则象在理中,有理而后象;既有象以后,则理在象中,观象乃能明理。"

④毫忽:毫、忽均为极微小之度量单位,此指极微小。茅星来《集注》谓:"隐微,象之难见者也;毫忽,数之难知者也。《孙子算术》'蚕所吐丝为忽,十忽为秒,十秒为毫。'言细微之至也。术家,如京房、郭璞之类是也。"

3·51　知时识势,学《易》之大方也。①

【译文】

了解时世的盛衰起伏,认识运势的强弱变化,是学《易》的根本原则。

【注释】

①此条出《周易程氏传》卷三《夬传》。叶采《集解》云:"方,犹

术也。时有盛衰,势有强弱。学《易》者当道其时势,惟变所适,惟道之从也。"

3·52　《大畜》初、二,乾体刚健而不足以进,四、五阴柔而能止^①。时之盛衰,势之强弱,学《易》者所宜深识也。

【译文】

《大畜卦》初九、九二两爻,虽然代表刚健的乾道,却不足以奋进,是因为代表阴柔的六四、六五两爻阻止的结果。时世的盛衰、运势的强弱,是学《易》的人应该深刻认识的地方。

【注释】

①　此条出《周易程氏传》卷二《大畜传》,取《大畜卦》爻以明时势之义。《大畜》初、二:《大畜》:六十四卦卦名之一。大:阳也;畜:止也。本卦䷙为《乾》下《艮》上。初、二,指《大畜》初九、九二两爻。四、五,指《大畜》六四、六五两爻。叶采《集解》云:"初与二虽刚健而不足以进者,以畜之时不利于进,初、二俱位乎下,势又不能进也。四与五虽阴柔而能止乎健者,以畜之时在于止,四、五位据乎上,势又足以为止也。"

3·53　诸卦二、五,虽不当位^①,多以中为美^②;三、四虽当位,或以不中为过^③。中常重于正也,盖中则不违于正,正不必中也^④。天下之理,莫善于中,于九二、六五可见^⑤。

【译文】

六十四卦中的第二爻和第五爻，虽然不一定当位，因为处于内卦和外卦的中位，大多因此认为其具有完美性；第三爻、第四爻虽然当位（但也可能不当位），有的人因其不位于内卦或外卦的中位，认为是"过"。中常常比正更重要，因为中就不会违背正，但正不一定就是中。天下的道理，没有比中更好的，（此点）可以通过第二爻和第五爻看得到。

【注释】

①此条出《周易程氏传》卷四《震传》。二、五虽不当位：二、五指每一卦的第二爻和第五爻。不当位：每卦六爻位中，初（即一）、三、五为阳位，二、四、六为阴位。阳爻居阳位，阴爻居阴位，就叫当位，反之则叫不当位。例如《泰卦》䷊，初九和九三为阳爻，且居阳位，故谓当位；九二为阳爻，但居阴位，故谓不当位。六五为阴爻，但居阳位，亦谓不当位。

②以中：居中。六十四卦以八卦相叠而成。每一卦分为内卦（或称下卦）和外卦（或称上卦），如《泰卦》由《乾卦》和《坤卦》组成，《乾卦》为内卦，《坤卦》为外卦，第二爻为内卦之中，第五爻为外卦之中，故为中。

③"三、四虽当位，或以不中为过"：如第三爻为阳爻，居阳位，第四爻为阴爻，居阴位，都谓当位。但第三爻在内卦之上，第四爻在外卦之下，皆不居于中位，为不中。过：过失。

④"中常重于正也"等三句：《朱子语类》卷六七："朱子曰：'中重于正，正未必中。'盖事之斟酌得宜合理处便是中，则未有不正者。若事虽正，而处之不合时宜，于理无所当，则虽正而不合乎中。此中未有不正，

而正未必中也。"重：重要。

⑤ 九二、六五：指第二爻和第五爻。

3·54　问：胡先生解九四作太子①，恐不是卦义？先生云：亦不妨，只看如何用。当储贰，则做储贰使②。九四近君③，便作储贰亦不害。但不要拘一，若执一事，则三百八十四爻④，只作得三百八十四件事便休也。

【译文】

有人问：胡瑗先生把"九四"爻解释为太子，恐怕不是卦的本义吧？程颐先生回答说：（这样理解）也无妨，只看人们如何用。若是做太子的，（占得此爻）就可以把此爻当做太子解释，九四爻接近帝位，即便是解释为太子也没有大的毛病。但不能把一爻拘泥于一种解释，如果把一爻固定在一件事情上，那么《易》三百八十四爻，仅仅解释为三百八十四件事就完了。

【注释】

① 此条出《河南程氏遗书》卷一九《杨遵道录》。胡先生：即胡瑗（993—1059），字翼之，泰州海陵（今江苏泰州）人。北宋初期学者，程颐出其门下。与孙复、石介倡导"以仁义礼乐为学"，并称"宋初三先生。"有《论语说》《周易口义》等。

② 储贰：太子。

③ 九四近君：《乾卦》："九五，飞龙在天，利见大人。"孔颖达疏："言九五阳气盛至于天，故飞龙在天……犹若圣人有龙德，飞腾而居天

位。"后因以"九五"指帝位。"九四"接近"九五",谓"近君",故为储贰（太子）。

④ 三百八十四爻：《易》六十四卦,每卦六爻,共三百八十四爻。

3·55　看《易》且要知时。凡六爻,人人有用。圣人自有圣人用,贤人自有贤人用,众人自有众人用,学者自有学者用；君有君用,臣有臣用,无所不通。因问：《坤卦》是臣之事,人君有用处否？ 先生曰：是何无用！ 如"厚德载物"①,人君安可不用！

【译文】

读《易》要了解因时而异的道理。每卦的六爻,对任何人都有用。圣人自有圣人的用法,贤人自有贤人的用法,一般人自有一般人的用法,学者自有学者的用法；国君有国君的用法,臣子有臣子的用法,六爻的用法没有不通的。因而有人问：《坤卦》讲的是臣子的事情,对于君主是否有用？ 程颐先生回答说：这怎么能没有用呢！ 比如《坤》之《象辞》说"厚德载物",国君怎么能说无用呢！

【注释】

① 此条出《河南程氏遗书》卷一九《杨遵道录》。厚德载物：一作"坤厚载物"：语出《坤卦》之《象传》："坤厚载物,德合无疆。"意为《坤卦》所代表的大地非常厚实、负载着地面上的万物,其德性与天相合而久长无极,辽远无疆。

3·56　《易》中只是言反覆、往来、上下。①

【译文】

《易》仅仅是讲反复、往来、上下不断变化的道理。

【注释】

①此条出《河南程氏遗书》卷一四《亥九月过汝所闻》，题下原注"明道先生语"。叶采《集解》云："反复，如《复》《姤》之类；往来，如《贲》《无妄》之类；上下，如《乾》《坤》之类。皆阴阳变易之道，而《易》之所以为易也。"

3·57　作《易》，自天地幽明，至于昆虫草木微物，无不合。①

【译文】

圣人作《易》，大到天地的幽远与分明，小到昆虫草木这些细微的生物，没有（与太极本原之理）不相吻合的。

【注释】

①此条出《河南程氏外书》卷七《胡氏本拾遗》。张伯行《集解》云："天地间别有甚事？只是'阴阳'两个字，看是甚么物事都离不得，故圣人作《易》以示人，大无不包，细无不该。自《乾》天《坤》地、《离》明《坎》幽之类，以至于《说卦》中称名取类，如昆虫草木之微物，莫不有合者，阴阳本于太极，其理本一贯也。"

3·58　今时人看《易》，皆不识得《易》是何物，只就上穿凿。若念得不熟，与就上添一德亦不觉多，就上减一德亦不觉少。譬如不识此兀子，若减一只脚，亦不知是少；若添一只，亦不知是多。若识，则自添减不得也。①

【译文】

现在的人读《易》，都不知道《易》是什么东西，只会在解释上面随意附会穿凿。假如读得不熟，在上面添上一件东西也不会觉得多，在上面减去一件东西也不会觉得少。比如，如果不认识这个小凳子，减去它的一只脚，也不会觉得少；如果给它添上一只脚，也不会觉得多。假如认识的话，就自然会知道是不可随意添减的。

【注释】

①此条出《河南程氏外书》卷五《冯氏本拾遗》。德：德性，指卦爻本有的性情等东西。李文炤《集解》谓："德者，卦爻之性情，识得则何可添减也。"兀（wù）子：坐具之名，同"杌子"，小凳子。

3·59　游定夫问伊川"阴阳不测之谓神。"①伊川曰：贤是疑了问？是拣难底问？

【译文】

游酢问程颐怎样理解"阴阳不测之谓神"这句话？程颐回答说：你是有了疑问才问？还是专拣难的问题问呢？

【注释】

①此条出《河南程氏外书》卷一二《传闻杂记》。游酢（1053—
1123），字定夫，宋元丰间进士，有《易说》等。游酢与杨时、吕大临、谢
良佐并为程门四大弟子。阴阳不测之谓神：语出《易·系辞上》："富有
之谓大业，日新之谓盛德，生生之谓易，成象之谓乾，效法之谓坤，极数
知来之谓占，通变之谓事，阴阳不测之谓神。"阴阳不测之谓神，指虽说
阴阳构成了万物，但阴阳是不确定的、是流动不可知的，阴阳的消息是不
可知的。不可知，即谓之神。神：神秘，神妙。拣：通做简，选择也。

3·60　伊川以《易传》示门人曰：只说得七分，后人
更须自体究^①。

【译文】

程颐把《易传》出示给学生说：（这本书）仅仅讲了《易》的
七分道理，（《易》的完整意思）后来人更加应该自己好好体会
和探究。

【注释】

①此条出《河南程氏外书》卷一一《时氏本拾遗》。张伯行《集解》
云："《易》理无穷，经数圣人而后成书，包含天地万物。今虽熟读精思，
作为《易传》，岂遂了无余义？俟后人推求，故只说得七分。盖理本生于
人心，加一番体究，必更一番明透，亦是虚心，亦是实话。"

3·61　伊川先生《春秋传序》曰：天之生民，必有出

类之才，起而君长之，治之而争夺息，导之而生养遂，教之而伦理明，然后人道立，天道成，地道平①。二帝而上，圣贤世出，随时有作，顺乎风气之宜，不先天以开人，各因时而立政②。暨乎三王迭兴，三重既备③，子丑寅之建正④，忠质文之更尚⑤，人道备矣，天运周矣。圣人既不复作，有天下者，虽欲仿古之迹，亦私意妄为而已。事之谬，秦至以建亥为正；道之悖，汉专以智力持世，岂复知先王之道也⑥？夫子当周之末，以圣人不复作也，顺天应时之治，不复有也，于是作《春秋》⑦，为百王不易之大法，所谓"考诸三王而不谬，建诸天地而不悖，质诸鬼神而无疑，百世以俟圣人而不惑"⑧者也。先儒之《传》曰⑨："游、夏不能赞一辞。"辞不待赞也，言不能与斯耳⑩。斯道也，惟颜子尝闻之矣。"行夏之时，乘殷之辂，服周之冕，乐则《韶》舞。"⑪此其准的也⑫。后世以史视《春秋》，谓褒善贬恶而已，至于经世之大法，则不知也⑬。《春秋》大义数十，其义虽大，炳如日星，乃易见也；惟其微辞隐义，时措从宜者，为难知也。或抑或纵，或与或夺，或进或退，或微或显，而得乎义理之安，文质之中，宽猛之宜，是非之公，乃制事之权衡，揆道之模范也⑭。夫观百物，然后识化工之神⑮；聚众材，然后知作室之用。于一事一义，而欲窥圣人之用心，非上智不能也。故学《春秋》者，必优游涵泳，默识心通，然后能造其微也。后王知《春秋》之义，则虽德非禹、汤，尚可以法三代之治。自秦而下，其学不传。予悼夫圣人之志不明于后世也，故作《传》以明之⑯，俾后之人⑰，通其文而求其义，得其意而法其用,则三代可复也。是《传》也,虽未能极圣人之蕴奥,庶几学者得其门而入矣。

【译文】

　　程颐先生的《春秋传序》说:上天生育了人民,其中必然有一个出类拔萃的人才,出来做他们的君主。君主有效地统治人民,从而平息了人民之间的争夺;君主有效地引导人民,从而使人民能够生存繁衍;君主有效地教化人民,从而使人伦道德规范明确。这样以后,就确定了人的法则、成就了天的法则、建立了地的法则。自尧、舜二帝以上,圣贤之君世世而出,他们伴随时势需求而制作典章,顺应适宜的时代风俗而作为,不脱离天的法则来启发人民,各自根据具体的时代需求建立政治制度。等到夏禹、商汤、周文王依次兴起,议礼、制度、考文已经完备。周以子月为岁首,商以丑月为岁首,夏以寅月为岁首;夏崇尚“忠”,商崇尚“质”,周崇尚“文”。这样,人的法则就完备了,天运就周备了。(夏、商、周三代以后)圣君已不再兴起有所作为,统治天下的君主,尽管想要效仿古代圣君的事迹,但他们也不过是私自随意妄为罢了。最为荒谬的事情是:秦朝开始以亥月为岁首(以所谓水克火来证明秦取代周的合法性);与道完全相悖的是:汉朝用机巧、武力把持天下(与仁义原则相背离),这难道还能称作了解古代圣王之道吗?孔子生活在周代末期,他看到圣王不再兴起;顺应天道、顺应时势的统治也不再存在,于是他撰写了《春秋》一书,以此作为帝王千秋万代治理国家不可更改的根本大法。正如《礼记·中庸》所说的:(孔子确定的原则)“放到三代先王理念中进行考查，没有一点误差；树立在天地间，与天道没有一点违背；卜问鬼神，没有一点可疑之处；百世以后待到圣人出现也不会有一点疑惑。"先儒司马迁《史记·孔子世家》说："（孔子撰《春秋》）子游、子夏不能帮助写一句话。"孔子并不需要他们帮助写一句话，关键是他们的语言与孔子思想不相关。孔子之道，只有颜回能够领会。孔子说："用夏朝的时令历法，坐殷朝的车子，戴周朝的礼帽，奏舜时的《韶》乐。"这就是孔子《春秋》大法的准则。后世往往从历史的角度来审视《春秋》，认为其内容无非是褒善贬恶罢了，以至于《春秋》作为治理国事的根本大法，自然就不了解了。《春秋》的大义有数十条，它阐述的义理虽然博大，但它却像太阳、星星一样光明，人们容易看见；只有《春秋》微妙的言辞、隐晦的含义，按照时势选择而用时却难以理解。（《春秋》所述）有的贬抑，有的放纵；有的赞成，有的抨击；有的尊崇，有的抑退；有的隐微，有的明显，但都符合稳妥的义理原则，都体现了在"文"与"质"之间取其"中"、在宽与猛之间取其"宜"、在是与非之间取其"公"的法则。因此，《春秋》是裁判世事的标准，是度量和把握道义的典范。观察各种事物的变化，这样之后才能了解自然创造力的神妙；汇集各种材料，这样之后才能懂得它们在建筑房屋时的作用。试图通过一件事、一个道理来了解圣人的用心，不是智慧超绝的人是不能做到的。因此，学习《春秋》的人，必须在从容平静的心态下，反复涵泳、深入体会，默默地记在心中，以达到豁然开朗。这样之后，才达到把握《春秋》微言大义的境界。后世君王如果能了解《春秋》一书中的大义，那么即使德性不如夏禹、商汤那样崇高，也可以效法三代之治。自秦朝以下，《春秋》之学一直没有传下来。我悲痛于圣人的理想没有在后世得到彰显，所以撰写《春秋传》，用来阐明圣人的志向，帮助后人能够弄懂《春秋》的文字，探求它的义理；使后人获得《春秋》的真实意旨，从而遵循其法则指导实践。这样，夏、商、周三代的美好理想就可以得到恢复。我撰写的《春秋传》，虽然不能穷尽圣人博大精深的思想意蕴与精神奥妙，但或许能够帮助初学者获得进入《春秋》的门径。

【注释】

　　① 此条出《河南程氏文集》卷八《春秋传序》。张伯行《集解》谓：“此程子自序《春秋传》之所以作，欲学者因此以极圣人之蕴，复三代之治。”“天之生民”等九句：叶采《集解》曰：“天生蒸民，必有司牧为之制节，而后争夺息。导之播植佃渔，而后生养遂。示之五品，教之孝悌忠信，而后伦理明。三者具矣，故建极秉彝而人道立，五气顺布而天道成，山川莫位而地道平。”

　　② 二帝，指尧、舜。随时有作：谓随其时而有所制作。先天：先于天时。茅星来《集注》引朱子曰：“先天，谓天时未至而妄以私意先之，如耕获菑畬之类，与《文言传》之‘先天’不同。”

　　③ 三王：指夏禹、商汤、周文王。三重：谓三王之礼，指议礼、制度、考文。《礼记·中庸》第二十八章谓：“非天子不议礼，不制度，不考文。”也就是说，议礼、制度、考文这三件事是“尊为天子”的人该干的事情。

　　④ 子丑寅之建正：子丑寅分别指子月、丑月、寅月，即农历十一月、十二月、正月。正：一年之始为正，指正月。

⑤ 质文：质：诚信，质朴；文：文华，辞采。

⑥ "事之谬"等五句：茅星来《集注》谓："秦以亥月为正，自谓水德，欲以胜周也。汉专以智力持世，故礼文制度悉袭秦旧，无复三代之遗风矣。"据战国阴阳家邹衍"五德终始说"，王朝兴替源于水、火、木、金、土五种物质德性相生相克和终而复始的回圈变化。由于周是火德，从五行相胜来推衍，即是水克火，于是秦始皇就以水德自居，"更命河曰德水，以冬十月为年首，色上黑。"（《史记·封禅书》），以证明秦统一天下符合"五德之运"。亥：亥月，即农历十月。

⑦ 作《春秋》，指孔子作《春秋》。《春秋》为编年体史书，系儒家经典之一。纪事起于鲁隐公元年（前722年），止于鲁哀公十四年（前481年）。前儒，包括程颐等以为《春秋》为孔子所作，但据现代学者考证，《春秋》为鲁国史官所编，孔子曾对其加以整理和修订。

⑧ "考诸三王而不谬"等四句：语出《礼记·中庸》第二十九章："故君子之道，本诸身，征诸庶民，考诸三王而不谬，建诸天地而不悖，质诸鬼神而无疑，知天也；百世以俟圣人而不惑，知人也。是故君子动而世为天下道，行而世为天下法，言而世为天下则。"叶采《集解》云："夫子因鲁史作《春秋》，寓经世之大法，所以上承将坠之绪，下开无穷之治也。故考诸前圣而无差缪，参诸天地而无违背，验诸鬼神之幽而无所疑，待乎百世之远而无所惑。盖天地鬼神同此理，前圣后圣同此心。"诸：意同"之于"。惑：疑惑，反对。

⑨ 先儒之《传》：指司马迁《史记·孔子世家》。

⑩ 游、夏不能赞一辞：《史记·孔子世家》有："至于为《春秋》，笔则笔，削则削，子夏之徒不能赞一辞。"张伯行《集解》谓："游、夏于圣门擅文学之科，而不能赞辞者，胡文定所谓'笔则笔，削则削，皆裁自圣心，

而游、夏不能与焉'者也。颜子几圣人之道故尝闻之。"赞：佐助、帮助。

⑪"行夏之时"等四句：语出《论语·卫灵公》："颜渊问为邦。子曰：'行夏之时,乘殷之辂,服周之冕,乐则《韶》舞。放郑声,远佞人。郑声淫,佞人殆。'"。时：时令历法。辂（lù）：古代木车,殷商车曰大辂。冕：祭祀用冠,即帽子。《韶》舞：舜时乐曲名。

⑫准的：标准、准则。

⑬"后世以史视《春秋》"等四句：茅星来《集注》引吕氏曰："《春秋》固是褒善贬恶,然中如朝聘、郊褅、搜狩、卒葬,包举许多典章制度在,则所谓'经世之大法'也。"经世：即"经世致用",治理国事。

⑭"其义虽大"等十六句：叶采《集解》云："《春秋》大义,在尊君而卑臣,责仁义而贱功利,正中国而外夷狄之类,'其义虽大,炳如日星'也。其易见者,盖在于微辞隐义,各以其时措从宜者,非深明乎时中者未易窥也。或有功而节,或有罪而宥,或功未就而予,或罪未著而夺,或尊而退之,或卑而进之,或婉其辞,或章其实,要皆得乎义理之安,而各当其则。文质之中,而不华不俚。宽猛之宜,而无过与不及。是非之公,而无有作好作恶。揆,度也。权衡者,酌一时之轻重。模范者,立万世之轨则。"时措：《礼记·中庸》："故时措之宜也。"朱熹《四书集注》："与时措之,而皆得其宜也。"意谓得其时而用。

⑮化工：自然的创造力。

⑯《传》：指程颐自己所作《春秋传》。

⑰俾（bǐ）：使也。

3·62　《诗》《书》载道之文,《春秋》圣人之用。《诗》《书》如药方,《春秋》如用药治病。圣人之用,全在此书。

所谓"不如载之行事，深切著明"者也^①。有重叠言者，如征伐、盟会之类。盖欲成书，势须如此，不可事事各求异义，但一字有异，或上下文异，则义须别^②。

【译文】

　　《诗经》和《尚书》是承载圣人之道的文字，《春秋》则是圣人之道的具体运用。《诗经》和《尚书》如同药方，那么《春秋》就是按照这些药方来治病。圣人之道的具体运用，全部体现在《春秋》这本书中了。这就是孔子所说的（与其空谈义理）"不如把它体现在对行事的记载中，那样深挚而切实、显著而明确。"《春秋》有重复使用的文字，如记载征伐、盟会这一类的事。因为想要成为（忠实于历史的）书，其势要求必须这样做，不能每件事都要寻求各自不同的含义，但是，对于一文的差异，或者上下文的含义不同，那就必须（按照《春秋》著书的义例）进行甄别。

【注释】

　　① 此条出《河南程氏遗书》卷二上《元丰己未吕与叔东见二先生语》。"不如载之行事，深切著明"：语出《史记·太史公自序》："子曰：我欲载之空言，不如见之于行事之深切著明也。"

　　② "有重叠言者"等八句：张伯行《集解》谓："《春秋》之义，有要分别观之者，亦有不必分别观之者。其间言之重、词之复，如记盟会、征伐之类。或详举列国君大夫，或赘衍年月日时与其地其事。盖欲成书以便后人之观览，其势不得不如此，必欲各求异义则凿矣。至于字法之有

异,及上下文之有异者,予夺褒贬,义例存焉,则须分别看耳。是在学者神而明之也。"事事各求异义:茅星来《集注》云:"事事各求异义者,如胡氏谓书'晋侯'为以常情待晋襄,书'秦人'为以王事责秦穆之类。"张绍价《集义》云:"'一字有异,或上下文异,则义须别。'此读《春秋》之要旨也。"盟会:古代诸侯间的集会、订盟。

3·63 五经之有《春秋》,犹法律之有断例也。律令惟言其法,至于断例,则始见其法之用也。[1]

【译文】

儒家五经中有《春秋》一经,就如法律中有案例一样。法律只是讲法的条文,到了案例中,就可以看到法律如何适用的情况。

【注释】

[1] 此条出《河南程氏遗书》卷二上《元丰己未吕与叔东见二先生语》。张伯行《集解》云:"《诗》以正情,《书》以制事,《易》以明变,《礼》以正行,犹律令然。律令者,制为刑书禁人勿为恶。《春秋》则某事用某律,某罪用某法,断例分明,其中之轻重大小,实见之用者也。前以用药譬之,此以用律譬之,俱是一般意思耳。"

3·64 学《春秋》亦善,一句是一事,是非便见于此,此亦穷理之要。然他经岂不可以穷?但他经论其义,《春秋》因其行事,是非较著[1],故穷理为要。尝语学者,且先读《论语》《孟子》,更读一经^②,然后看《春秋》。先识得个义理,方可看《春秋》。《春秋》以何为准? 无如《中庸》。欲知《中庸》,无如权,须是时而为中。若以手足胼胝、闭户不出,二者之间取中,便不是中^③。若当手足胼胝,则于此为中;当闭户不出,则于此为中。权之为言,秤锤之义也。何物为权? 义也,时也。只是说得到义,义以上更难说,在人自看如何。

【译文】

　　学《春秋》也是好事,《春秋》一句话就是一件事,在这句话中就能体现是非,这句话也就是穷究事理的关键。然而其他经典难道不能用来探究事理吗? 但其他经典论述的是义理,而《春秋》却是根据义理行事,是非界线非常明显,因此《春秋》是探究事理的关键。我曾经对求学者说过,应先读《论语》《孟子》,接着再读另外一种经典,这样以后再读《春秋》。只有先懂得义理,才可以读《春秋》。《春秋》以什么为判断是非的标准呢? 能作为标准的不如《中庸》。要想了解《中庸》,不如体悟权变,(所谓权变)应该是权时得宜而为中。如果在大禹的手脚生老茧和颜回的闭户不出二者之间取其中,就不是中。如果应当手脚生茧,手脚生茧就是中;如果应当闭户不出,闭户不出就是中。用语言来解释权,就是俗语秤锤的意思。什么东西可以说是权呢? 就是义理,就是根据时势来行事。(权在最终意义上)只能讲到义理,义理以上就更难解释清楚了,只能在个人自己如何去体会和理解了。

【注释】

① 此条出《河南程氏遗书》卷一五《入关语录》。较著：明显。张伯行《集解》谓："犹《汉书·孔光传》所谓'较然甚明也'，颜师古曰：'较，音角，明貌。'"

② 更读一经：李文炤《集解》谓："更读一经，如《诗》《书》之类，《春秋》虽于穷理为要，然非义理素明，则不能知其是非之真也。"更：改变、改换。

③ 手足胼胝：指夏禹急于救天下之难。《史记·李斯列传》记载大禹治水"股无胈，胫无毛，手足胼胝，面目黎黑，遂以死于外"。《晋书·谢安传》云："夏禹勤王，手足胼胝。"胼胝（pián zhī）：皮坚也，指手掌或脚掌上因摩擦而长成的硬皮，又称茧子。闭户不出：指颜回的处事态度。《孟子·离娄下》第二十九章："禹稷当平世，三过其门而不入，孔子贤之。颜子当乱世，居于陋巷，一箪食，一瓢饮，人不堪其忧，颜子不改其乐，孔子贤之。孟子曰：'禹、稷、颜回同道。禹思天下有溺者，由己溺之也；稷思天下有饥者，由己饥之也。是以如是其急也。禹、稷、颜子易地则皆然。今有同室之人斗者，救之，虽披发缨冠救之，可也。乡邻有斗者，披发缨冠而往救之，则惑也。虽闭户可也。'"叶采《集解》云："《春秋》之权衡，即《中庸》之时中出。若于禹、颜之间取中，则当洪水之时不躬乎胼胝之劳，在陋巷之时不安乎箪瓢之乐，皆失平时中矣。"

3·65 《春秋》，传为案，经为断①。（旧注：又云：某年二十时看《春秋》，黄聱隅问某如何看②，某答曰："以传考经之事迹，以经别传之真伪。"）

【译文】

《春秋》一书,解释经文的传是案例,经文本身却能判断是非。(旧注:程颐又说:我二十岁时读《春秋》,黄晞问我如何读,我回答说:"用传文考察经文记载的事迹,用经文判断传文的真伪。")

【注释】

① 此条出《河南程氏遗书》卷一五《入关语录》。传(zhuàn):此泛指解释《春秋》的《左传》《公羊传》和《穀梁传》。断:判断,此指判断是非的标准。

② 黄聱隅,名晞,字景微,建安人。少通经,聚书数千卷,学者多从之。自号聱隅子。

3·66 凡读史,不徒要记事迹,须要识治乱、安危、兴废、存亡之理。且如读《高帝》一纪①,便须识得汉家四百年终始治乱当如何,是亦学也。

【译文】

大凡读史书,不仅仅要记住历史事迹,还必须要认识历史上治乱、安危、兴废、存亡的道理。例如读《汉书·高帝纪》,就必须要从中把握汉朝四百年兴衰治乱,以及开始至终结整个过程的原因和结果怎么样,这也是学习。

【注释】

① 此条出《河南程氏遗书》卷一八《刘元承手编》。张绍价《集

义》谓："读史徒记事迹，则为博杂之学。识其治乱、安危、兴废、存亡之理，乃儒者致知格物之学。"《高帝》一纪：指东汉班固撰《汉书·高祖纪》。

3·67　先生每读史到一半^①，便掩卷思量，料其成败，然后却看^②。有不合处，又更精思，其间多有幸而成，不幸而败。今人只见成者便以为是，败者便以为非，不知成者煞有不是，败者煞有是底。

【译文】

程颢先生读史书，每读到一半的时候，就把书合上进行思考，预料事情的成败结局，这样以后再继续看。若有与预料不合的地方，再更加精心地思考，其中有许多因侥幸而成功的例子，也有不幸而失败的例子。现在的人（读史书）仅看到成功便认为是善的，看到失败便认为是恶的，却不懂得成功者很有些是恶的，而失败者也很有些是善的。

【注释】

①此条出《河南程氏遗书》卷一九《杨遵道录》。先生：指程颢。

②却：再。

3·68　读史须见圣贤所存治乱之机，贤人君子出处进退，便是格物。^①

【译文】

读史书必须看到古代圣贤著述中关于治乱忽动于几微的预兆，贤人君子出仕或退隐的原因，这就是格物。

【注释】

① 此条出《河南程氏遗书》卷一九《杨遵道录》。张伯行《集解》云："古今治乱，必有其机。机者，治乱虽未至而动于几微之间。圣贤存于史，以为千古得失之镜，读史者须于此处加意。如贤人君子出而在朝，则世将治之机也；若退而在野，则世将乱之机也。有以见其机，便是格物。若不能格物，无贵读之矣。"出处进退：指出仕与退隐。

3·69 元祐中①，客有见伊川者，几案间无他书，惟印行《唐鉴》一部②。先生曰：近方见此书。三代以后，无此议论。

【译文】

元祐年间，一位客人拜见程颐，发现程颐的长桌上没有其他书籍，只有一部刻印成书的《唐鉴》。程颐先生说：最近才看到这部书。夏商周三代以后，还没有像《唐鉴》一书这样的见解。

【注释】

① 此条出《河南程氏外书》卷一二《传闻杂记》。元祐：宋哲宗赵煦年号（1086—1093）。

②《唐鉴》：范祖禹撰。范祖禹，字淳夫，程子门人，其为宋《通鉴》局编修官，分掌唐史，以其自得撰成《唐鉴》一书。是书十二卷，经吕祖谦注后，析为二十四卷，论述唐代三百年间封建统治之得失。

3·70　横渠先生曰：《序卦》不可谓非圣人之蕴。今欲安置一物，犹求审处，况圣人之于《易》！其间虽无极至精义，大概皆有意思。观圣人之书，须布遍细密如是。大匠岂以一斧可知哉？①

【译文】

张载先生说：《序卦》不能说没有反映圣人的意思。现在如果想要安放一样东西，还要审慎地考虑妥当的地方，何况圣人对《易》六十四卦的排列次序与阐释啊！《序卦》虽然没有极至的精微义理，但大体上说都有意思蕴含其中。读圣人的书，必须做到（像《序卦》一样）全面、透彻、仔细、详尽。正如一个高明的木匠，难道仅仅通过一把斧头就能了解他吗？

【注释】

① 此条出张载《横渠易说·序卦》。《序卦》：《易传》中说明六十四卦排列次序的篇名，为《十翼》之一。张绍价《集义》云："《序卦》借卦名以序相承之意，有相因者，有相反者。义理虽未极其精深，而天道之盈虚消长，人事之得失存亡，国家之兴衰理乱，治道之因革损益，人心之动静真妄，贤人之进退出处，无不备具其中。朱子所谓事事夹杂都有是也，焉得谓非圣人之蕴哉？"

3·71　天官之职^①，须襟怀洪大方看得。盖其规模至大，若不得此心，欲事事上致曲穷究，凑合此心，如是之大，必不能得也^②。释氏锱铢天地，可谓至大，然不尝为大，则为事不得，若畀之一钱，则必乱矣^③。又曰：太宰之职难看，盖无许大心胸包罗，记得此，复忘彼。其混混天下之事，当如捕龙蛇、搏虎豹，用心力看方可。其他五官便易看^④，止一职也。

【译文】

《周礼》所讲百官之首天官这一职务职责，必须胸襟广大的人才能看得。因为天官（统管五官之事）管理的规模范围极大，如果没有这么宏大的襟怀，只想在每个具体事务上委曲穷究，勉强凑合这样的心态，若是像这样大的胸襟，一定是与天官之职不相称的。佛教徒看天地如锱铢，可以说其胸怀宏大，然而他们却不曾真的宏大，就是他们在实践上做不了大事，如若给予他们一点钱，就一定会使他们慌乱失措。张载先生又说：太宰这一职务职责难看，因为如果没有一个宏大的心胸包罗万象，必然会是记住了此处，又忘了别处。太宰之职面对的是混乱无序的各种人间事务，正如同捕捉龙蛇、与虎豹搏击一样。读《周易》的人必须尽心尽力看才可以（有所收获）。其他五官内容（相对单纯）就容易看，因为（其他五官各自）只有一种职责。

【注释】

①此条出张载《经学理窟·周礼》。天官：官名，即冢宰，又称太宰。

《周礼》六官,称冢宰为天官。殷商置,位次三公,为六卿之首、百官之长,原为掌管王家财务及宫内事务的官。周武王死时,成王年少,周公曾以冢宰之职摄政。

②“盖其规模至大”等六句:张伯行《集解》云:“周建六官,取法天地四时。冢宰曰天官,以其总御众官,犹天道统理万物。故天官之职,必须胸襟怀抱宽洪广大之人,方可看得。盖其于邦国内外之政小大之事无所不统,规模可谓至大。若不得此广大之心量,但于每事上委曲穷究,勉强凑合,使心量如是之广大,究之心量本小,必不能周悉而贯通之也。”不得此心:指不得襟怀之宏大。

③“释氏锱铢天地”等六句:茅星来《集注》谓:“释氏之所谓大者,只是言论旷荡,未尝身自为之,所以为事不得。”锱铢:旧制锱为一两的四分之一,铢为一两的二十四分之一。比喻微利,极少的钱。畀(bì):给、给予。

④五官:指《周礼》六官中除天官外的地官、春官、夏官、秋官、冬官。隋唐以后吏、户、礼、兵、刑、工六部尚书,大致和《周礼》的六官相当,也统称六官,其中吏部尚书亦称天官。

3·72　古人能知《诗》者惟孟子,为其以意逆志也。夫诗人之志至平易,不必为艰崄求之。今以艰崄求《诗》,则已丧其本心,何由见诗人之志?①(旧注:诗人之情性,温厚和平老成,本平地上道著言语,今须以崎岖求之,先其心已狭隘了,则无由见得。诗人之情本乐易,只为时事,拂着他乐易之性,故以《诗》道其志。②)

【译文】

古代懂《诗经》的人只有孟子，因为孟子能够以自己的体验追迎《诗经》的志趣。《诗经》作者的志趣本来极为平易，没有必要把它当做晦涩高深的东西来探求。今天读《诗经》的人以晦涩高深的东西探究它的含义，那就已经丧失了自己的本心，又如何能够因此体悟《诗经》作者的志趣呢？（旧注：《诗经》作者的情性，是温厚和平老成的，本来就像是站在平地上讲话一样自然平常，今天读《诗经》的人却一定要以曲折离奇的心态寻求它的性情，先就把自己心胸变得狭隘了，那就没有办法知悉诗人的性情了。《诗经》作者的情感本来就和乐平易，只因为他们遭遇的时事，与他们和乐平易的本性相冲突，因此他们才用《诗经》来咏吟自己的志向。）

【注释】

①此条出张载《经学理窟·诗书》。李文炤《集解》云："夫，音扶。易、丧，并去声。以意逆志，以己心之所之而迎古人之心之所之也。平易则得人心之所同，然艰嵚则失之矣。"嵚：通作险。以意逆志：逆，迎也。《方言》："自关而东曰逆，自关而西曰迎。"《朱子语类》卷五八："朱子曰：'以意逆志'，此句最好。逆是前去追迎之之意，盖是将自家意思去前面等候诗人之志来。又曰：谓如等人来相似。今日等不来，明日又等，须是等得来，方自然相合。不似而今人，便将意去捉志也。"

②"诗人之情性"等旧注部分：茅星来《集注》谓："温厚、平易、老成，皆言诗人之情性也。平地上道着言语，见其非有崎岖也。道，言也。时事或美或恶，有所感动而诗作焉。拂，动也。朱子曰：'以意逆志者，逆如迎待之意。若未得其志，只得待之，如需于酒食之义。后人读书

便要去捉将志来,以至束缚之。'又曰:'某所著《诗传》,盖推寻其脉理,以平易求之,不敢用一毫私意。'辅氏曰:'温厚、平易、老成,说尽诗人情性。温厚,谓和而不流,怨而不怒。平易,谓所言皆眼前事。老成,谓忧深思远,达于人情事物之变。此等意思,惟平心易气以迎之,则有可得。'"

3·73　《尚书》难看,盖难得胸臆如此之大。只欲解义,则无难也。^①

【译文】

《尚书》难以看懂,是因为读者难有这样宽广的胸襟。如若只是想要理解《尚书》的字面意义,那就不难。

【注释】

① 此条出张载《经学理窟·诗书》。张伯行《集解》云:"孔子删《书》,断自唐虞,迄于三代。其曰德、曰仁、曰敬、曰诚,理无不该矣。礼乐教化、典章文物,政无不备矣。家齐国治天下平,功业无远弗届矣。其规模至大,最为难看。人之胸臆,非若尧舜诸圣人之广大者,不足以知之。若只欲解其文义,则寻章摘句之士皆能之矣。盖惟圣人之心无乎不包,故所见者大。学者之心亦必无乎不包,而后能见《尚书》之大也。"

3·74　读书少,则无由考校得义精。盖书以维持此心,一时放下,则一时德性有懈。读书则此心常在,不读书则终看义理不见^①。

【译文】

书读得少，就不能通过考证和校订获得精详的义理。因为书是用来守持人的本心的，一时间不读书，那么一时间德性就会有所松懈。读书就能使本心常驻不懈，不读书就最终也看不见义理在眼前。

【注释】

① 此条出张载《经学理窟·义理》。"读书则此心常在，不读书则终看义理不见"：张习孔《传》谓："读书少则所见义理不广，即前篇所言难得胸臆如许大是也。其弊非止'德性有懈'而已。"

3·75　书须成诵。精思多在夜中，或静坐得之，不记则思不起。但通贯得大原后①，书亦易记。所以观书者，释己之疑，明己之未达，每见每知新益，则学进矣。于不疑处有疑，方是进。

【译文】

读书，应该做到能背诵。多在夜间或静坐时精心思考，就会有所解悟和收获，如果不能记诵就无法进行思考。只要对书中的基本思想有个融会贯通的把握后，那么记诵也就容易了。因此，读书的目的，就是消释自己的疑问，辨明自己不能解决的困惑，每次读每次都能得到新的收获，那么学问就会有所进步。能够在常人不怀疑的地方产生疑问，这正是进步。

【注释】

①　此条出张载《经学理窟·义理》。原：本原、根本。

3·76　六经须循环理会，义理尽无穷，待自家长得一格，则又见得别。①

【译文】

对于儒家六经，必须周而复始反复理会。（六经）义理没有穷尽，等到自己水平高出一个等级，那么见解就又会与别人不同。

【注释】

①　此条出张载《经学理窟·义理》。六经：古以《易》《诗》《书》《礼》《乐》《春秋》为六经；宋以《易》《诗》《书》《周礼》《礼记》《春秋》为六经。李文炤《集解》谓："循环，谓周而复始。长一格者，温故而知新，而识进于高明也。"

3·77　如《中庸》文字辈，直须句句理会过，使其言互相发明。①

【译文】

如《中庸》等典籍的文字这一类，必须一句一句仔细领会，从而使读者对全书的观点前后互相佐证。

【注释】

①此条出张载《经学理窟·学大原下》。《中庸》文字辈：茅星来《集注》谓："《中庸》文字辈，凡《诗》《书》《论》《孟》之文皆是。必言《中庸》者，盖古圣贤之书无非发明《中庸》之道，故必于此见之明，而后于事事物物之宜无往不当其可，以之读他书，亦易为力。"互相发明：谓互相佐证。

3·78　《春秋》之书，在古无有，乃仲尼所自作，惟孟子能知之，非理明义精，殆未可学①。先儒未及此而治之，故其说多凿。

【译文】

《春秋》这部书，在古代（夏商之世）并没有，此书是孔子自己作的，只有孟子能够理解这部书。因此，不是对义理透彻精切理解的人，恐怕不能学《春秋》。过去的儒生没有达到这一步，却要研究《春秋》，因此他们的学说大多穿凿附会。

【注释】

①此条出张载《拾遗·近思录拾遗》。殆：大概、恐怕。

近思录卷之四

存养

凡七十条

4·1　或问：圣可学乎？濂溪先生曰：可。有要乎？曰：有。请问焉。曰：一为要。一者，无欲也。无欲则静虚动直。静虚则明，明则通；动直则公，公则溥①。明通公溥，庶矣乎！

【译文】

　　有人问：圣人可以学习吗？周敦颐先生回答说：可以。有要领吗？周敦颐先生回答说：有。请问这个要领是什么？周敦颐先生回答说：纯一就是要领。纯一就是无欲。无欲就会使本心静虚，纯一之念动会表现为正直。内心静虚而心就无障蔽，自然就明于事理，明于事理就会通达；动直而心无偏颇，自然就公，公就无偏无邪。明于事理、做事通达，又出于周遍天下的公心，大概就差不多了。

【注释】

①　此条出《周子通书·圣学第二十》。"一为要"等八句：叶采《集解》谓："一者，纯一而不杂也。湛然无欲，心乃纯一。静而所存者一，人欲消尽故虚，虚则生明，而能通天下之理。动而所存者一，天理流行故直，直则大公，而能周天下之务。动静惟一，明通公溥，庶几作圣之功用。"在周敦颐看来，因为人性本善，故人本身心中是无私欲的，此即"静虚"，内心无欲则心如明镜，那么此时则能客观反映面对之客观对象，而落实在行动上就是"动直"。溥（pǔ）：广大、普遍。

4·2　伊川先生曰：阳始生甚微①，安静而后能长。故《复》之象曰："先王以至日闭关。"②

【译文】

程颐先生说：一阳刚刚开始生成，力量很弱小，只能在安宁的环境下才能生长。因此《复卦》之《象辞》说："先王在冬至之日，关闭城门。"

【注释】

①　此条出《周易程氏传》卷二《复传》，阐释《复卦》象义。始生甚微：《复卦》卦象为☷☳，五阴一阳，一阳生于下，力量微小。

②　至日闭关：《朱子语类》卷七一："《大象》所谓'至日闭关'者，正是于已动之后，要以安静养之。盖一阳初复，阳气甚微，劳动他不得。故当安静以养微阳。如人善端初萌，正欲静以养之，方能盛大。"至日：冬至之日。闭关：指闭道路之关，使商旅不行。

4·3　动息节宣^①，以养生也；饮食衣服，以养形也；成仪行义，以养德也；推己及物，以养人也。

【译文】

动静适宜、调适气息，用来养生；合理饮食、四时更衣，用来养形；形貌庄严，做事合义，用来养德；用自己的心意、行为推及他人他物，用来养人。

【注释】

①　此条出《周易程氏传》卷二《颐传》，释《颐·彖传》意。《颐卦》，《震》下《艮》上▤，外实内虚，上止下动，故为《颐》之象而以养义。动息节宣：张伯行《集解》云："动息节宣之际，血脉周流，无呴瘁郁滞之病，岂非所以养生？饮食衣服，口体安适，无饥饱寒暑之伤，岂非所以养形？威仪著于容貌，不刚不柔，而具中和之象；行义见于事业，无过不及，而合礼义之宜，岂非所以养德？己有所欲，推以及物，则立俱立，达俱达，有痛痒之关；己有所恶，推以及物，则不伤财，不害民，有搏节之道，岂非所以养人？"节宣：节制、调适气，使其不散漫，不壅闭。节：节制。宣：发畅也，显露、宣泄、散漫意。

4·4　"慎言语"以养其德，"节饮食"以养其体。事之至近而所系至大者，莫过于言语、饮食也。^①

【译文】

"说话谨慎"是为了存养自己的德行，"节制饮食"是为了护养自己的身体。所有事情当中与自己最贴近而又关系死生之道的，没有比言语和饮食更重要的了。

【注释】

①　此条出《周易程氏传》卷二《颐传》，为程颐对《颐卦》之《象辞》"君子以慎言语，节饮食"的解释。杨伯嵒原注云："《颐》之《象》曰：'山下有雷，颐。君子以慎言语，节饮食。'"言语不慎则败德，饮食无度则败身。

4·5　"震惊百里，不丧匕鬯。"①临大震惧，能安而不自失者，惟诚敬而已，此处震之道也。

【译文】

《震卦》卦辞说"（巨雷猝响）震惊百里，主祭者神态自若，手执匕鬯之器而不失。"面临大灾难大恐惧，能够处之泰然而不慌乱的人，唯一的原因是他们内心诚敬，这是应对患难惊惧的方法。

【注释】

①　此条出《周易程氏传》卷四《震传》。"震惊百里，不丧匕鬯"：语出《震卦》："亨。震来虩虩，笑言哑哑；震惊百里，不丧匕鬯。"虩虩：谓打哆嗦，害怕貌。匕：勺、匙之类的取食用具。鬯（chàng）：用黑黍与香草酿成的酒。叶采《集解》云："雷震惊百里可谓震矣。而奉祀者不失其匕鬯，诚敬尽于祀事，则虽震而不为惊也。是知君子当大患难、大恐惧，

处之安而不自失者,惟存诚笃至,中有所主,则威震不足以动之矣。"

4·6　人之所以不能安其止者,动于欲也。欲牵于前而求其止,不可得也①。故艮之道,当"艮其背。"②所见者在前,而背乃背之,是所不见也。止于所不见,则无欲以乱其心,而止乃安。"不获其身",不见其身也,谓忘我也③。无我则止矣,不能无我,无可止之道。"行其庭,不见其人。"④庭除之间至近也,在背则虽至近不见,谓不交于物也。外物不接,内欲不萌,如是而止,乃得止之道,于止为无咎也。

【译文】

人之所以不能安然于止在应当止的原因,就是由于欲望的冲动。欲望受到面前外物的牵引,而又要停止欲求,是不可能办到的。因此,《艮卦》所讲的方法是:"背对外物的诱惑。"人看见的东西在前面,但以背背对它,这样就看不见了。人止于看不见的东西,那么,就没有所谓欲望来惑乱你的内心,因此而止就宁静安详。《艮卦》所谓"不获其身"是看不到自身,可谓是一种忘我境界。人能做到无我,就必然止于所当止;不能做到无我,就没有止于所当止的方法了。"行其庭,不见其人。"这句话是说庭与台阶之间距离非常近,但如果以背背对它,虽然非常近,也看不见。因此说是不与外物交往。不与外物交接,内心的欲望就不会萌发,像这样所达到的止,才是真正获得了止的方法,对于这种止来说,它就是无害的。

【注释】

①　此条出《周易程氏传》卷四《艮传》，释《艮卦》彖辞。艮，六十四卦卦名之一，䷳，《艮》上《艮》下。《易·序卦》："艮者，止也。"《艮》以一阳止于二阴之上，有止于极而不进之意，故为止人之所当止者。

②　艮其背：语出《艮卦》卦辞："艮其背，不获其身。行其庭，不见其人。无咎。"意谓背对背。张伯行《集解》云："背之为言背也，物欲之来，我无从而见之。止于其所不见、则冲漠无朕，一理浑然，以不动为众动之本，此心清明纯一，无人欲之乱，而后乃安于所当止之地，而不迁矣。此'艮其背'之义也。"冲漠无朕：谓空寂无形。宋明理学家用以描述无极、太极，也即天地未判时宇宙之原始状态。

③　"不获其身"等三句：出处见上条《艮卦》卦辞。言人的情感欲望源于肉身，人的行为止于当止即是无欲，无欲即理控制欲，结果是人只见天理不见肉身之所欲，故曰"不获其身"，不见其身也。张伯行《集解》云："何谓'不获其身'？身者，情欲嗜好所由生。是人因身而有欲，止于当止之地则无欲。无欲则只见理而不见其身之所欲，故曰'不获其身'。是之谓内不见己，而忘我之私者也。忘我之私，则理常存而止矣。苟不能无我之私，'憧憧往来，朋从尔思'，无可止之道也。此'不获其身'之义也。"

④　"行其庭，不见其人"：出处见上条《艮卦》卦辞。张伯行《集解》曰："何谓'行其庭，不见其人'？庭除至近，而未尝无纷华利欲之集，是为有人之地矣。见其身斯见其人，在背而不见其身，则虽至近之处，人之纷华利欲，交集当前而亦不见。是之谓外不见人，而不与物欲交也。此'行其庭，不见其人'之义也。"

4·7　明道先生曰：若不能存养，只是说话。①

【译文】

程颢先生说：（读书治学的）人如果不能存心养性，那就只能是空口谈论而已。

【注释】

①此条出《河南程氏遗书》卷一《端伯传师说》。张伯行《集解》谓："存养者，存其心、养其性也。存谓操而不舍，养谓顺而无害。学问之道，固在致知，然非操存涵养，使其讲习之义理实有以得于己，则所知者只为口耳之资，岂非只是说话乎？"

4·8　圣贤千言万语，只是欲人将已放之心①，约之使反复入身来②，自能寻向上去，"下学而上达"也③。

【译文】

圣贤告诫学人的话有千言万语，（但其中最重要的）只是想要学人把已经放纵的心加以约束，使它返回到身中，这样，自然就能不断进步向上，即孔子所说的"下学人事，上达天理"。

【注释】

①此条出《河南程氏遗书》卷一《端伯传师说》。已放之心：已经放纵的心。语出《孟子·告子上》："学问之道无他，求其放心而已矣。"放：放纵、放任。

② 约：约束、检束收敛也。

③ 下学而上达：见《论语·宪问》："子曰：不怨天，不尤人，下学而上达。"下学而上达，即下学人情事理，上则了解自然法则（即天理）。

4·9　李吁问①：每常遇事，即能知操存之意。无事时，如何存养得熟？曰：古之人，耳之于乐，目之于礼，左右起居，盘盂几杖，有铭有戒，动息皆有所养②。今皆废此，独有理义之养心耳。但存此涵养，意久则自熟矣。"敬以直内"，是涵养意。

【译文】

李吁问：我平常每每遭遇事情时，就知道怎样去执持和保存心志。但没有遭遇事情时，该如何存养心志，育养德行，并使之日趋成熟呢？程颢回答说：古时候的人，用耳朵听音乐，用眼睛观礼仪，饮食起居，乃至日常生活中如盘盂几杖（这些最细微平凡的小事），都有铭文规定，都有戒律限制，一动一息都可以育养自己的德行。如今这些规矩都废弃了，只有依靠其中蕴含的义理育养本心了。但只要你内心保持义理涵养的意识，这种意识久而久之自然就会使自己成熟起来。《坤》之《文言》说："君子唯有恪守恭敬，来达到内心思想纯正"，说的就是自觉保持义理涵养的意识。

【注释】

① 此条出《河南程氏遗书》卷一《端伯传师说》。李吁：字端伯，世

称缑山先生,洛阳缑氏（今洛阳偃师）人。程子门人,尝记二程语为《师说》一编。

②"盘盂几杖,有铭有戒":盘:沐浴之盘。盂:饮器。王通《文中子·礼乐》:"刻于盘盂,勒于几杖。"

4·10　吕与叔尝言:患思虑多,不能驱除。曰:此正如破屋中御寇,东面一人来未逐得,西面又一人至矣。左右前后,驱逐不暇,盖其四面空疏,盗固易入,无缘作得主定。又如虚器入水,水自然入。若以一器实之以水,置之水中,水何能入来? 盖中有主则实,实则外患不能入,自然无事。①

【译文】

吕大临曾说:我担心自己的私心杂念太多,不能够排除。程颢说:这种情况,正像在破房子中防御盗贼一样,从东面来的盗贼还未驱逐,西面又来了一个盗贼。左右前后（都有盗贼）,让你驱逐不及。原因是由于房屋四面都是空的,盗贼自然容易进来,让你顾此失彼,无法做主对付（任何一方）。又比如空的容器放入水中,水自然就注入容器之中。如果把一个注满水的容器放置水中,水如何能进入容器中呢? 因此,人心中有主就自然坚实,心中坚实那么外在的忧虑就不能进入内心,内心就自然平静无事。

【注释】

①此条出《河南程氏遗书》卷一《端伯传师说》。茅星来《集注》云:

“朱子曰：‘李先生尝言：心中恶念却易制伏，惟闲杂思虑乍往乍来，相续不断，难为驱除耳。’”张伯行《集解》谓：“此言人心中有主，则思虑自静，否则日事驱除而有所不能也。”“所患思虑之多者，以闲思杂虑，憧憧往来耳。但言驱除，则是日与外物为敌，费尽气力，思所以攻之之方，未得所以守之之本，故程子以破屋御寇、虚器入水喻之。破屋、虚器，犹言心中之无主；寇来、水入，犹言思虑之多事。”吕大临（1040—1092），字与叔，蓝田人。初，张载倡道于关中，寂寥无有和者。临兄大钧与横渠本为同年友，但心悦而好之，遂执弟子礼，于是学者靡然知所趋向，并形成“关学之盛，不下洛学”的局面。后大临投二程之门求学，其曾记录汇集二程语录，著成《东见录》，对后世学者研究“洛学”提供了很多难得的第一手资料。吕大临与谢良佐、游酢、杨时号称程门“四先生”。

4·11　邢和叔言①：“吾曹常须爱养精力。精力稍不足则倦，所临事皆勉强而无诚意。”接宾客语言尚可见，况临大事乎？

【译文】

邢恕说：“我们常常应该爱惜、保养自己的精力，精力稍有不足就会困倦，当面临事情的时候只能勉强应付显得没有诚意。”接人待物言谈应对尚且如此，更何况遭遇重大事情呢？

【注释】

①此条出《河南程氏遗书》卷一《端伯传师说》。邢和叔，名恕，字和叔，郑州阳武人，二程门人。恕喜功名，性猜疑狡猾，曾趋附交结蔡确、

章惇、黄履,陷害多人,人称四凶。李文炤《集解》谓:"和叔非能立诚者,程子乃不以人废言耳。"茅星来《集注》云:"此程子述邢恕之言如此,亦不以人废言也。倦,以气而言。无诚意,以心而言。接宾客,就其事之最近者言之。言语言之间,尚可见其倦与无诚意也。"

4·12　明道先生曰:学者全体此心①,学虽未尽,若事物之来,不可不应,但随分限应之②,虽不中不远矣。

【译文】

程颢先生说:学者要主宰和保全自己至善的本心,(若能如此)尽管学问可能还没有能够穷尽事物的所有道理,而如果事情事物纷至沓来,就不能不去应对处理,但只能依据自己的学力所能达到的程度去应对和处理它,(这样做)虽然不一定都完全符合事物的道理,但也相去不远了。

【注释】

①此条出《河南程氏遗书》卷二上《元丰己未吕与叔东见二先生语》。全体此心:叶采《集解》谓:"体,犹体干。全体,谓全主宰。"《朱子语类》卷九六:"学者全体此心,不为私欲汩没,非是更有一心能体此心也。"

②随分限应之:随自己力量所到而应之。

4·13　"居处恭,执事敬,与人忠"①,此是彻上彻下语②,圣人元无二语。

【译文】

　　孔子说："日常起居态度端正庄严,担任工作敬慎认真,与别人交往忠心诚意。"这就是从开始治学到成就德行始终都应遵循的话,圣人原本就没有另外与此不同的话。

【注释】

　　①此条出《河南程氏遗书》卷二上《元丰己未吕与叔东见二先生语》。"居处恭"等三句:语出《论语·子路》:"樊迟问仁。子曰:'居处恭,执事敬,与人忠。虽之夷狄,不可弃也。'"张伯行《集解》谓:"此程子发明《论语》所言之意也。恭、敬、忠只是一心,随时而异其名。"

　　②彻上彻下:茅星来《集注》解曰:"彻上彻下,言自始学以至成德皆不外此,但有勉强自然之异耳。"

　　4·14　伊川先生曰:学者须敬守此心,不可急迫,当栽培深厚,涵泳于其间,然后可以自得。但急迫求之,只是私己,终不足以达道。①

【译文】

　　程颐先生说:学者必须以恭敬的态度守持本心,不能急迫地去求道,应当涵养持守义理来培育自己,使自己日益深厚起来,同时不断地深入体会自己的涵养持守过程,这样之后,就可以自然而然地有所收获。但如果急迫地去求道求成,那就只是私欲作怪,最终也不能够达到圣人天道的境界。

【注释】

　　① 此条出《河南程氏遗书》卷二上《元丰己未吕与叔东见二先生语》。《朱子语类》卷一二："朱子曰：'学者须敬守此心，不可急迫，当栽培深厚。'栽，只如种得一物在此。但涵养持守之功继继不已，是谓栽培深厚。如此而优游涵泳于其间，则浃洽而有以自得矣。苟急迫求之，则此心已自躁迫纷乱，只是私己而已，终不能优游涵泳以达于道。"

　　4·15　明道先生曰："思无邪。"① "毋不敬。"② 只此二句，循而行之，安得有差？ 有差者，皆由不敬不正也。

【译文】

　　程颢先生说："思想无邪意，心归纯正。""行为无不恭敬。"只是遵循这两句话去行动，怎么会有偏差？ 如果有偏差，都是由于不恭敬不纯正（引起的）。

【注释】

　　① 此条出《河南程氏遗书》卷二上《元丰己未吕与叔东见二先生语》。思无邪：语出《诗·鲁颂·駉》"思无邪，思马斯徂。"郑玄笺："思遵伯禽之法，专之无复邪意也。"《论语·为政》："《诗》三百，一言以蔽之，曰：思无邪。"邢昺疏："为政之道，在于去邪归正。"李文炤《集解》谓："《诗·鲁颂》曰'思无邪'，言此心之常存也。"

　　② 毋不敬：语出《礼记·曲礼上》："毋不敬，俨若思，安定辞。"杨伯峻原注云："《经礼》三百，《曲礼》三千，一言以蔽之，曰'毋不敬'。"李文炤《集解》谓："《曲礼》曰'毋不敬'，言此心之有主也。发于行事

安得有差乎！”

4·16　今学者敬而不见得，又不安者，只是心生，亦是太以敬来做事得重，此“恭而无礼则劳”也[①]。恭者，私为恭之恭也。礼者，非体之礼，是自然底道理也。只恭而不为自然底道理，故不自在也，须是“恭而安。”[②]今容貌必端，言语必正者，非是道独善其身[③]，要人道如何，只是天理合如此，本无私意，只是个循理而已。

【译文】

现在的学者之所以内心持敬而又不能达到优游自得的境界，而又为此内心不安的原因，大概是敬存于内心还生（而未到纯熟的程度），同时也是因为把以敬来做事看得太过，这种情况就是孔子所说的“注重容貌态度的端正而不知礼的本质，就会劳倦。”这种恭敬，即是出于矫饰，为恭敬而恭敬。我们所说的礼，其本质并不是升降揖让之类有形有象的东西，而是自然而然的道理。只在表面上恭敬而不遵循自然的道理去做，因而就会感到不自在。所以，恭敬必须是合于自然安顺的“庄严而安详”。我们现在强调容貌必须做到端正，说话必须做到公正，并不是说我要独善其身，也不是为了要人们评说如何如何，只是天理本该如此，本来就没有私心杂念，无非只是遵循天理行动罢了。

【注释】

①　此条出《河南程氏遗书》卷二上《元丰己未吕与叔东见二先生

语》。恭而无礼则劳:语出《论语·泰伯》:"子曰:'恭而无礼则劳,慎而无礼则葸,勇而无礼则乱,直而无礼则绞。君子笃于亲,则民兴于仁,故旧不遗,则民不偷。"此处"礼",指礼的本质。葸(xǐ),胆怯,害怕。

②恭而安:谓庄严而安详。语出《论语·述而》:"子温而厉,威而不猛,恭而安。"

③独善其身:《孟子·尽心上》:"穷则独善其身,达则兼善天下。"

4·17　今志于义理,而心不安乐者,何也? 此则正是剩一个"助之长。"① 虽则心"操之则存,舍之则亡。"② 然而持之太甚,便是"必有事焉"而正之也 ③。亦须且恁去 ④,如此者只是德孤。"德不孤,必有邻。"⑤ 到德盛后,自无窒碍,左右逢其原也 ⑥。

【译文】

现在立志于追求义理的人,其心灵却并不安乐,是为什么呢? 这就正是心里剩有一个孟子所说的"揠苗助长"的毛病。虽然我们说是,"抓住心,心就存在;放弃心,心就不存在。"然而如果抓得太紧太过,就是执意要使自己所做的事收到预期的效果。因此,我们必须节节去做,不能持之太过,便放下手,抛弃"助长"之害且持守下去。像这样所犯"助长"的错误,乃是因为自己缺少高远的德行,因此感到孤单所致。孔子说:"有道德的人是不会孤单的,一定会有志向相同的人和其相伴。"(一个人通过修养)道德达到博大的境界后,一切都自然无任何窒碍了,正如孟子所说的左右逢源了。

【注释】

① 此条出《河南程氏遗书》卷二上《元丰己未吕与叔东见二先生语》。助之长：《孟子·公孙丑上》："助之长者，揠苗者也，非徒无益，而又害之。"张伯行《集解》曰："此为助长者戒也。义理足以养心，人患无志，何患不安乐？今有志焉而于心不安乐者，此无他故，正孟子所谓'助长'之害。盖见识分明，涵养纯熟之后，此心便自会安乐。若无真实积累功用，而遽有求安乐之心，则只剩一个助长也。"

② "操之则存，舍之则亡"：语出《孟子·告子上》："孔子曰：'操则存，舍则亡，出入无时，莫知其乡，'惟心之谓与？"操：抓住，抓紧。

③ "然而持之太甚，便是'必有事焉'而正之也"：张伯行《集解》谓："虽心要操不要舍，然而频频提醒便是操之之法。若持之太甚，不得安闲自在，一心方为其事，一心预期其效，则非所以操之之法，便是'必有事焉'而正之，正之则比助长矣。凡志于义理者，须是恁地节节做，自能寻向上去，勿持之太甚，以致助长之害也。"必有事焉而正之：执意做某事，并一心期望达到预期的结果。《孟子·公孙丑上》："必有事焉，而勿正。"正：朱熹引《公羊传》注："正，预期也。"

④ 恁去：茅星来《集注》解云："恁，如此也，指上'持'字而言。言不可以持之太甚，便放下手，亦须且如此持守去也。"

⑤ "德不孤，必有邻"：张习孔《传》谓："'德不孤'，从《易》'敬义立而德不孤'来。'必有邻'者，敬义立而交养互益，众善来会。非《论语》之'必有邻'也。"孤：谓所得孤单，别无所有。

⑥ 左右逢其原：《孟子·离娄下》："资之深，则取之左右逢其原。"原：同"源"。

4·18　敬而无失，便是"喜怒哀乐未发谓之中。"[1] 敬不可谓中，但敬而无失，即所以中也[2]。

【译文】

能持守敬而无间断，便就是"心中有喜怒哀乐而没有表现出来的'中'"。"敬"不能称为"中"，但如果能够做到持守"敬"而不间断，即是达到"中"的原因。

【注释】

[1] 此条出《河南程氏遗书》卷二上《元丰己未吕与叔东见二先生语》。敬而无失：《朱子语类》卷四二："问：'敬而无失'。曰：把握不定，便是失。"喜怒哀乐未发谓之中：意思是心里有喜怒哀乐却不表现出来，被称作中。语出《礼记·中庸》："喜怒哀乐之未发谓之中，发而皆中节，谓之和；中也者，天下之大本也；和也者，天下之达道也。致中和，天地位焉，万物育焉。"

[2] 即所以中：茅星来《集注》谓："敬则此心常浑然在中作主宰，自不为事物所扰乱，故云'即所以中'。"

4·19　司马子微尝作《坐忘论》，是所谓坐驰也。[1]

【译文】

司马承祯曾经写了《坐忘论》一书，（其"坐忘"）其实是人们说的坐而心驰。

【注释】

　　① 此条出《河南程氏遗书》卷二上《元丰己未吕与叔东见二先生语》。司马子微（655—735）：即唐代道士司马承祯，字子微，号白云子，河内温县（今属河南）人。从嵩山道士潘师正受传符篆和辟谷、导引、服饵等方术，唐天宝中隐居天台山之赤城。尝著《坐忘论》共八篇，言清净无为、坐忘遗照之道。《朱子语类》卷九六："朱子曰：司马子微《坐忘论》，是所谓坐驰也。他只是要得恁地虚敬都无事，但只管要得忘便不忘，是驰也。"谓有意于坐忘，即是坐弛。

　　4·20　伯淳昔在长安仓中闲坐，见长廊柱，以意数之，己尚不疑。再数之不合，不免令人一一声言数之，乃与初数者无差。则知越著心把捉越不定 ①。

【译文】

　　程颢过去有一次在长安仓库里闲坐，看见长廊的柱子，就随意数了一下，自己并没有什么疑问。第二次再数时却与第一次不相合，免不了又让人一一数出声来，却又与第一次数的没有差别。那么，程颢就得到启发：凡事越是执意用心把握，就越把握不住。

【注释】

　　① 此条出《河南程氏遗书》卷二上《元丰己未吕与叔东见二先生语》。越著心把捉越不定：叶采《集解》谓："著意把捉，则心已为之动，故愈差。"著心：用心。把捉：把握、抓住。

4·21　　人心作主不定，正如一个翻车^①，流转动摇，无须臾停。所感万端，若不做一个主，怎生奈何？张天祺尝言^②："自约数年，自上着床，便不得思量事。"不思量事后，须强把他这心来制缚，亦须寄寓在一个形象，皆非自然。君实自谓^③："吾得术矣，只管念个中字。"此又为中所系缚，且中字亦何形象？有人胸中常若有两人焉：欲为善，如有恶以为之间；欲为不善，又若有羞恶之心者。本无二人，此正交战之验也。持其志，使气不能乱，此大可验。要之圣贤必不害心疾。

【译文】

人内心没有主宰而心神不定，正如一个水车，以水流做动力而摇晃流转，一刻也不能停息。人感受的事物现象纷纭万端，倘若无内在精神主宰，怎么会有办法心安呢？张戬曾说："自从多年以来，我自己约定，从一上床休息开始就不再思考任何事情。"不思考任何事情之后，就必须强制性地把他的这个内心控制住，或者也必须把这个内心寄寓在一个有形体的东西上。显然，（这种人为的强制手段）都不是出于自然。司马光自己曾说："我有保持心定的方法，即不停地念一个'中'字。"但是，这种方法又是被"中"所束缚，况且，"中"有什么形体可言呢？有的人胸中常常似乎有两个人同时存在：想为善，但就像又有邪念出来离间；想为恶，但就像又有羞恶感出来阻止。实际上（一个人就是一个人）胸中本来就没有两个人，正是（人心神不定）处于善恶是非冲突之中的证明。只要守持自己的志向，让任何外

在纷繁的东西都不能对内心造成干扰,这一点,是完全可以得到
验证的。总起来说:圣贤(由于顺乎本心之自然)一定不会为
心意动摇这样的心病所伤害。

【注释】

①此条出《河南程氏遗书》卷二下《附东见录后》。翻车:茅星来《集
注》解云:"翻车,今农家所用以引水溉田者也。按,《后汉书》:灵帝使
掖庭令毕岚作翻车渴乌,施于桥西,用洒南北郊路,以为可省百姓洒道之
费。又鱼豢《魏略》:明帝时博士扶风马钧为园,以无水灌溉,乃作翻车,
令儿童转之引水。盖今水车所自始也。又《尔雅·释器》篇:'繴谓之罿,
罿谓之罬。罬谓之罦,覆车也。'郭璞云:'今之翻车也,有两辕,中施罥以捕
鸟。'然则翻车固有二,今观所言'流转动摇,无须臾停'云云,则是谓水
车也。此极言作主不定之病。"

②张戬(1030—1076),字天祺,陕西眉县人,张载弟,宋熙宁进士,
与兄张载有"关中二张"之称。

③司马光(1009—1086),字君实,陕州夏县(今属山西)涑水乡
人,宝元进士。为北宋大臣,史学家。有《资治通鉴》等。

4·22　明道先生曰:某写字时甚敬,非是要字好,只
此是学。①

【译文】

程颢先生说:我写字时极为恭敬,(这样做)并不是为了要
把字写好,只是因为写字是学习。

【注释】

①此条出《河南程氏遗书》卷三《谢显道记忆平日语》。李文炤《集解》谓："要字好者,固为人之学,然任意以写之,则心亦不免于放也。君子主敬之学,无适而不然如此。朱子曰:'《书字铭》曰:握管濡毫,伸纸行墨,一在其中。点点画画,放意则荒,取妍则惑。必有事焉,神明厥德。'"

4·23　伊川先生曰:圣人不记事,所以常记得。今人忘事,以其记事。不能记事,处事不精,皆出于养之不完固。①

【译文】

程颐先生说:圣人(其心虚明)无心记事,因此常常记得事情。现在的人往往忘记事情,是因为著心强记(大量的事情横亘在心中,其心纷扰,愈不能记)。不能记住事情,处理事情就不精明,这都是由于不能养心并使之完备和稳固造成的。

【注释】

①此条出《河南程氏遗书》卷三《谢显道记忆平日语》。张伯行《集解》曰:"此言心贵涵养。盖心者,神明之舍,虚则明,明则通。圣人胸中不著一物,无心记事,所以虚而能受,常能记事。今人遇事便横著心中,物而不化,是先有事以窒之,所以昏滞不通,不能记事。然则事已往而记之不真者,固由不能养其心;事方来而处之不精者,亦由不能养其心也。"完固:完备而稳固。

4·24　明道先生在澶州日,修桥少一长梁,曾博求之民间。后因出入,见林木之佳者,必起计度之心,因语以戒学者:心不可有一事。①

【译文】

程颢先生在澶州任职时,因修桥缺少一根长梁,曾经在民间广泛征寻。后来他因公事出入州境,看见树林中长得好的树,一定会有去量一量的想法。程颢由这件事告诫学者说:人的心中不可有一件事情阻滞。

【注释】

① 此条出《河南程氏遗书》卷三《谢显道记忆平日语》。澶州,北宋时州名,治所在今濮阳市(今属河南)附近。程颢曾任澶州签书判官。李文炤《集解》云:"度,入声。或问:'凡事须思而后通,安可谓心不可有一事?'朱子曰:'事如何不思? 但事过则不留于心可也。明道肚里有一条梁,不知今人有几条梁在肚里。'"

4·25　伊川先生曰:入道莫如敬,未有能致知而不在敬者①。今人主心不定,视心如寇贼而不可制,不是事累心,乃是心累事,当知天下无一物是合少得者,不可恶也。②

【译文】

程颐先生说:学习和获得圣人之道没有比持敬存心更重要

的了,没有能格物致知而不持敬存心的人。现在的人内心没有主宰、心神不定,把心看成是像寇贼一样不可控制的东西,这样不是事情累心,而是心累事。我们应当明白,天下的任何事情,没有一样是不应该存在的,不必厌恶它们。

【注释】

①　此条出《河南程氏遗书》卷三《谢显道记忆平日语》。"入道莫如敬,未有能致知而不在敬者":李文炤《集解》谓:"朱子曰:'敬则心存,心存则理具于此而得失可验,故曰未有致知而不在敬者。'又曰:'欲应事先须穷理,而欲穷理又须养得心地本原虚静明澈,方能察见几微,剖析繁乱,而无所差错。若只终日驰骛,何缘见得事理分明?程子所谓学莫先于致知,又谓未有致知而不在敬,正谓此也。'"

②　"今人主心不定"等六句:茅星来《集注》云:"此节申明不可不敬之意。主心,所以为心之主宰者也。累,系累也。物,即事也。无一物是合少得者,则当即物以穷其理,而顺其理之所当然以应之,不可恶其为心之累,而欲一切屏弃之也。'恶'字,应上'视心如寇贼而不可制'之意而言。"合:应当。恶:厌恶。

4·26　人只有一个天理,却不能存得,更做甚人也。^①

【译文】

人只有一个天生禀赋的天理,却不能把天理存守心中保持,还配做什么人呢。

【注释】

①此条出《河南程氏遗书》卷一八《刘元承手编》。张伯行《集解》云："合生下来无别物，只是所得于天之正理与生俱来，却自不能存得，则其违禽兽不远矣。故曰'更做甚人也'。"

4·27　人多思虑，不能自宁，只是做他心主不定。要作得心主定，惟是止于事。"为人君止于仁"之类①，如舜之诛四凶②，四凶已作恶，舜从而诛之，舜何与焉③？人不止于事，只是揽他事，不能使物各付物。物各付物，则是役物；为物所役，则是役于物④。"有物必有则"，须是止于事。

【译文】

人思虑过多，不能安宁自如，其原因在于心无主宰而不定。要使得心里有个确定的主宰，只是要把心限定在止于所当止的事情上。如同《大学》所言"作为国君，应该做到止于仁所当止"等等这类说法。例如舜帝讨伐共工、驩兜、三苗、鲧四位罪人，这四人已经作恶，舜因此流放或诛杀了他们，这其中与舜帝的私念有何关系呢？（舜只是做了应该做的事，无任何私念掺杂其间）。人不做应该做的事，只是揽不必做、不可做、不宜做的事，就不能使事物各归其所。做事能让事物各归其所，是人控制物。做事被事物控制，就是物控制人。"有存在的事物，就有事物存在的道理。"因此，必须是止于应该做就做的事。

【注释】

①　此条出《河南程氏遗书》卷一五《入关语录》。为人君止于仁：语出《礼记·大学》："为人君止于仁；为人臣止于敬；为人子止于孝；为人父止于慈；与国人交，止于信。"张伯行《集解》谓："凡事莫不各有所当止之地，随其所当止者，我从而止之，不虚于事之中，不溢于事之外，如《大学》言'为人君止于仁'之类。仁者，君之所当止也，止于仁则止于为君之事矣。"

②　四凶：指舜流放的四族首领共工、驩兜、三苗、鲧。《尚书·尧典》："流共工于幽州，放驩兜于崇山，窜三苗于三危，殛鲧于羽山，四罪而天下咸服。"殛：杀死。

③　与（yù）：关连。何与，反问，不与也，意谓没有私念。

④　"物各付物"等四句：李文炤《集解》云："役，犹使也。物各付物，则物听命于我，是役物也。为物所役，则我听命于物，是役于物。则，即事之理，止之斯曲当矣。"

4·28　　不能动人，只是诚不至。于事厌倦，皆是无诚处。①

【译文】

不能使人感动，只是因为自己真诚的程度没有达到。对于事情感到厌倦，都是因为缺少诚意的表现。

【注释】

①　此条出《河南程氏遗书》卷五《二先生语五》。叶采《集解》云：

“诚实恳至，则人无不感。遇事有一毫厌倦之意，则是不诚。”

4·29　静后见万物，自然皆有春意①。

【译文】

以平和宁静的心情观察天地万物，万物自然都展现出春天般的勃勃生机。

【注释】

①此条出《河南程氏遗书》卷六《二先生语六》。春意：指万物生生之机也。

4·30　孔子言仁，只说“出门如见大宾，使民如承大祭。”①看其气象，便须“心广体胖”，“动容周旋中礼”自然。惟慎独便是守之之法②。圣人“修己以敬”，“以安百姓”③，“笃恭而天下平。”④惟上下一于恭敬，则天地自位，万物自育⑤，气无不和，四灵何有不至⑥，此“体信达顺”之道⑦。聪明睿知皆由是出，以此事天飨帝⑧。

【译文】

孔子谈到仁，只说“出门做事如同接待贵宾一样，使唤老百姓如同承奉重大祭祀一样。”观察其气象，就应该是“心胸宽广”、“内心安适，举止、体貌，待人接物安详自然”，都符合自然之礼。而惟有慎独，是守持仁的方法。圣人“以恭敬的态度修养自己”，“从而使老百姓都得到安乐”，“忠厚谦恭而使天下太平”。只有上下的人都统一在恭敬上，那么天地就自立其位、万物就自然孕育，阴阳二气无不和谐，龙、凤、龟、麒麟四种精灵咸集毕至，这就是“体察恭敬诚信，从而使天地万物达到和谐顺畅”的道理。人的聪明智慧，都源于恭敬，只有用恭敬才能事奉天理、祭祀上帝。

【注释】

①　此条出《河南程氏遗书》卷六《二先生语六》。“出门如见大宾，使民如承大祭”：语出《论语·颜渊》：“仲弓问仁。子曰：‘出门如见大宾，使民如承大祭。己所不欲，勿施于人。在邦无怨，在家无怨。’仲弓曰：‘雍虽不敏，请事斯语矣！’”大宾：周王朝对来朝觐的要服以内诸侯的尊称，此处指国宾、贵宾。大祭：古代重大祭祀活动，包括天地之祭、禘袷之祭等。

②　心广体胖（pán）：语出《礼记·大学》：“富润屋，德润身，心广体胖。”叶采《集解》谓：“胖，安适也。”动容周旋中礼：谓动作容貌无不合于礼。语出《孟子·尽心下》：“动容周旋中礼者，盛德之至也。”慎独：意谓独处无人注意时，自己的行为也要谨慎不苟。《礼记·中庸》：“莫见乎隐，莫显乎微，故君子慎其独也。”郑玄注：“慎独者，慎其闲居之所为。”

③　“修己以敬，以安百姓”：语出《论语·宪问》：“子路问君子。子曰：‘修己以敬。’曰：‘如斯而已乎？’曰：‘修己以安百姓。’”

④　笃恭而天下平：语出《礼记·中庸》：“《诗》曰：‘不显惟德，百辟其刑之。’故君子笃恭而天下平。”

⑤ "天地自位，万物自育"：语出《礼记·中庸》："致中和，天地位焉，万物育焉。"

⑥ 四灵：指龙、凤、龟、麒麟。《礼记·礼运》："何谓四灵？麟、凤、龟、龙，谓之四灵。"

⑦ 体信达顺：语出《礼记·礼运》："先王能修礼以达义，体顺以达信，故此顺之实也。"《朱子语类》卷四四："'体信' 是忠，'达顺' 是恕。'体信' 是无一毫之伪，'达顺' 是发皆中节，无一物不得其所。"朱熹说："信是实理，顺是和气。"

⑧ 飨（xiǎng）：祭献。

4·31　存养熟后①，泰然行将去，便有进。

【译文】

保存本心，培养善性达到纯熟状态后，从容和自如地付诸实践，便会感到（在学问上）有了进步。

【注释】

① 此条出《河南程氏遗书》卷六《二先生语六》。存养：为"存心养性"的省略。意为保存本心，培养善性。儒家的一种修养方法。

4·32　不愧屋漏，则心安而体舒。①

【译文】

在暗室中做事也不会有愧疚感，那么自然心底安宁，体貌舒适。

【注释】

①　此条出《河南程氏遗书》卷六《二先生语六》。不愧屋漏：参见 2·89 条注 ⑫。叶采《集解》云："屋漏者，室之西北隅，谓隐暗之地也。隐暗之地自反无愧，则心安体舒。此谨独之效。"

4·33　心要在腔子里。①

【译文】

心（不能为物欲牵引，四处游荡）要放在自己的身子里。

【注释】

①　此条出《河南程氏遗书》卷七《二先生语七》。张伯行《集解》谓："此言心之不可放也。腔子，犹言身子。"江永《集注》："问：'心要在腔子里，莫只是不放却否？'朱子曰：'得之。人心终日放在那里去，得几时在这里？孟子所以只管教人求放心。'问：'心如何得在腔子里？'曰：'敬便在腔子里。'"

4·34　只外面有些隙罅，便走了。①

【译文】

只要外面稍有缝隙，心便随之纵逸奔驰以去（而不在腔子里了）。

【注释】

①此条出《河南程氏遗书》卷七《二先生语七》。张伯行《集解》谓："心不可放，而放之最易，只外面有些隙罅，便纵逸奔驰而不可羁。"隙罅（xià）：缝隙。外面有隙：言耳目口鼻等之欲有徇物于外，则心便走了，而不在腔子里。

4·35　人心常要活，则周流无穷，而不滞于一隅。①

【译文】

人心常常要自主灵活，自主灵活就周流不止，就不至于拘泥于一个小的角落。

【注释】

①此条出《河南程氏遗书》卷五《二先生语五》。张伯行《集解》云："心本活，才系于物便不活，不活则滞矣。《大学》言'有所''则不得其正'，'有所'二字正是'滞'字病根，常要他活，必须涵养不息，则自然周流不滞，无适非心体之流行矣。"隅：屋隅，角落。

4·36　明道先生曰："天地设位，而《易》行乎其中"①，只是敬也。敬则无间断。

【译文】

程颢先生说：《易·系辞上》说"天在上，地在下，阴阳变易流行于天地之间。"只是体现持敬。持敬就能（与天地义理合一，周流不已）永不间断。

【注释】

①此条出《河南程氏遗书》卷一一《师训》。张伯行《集解》云："此即《易》之言天地者，以推明人心之当敬。《易》谓阴阳之变易流行也。天地亦是有个主宰，故天设位于上，地设位于下，中间会恁地变易，生生无穷，天地只是敬也。就人心言之，唯敬然后流行不息，而义理无间断。""天地设位，而《易》行乎其中"：语出《易·系辞上》。高亨《周易大传今注》（清华大学出版社2010年8月版）："设，立也。天地立其上下之位，易道即运行于天地之间。"

4·37　"毋不敬"，可以对越上帝。①

【译文】

能做到"毋不敬"，就可以毫不愧疚地面对上帝。

【注释】

①此条出《河南程氏遗书》卷一一《师训》。张绍价《集义》解此条云："毋不敬：则动静无违，内心交正，俯仰无所愧怍，故'可以对越上帝'。"毋不敬：参见4·15条注②。对越：语出《诗经·周颂·清庙》："于穆清庙，肃雍显相。济济多士，秉文之德，对越在天，骏奔走在庙。不显不承，无射于人斯。"郑玄笺曰："对，配也；越，于也。""对越"在理学中更多地有"面对""对接""通达"的意思，体现了人心与天心、上帝之心的贯通。面对上天、上帝、神明等崇高神圣的超越者，人们要内心虔诚、

恭敬、正大光明才能与之通达。上帝：指天之主宰处言。

4·38 敬胜百邪。^①

【译文】

恭敬可以战胜一切邪僻。

【注释】

①此条出《河南程氏遗书》卷一一《师训》。张绍价《集义》云："人心所以有间断，私邪累之也。敬则私意无所容，邪僻不得而干，故曰'敬胜百邪'。"

4·39 "敬以直内，义以方外"，仁也^①。若以敬直内，则便不直矣。"必有事焉，而勿正"，则直也^②。

【译文】

凡人"以恭敬保持内心的正直和思想端正；以奉行道义作为外在的行事准则和规范"，这都是仁的体现。如若想用恭敬来矫正自己的思想，那么（由于意图已先在）思想就（已有所偏离）不端正了。如孟子说的"不要执意做某事，并一心期望达到预期的结果"，就是思想端正。

【注释】

①此条出《河南程氏遗书》卷一一《师训》。"敬以直内，义以方外"：

参见 2·7 条注 ①。张伯行《集解》云："此取《坤卦》六二《文言》之辞而发明之。直者，心无私。方者，事当理。敬以直内者，凡人能敬则心自正，正则以循理为念，胸中洞然自无纤毫私意。义以方外者，凡人遇事有裁制，则是的决定如此，不是的决定不如此，自截然方正，不可那移（挪借移动）。仁者，无私心而当于理之谓。今自内达外，彻表彻里，人欲净尽，天理流行，岂不是仁？故于此决言之。"

②"必有事焉，而勿正"：参见 4·17 条注 ③。张伯行《集解》谓："'必有事焉，而勿正'者，频频提醒，为所当为，而无期必计效之意，则不求直而自直也。若夫'义以方外'之意，可不烦言而解矣。"

4·40　涵养吾一。①

【译文】

（人最为重要的是）涵养自己独一无二的仁心。

【注释】

① 此条出《河南程氏遗书》卷一五《入关语录》。一：张习孔《传》云："'一'者，何也？曰仁也。"

4·41　"子在川上曰：'逝者如斯夫，不舍昼夜'。"①
自汉以来，儒者皆不识此义，此见圣人之心纯亦不已也。纯亦不已，天德也。有天德便可语王道②，其要只在慎独③。

【译文】

《论语》有："孔子在河边说：消逝的时光像河水一样呀！日夜不停地流去。"自汉朝以来，儒者们都不懂孔子这句话的含义，这句话凸现了圣人纯粹无私的精神境界及其精神的生生不已。圣人之心纯粹无私而精神又生生不已，那就是天德。有了天德，就可以谈论王道。而要达到天德，唯一关键的是要做到慎独。

【注释】

① 此条出《河南程氏遗书》卷一四《亥九月过汝所闻》。李文炤《集解》谓："朱子曰：'无天德则是私意计较，所以做王道不成。'又曰：'川流不息，天运也。纯亦不已，圣人之心也。谨独所以为不已，学者之事也。'或问：'纯亦不已者，其果圣人之本意乎？'朱子曰：'程子之言非以为圣人之意本如是也，亦曰非其心之如是，则无以见天理之如是耳。'其曰：'其要只在慎独者，何也？'曰：'言人欲体此道当如是也。盖道无适而不然，惟慎其独则可以无所间断而不亏真体。'""子在川上曰"等三句：参见 3·29 条注 ①。

② 有天德便可语王道：叶采《集解》引"朱子曰：'有天德则纯是天理，无私意间断，便做得王道。'"王道：《尚书·洪范》："无偏无党，王道荡荡。"儒家主张以仁义治天下，称为"王道"，与"霸道"相对。

③ 慎独，参见 4·30 条注 ②。

4·42 "不有躬，无攸利。"不立己，后虽向好事，犹为化物不得，以天下万物挠己。己立后，自能了当得天下万物。①

【译文】

《蒙卦》六三爻辞说："丧失了自身，没有处所是有利的。"人不能立己（则心无所主），今后尽管勉强向好的方向去做事，还是会随外物而流转，被外物所化，认为是天下万物扰乱了自己。人能自立而心有所主后，自然就能驾驭天地万物了。

【注释】

①此条出《河南程氏遗书》卷六《二先生语六》。张伯行《集解》谓："此取《蒙卦》六三爻辞而申其意，见人不可不立己也。""不有躬，无攸利"：语出《蒙卦》六三爻辞："勿用取女，见金夫，不有躬，无攸利。"张绍价《集义》解云："'不有躬，无攸利'者，道义不有于躬，则动多窒碍，不能行之，无不利也。学不立己，则心无所主，忠孝节廉之事，虽勉慕为之，犹是逐物流转，物至而人化物。君子之学，役物而不役于物，必敬以持躬，使此心有主，不为事物摇夺，卓然有以自立。然后推行尽利，攸往咸宜，经世宰物，措之天下无难矣。"挠：挠乱也。了当：犹言了办也。

4·43　伊川先生曰：学者患心虑纷乱，不能宁静，此则天下公病。学者只要立个心，此上头尽有商量。①

【译文】

程颐先生说：做学问毛病在于内心思虑纷乱，不能持守内心宁静，这是天下读书人的通病。做学问的人只要先立个心（使心有所主），在做学问的道路上就有进道的余地了。

【注释】

①此条出《河南程氏遗书》卷一五《入关语录》。茅星来《集注》解云："'立个心'者,谓敬谨操持,不为事物所摇夺,则自无纷乱、不能宁静之患矣。此上头尽有商量者,言可为学以进于道也。"商量:商讨裁决。此谓有主见,学问可以进道了。

4·44　闲邪则诚自存①,不是外面捉一个诚将来存着。今人外面役役于不善②,于不善中寻个善来存着。如此,则岂有入善之理? 只是闲邪则诚自存。故孟子言性善皆由内出,只为诚便存,闲邪更著甚工夫? 但惟是动容貌,整思虑,则自然生敬。敬只是主一也。主一则既不之东,又不之西,如是则只是中;既不之此,又不之彼,如是则只是内。存此则自然天理明。学者须是将"敬以直内"涵养此意。直内是本。(旧注:尹彦明曰:敬有甚形影? 只收敛身心,便是主一。且如人到神祠中致敬时,其心收敛,更著不得毫发事,非主一而何? ③)

【译文】

防止和约束邪念,那么"诚"自然就会存持于心中,而不是在人心之外寻找一个所谓的"诚"来守持。现在的人们在外面劳苦不息地做不善的事,却还想从不善的事情中寻找一个所谓的"善"来守持着。如果像这样,那怎么能够有走向善的道理呢? 只是要约束邪念,那么"诚"自然就会存持于心中。所以,孟子说人的善性源于人的内心,人只要一心向"诚","诚"便在心中。

（在这个意义上）约束邪念还更需要什么工夫呢？但只要是我们在外面端庄容貌，在内调整思想（使心有所持定），那么恭敬就会自然而生。"敬"只是以"一"为本。以"一"为本，就既不偏向东，又不偏向西，像这样就只是"中"，既不偏向此，也不偏向彼，像这样就只是存持于内。能够守存"中"和存持内心，自然就会洞明天理。求学的人必须用《坤》之《文言》所说的"恪守敬，以保持内心的正直"来涵养本心的"诚"。保持内心的正直是根本。（旧注：尹焞说：敬在外部是个什么形象呢？只要收敛身心就是主一。就像人到神庙或祠堂中致敬时，他的心自然就收敛起来了，就是像毫发样的其他小事也不会在他心里，这不是主一是什么呢？）

【注释】

　　① 此条出《河南程氏遗书》卷一五《入关语录》。闲邪则诚自存：语出《乾》之《文言》："闲邪存其诚。"孔颖达疏曰："闲邪存其诚者，言防闲邪恶，当自存其诚实也。"闲：防止、限制、约束。

　　② 役役：劳苦不息。

　　③ "尹彦明曰"等旧注部分：茅星来《集注》："按，和靖自言：'初见伊川时，教看敬字。焞请益，伊川曰：'主一则是敬。当时虽领此语，然不若近时看得更亲切。'祁宽因问'如何是主一'，而尹氏语之以此。"尹焞（1071—1142），字彦明，一字德充，洛（今河南洛阳）人，宋靖康初赐号和靖处士，程颐弟子。

　　4·45　闲邪则固一矣，然主一则不消言闲邪①。有以

一为难见,不可下工夫,如何? 一者无他,只是整齐严肃,
则心便一 ②。一则自是无非僻之奸 ③。此意但涵养久之,则
天理自然明。

【译文】

　　约束邪念本来应是思想更加专一,然而思想主于一就不必
再说约束邪念了。有人认为"一"无形无象,很难看得到,不知
如何在"一"上下工夫,怎么办呢? "一"不是其他的什么东
西,只是要你外在整齐、内在思想严肃,涵养体悟,那么心就是
"一"。"一"自然就是无偏邪的言行。这个关于"一"的意思
只要长期不间断地涵泳在心里并不断修养,那么天理自然就洞
明了。

【注释】

　　① 此条出《河南程氏遗书》卷一五《入关语录》。"闲邪则固一矣,
然主一则不消言闲邪":张伯行《集解》解云:"闲邪而诚自存,则心固一
矣。然心惟不一,故邪。邪故思,所以闲之。若专主乎一,则许多放荡底
心都收了,许多杂乱底心都静了,自然无邪,何消说个闲邪耶? 则甚矣,
主一之要也!""主一"与"闲邪"《朱子语类》卷九六曰:"主一似'持
其志',闲邪似'无暴其气'。闲邪只是要邪气不得入,主一则守之于内。
二者不可有偏,此内外交相养之道也。"

　　② "一者无他"等三句:叶采《集解》谓:"外整齐而内严肃,则心自
一,理自明。"

　　③ 僻:邪,不正。

4·46　有言：未感时，知何所寓？^①曰："操则存，舍则亡，出入无时，莫知其乡。"^②更怎生寻所寓？只是有操而已，操之之道，"敬以直内"也。

【译文】

有人问：心未感受事物时，如何知觉心寄寓在什么地方呢？程颐回答道：圣人说："抓住心，心就存在；放弃心，心就消亡。心出入无确定时间可言，也就不知会趋向什么地方了。"怎么可以寻觅心的寓所呢？无非只是守持心罢了。守持心的方法，唯有"恪守恭敬，用来达到思想纯正"了。

【注释】

①此条出《河南程氏遗书》卷一五《入关语录》。知：此指心之知觉，非"知识"之"知"。

②"操则存"等四句：参见4·17条注②。乡：一曰犹"里"；一曰犹"向"。均通。

4·47　敬则自虚静，不可把虚静唤做敬。^①

【译文】

恭敬，内心就自然虚静，但却不能把内心虚静叫做是恭敬。

【注释】

①此条出《河南程氏遗书》卷一五《入关语录》。张伯行《集解》

云：“程子恐人误认周子主静之旨，故言此以示学者。”“谓静中须有物，始得所谓敬也。敬则无闲思杂虑，自虚而静。人若只管求静，空却一切欲，与事物不交涉，是把虚静唤做敬，其不流于窈冥昏默之异学几何哉！”

4·48　学者先务，固在心志。然有谓欲屏去闻见知思，则是“绝圣弃智”①；有欲屏去思虑，患其纷乱，则须坐禅入定②。如明鉴在此，万物毕照，是鉴之常，难为使之不照。人心不能不交感万物，难为使之不思虑。若欲免此，惟是心有主。如何为主？敬而已矣。有主则虚，虚谓邪不能入；无主则实，实谓物来夺之③。大凡人心不可二用，用于一事，则他事更不能入者，事为之主也。事为之主，尚无思虑纷扰之患；若主于敬，又焉有此患乎？所谓敬者，主一之谓敬；所谓一者，无适之谓一④。且欲涵泳主一之义，不一则二三矣。至于不敢欺，不敢慢，“尚不愧于屋漏”⑤，皆是敬之事也。

【译文】

学者首先要做的事，在于坚定其心志。然而有人说想要摒除耳目闻见的知识和内心的思想，就是要遵循《老子》所说的“抛弃聪明机巧”。要想摒除思虑杂念，因为它造成心绪纷扰的毛病，所以就必须像佛教徒那样坐禅入定。（人心）就像上面有一面明亮的镜子，普照万物是镜子的正常功能，很难说让镜子不照东西。人心不能不与万物交相感应，很难说让人心不思虑东西。假如要免除思虑纷扰的忧虑,唯一途径就是心要有主。如何使心有主? 恭敬罢了。内心有主则虚静,虚静是说邪念不能进入心中;内心无主,私欲邪念就会占领人心,实是说私欲邪念一来就会迫使内心随物而转化。大凡人心是不能二用的,人心专注于一事,那么其他事情就不能进入人心了,原因是这事成了你内心的主宰。事成为了内心的主宰,而且又没有思虑纷扰的忧患;假如内心主于恭敬,又怎么可能有思虑纷乱的忧患呢? 所说的恭敬,以"一"为主宰称作恭敬;所说的"一",是没有偏向和固执,持守得定称为"一"。况且人们想要深入体会以"一"为主的深刻含义,不能守持"一",人心就必然纷乱了。至于人们常说的不敢欺骗(昭昭天理良心),不敢怠慢(昭昭天理良心),以及"不在暗陋的房角起邪念",无愧于(昭昭天理良心)等等,都属于'敬'的事。

【注释】

① 此条出《河南程氏遗书》卷一五《入关语录》。绝圣弃智:《老子》第十九章:"绝圣弃智,民利百倍。""圣"在《老子》中有二意:一指最高的精神境界;一为聪明。这里指聪明、智慧。

② 坐禅入定:指静坐凝心专注排除思虑而获得佛教的悟解或功德的一种思维和修养方式。

③ 实:与"虚"相对,意谓私欲杂念。《朱子语类》卷九六:"朱子曰:外邪不能入,是'有主则虚'也。自家心里只有这个为主,别无物事外邪从何处入? 岂不谓之虚乎? 然他说'有主则虚'者,'实'字便已在'有主'上了。""'无主则实'者,自家心里既无以为之主,则外邪却入来实

其中,此又安得不谓之实乎?"

④"所谓敬者"等四句:叶采《集解》谓:"主一、无适者,心常主乎我而无他适也。盖若动若静,此心常存,一而不二,所谓敬也。不欺不慢,不愧屋漏,皆戒惧谨独之意。此意常存,所主自一。朱子曰:'无适者,只是持守得定,不驰骛走作之意耳。无适即是主一,主一即是敬,辗转相解。非无适之外别有主一,主一之外又别有敬也。'"无适:语出《论语·里仁》:"子曰:'君子之于天下也,无适也,无莫也,义之与比。'"适:本义是"往、到",引申为"归向"。

⑤ 尚不愧于屋漏:参见 2·89 条注 ⑫。

4·49 严威俨恪,非敬之道,但致敬须自此入。①

【译文】

外表端庄严肃,并非"敬"的本质,但要达到"敬",就必须从做到外表端庄严肃开始。

【注释】

① 此条出《河南程氏遗书》卷一五《入关语录》。严威俨恪:谓端庄严肃。严威:威严、端庄。俨:俨雅、庄重。恪:恭敬。语出《礼记·祭义》:"严威俨恪非所以事亲也,成人之道也。"张伯行《集解》:"《礼记》:'严威俨恪,非所以事亲。'谓是以上临下之敬,即正衣冠,尊瞻视,俨然人望而畏之者也。程子既以为非敬之道,而又谓致敬自此入者,盖不齐其外,无以养其内,外端则内自肃。胡敬斋谓'端庄整肃,严威俨恪,是敬之入头处'是也。"

4·50　"舜孳孳为善"。若未接物，如何为善？只是主于敬，便是为善也。以此观之，圣人之道，不是但嘿然无言。①

【译文】

"舜帝孜孜不倦地做善事。"但假如没有与外物接触，怎样做善事呢？只要把"敬"主于内心，就是做善事了。从这一点来看，圣人之道并不只是沉默无语。

【注释】

① 此条出《河南程氏遗书》卷一五《入关语录》。叶采《集解》云："孳孳者，亹亹不倦之意。圣人为善固无间断，然方其未接物之时，但有主敬而已，是即善之本也。'不是但嘿然无言'，谓其静而有所存也。"舜孳孳为善：语出《孟子·尽心上》："孟子曰：'鸡鸣而起，孳孳为善者，舜之徒也。'"孳孳：同"孜孜"，勤勉不懈意。嘿然：沉默无言貌。

4·51　问：人之燕居①，形体息惰，心不慢，可否？曰：安有箕踞而心不慢者②？昔吕与叔六月中来缑氏③，闲居中，某尝窥之，必见其俨然危坐，可谓敦矣。学者须恭敬，但不可令拘迫，拘迫则难久也。

【译文】

有人问：人在闲居时，身体怠惰，而心不散慢，这样可以吗？程颐回答说：哪里有坐无坐相，随意怠惰，而心却不散慢的呢？过去有一次吕大临六月来缑氏闲居，我曾经去窥视他，一定会是看到他端端正正坐着，可以称得上是精神敦厚坚笃了。读书人必须恭敬，但却不能够让他勉强拘迫，人一被拘迫，就难以持久了。

【注释】

① 此条出《河南程氏遗书》卷一八《刘元承手编》。燕居：闲居。

② 箕（jī）踞：古人席地而坐，两脚张开，两膝微曲地坐着，形状像箕，是一种轻慢、不拘礼节的坐姿。叶采《集解》："盘曲曰箕，蹲跱曰踞。箕踞乃敖惰之所形见。学者始须庄敬持守，积久自然安适。"

③ 缑（gōu）氏：古县名。秦置，治所在今河南偃师东南。北魏至唐屡有废并，东魏后治所屡迁，唐移今缑氏镇。宋熙宁八年（1075）废，复置偃师县。

4·52　思虑虽多，果出于正，亦无害否？曰：且如在宗庙则主敬，朝廷主庄，军旅主严，此是也。如发不以时，纷然无度，虽正亦邪。①

【译文】

吕大临问：人内心尽管难免思虑杂乱，如果思虑都出于内心的纯正，也许没有危害吧？程颐回答说：就如人在宗庙时，就以恭敬为主；在朝廷时，就以庄重为主；在军旅时，以严明为主，这就是纯正。如果人思想行为不考虑特定的时间地点，纷乱而又没有限度，尽管事情纯正但也会是邪念。

【注释】

① 此条出《河南程氏遗书》卷一八《刘元承手编》,为程颐回答吕大临的问题。张伯行《集解》谓:"此即君子思不出其位之意也。思以位为准,位以时为定,日用间一言一动莫不各有其则,故其发之思虑者,稍违乎时便是出位。或问思虑苟出于正,虽多似不为害,而程子告之以此。盖思虑不失其时,方是不失其正。如时在宗庙,则忾见愾闻,以敬为主;时在朝廷,则严威俨恪,以庄为主;时在军旅,则介胄不可犯,以严为主。所谓时也,即便是正也。若移宗庙之敬于朝廷,移朝廷之庄于军旅,移军旅之严于宗庙朝廷,岂得谓之不正? 而发不以时,胸中纷然无有限度,则不必邪思妄念乃是为邪,虽正亦邪,甚害事也。学者平时但当涵养本原,澄然无事,主敬之功既至,则发必中节,自无此患矣。"

4·53　苏季明问①:喜怒哀乐未发之前,求中可否? 曰:不可。既思于喜怒哀乐未发之前求之,又却是思也,既思即是已发。(旧注:思与喜怒哀乐一般。)才发便谓之和,不可谓之中也。②又问:吕学士言③,当求于喜怒哀乐未发之前,如何? 曰:若言存养于喜怒哀乐未发之前则可,若言求中于喜怒哀乐未发之前则不可。又问:学者于喜怒哀乐发时,固当勉强裁抑;于未发之前,当如何用功? 曰:于喜怒哀乐未发之前,更怎生求? 只平日涵养便是,涵养久则喜怒哀乐发自中节。曰:当中之时,耳无闻,目无见否? 曰:虽耳无闻,目无见,然见闻之理在始得。贤且说静时如何? 曰:谓之无物则不可,然自有知觉处。曰:既有知觉,却是动也,怎生言静? 人说"《复》,其见天地之心",皆以谓至静能见天地之心，非也。《复》之卦下面一画，便是动也，安得谓之静？^④或曰：莫是于动上求静否？曰：固是，然最难。释氏多言定^⑤，圣人便言止。所谓止，如"为人君，止于仁；为人臣，止于敬"之类^⑥，是也。《易》之《艮》言止之义曰："艮其止，止其所也。"^⑦人多不能止。盖人万物皆备，遇事时，各因其心之所重者，更互而出，才见得这事出，便有这事出。若能物各付物，便自不出来也。或曰：先生于喜怒哀乐未发之前，下动字？下静字？曰：谓之静则可，然静中须有物始得，这里便是难处。学者莫若且先理会得敬，能敬则知此矣。或曰：敬何以用功？曰：莫若主一。季明曰：晌尝患思虑不定。或思一事未了，他事如麻又生^⑧，如何？曰：不可。此不诚之本也。须是习，习能专一时便好，不拘思虑与应事，皆要求一。

【译文】

苏昞问：喜怒哀乐还没有表现出来之前，期望达到"中"，可以吗？程颐回答说：不可以。既然想要在喜怒哀乐还没有表现出来之前而求"中"，这本身就是思考问题了，已经思考问题，就已经是表现了。（旧注：思考与喜怒哀乐一样。）喜怒哀乐刚表现出来，称为"和"，但不能称为"中"。苏昞又问：吕大临曾说，应当在喜怒哀乐还未表现出来之前去求"中"，这种看法怎么样呢？程颐回答说：如果说在喜怒哀乐没有表现之前进行持守和涵养，那么这种说法是对的；但如果说在喜怒哀乐没有表现之前求"中"，这样说就不对了。苏昞又问：读书人在喜怒哀乐表现出来时，本来应该勉行"中"而裁抑不合"中"的思想。那么，在喜怒哀乐没有表现之前，应该如何用功涵养呢？程颐回答说：喜怒哀乐没有表现出来之前，更要如何去追求什么呢？只不过是平时修养自己就是了。长期不断地进行自我修养，那么到喜怒哀乐表现出来也就自然中节合理。苏昞又问：当处于喜怒哀乐没有表现出来的所谓"中"时，耳朵没有听到声音，眼睛没有看见东西吗？程颐回答说：虽然耳朵没有听到声音，眼睛没有看见东西，但看和听的道理，在于一开始就自然存在了。你姑且说说心在"静"的状态下是什么情况？苏昞回答说：把心"静"的状态说成是没有任何东西存在，那是不对的，然而心"静"自然也具有知觉指向。程颐说：既然说心"静"时存在知觉指向，那就是在说心"动"了，怎么可以说成是"静"呢？有人说"《复卦》显示天地之心"，人们都因此认为保持绝对的"静"就能够体悟天地之心，这种说法错了。《复卦》最下面一画是阳爻，阳即是"动"，怎么能称为"静"呢？另有人问道：莫非是应该在"动"中求"静"吗？程颐回答说：本来就是这样，但这个最难达到。佛家多说"定"，儒家圣人便主张"止"。所谓"止"，就如《礼记·大学》中所说的"作为国君，要达到仁，作为人臣，要达到'敬'"等这一类就是。《易》之《艮卦》说"止"的含义为："艮其止，即止于应该止的地方。"人往往不能止于当止。因为人心中万物皆备，遇到事情时，各人因为各自心中有自己的偏重，相互表现出来就不同，只要人把这个事看得重，就必然会在这个事情上表现出来。假如能让事物各归其所，便自然就不会有所偏重了。又有人问：先生您认为在喜怒哀乐没有表现出来之前，到底应该用"动"字呢？还是应该用"静"字呢？程颐回答说："称作"静"自然是对的，然而必须"静"中有东西才行，这点就是最难把握的地方。大家不如先仔细理会"敬"，能体会"敬"，就知道这点了。又有人问：关于"敬"，应该怎样用功呢？程颐回答说：所谓"敬"，只是以"一"为主。苏昞问：我曾经担忧自己思虑不定，或者思考一件事还未有结果，其他的事又像乱麻一样丛生了，怎么办呢？程颐说：这样不行，这是内心不诚的根本原因。必须不断修习，修习到能达到专一状态时就好了。总之，无论是思考还是应接事物，都要追求内心的专一。

【注释】

① 此条出《河南程氏遗书》卷一八《刘元承手编》。苏季明：名昞，字季明，武功（今属陕西）人。昞原为张载学生，后卒业于程门。宋元祐末吕大临长兄吕大忠因其德性纯茂、强学笃志荐于朝廷，自布衣为博士。

② "才发便谓之和，不可谓之中也"：张伯行《集解》云："人之思虑才发便谓之和者，如思其所当喜，则心已向喜一边；思其所当怒，则心已向怒一边。虽其喜怒中节，无过不及而和，和亦是得喜怒之中，然算做喜怒一边底中，非浑然包涵全体毕具之中。是以谓之和，不可谓之中。推之哀乐亦然，然则中、和一理而异名，不可不辨也。"才发便谓之和：语出《礼记·中庸》："喜怒哀乐之未发，谓之中。发而皆中节，谓之和。""中"是儒家的基本概念之一，为儒家追求的一种境界，至正至平、不偏不倚，有中庸和适中的意思。

③ 吕学士：即吕大临。查洪德以为"学"当为"博"之误，可备一说。

吕大临未曾为学士，元祐中为太学博士。

④ "人说《复》"等七句："《复》，其见天地之心"：谓《复卦》可以看到天地生生不息而君子道长的心。语出《复卦》之《彖辞》："反复其道，七日来复，天行也。利有攸往，刚长也。《复》，其见天地之心乎"。"《复》之卦下面一画，便是动也"：《复卦》形为䷗，《震》下、《坤》上。其卦五画皆阴，惟下面一画，从剥尽复生为阳爻，阳气生即为动。

⑤ 定：即前所谓"坐禅入定"。参见4·48条注②。

⑥ "为人君"等四句：语出《礼记·大学》："为人君，止于仁；为人臣，止于敬；为人子，止于孝；为人父，止于慈；与国人交，止于信。"

⑦ "艮其止，止其所"：语出《艮卦》之《彖辞》。艮：止也。

⑧ 麻：谓苧麻也。如麻：言繁，此以为心乱之喻。

4·54　人于梦寐间，亦可以卜自家所学之浅深。如梦寐颠倒，即是心志不定、操存不固。①

【译文】

人在睡梦时，也可以来预测自己学问的深浅。假如睡梦中神志颠倒，那就是心志不安定、操守存养不稳固的表现。

【注释】

① 此条出《河南程氏遗书》卷一八《刘元承手编》。叶采《集解》云："朱子曰：'魂与魄交而成寐，心在其间依旧能思虑，所以做出梦。若心神安定，梦寐亦不至颠倒。'"卜：预测。

4·55　问：人心所系著之事果善，夜梦见之，莫不害否？曰：虽是善事，心亦是动。凡事有朕兆，入梦者却无害，舍此皆是妄动^①。人心须要定，使他思时方思乃是。今人都由心。曰：心谁使之？曰：以心使心则可。人心自由，便放去也^②。

【译文】

　　有人问：人心中所牵挂着的事若果然是善事，夜晚梦见这事，不是没有害吗？程颐回答说：虽然是善事，但也是心动。大凡事情都有征兆，（只要心不起念，静寂不动）这些事情进入你的梦境却也无害。反之，都是属于妄动。人心必须安定，使其需要思考时才思考，这样才对。今天的人心都根据自己所思，妄动不定。又问：是什么支配我们的心呢？程颐回答说：让义理的本心来支配知觉之心就可以了，如若人心纷乱自由，便是把本心放逐了。

【注释】

　　①此条出《河南程氏遗书》卷一八《刘元承手编》。茅星来《集注》："《周礼·春官·占梦》：'一正梦，二噩梦，三思梦，四寤梦，五喜梦，六惧梦。'心所系著而梦。《周礼》'噩梦'以下皆是，即乐广所谓'想'也。惟有朕兆入梦者，《周礼》所谓'正梦'，乐广所谓'因'也。程子特从而论其得失如此。朱子曰：'圣人无所不用其敬，观《周礼》梦亦有官掌之可见。愚每梦见故旧亲戚，次日若不见其人，亦必接其书信或人说及，如此等便是正梦。'又曰：'吾不复梦见周公，自是个征兆如此。盖圣人志

虑未衰,天意犹有运转故遂梦见周公,非以思虑也。要之,圣人精神血气与时运相为流通。'"朕兆:预兆,征兆。

②"今人都由心"等五句:茅星来《集注》云:"今人都由心,谓心无所主宰。'以心使心'句,所以明'使他思时方思'之意。'人心自由'以下,所以明'今人都有心'之意。""以心使心"之第一个"心"指义理之本心,第二个"心"指知觉之心。

4·56　"持其志,无暴其气",内外交相养也。^①

【译文】

"持守自己的志向,不伤害自己的气",就可以使内在的思想和外在的行为彼此相互养育。

【注释】

①此条出《河南程氏遗书》卷一八《刘元承手编》。张伯行《集解》云:"孟子曰:'持其志,无暴其气。'盖志者心之所之,不持则驰骛泛驾。气者心之辅,暴则动止乖戾。持,守也;暴,害也。朱子曰:'横渠以不戏谑为持志之一端,是真能主敬者。'又曰:'凡人多动作,多笑语,做力所不及底事,皆是暴其气也。'持志则有所主于中,无暴气则无所纵于外。中有主则气愈充,外无纵则志愈固,故曰交相养。要只是内无妄思,外无妄动耳。""持其志,无暴其气":语出《孟子·公孙丑上》:"夫志,气之帅也;气,体之充也。夫志至焉,气次焉。故曰:'持其志,无暴其气'。"

4·57　问："出辞气"，莫是于言语上用工夫否？曰：须是养乎中，自然言语顺理。若是慎言语，不妄发，此却可着力①。

【译文】

有人问：曾子说"说话时言词和语气（从心里）流出"，莫非是强调要在言语上用工夫吗？程颐回答说：首先必须是修养自己的"中"，这样，言语自然顺理。假如只是在说话上谨慎，言不妄发，这种情况却是可以勉强在言语上用功的。

【注释】

①此条出《河南程氏遗书》卷一八《刘元承手编》。出辞气：指说话时多注意言词和声调语气。语出《论语·泰伯》："君子所贵乎道者三：动容貌，斯远暴慢矣；正颜色，斯近信矣；出辞气，斯远鄙倍矣。"却可着力：言犹可勉强也。

4·58　先生谓绎曰：吾受气甚薄，三十而浸盛，四十、五十而后完。今生七十二年矣，校其筋骨，于盛年无损也。绎曰：先生岂以受气之薄，而厚为保生耶？夫子默然，曰：吾以忘生徇欲为深耻①。

【译文】

程颐先生对张绎说：我先天接受禀赋气少（而身体羸弱），三十岁时气血开始慢慢地强盛起来，四、五十岁后修养才完满。

现在我已七十二岁了,看看我的筋骨,与盛年时比较没有任何差别。张绎说:先生难道是因为先天接受禀赋气少身体羸弱,所以才更加注重增强体质来保全生命吗?程颐沉默了一会,然后说:我把忘记生命而顺从于私欲做为深深的耻辱。

【注释】

　①此条出《河南程氏遗书》卷二一上《师说》。张绍价《解义》云:"此言养气转弱为强之效,不徇欲,无暴其气之事也。欲之溺人也甚于水,所以伐吾之性,戕吾之生者,皆是物也。不徇欲则精不摇,神不扰。庄敬日强,气得其养,无意于保生,而生自可保。此气之所以始而薄,继而盛,终而完也。"张绎,字思叔,河南寿安(今宜阳)人,程颐弟子。浸:逐渐。徇:顺从。

　4·59　大率把捉不定,皆是不仁。①

【译文】

　大概思绪不宁时内心就会把捉不定,都是不仁。

【注释】

　①此条出《河南程氏外书》卷一《朱公掞录拾遗》。叶采《集解》云:"仁者心存乎中,纯乎天理者也。把捉不定,则此心外驰,理不胜欲,皆是不仁。"大率:大概。仁:人心也。

　4·60　伊川先生曰:致知在所养,养知莫过于"寡欲"

二字。^①

【译文】

　　程颐先生说：格物致知需要存养，而要涵养自己对是非、善恶的良知，没有比"寡欲"二字更重要的了。

【注释】

　　① 此条出《河南程氏外书》卷二《朱公掞问学拾遗》。《朱子语类》卷一八："朱子曰：'致知在乎所养，养知莫过于寡欲'二句。致知者，推致其知识而至于尽也。将致知者，必先有以养其知。有以养之，则所见益明，所得益固。欲养其知者，惟寡欲而已矣。欲寡，则无纷扰之杂，而知益明矣。无变迁之患，而得益固矣。"知：指内心对是非、善恶的正确认识。

　　4·61　心定者其言重以舒，不定者其言轻以疾。^①

【译文】

　　内心安定的人说话审慎而和缓，内心不安定的人说话轻率而急躁。

【注释】

　　① 此条出《河南程氏外书》卷一一《时氏本拾遗》。张伯行《集解》云："言者心之声，故因其言可知其心。重，审慎也；舒，和缓也；轻，浅易也；疾，躁急也。人有操存涵养之功，则中有所主而其心定，言必不妄发，发之必郑重审确而又安舒自得，无急遽躁率之病。其不定者反是。

学者非必于言上着力，但须养于中耳。"

4·62　明道先生曰：人有四百四病，皆不由自家，则是心须教由自家。①

【译文】

程颢先生说：人有四百零四种病，都不是由自己引起的，但是心病一定是由自己引起的。

【注释】

①此条出《河南程氏外书》卷一二《传闻杂记》。张伯行《集解》谓："'四百四病'，见内经。其言曰：'四大不调，四百四病，一时俱动。'四大谓地火水风，一大不调有百一种病，合四大则为四百四种病，而宿食为病根。程子引此以为喻言。凡病之来，皆由外感，非自家所能计度。若心则人之神明，所以为此身之主，在内不在外。其操舍须全由我，不可听其若存若亡，自家放去也。噫！在外之病易医，在心之病难医。心不操存，吾恐其于膏肓，而仓、扁无如何矣。"

4·63　谢显道从明道先生于扶沟。明道一日谓之曰：尔辈在此相从，只是学颢言语，故其学心口不相应，盍若行之？请问焉？曰：且静坐，伊川每见人静坐，便叹其善学。①

【译文】

谢良佐在扶沟跟随程颢先生学习。程颢有一天对谢良佐说：

你们这些人在这里追随我，只是学到了我的言语，因此你们的学问心口是不一致的，为何不在实践上下功夫？谢良佐说：请问应该如何在实践上下功夫呢？程颢说：姑且去静坐吧。程颐只要看见有人静坐，就赞叹此人善于学习。

【注释】

①此条出《河南程氏外书》卷一二《传闻杂记》。张伯行《集解》云："此见静坐之法，为涵养入门之要也。扶沟，地名。谢上蔡从明道有年，乃程门高弟。而明道谓'其学心口不相应'者，盖学之而不养，养之而不存，是空言也。故欲其舍言语之学，行存养之道。及上蔡请事斯语而问行之之要，则曰'且静坐'者。初学之心，杂念胶结，谅所不免，且学静坐，收住此心，使无他适，可以补小学培养一段工夫，滋夜息清明之气，故诏之以此。而伊川每见人静坐，亦便叹为善学。夫心以定而静，理以静而明，静坐之为用大矣。"扶沟：县名，在今河南省中部。

4·64　横渠先生曰：始学之要，当知"三月不违"，与"日月至焉"①内外宾主之辨。使心意勉勉循循而不能已，过此几非在我者②。

【译文】

张载先生说：学者治学初始的关键，在于要明白"长期不离开仁"与"偶尔想起仁"之间内与外、宾与主的区别（长期不离开仁是仁常在心中，常为主；偶尔想起仁，是仁在心外，仁为宾）。治学初始就使自己的心意勤勉不辍，循序渐进以至于欲罢不能,过了这个勤勉不辍的阶段就(可以达到与仁合一,出神入化的境界而)由不得我着力了。

【注释】

①　此条出张载《拾遗·近思录拾遗》。"三月不违"与"日月至焉":《论语·雍也》:"子曰:'回也,其心三月不违仁,其余则日月至焉而已矣。'"叶采《集解》云:"居之三月而不违者,是在内而为主也,其违也暂而已。'日月至焉'者,是在外而为宾也,其至也暂而已。"三月,指较长的时间。日月至焉:指间或有至。日至者,一日一至此;月至者,一月一至此。

②　勉勉:功夫不间断。循循:有次序貌。过此几非在我者:《朱子语类》卷三一:"'过此几非在我者',犹言'过此以往,未之或知'。言过此则自家着力不得,待他自长进去。"

4·65　心清时少,乱时常多。其清时,视明听聪,四体不待羁束而自然恭谨,其乱时反是。如此何也?盖用心未熟,客虑多而常心少也,习俗之心未去,而实心未完也①。人又要得刚,太柔则入于不立。亦有人生无喜怒者,则又要得刚。刚则守得定不回,进道勇敢。载则比他人自是勇处多②。

【译文】

人内心清静的时候少,浊乱的时候常常比较多。人心清静时,眼睛看东西明亮,耳朵听声音清晰,言行举止不须约束就自然恭敬谨慎；人心浊乱时，情况正好相反。像这种情况是为什么呢？原因在于人心浊乱是用心涵养自己不成熟，外在得失利弊考虑太多，而缺少平常心。习染了世俗的偏胜之心没有去除，义理之心未能完备。做人又要刚毅，过分柔弱就会流于不能挺立。也有一些天生缺少喜怒感的人，就又需要培养自己的刚毅品质，因为刚毅就可以坚定地守护仁，可以勇敢地向"道"迈进。我张载就自认为比别人更加勇敢的地方多。

【注释】

①此条出张载《拾遗·近思录拾遗》。"心清时少"等十一句：张绍价《集义》："在内为主者心常清，在外为宾者心常乱，形气统于一心。心清则以理宰气，视明听聪，虽处屋漏暗室之中，而坐必正，体必直，手容必恭，足容必重，不待羁束，自然恭谨。所谓四体不言而喻也，所谓天君泰然、百体从令也。乱则以气汩理，故反是。客虑，浮泛之思虑也。习俗之心，习染偏胜之心也。实心，义理之心也。义理之心未充，不足胜其客虑习心，任其缠绕纠结则以气动志，而心清时少，乱时常多矣。"聪：听觉灵敏。客：指外在的，非内心的。

②"人又要得刚"等七句：张伯行《集解》云："言人之心固贵于清，而气又要得刚。刚，天德也。不刚做不得事来，故'太柔则入于不立'。不立者，遇事委靡操持不定也。人生有喜怒人情之常，乃亦有无喜怒者，是其本质得柔之气多，则又要得刚以变化其气质。盖刚者，坚强有力，物不得而挠之，故守得定而不回。于以求进乎道，勇猛敢为。勇猛者气之迅，敢为者胆之决。张子因遂以身示教，谓我'比他人自是勇处多'"。

4·66　戏谑不惟害事,志亦为气所流。不戏谑,亦是持气之一端。①

【译文】

开玩笑不只是害事,同时人的志向还会在轻浮之气的影响下于日用间流转运用而不觉。不开玩笑,也是守持志向的一个方面。

【注释】

① 此条出张载《经学理窟·学大原上》。张伯行《集解》云:"戏谑虽小,往往至于害事,且心无诚实,而气多轻浮。壹则动志,故志亦为所流。若不戏谑,则出于心、作于谋者,无过言过动而要于诚,虽持志功夫不止乎此,此亦其一端也。"志亦为气所流:江永《集注》引朱子答刘子澄曰:"戏谑亦是自家有此玩侮之意以为之根,而日用间流转运用,机械活熟,致得临事不觉出来。"

4·67　正心之始,当以己心为严师。凡所动作,则知所惧。如此一二年,守得牢固,则自然心正矣。①

【译文】

人开始希望存得此心在这里的时候,应当把自己的心做为严师。使自己一举一动都能有所戒惧。像这样做一二年,牢固持守此心,那么自然心就会正了。

【注释】

　　① 此条出张载《经学理窟·学大原上》。《朱子语类》卷一六："朱子曰：正心，却不是将此心去正那心。但存得此心在这里，所谓忿嚏、恐惧、好乐、忧患，自来不得。"叶采《集解》云："视心如严师，则知所敬畏，而邪僻之念不作。"

　　4·68　定，然后始有光明。若常移易不定，何求光明？《易》大抵以《艮》为止，止乃光明。故《大学》"定"而至于"能虑"①。人心多则无由光明②。

【译文】

　　人心定，心定后心底才会有光明。假如人心常常处于摇摆不定状态，内心怎么能够获得光明呢？《易经》大抵上把《艮卦》的象作为"止"，"止"就是光明。因此《礼记·大学》说："人心定才能心静，心静才能心安，心安才能思考。"内心紊乱无序，就无法达到心底光明。

【注释】

　　① 此条出张载《横渠易说·上经·大畜》。叶采《集解》谓："此心静定而明生焉。水之止者可鉴，而流水不可鉴，亦是理也。"茅星来《集注》则云："《大畜·象》曰：'能止健，大正也。'"又云："学者见理不明则不知所止，故无以有定而光明。此《大学》言'至于至善'，所以必以知止为先也。"艮：止也；止：定也。定而至于能虑：语出《礼记·大学》："知止而后有定，定而后能静，静而后能安，安而后能虑，虑而后能得。"

② 心多：谓多端不一。

4·69　"动静不失其时，其道光明。"① 学者必时其动静，则其道乃不蔽昧而明白。今人从学之久，不见进长，正以莫识动静，见他人扰扰 ②，非关己事，而所修亦废 ③。由圣学观之，冥冥悠悠，以是终身，谓之光明可乎 ④？

【译文】

《艮卦》之《象辞》说："动和静要不失其时，人的道就光明。"治学的人必须做到根据时机当动就动，当静就静，那么这样他的道才不被障蔽而明白。现在跟随我学习的人治学已很长时间了，却看不到他们有任何长进，其原因正在于不懂动静行止的道理。看见他人心意旁骛，本来与自己无关的事，使自己修养的心定的功夫也就废掉了。从圣人之学的观点来看，人心昏昧不明，怠慢而又不思进取，这样渡过一生，称这样的一生叫光明，可能吗？

【注释】

① 此条出张载《横渠易说·下经·艮》。叶采《集解》释此条谓："动静各有其时，然学者多失于不当动而动。因循废学，终何光明之有？""动静不失其时，其道光明"：语出《艮卦》之《象辞》："象曰：艮，止也。时止则止，时行则行，动静不失其时，其道光明。艮其止，止其所也。上下敌应，不相与也。是以不获其身，行其庭不见其人，无咎也。"

② 见他人扰扰：看见他人不安分就跟着不安分。意谓心意旁骛，不当动而动。

③ "非关己事,所修亦废":茅星来《集注》谓:"见他人扰扰,初非关己之事也,而己亦为其所动,不能存诚养志以至于光明,故曰'所修亦废'。"

④ 冥冥:昏昧而不明。悠悠:怠惰而不进。

4·70　敦笃虚静者,仁之本 ①。不轻妄,则是敦厚也;无所系阂昏塞 ②,则是虚静也。此难以顿悟,苟知之,须久于道实体之,方知其味。夫仁亦在乎熟之而已 ③。

【译文】

敦厚虚静是仁的本质。不轻妄,就是敦厚;内心无牵挂无隔阂不昏乱不闭塞,就是虚静。这个道理很难一下子领悟。假如真要理解它,必须长期与'道'相随,实实在在地体验,才能了解其中的意味。因为所说的"仁",在于不断追求长期存养省察使其成熟罢了。

【注释】

① 此条出张载《拾遗·近思录拾遗》。"敦笃虚静者,仁之本":《朱子语类》卷九八:"问:'敦笃虚静者,仁之本'。曰:'敦笃虚静是为仁之本'。"

② 阂(hé):闭碍,阻隔不通。

③ 仁亦在乎熟之而已:语出《孟子·告子上》:"孟子曰:'五谷者,种之美者也;苟为不熟,不如荑稗。夫仁,亦在乎熟之而已矣。'"

中國古典名著譯注叢書

近思录译注

下

〔宋〕朱　熹　编
　　　吕祖谦

王卓华　译注

中華書局

近思录卷之五

省察 损人欲 复天理

凡四十二条

5·1 濂溪先生曰：君子乾乾不息于诚^①，然必惩忿窒欲^②，迁善改过而后至^③。《乾》之用，其善是，《损》《益》之大莫是过，圣人之旨深哉！吉凶悔吝生乎动^④。噫！吉一而已，动可不慎乎？

【译文】

周敦颐先生说：君子勤勉不息，以存无妄之诚。然而，必须要先戒止他的忿怒，堵塞他的贪欲，一心向善，勇于改过，而后才可以达到"诚"。《乾卦》的功用，无非是劝人去恶进善，《损卦》和《益卦》的大道理也没有超过这一点，圣人的意旨非常深刻啊！《易·系辞下》说："吉凶悔吝都在动中产生。"唉！吉只是四种结果中的一种，对待"动"怎么能不谨慎呢？

【注释】

①此条出周敦颐《周子通书·乾损益动第三十一》。张伯行《集解》云："此合《乾》《损》《益》三卦，发明圣人之蕴，而示人思诚之方也。"君子乾乾：语出《乾卦》九三爻辞："君子终日乾乾，夕惕若，厉无咎。"乾乾：自强不息貌。

②惩忿窒欲：《损卦》之《大象》云："君子以惩忿窒欲。"惩：戒止。窒：阻塞、填塞。

③迁善改过：《益卦》之《大象》云："君子以见善则迁，有过则改。"迁善：向善。

④吉凶悔吝生乎动：《易·系辞下》："吉凶悔吝者，生乎动者也。"张伯行《集解》谓："盖人之动也，忿欲与善过形焉，而吉凶悔吝四者所由以生。四者之中，吉居其一，凶悔吝居其三。是人之所值，福常少，祸常多，可不于方动之时审之而致其慎乎？慎动则必尽惩窒迁改之方，以得损益之道，而去其不诚以归于诚，斯能善乾乾之用者，于圣人作《易》之旨庶乎其有得也！所以然者，人生而静以上本皆诚也。动而为忿，如火之燎原，而诚于是掩。动而为欲，如水之溃堤，而诚于是荡。见有善则姑待之，见有过则姑恕之。其动于意者，不自慊而自欺，而诚于是亏，所以君子思诚要于慎动。"吉、凶、悔、吝：概括了人文世界的四种现象。吉凶：失得之象。悔吝：忧虞之象也。悔：后悔；吝：心上有事放不下，有包袱，进而举棋不定。

5·2　濂溪先生曰：孟子曰："养心莫善于寡欲。"①予谓养心不止于寡而存耳。盖寡焉以至于无，无则诚立明通②。诚立，贤也；明通，圣也。

【译文】

　　周敦颐先生说：孟子说："修养自己的心性没有比减少欲望再好的了。"我认为，修养自己的心性不能仅仅停留在减少欲望从而保存心性上。减少欲望以至于达到没有任何欲望。没有任何欲望，那么"诚"就安固进而自然明通。"诚"安固了，就是贤人；明通了，就是圣人了。

【注释】

　　① 此条出《周子全书》卷一七（按：杨伯嵒原注云出《遗文》。查洪德《注译》注出为《濂溪集》第九《养心亭说》，茅星来《集注》亦谓："见与张宗范《养心亭说》。"）养心莫善于寡欲：语出《孟子·尽心下》："孟子曰：'养心莫善于寡欲。其为人也寡欲，虽有不存焉者，寡矣；其为人也多欲，虽有存焉者，寡矣。'"张伯行《集解》云："此周子因孟子之言而推扩其量，见无欲之即为圣贤也。孟子恐人不上圣贤之路，且只教人寡欲，以求此心之存。周子恐人不尽养心之功，故言须至无欲，以几圣贤之域，其意以为学者之心，可圣可贤之心也。"

　　② 诚立明通：杨伯嵒《衍注》原谓："伯嵒据晦翁曰：'诚立，谓实体安固；明通，则实用流行。立，如三十而立之立，通则不惑，知命而乡乎耳顺矣。'"

　　5·3　伊川先生曰：颜渊问克己复礼之目，夫子曰："非礼勿视，非礼勿听，非礼勿言，非礼勿动。"四者身之用也，由乎中而应乎外，制于外所以养其中也。[①]颜渊事斯语，所以进于圣人。后之学圣人者，宜服膺而勿失也，因箴以自警^②。《视箴》曰：心兮本虚，应物无迹。操之有要，视为之则。蔽交于前，其中则迁；制之于外，以安其内。克己复礼，久而诚矣。^③《听箴》曰：人有秉彝，本乎天性。知诱物化，遂亡其正。卓彼先觉，知止有定，闲邪存诚，非礼勿听。^④《言箴》曰：人心之动，因言以宣。发禁躁妄，内斯静专。矧是枢机，兴戎出好；吉凶荣辱，惟其所召。伤易则诞，伤烦则支。己肆物忤，出悖来违，非法不道，钦哉训辞！^⑤《动箴》曰：哲人知几，诚之于思。志士厉行，守之于为。顺理则裕，从欲惟危。造次克念，战兢自持，习与性成，圣贤同归。^⑥

【译文】

程颐先生说："颜渊问克己复礼的具体纲目，孔子说："非礼勿视，非礼勿听，非礼勿言，非礼勿动。"视、听、言、动四者是人身体器官的功用，它们都由心性支配而与外在事物相感应，又通过克制外在事物来涵养心性。颜渊按照孔子的这些话去做，由此他正逐渐进入圣人的境界。后来学习圣人之道的人，应该把圣人的教诲牢记在心而不要丢失，把它作为箴规用来警戒自己。《视箴》说：心性本来是虚灵的，因此可以感应万物而无迹象可求。操存心性的关键，是确立"视"的标准。（心性的标准在内，为天理，视的标准在外）物欲的弊端交互在人的眼前（视觉紊乱），内在心性就会受到迁移。在外克制物欲的弊端，以此来安护内在心性。人只要克己复礼，久而久之，就自然会达到"诚"。《听箴》说：人秉持的五常的美好德性，都源于天理。但人的感知受到外界物欲的诱惑而被外物同化，由此就失去了纯正的德性。只有那些卓然独立的先觉，才知道止于所当止且心性安定，约束邪念存持内心的真"诚"，（真正做到）非礼勿听。《言箴》说：人内在的心理活动，通过言语表达出来。因此，语言表达出来必须禁绝轻肆与虚缪，以保持内心安宁和专一。况且言语是做人的关键，它可以导致战争也能带来和平。吉凶荣辱，都是由语言招致的。言语轻率的就会伤于放诞，言语絮烦的就会伤于支离不实。自己语言放肆就会忤逆事物，言语悖于常理必然受悖理之害。不守法度不合道理的话不能说。令人钦敬啊，这些训教的语言！《动箴》说：智慧卓越的哲人了解事物的细微迹象，在一动一念上都守持"诚"。志士仁人勉励个人行事，做事上守持有度。顺理而行就安裕；任从自己的私欲去行事就只有危险。仓促匆忙中也能念念不忘善，战战兢兢地做自我守持善的工夫，修习善而与本然天性契合，（从而）达到圣贤境界。

【注释】

①　此条出《河南程氏文集》卷八《杂著·四箴》。颜渊问克己复礼之目：《论语·颜渊》："颜渊问仁。子曰：'克己复礼为仁。一日克己复礼，天下归仁焉。为仁由己，而由人乎哉？'颜渊曰：'请问其目，'子曰：'非礼勿视，非礼勿听，非礼勿言，非礼勿动。'颜渊曰：'回虽不敏，请事斯语矣。'"张伯行《集解》解此段云："此程子学颜子之学，实做克己复礼工夫，约其大意，注为训辞，而引学者使至于圣人之域也。夫有身则有视、听、言、动，有视、听、言、动则非礼之私得而干之，所谓己也。故

颜渊问克复之目，夫子以'四勿'示之。勿者，禁止辞。拔本塞源之意，非窒流断港之谓，乃真克己工夫也。盖四者身之用，确有所谓当视、当听、当言、当动之则，是之谓'礼'。己与礼常相敌，不克其非礼之己，无以复乎礼之本然。故视、听、言、动为此心之形见处，故'由乎中而应乎外'；而勿视、听、言、动，是就视、听、言、动上克治，必'制于外所以养其中'。"

②服膺勿失：语出《礼记·中庸》："得一善，则拳拳服膺而弗失之矣。"朱熹《四书集注》："服，犹著也；膺，胸也。奉持而著之心胸之间，言能守也。"箴（zhēn）：茅星来《集注》云："'箴'与'针'通，俗作'针'。箴，以铁为之，所以治病者也，故有所警戒。以自治其病者，谓之箴。"

③"《视箴》曰"一段：张伯行《集解》曰："此发明'非礼勿视'之要旨也。视与见异。色突然而入目，何能不见？但我不可有欲视之之心。故程子之箴，以为心体本虚可以应物，而无迹可寻则难得其要。欲求操之之要，先谨视之之则。则，犹准也。心之准在于内，为天理；视之准见于外，为天理之节文。天理向明，万象无隐，物交乎前，顾影斯蔽，不去其蔽，心随以迁。是外之失其准，即为中之失其准矣。惟制其外，目不妄视，以安其内，心泰神定。所谓克以复之以求其诚者，日日克之。不以为难，动容周旋，真理流行。礼即诚也，诚即仁也。'四勿'之功，故视为先。"

④"《听箴》曰"一段：张伯行《集解》曰："此发明'非礼勿听'之要旨也。听与闻异。声突然而入耳，何能不闻？但我不可有欲听之之心。故程子之箴，以为人生之初，秉持五常之德，是皆原之于天，所性皆善者也。情感意纷，知诱其外，渐而忘返。如响斯应，声入心动，物化其内，

久而神移,有听斯受,于是天理之正日就牿亡。常人皆然,贤者不免。惟卓然精明之先觉,知心所当止而有定,不为知诱,不为物化,外闲其邪,内诚斯存,听德惟聪。非礼勿听,则秉彝全乎天,而克复尽乎人矣。继视而有所事者,以是为次焉。”秉彝:持执五常之道。秉:执、持也、拿着;彝:本指古代盛酒的器具,亦泛指古代宗庙常用的祭器、彝器、彝鼎、彝尊等,此指常理、五常之道。

⑤“《言箴》曰”一段:张伯行《集解》曰:“此发明‘非礼勿言’之要旨也。言者心之声,心感物而有动,何能不言?但我不可不慎所以言之之心。故程子之箴,以为心无由宣,言以宣之。由其发之也易,必其禁之也严。躁者轻肆,嚣而不静;妄者虚谬,纷而不专。虽曰内能静专,可以慎其所发,尤必发禁躁妄,斯以安其内存,况乎人之有言,犹物之有枢机。……皆言之所召致,如之何不谨?故言不可躁,躁者伤易,易则诞而不审;言不可妄,妄者伤烦,烦则支而不实。肆者,纵情之谓,肆于己者必忤于物,躁之致也;悖者,乖理之谓,悖而出者必悖而入,妄之致也。是皆非法之言,总不克己之由。惟非礼勿言之戒,与非法不道之语,同为切要之训辞,必致钦敬之至意,程子于此箴尤谆且严矣。”宣:布也。躁:轻肆也。妄:虚缪也。矧(shěn):亦、况且。枢机:关键。枢:扉臼也;机:弩牙也。兴戎出好:语出《书·大禹谟》:“惟口出好兴戎,朕言不再。”孔颖达疏云:“兴戎,谓疾人而动甲兵。”戎:兵戈、征伐。伤易:受到轻易事的影响,即轻率。非法不道:不合法度、道德的语言不说。语出《孝经·卿大夫章第四》:“非先王之法服,不敢服。非先王之法言,不敢道。非先王之德行,不敢行。是故非法不言,非道不行。”

⑥“《动箴》曰”一段:张伯行《集解》谓:“此发明‘非礼勿动’之要旨也。动者心之符,五性感动而万物出,何能不动?但我不可不慎所

以动之之心。故程子之箴，以为动于心而有思，则思是动之微。惟明哲之人，克灼几先，思而诚之，一念之动不敢妄也。动于身而有为，则为是动之著。惟立志之士，勉励其行，敬以守之，一事之动不敢忽也。凡思与为以理为主，顺理而动，必得安欲。苟违乎理，则欲易纵，从欲而动，必致危殆。是以俄顷之间常存此念，虽极造次，勿之敢忘。明旦之际，持守不失，一于战兢，勿之敢数。其习之于己者，久而渐熟，与得之于天者，合成自然，则原其本然之性，圣贤固与我无异。全其继起之修，我亦可与圣贤同归。此克己之全功，复礼之归宿也。"茅星来《集注》："克，能也。'克念'，《书·多方》篇所谓'惟狂克念作圣'也。'战兢'，《诗·小旻》篇所谓'战战兢兢'也。战战，恐惧；兢兢，戒谨。"

5·4　《复》之初九曰："不远复，无祗悔，元吉。"《传》曰：阳，君子之道，故《复》为反善之义。初，《复》之最先者也，是不远而复也 ①。失而后有复，不失则何复之有？惟失之不远而复，则不至于悔，大善而吉也 ②。颜子无形显之过，夫子谓其庶几，乃"无祗悔"也。过既未形而改，何悔之有 ③？既未能"不勉而中" ④，"所欲不逾矩" ⑤，是有过也。然其明而刚，故一有不善，未尝不知；既知，未尝不遽改，故不至于悔，乃"不远复"也。学问之道无他也，惟其知不善，则速改以从善而已。

【译文】

《复卦》初九爻辞说："出外不远就返回，没有大的悔恨，大吉利。"程颐《易传》说：阳爻是君子之道的体现，因此《复卦》

的含义就是返回善道。初爻,是阳之复生在最前的《复卦》第一
爻,是离开不远而能复返之象。失去然后才能有所谓回复,没有
失哪里有复?只有离失善不远而能回复到善,就不至于悔恨从
而保全善,因此大善大吉。颜回没有明显的过失,因此孔子说他
差不多是道德楷模了,(达到这种高度)就是"无祇悔"。过失
还没有表现出来就改正,怎么还会有悔恨呢?既然不能达到"不
用勉强努力就能符合中道",还不能像孔子说的"顺从心的欲望
不越出规矩",还是有过失。然而只要人能明白事理,刚正果决,
所以就能一发现不善的行为,不曾不知道;已经知道不善,就不
会不马上改正,所以就不至于悔恨。这就是"不远复"。治学问
的方法没有什么其他的,唯一的要求是一旦知道不善,就立刻改
正,从而使自己向善从善罢了。

【注释】

① 此条出《周易程氏传》卷二《复传》。叶采《集解》云:"阳往为剥,
阳来为复。《复卦》乃善之返,初爻乃《复》之先,过而先复,是不远而复
也。"不远复:没走多远就回归。祇(zhī):大也、至也。祇,古籍常与
"只"混用。反:同"返"。

② "失而后有复"等五句:叶采《集解》谓:"人必有所失而后有所
复,既有失则不能无悔。惟未远而复,故不至于悔,乃元吉也。"

③ "颜子无形显之过"等五句:张伯行《集解》云:"《复》之初九,惟
颜子足以当之。颜子地位高,平日从克己复礼用功,偶有无心之过,不待
形于身、显于事而后能复于无过。故'夫子谓其庶几,乃无祇悔也'。庶
几,近辞,言近道也。夫过而能改即为无过,况未形而改,何悔之有?"

形显：谓形之显著也。夫子谓其庶几：语出《论语·先进》："子曰：'回也其庶乎，屡空。'"又见《易·系辞下》："子曰：'颜氏之子，其殆庶几乎。有不善未尝不知，知之未尝复行也。'"

④ 不勉而中：语出《礼记·中庸》："不勉而中，不思而得，从容中道，圣人也。"勉：勉强努力。

⑤ 所欲不逾矩：语出《论语·为政》："子曰：'吾十有五而志于学，三十而立，四十而不惑，五十而知天命，六十而耳顺，七十而从心所欲不逾矩。"矩：法则，规矩。

5·5　《晋》之上九："晋其角，维用伐邑，厉吉，无咎。贞吝。"①《传》曰：人之自治，刚极则守道愈固，进极则迁善愈速。如上九者，以之自治，则虽伤于厉，而吉且无咎也。严厉非安和之道，而于自治则有功也。虽自治有功，然非中和之德，所以贞正之道，为可吝也②。

【译文】

《晋卦》上九爻辞说："（此爻以阳居上）刚进之极，如王侯可考虑用坚锐之兵，征伐属邑，虽严厉但终将吉利，因此没有过失。但占问的结果是：如此行事十分困难。"程颐《易传》说：人（在仁道上）自我约束，刚正到极点守持仁道就愈稳固，积极奋进到最高程度向善、从善就更加迅速。如《晋卦》上九爻辞所说的，用这个方法自我约束，那么虽然过于严厉，却能吉利而没有过失。严厉不是安定中和之道，但对于自我约束则是有功效的。尽管严厉对于自我约束有其功效，但并不是中和之德。因此，要依赖严厉的自我克治来达到纯正的仁道境界，是有困难的。

【注释】

①此条出《周易程氏传》卷三《晋传》。叶采《集解》云："以阳居上，刚之极也。在《晋》之终，进之极也。刚进之极，动则为过，惟可用之以自伐其邑。伐邑，内自治也。以是自治，则守道固而迁善速。虽过于严厉，吉且无咎。"晋：进。角：茅星来《集注》谓："角，刚而居上之物。"维：考虑。厉：严厉。咎：过失。吝：难。

②"虽自治有功"等四句：叶采《近思录集注》云："刚进之极，有乖中和，终为疵吝。"中和之德：即儒家之"至德"。《周礼·师氏》谓"以三德教国子，一曰至德，以为道本。"郑玄注云："至德，中和之德，覆焘持载，含容者也。孔子曰：中庸之为德，其至矣乎。"中和之德，本于天地。又详见1·3条及1·3条注①。

5·6　《损》者，损过而就中，损浮末而就本实也。天下之害，无不由末之胜也。峻宇雕墙，本于宫室；酒池肉林，本于饮食；淫酷残忍，本于刑罚；穷兵黩武，本于征讨。凡人欲之过者，皆本于奉养，其流之远，则为害矣。先王制其本者，天理也；后人流于末者，人欲也。《损》之义，损人欲以复天理而已。①

【译文】

《损卦》的基本含义，是减少过失而趋向中正，减少虚浮的末流以成就根本实在的价值。天下的祸害，没有不是由于虚浮末流的东西泛滥造成的。高峻的宫宇和雕饰精美的宫墙，本源于可以避风雨的宫室；酒如池肉如林的穷奢极欲，本源于可以免饥渴的饮食；淫刑和酷虐的残民之政，本源于制驭天下的刑罚；穷尽全部兵力以事战争，贪黩无节以逞武功，本源于（统一天下的）征讨。大凡人欲超越限制，都是由贪婪无度的享受欲望造成的，这种流弊影响深远，就为害极大了。先王确立安身立命的根本，是天理。后人舍本而流于末，是人欲。《损卦》的意义，即是减少人欲来恢复天理。

【注释】

①　此条出《周易程氏传》卷三《损传》。张伯行《集解》解此段云："此因《损》之卦义以垂戒也。损，减省也。天下有当损而损者，凡事起初皆是天理应如此，本无过不及而得其中，后来私意日增，遂流于过，过则皆为人欲之私矣。故程子以为'损者，损过而就中'，正是'损浮末而就本实也'。末未有不浮者，本未有不实者，故并言之。因极推末盛之害，如宫室、饮食、刑罚、征讨之类。"浮末：指虚浮的非根本的无价值的末流的东西。末，与本相对。酒池肉林：《史记·殷本纪》："（帝纣）大聚乐戏于沙丘，以酒为池，县（悬）肉为林，使男女裸相逐其间，为长夜之饮。"后人常用"酒池肉林"形容生活奢侈，纵欲无度。

5·7　夫人心正意诚①，乃能极中正之道，而充实光辉。若心有所比，以义之不可而决之，虽行于外，不失其中正之义，可以无咎，然于中道未得为光大也。盖人心一有所欲，则离道矣。故《夬》之九五曰^②："苋陆夬夬^③，中行无咎。"《象》曰："中行无咎，中未光也。"^④夫子于此，示人之意深矣。

【译文】

人内心纯正，意念真诚，就能达到最高的中正之道，从而使其内心德性充实而辉煌的品格显扬于外。如若人心不够纯正与不善有所比附，根据义理不被允许的事情反而与之决断，尽管这样外在行事，可能不失中正之义，可以没有大的过失，然而中正之道却不能发扬光大。因为人内心只要一有私欲存在，离天道就远了。因此，《夬卦》的九五爻辞说："感受阴气很多的马齿苋决而又决，行中正之道，没有大的过失。"《象辞》说："行中正之道，没有大的过失，但中正之道并没有被发扬光大。"孔子在这个问题上，警示人们的意义是十分深远的。

【注释】

① 此条出《周易程氏传》卷三《夬传》。《夬》：六十四卦卦名之一。夬，音 guài。心正意诚：谓内心纯正，意念真诚。语出《礼记·大学》："物格而后知至，知至而后意诚，意诚而后心正，心正而后身修。"

② 九五：《夬卦》九五爻辞。

③ 苋（xiàn）陆：《夬卦》："苋陆夬夬，中行无咎。"张伯行《集解》以为："苋陆，今马齿苋，感阴气之多者。夬夬，决而又决。"

④ "中行无咎，中未光也"：光：借为广。意谓中正之行，则无咎；但中正之行仅得无咎，以其中正之行犹未广大也。

5·8　方说而止,《节》之义也。①

【译文】

正在喜悦的时候,该停止就停止,这正是《节卦》的含义。

【注释】

①此条出《周易程氏传》卷四《节传》。《节》:六十四卦卦名之一。其卦☱☵,《兑》上、《坎》下。张伯行《集解》谓:"此释《节》之卦义也。节,有限而止也。……人情说便易流,惟说而能止,方无放纵淫佚之失,而合于天理,当于人情,此《节》之义也。非勇于自克者,其孰能之。"说:悦也。

5·9　《节》之九二,不正之节也①。以刚中正为节,如惩忿窒欲,损过抑有余,是也。不正之节,如啬节于用,懦节于行,是也②。

【译文】

《节卦》九二爻辞上说的"不出门庭,凶",是不正的节制。正的节制应当体现刚毅中正,如戒止忿怒,堵塞贪欲,减少过失,抑制有余,这是正的节制。不正的节制,如在日用上过分吝啬,在行事上过分怯懦,这是不正的节制。

【注释】

①此条出《周易程氏传》卷四《节传》。《节》之九二:指《节卦》

九二爻辞，即"不出门庭，凶。"意谓卜筮遇此爻，杜门不出，也有凶险。杨伯峼原注云："九二：'不出门庭，凶。'《象》曰：'不出门庭，失时极也。'二虽刚中之质，然处阴居说而承柔。处阴，不正也。居说，失刚也。承柔，近邪也。失其刚中之德，所以为不正之节也。"

②"以刚中正为节"等八句：叶采《集解》曰："'惩忿窒欲，损过抑有余'者，节其过以就中，此刚中正之节也。节于用而为吝啬，则于用有不足；节于行而为柔懦，则于行有不足。此不正之节，九二是也。"

5·10　人而无克伐怨欲，惟仁者能之。有之而能制其情不行焉，斯亦难能也，谓之仁则未可也①。此原宪之问②，夫子答以知其为难，而不知其为仁也，此圣人开示之深也。

【译文】

作为一个人而没有好胜、自夸、怨恨、贪欲四种毛病，只有仁德高尚的人能做得到这些。假如有这些毛病却能通过克治工夫抑制这些情绪不使它们表现出来，这就很难能可贵了，（即使达到这样的程度）但说此人已达到了仁的境界也不可以。这是《论语·宪问》的提问。（对原宪提问）孔子回答说了解他能够克制好胜、自夸、怨恨、贪欲等毛病难能可贵，而没有回答他这样做就达到了仁，这是圣人给我们的深远启发啊！

【注释】

①此条出《周易程氏传》卷四《节传》。"人而无克伐怨欲"等五句：

语见《论语·宪问》:"宪问耻。子曰:'邦有道,谷;邦无道,谷,耻也。''克伐怨欲不行焉,可以为仁矣?'子曰:'可以为难矣,仁则吾不知也。'"这里程颐因孔子答原宪问而发明之。谷:此指俸禄。杨伯峻原注云:"克,好胜;伐,自矜;怨,忿恨;欲,贪欲。"

②原宪:春秋鲁国人,一说宋国人,字子思,又叫原思,孔子学生。

5·11　明道先生曰:义理与客气常相胜 [①],只看消长分数多少,为君子、小人之别。义理所得渐多,则自然知得客气消散得渐少,消尽者是大贤。

【译文】

程颐先生说:义理与表现为外在形气的私欲常常互争胜负,只要看一看二者彼此消长的多少,就能判定君子与小人的区别。义理积累越来越多,那么自然就会了解私欲逐渐消散和减少。私欲全部消尽的人,就是大贤人。

【注释】

①此条出《河南程氏遗书》卷一《端伯传师说》。义理与客气常相胜:张伯行《集解》云:"义理者,天命之本然;客气者,行气之使然。天命怙于行气之私,其势常相胜而跌消长。"茅星来《集注》曰:"客气者,血气也,以其非心性之本然,故曰客气。"江永《集注》谓:"如克、伐、怨、欲、骄、吝之类,皆客气。"客气:即表现为外在形气的私欲。

5·12　或谓:人莫不知和柔宽缓,然临事则反至于暴厉。曰：只是志不胜气，气反动其心也。①

【译文】

有人问：人们没有不知道为人应该平和、温柔、宽厚、从容的，然而一遇到事情就反而变得暴厉，（这是为什么呢？）程颢回答说：这只是因为意志不能战胜情绪，情绪反而动摇了本心造成的。

【注释】

①此条出《河南程氏遗书》卷一七《伊川先生语三》。江永《集注》曰："不能持志，则客气用事，故多暴厉；能持其志，则不为气所胜，而临事自然从容。"气：客气、情绪。

5·13　人不能祛思虑，只是吝，吝故无浩然之气。①

【译文】

人之所以不能祛除闲思杂念，只是因为气量狭小，气量狭小的人本来就没有浩然之气。

【注释】

①此条出《河南程氏遗书》卷一五《入关语录》。茅星来《集注》云："祛，攘却也。不能祛思虑是病，吝乃其致病之本也。吝则心胸狭隘，私意缠扰，故无浩然之气。"祛（qū）：除去也。吝：吝啬，此指气量狭小、视野浅陋。

5·14 治怒为难，治惧亦难。克己可以治怒，明理可以治惧。^①

【译文】

消除忿怒很难，消除恐惧也很难。克制自己可以消除忿怒，明白事理可以消除恐惧。

【注释】

① 此条出《河南程氏遗书》卷一《端伯传师说》。叶采《集解》曰："怒，气盛则不能自遏；惧，气怯则不能自立，故治之皆难。然己私既克，则一朝之忿有所不作矣；物理既明，则有临事而惧有所不动矣。"

5·15 尧夫解"他山之石，可以攻玉"^①：玉者温润之物，若将两块玉来相磨，必磨不成，须是得他个粗砺底物，方磨得出。臂如君子与小人处，为小人侵凌^②，则修省畏避，"动心忍性"^③，增益预防，如此便道理出来。

【译文】

邵雍解释"他山之石，可以攻玉"说：玉是质地温润的物品，如果拿两块玉来相互磨砺，一定磨不成器型，必须要另外拿一块粗糙的东西来与玉相磨砺，才能把玉磨砺出光亮晶莹的器型。就如同君子与小人相处，（君子）必为小人侵犯和欺侮，那么（君子）就要谨慎地修省自己，避免过失，激励自己的心志，磨炼自己的性情，增加自己的才能，来预防（小人可能带来的祸患），像这样去做，一个君子的道和理就真正成长起来了。

【注释】

①　此条出《河南程氏遗书》卷二上《元丰己未吕与叔东见二先生语》。邵雍（1011—1077），字尧夫，谥康节。河南（今洛阳）人。北宋著名学者，与司马光等从游甚密。其宇宙构造图式象数之学对后世易学有较大影响，著作有《皇极经世》等。"他山之石，可以攻玉"：语出《诗·小雅·鹤鸣》："鹤鸣于九皋，声闻于天。鱼在于渚，或潜在渊。乐彼之园，爰有树檀，其下维谷。他山之石，可以攻玉。"意谓粗砺的石头可以磨玉，使之更加晶莹。

②　侵凌：侵犯，欺侮。

③　动心忍性：语出《孟子·告子下》："天将降大任于是人也，必先苦其心志，劳其筋骨，饿其体肤，空乏其身，行拂乱其所为，所以动心忍性，曾益其所不能。"动：高扬、激励。忍：磨炼。

5·16　目畏尖物，此事不得放过，便与克下。室中率置尖物，须以理胜他，尖必不刺人也，何畏之有？ ①

【译文】

眼睛畏惧尖锐的东西（因为它可以刺人），这种（尖锐的东西可以刺人的）心理不能放过，必须克服掉这种心理。居室内就直接放置尖锐的东西，一定要用理性的态度看待和战胜它，尖锐的东西必定不会刺人，（既然如此）又有什么可以畏惧的呢？

【注释】

①此条出《河南程氏遗书》卷二下《附东见录后》。叶采《集解》谓："人有目畏尖物者，明道教以室中率置尖物，习见既熟则不复畏之矣。克己之功，类当如是。"率：径直。

5·17　明道先生曰：责上责下，而中自恕己，岂可任职分？①

【译文】

程颢先生说：责怪上司又责备下属，而其中却独宽恕自己，这样的人，怎么能够担当职责呢？

【注释】

①此条出《河南程氏遗书》卷五《二先生语五》。张伯行《集解》曰："'以责人之心则己，则尽道'。盖己之职分，所当任者，尽不容恕。己不自责，而暇为人责，是忧上下之忧，而不知忧己之忧，岂可谓任职分哉？职分所该者广，不必专以居位守官言也。"

5·18　"舍己从人"①，最为难事。己者我之所有，虽痛舍之犹惧守己者固②，而从人者轻也。

【译文】

"舍弃自己（的私念）而遵从别人（正确的意见）"，是最为困难的事情。"己"，是为小我所独有的东西，虽然有的人（看上去）能痛舍自己的私念，但还是因为坚守自己的私心而固执不化，（舍去私念的）想法就失守了，所以遵从别人的意见往往勉强轻缓。

【注释】

① 此条出《河南程氏遗书》卷九《少日所闻诸师友说》。舍己从人：语出《尚书·大禹谟》："稽于众，舍己从人。"《孟子·公孙丑上》引申云："禹闻善言则拜。大舜有大焉，善与人同，舍己从人，乐取于人以为善。"张伯行《集解》谓："孟子称大舜舍己从人，盖其大公之心，善与人同，成见忘而行迹化，若学者，则未免胸中为一'己'字罣碍，斤斤以为我之所有，虽痛舍之犹有沾滞，惧其守己者固执不化，从人者勉强轻缓也。然闻义能徙，由勉几安，则亦无难于舍而从之矣。"

② 惧：通"瞿"，失守貌。

5·19　"九德"最好。①

【译文】

《尚书·皋陶谟》上所说的九种德行，是最好的德行。

【注释】

① 此条出《河南程氏遗书》卷七《二先生语七》。九德：《尚书·皋陶谟》："皋陶曰：'都！亦行有九德，亦言其人有德，乃言曰载采采。'禹曰：'何？'皋陶曰：'宽而栗、柔而立、愿而恭、乱而敬、扰而毅、直而温、简而廉、刚而实、强而义，彰厥有常，吉哉！'"杨伯嵒原注引吕祖谦

释"九德"云："东莱曰：'大率人宽而多失之阔略，须是宽中又自有整齐处。人柔多失之委靡，须是柔中又自有卓立处。人愿则做事谨悫，耻言人过，与人交多不尽情，凡人有不是处便不敢说，彼必自以为恭。殊不知责难于君，谓之恭；待人不以诚，实乃为不恭之大者。乱者，能治乱之人，必恃才作为，大则为鲧，小则为盆成括，须是加之以敬，则处事必当。扰者能惯熟其事，才恃其能，惯熟其事，便把事做慢看了，反失之犹豫不决，当加果毅之工夫。直者多失于讦，须是养之以温。简者多失之卤莽，须是有圭角廉隅。刚者多不充实其内，便是血气之刚，如枨也欲焉得刚，则不可谓之刚。惟刚而能塞，如孟子至大至刚，浩然之气塞乎天地。强者，多失于勇而无义以为乱，惟有义，如孟子之勇于义。'"

5·20 饥食渴饮，冬裘夏葛，若致些私吝心在，便是废天职。①

【译文】

饿了吃饭、渴了喝水，冬天穿皮衣、夏天穿葛衣，（本是顺应自然，人间天职）。假如（在顺应天职过程中）把私吝贪欲之心放入，便是废弃了人之为人的自然天职。

【注释】

① 此条出《河南程氏遗书》卷六《二先生语六》。《朱子语类》卷九六："问：'饥食渴饮，冬裘夏葛'，何以谓之天职？曰：'这是天教我如此。饥便食，渴便饮，只得顺他。穷口福之欲便不是。盖天只教我饥便食，渴便饮，何曾教我穷口福之欲。'"裘：皮衣。葛：纺织品，用丝、棉线

或麻线织成。裘、葛，此处均作动词用。

5·21　猎，自谓今无此好。周茂叔曰："何言之易也？但此心潜隐未发，一日萌动，复如前矣。"后十二年因见，果知未也。[1]（旧注：一本注云：明道先生年十六七时好田猎。十二年暮归，在田野间见田猎者，不觉有喜心。）

【译文】

（我年轻时喜欢）打猎，自认为现在已没有这种嗜好了。周敦颐说："你说这件事怎么如此容易呢？你内心的这个嗜好只是沉潜下来隐而不发罢了，一旦有一天心意萌动，又会和从前一样。"这之后十二年看见别人打猎，我果然感知到喜欢打猎之心并没有彻底根除。（旧注：另一本注解说：程颢先生年龄十六七岁时喜好田猎。十二年后暮年归乡，在田野间看见田猎的人，不知不觉间感到仍有喜好田猎之心。）

【注释】

[1] 此条出《河南程氏遗书》卷七《二先生语七》。张伯行《集解》云："此程子以身示教，见治心不可不密也。""盖病症虽治，病根未除，潜藏隐伏，有所触时不免复发。故程子'自谓今无此好'，而周茂叔窥其隐而示之。非周子用功之深，不知其不可易言，非程子治心之密，亦不能随在省察，学者所当警也。"见：谓见田猎者。未也：指不觉有喜心而言。

5·22　伊川先生曰：大抵人有身，便有自私之理，宜

其与道难一。^①

【译文】

程颐先生说：大抵人有了耳目鼻口四肢，便有了私己的欲望，这正是人很难与纯粹的天道合一的道理。

【注释】

①此条出《河南程氏遗书》卷三《谢显道记忆平日语》。叶采《集解》谓："人有耳目鼻口四肢，自然有私己之欲，惟能克己然后合天理之公。"

5·23　罪己责躬不可无，然亦不当长留在心胸为悔。^①

【译文】

（人有过失）怪罪自己、自我自责，不能没有。然而也不要把这些过失长久地留存在心里总是悔恨不已。

【注释】

①此条出《河南程氏遗书》卷三《谢显道记忆平日语》。张伯行《集解》曰："有过自责，君子克治之学也，岂可无乎？然有不是处便改，改后不复行心胸，向前上去尽好商量。若已往之失长留为悔，则应酬之间，反为系累，是深学问？"

5·24　所欲不必沉溺，只有所向便是欲^①。

【译文】

人有欲求的东西,但一定不能沉溺其中。只要有被私欲牵惹的倾向便是私欲作怪了。

【注释】

①此条出《河南程氏遗书》卷一五《入关语录》。张伯行《集解》谓:"所欲如口目耳鼻四肢之欲,岂人所能无? 然多而不节,未有不失其本心者,故不必沉溺于其中始为非理之正。只一念之差,偏有所向被他牵惹,即已是欲,不可不克治也。"

5·25　明道先生曰:子路亦百世之师。①

【译文】

程颢先生说:子路也是我们百世的师表。

【注释】

①此条出《河南程氏遗书》卷三《拾遗》。叶采《集解》云:"闻过而喜,则好善也成,改过也速。子路以兼人之勇,而用之于迁善改过,其进德也,庸可既乎? 是足为百世师矣。"张习孔《传》谓:"举子路以见诸贤故著一'亦'字。"仲由(前542—前480):鲁国卞(今山东泗水)人。姓仲氏,名由,字子路,一字季路。子路为人伉直,好勇力,曾跟随孔子周游列国,系孔门七十二贤之一,也为"孔门十哲"之一,受儒家崇祀。《孟子·公孙丑上》:"孟子曰:子路,人告之以有过则喜。"

5·26　人语言紧急，莫是气不定否？曰：此亦当习，习到言语自然缓时，便是气质变也。学至气质变，方是有功^①。

【译文】

有人问：人说话紧张急促，不正是心气不稳定吗？程颢回答说："这样也就应当学习了，学习到说话自然和缓时，气质便发生了变化。能够通过学习达到气质变化，才能说这样学习有了功效。"

【注释】

①此条出《河南程氏遗书》卷一八《刘元承手编》。气质变：张习孔《传》云："气质变，则可以验性情，故曰有功。"

5·27　问："不迁怒，不贰过"，何也？《语录》有怒甲不迁乙之说，是否？伊川先生曰：是。曰：若此则甚易，何待颜子而后能？曰：只被说得粗了，诸君便道易，此莫是最难？须是理会得因何不迁怒。^①如舜之诛四凶^②，怒在四凶，舜何与焉？盖因是人有可怒之事而怒之，圣人之心本无怒也。譬如明镜，好物来时便见是好^③，恶物来时便见是恶，镜何尝有好恶也？世之人固有怒于室而色于市^④，且如怒一人，对那人说话能无怒色否？有能怒一人而不怒别人者，能忍得如此，已是煞知义理。若圣人因物而未尝有怒，此莫是甚难？君子役物，小人役于物。今见可喜可怒之事，自家著一分陪奉他，此亦劳矣。圣人之心如止水。

【译文】

有人问："不迁怒，不贰过"，这句话怎样解释？您《语录》上说对甲发怒，不迁移到乙身上出气，是不是呢？程颐先生说：是的。又问：假如像这样"不迁怒"就很容易了，但为什么要等到颜回这样的贤者出现后才能做到呢？程颐说：只是在《语录》上被我解释得比较粗浅了，各位不要看得太容易了，这个问题难道不是最难做到的？必须仔细理解和体会的是因为什么"不迁怒"。例如，舜帝剪除共工、驩兜、三苗、鲧四位罪人，是舜帝对四凶罪恶的愤怒，舜帝有什么私念掺杂其间呢？是因为四凶有导致他发怒的事情才让舜帝感到愤怒。圣人的本心，本来没有怒意的。就如同明亮的镜子，美好的东西照出来便看到他的美好了，丑恶的东西照出来便丑恶了。镜子本身何尝有美好和丑恶呢？世上有的人，本来在家里发怒，却在公共场所表现出来。更何况对一个人发怒，对他说话时能做到脸无怒色吗？有对一个人发怒，却不把怒色强加于其他人的人，能隐忍和控制到这种程度，已经是特别懂得义理了。至若圣人因事情该怒才怒，但本心又未有怒意，这难道不是非常难以做到的吗？君子控制外在事物，小人被外在事物控制。现在如果看见可喜或可怒的事情，自己就加一分喜怒等情感掺杂进去，这样也就太劳累了。圣人的心无比宁静就像静止的水一样。

【注释】

① 此条出《河南程氏遗书》卷一八《刘元承手编》。叶采《集解》云："怒甲而不迁其怒于乙。概而观之，则禀性和平者，若皆可能。然以身验其实，而求其所以不迁怒之由，则非此心至虚至明。喜怒各因乎物，举无一毫之私意者，殆未易勉强而能也。"不迁怒，不贰过：参见 2·1 条注 ④。

② 四凶：参见 4·27 条注 ②。

③ 见：同"现"。

④ 怒于室而色于市：茅星来《集注》解谓："'怒于室'句，见《春秋左传》令尹子瑕言蹶由于楚子之语。原文作'室于怒，市于色'，杜注谓'忿于室家而作色于市人'也。《韩策》周最亦有此语，盖当时方俗言也。"

5·28　人之视最先。非礼而视，则所谓开目便错了。次听、次言、次动，有先后之序^①。人能克己，则"心广体胖"^②；仰不愧，俯不怍，其乐可知，有息则馁矣^③。

【译文】

（人的视听言动四者中）最先表现出来的是"视"。不符合礼的事也要看，那么，这就是所说的一睁眼就错了。"视"后其次是听，再次是言、动，四者有先后顺序。人如若能克治自己，就会心胸宽广，体貌安详；仰起头来看看觉得对天无愧，低下头去想想觉得不愧于别人。（这样的境界）自己的欢乐是可想而知的。如若克己工夫稍有停息，那人就如饥饿一样中气不足了。

【注释】

　　① 此条出《河南程氏外书》卷三《陈氏本拾遗》。"人之视"等五句：语本《论语·颜渊》："非礼勿视，非礼勿听，非礼勿言，非礼勿动。"茅星来《集注》谓："《洪范》以人生本然者而言，故先貌、次言、次视、次听。夫子以日用当然者而言，故先视、次听、次言、次动，犹《易》八卦方位之有先后天也。"

　　② 心广体胖：参见 4·30 条注 ②。

　　③ "仰不愧"等四句：张伯行《集解》云："不能合乎天理之本然，俯仰自有愧怍，愧怍便不得乐。乐之真不流行于心体之间，而有一息之间断，则以行之不慊，致气不充而馁矣。"《孟子·尽心上》："孟子曰：'君子有三乐，……仰不愧于天，俯不怍于人，二乐也，……。'"怍（zuò）：惭愧意。馁：饥饿、丧气。

5·29　圣人责己感也处多，责人应也处少。①

【译文】

　　圣人责备自己从而使别人感发的地方多，责备别人来呼应自己的地方少。

【注释】

　　① 此条出《河南程氏外书》卷七《胡氏本拾遗》。张伯行《集解》解此条曰："人己之间，有感有应，然必我先有以感乎彼，而彼乃有以应乎我。若徒责人之应而不自责其所以感之之道，薄于本而厚望于末，无是理也。所以圣人责己处多，责人处少，非故为长厚之行也，揆之感应之理

当如是耳。是故己所不欲,勿施于人,行有不得反求诸己,自尽其所为感,不问其应不应,及其归也,其应如响矣。"

5·30　谢子与伊川先生别一年^①,往见之。伊川曰：相别又一年,做得甚工夫? 谢曰：也只去个"矜"字^②。曰：何故? 曰：子细点检得来,病痛尽在这里。若按伏得这个罪过,方有向进处^③。伊川点头,因语在坐同志者曰：此人为学,切问近思者也^④。

【译文】

谢良佐与程颐先生分别一年后,去拜见程颐。程颐问：(我们)分别又一年了,(这期间你)在学问方面做了些什么工夫呢? 谢良佐回答说：也只不过是戒除了一个"矜"字。程颐问：为什么呢? 谢良佐说：我仔细考察反省自己,发现我毛病的根源都在这一点上,如若能抑制了这一罪过,学问才能有进步的地方。程颐点头(赞同),并对在坐的同道们说：谢良佐这个人做学问,能恳切地提问题,并思考当前需要解决的实际问题。

【注释】

①　此条出《河南程氏外书》卷一二《传闻杂记》。谢子：即谢良佐,参见2·27注②。

②　也只去个"矜"字：叶采《集解》："胡文定公问上蔡：'矜字罪过,何故恁地大? ' 谢曰：'今人做事,只管要夸耀别人耳目,浑不关自家受用事。有底人食前方丈,便向人前喫,只蔬食菜羹,却去房里喫。为甚恁

地？'愚谓，充谢子为己之学，则一切外物皆不足以动其心矣。"矜：自尊自大。

③ "子细点检"等四句：张伯行《集解》谓："矜者夸张务大，是为人之学。不知省察者，看做没要紧，仔细检点，百般病痛都从此处挂根，须著实克治，按得此心住，伏得此心下，免这个罪过，才是为己不为人，可以向进上去。"子细：仔细。点检：犹言考察。按伏：抑制。

④ 切问近思：语出《论语·子张》，参见 2·43 注 ②。

5·31 思叔诟骂仆夫。伊川曰：何不动心忍性？思叔惭谢 ①。

【译文】

张绎辱骂仆夫。程颐说：你为什么不磨炼你的心志，坚韧你的性情呢？张思叔十分惭愧，表示认错谢罪。

【注释】

① 此条出《河南程氏外书》卷一二《传闻杂记》。张绎（1071—1108），字思叔，河南府寿安（今宜阳县）人。北宋著名乡贤，卒赠翰林学士。张绎与洛阳人尹焞为程颐晚年所收的两个弟子，张绎曾整理二程著作，并撰有《明德录》。诟（gòu）骂：辱骂。仆夫：驾驭车马的仆人。

5·32 见贤便思齐 ①，有为者亦若是；不贤而内自省，盖莫不在己 ②。

【译文】

　　看见贤人便想向他看齐,有作为的人也都如此做;看见不贤的人就从内心反省自己,因为(不贤人的过失)没有不在自己身上体现的。

【注释】

　　① 此条出《河南程氏外书》卷二《朱公掞问学拾遗》。见贤便思齐:语出《论语·里仁》:"子曰:'见贤思齐焉,见不贤而内自省也。'"

　　② 莫不在己:江永《集注》:"谓反躬自省,人之不善,己皆有之也。"

　　5·33　横渠先生曰:湛一①,气之本;攻取,气之欲。口腹于饮食,鼻口于臭味②,皆攻取之性也③。知德者"属厌而已"④,不以嗜欲累其心,不以小害大、末丧本焉尔。

【译文】

　　张载先生说:"清湛纯一是气的本质,攻取占有是气的欲望(的外在表现)。口腹对于饮食,鼻口对于气味,都是攻取占有的气质之性。有德行的人"满足欲望适可而止",他们不会因为对欲望的过分偏好而牵累本心,不会以小来害大,以末来害本。

【注释】

　　① 此条出张载《正蒙·诚明篇第六》。湛一:谓清湛纯一。

　　② 臭(xiù):气味。

　　③ 性:指气质之性。

④ 属厌而已：指适可而止，无贪心。语出《左传·昭公二十八年》："愿以小人之腹，为君子之心，属厌而已。"杜预注："属，足也。言小人之腹饱，犹知厌足，君子之心亦宜然。"厌：饱也。

5·34　纤恶必除，善斯成性矣。察恶未尽，虽善必粗矣。①

【译文】

再细小的恶也必须彻底根除，（除去恶）善这个东西才能最终恢复为人的本然天性。如果明察自己身上的恶不够详尽，即使要为善，也一定是粗疏不纯的。

【注释】

① 此条出张载《正蒙·诚明篇第六》。杨伯喦原注云："少成若天性，习惯如自然，故曰'纤恶必除，善斯成性矣'。善恶不两立，出彼则入此，故曰'察恶未尽，虽善必粗矣'。"成性：叶采《集解》谓："'成性'者，全其本然之天。"

5·35　恶不仁，故"不善未尝不知"，徒好仁而不恶不仁，则习不察、行不著①。是故徒善未必尽义，徒是未必尽仁，好仁而恶不仁，然后尽仁义之道②。

【译文】

人憎恶不仁的事，所以"不善的事不会不被知道"，如若人只爱好仁，而不憎恶不仁，就不能明察自己所习之理是否正确、所行之事是否显明（其所当然）。因此，只讲善未必能够尽义，只讲义（恶不仁）未必能够尽仁。只有既爱好仁又憎恶不仁，这样才可以尽仁义之道。

【注释】

① 此条出张载《正蒙·中正篇第八》。"恶不仁"等五句：叶采《集解》云："人能恶不仁，则其察己也精，有不善必知之矣。苟徒知仁之可好，而不知不仁之可恶，则所习者或未之察，所行者或未之明，虽有好仁之心，而卒陷于不仁而莫之觉矣。"不善未尝不知：语出《周易·系辞下》："子曰：颜氏之子，其殆庶几乎？有不善未尝不知，知之未尝复行也。《易》曰：'不远复，无祗悔，元吉。'""好仁"与"恶不仁"：语出《论语·里仁》："子曰：'我未见好仁者，恶不仁者。好仁者，无以尚之；恶不仁者，其为仁矣，不使不仁者加乎其身。有能一日用其力于仁矣乎？我未见力不足者。盖有之矣，我未之见也。'"张绍价《集义》："好仁，仁也。恶不仁，义也。"

② "是故徒善未必尽义"等四句：张伯行《集解》谓："盖仁为元善，而仁之中有义。义，所以裁决是非者也。若徒好仁而不恶不仁，则虽有向善之心而无裁决之明，岂能尽义？不尽义则无以别其为非，徒见为是，此心未必悉当乎理，岂能尽仁？仁与义合一，而后仁之道尽；好与恶并用，而后仁义之道尽。"

5·36　责己者，当知无天下国家皆非之理，故学至于"不尤人"，学之至也。①

【译文】

　　能够自责的人，因为他应该知道没有天下国家其他所有人都错的道理。因此治学的人能达到孔子说的"不责备他人"，这是治学的最高境界。

【注释】

　　①此条出张载《正蒙·中正篇第八》。张伯行《集解》云："不责己者，多要非人。苟知所以责己，则不惟可以情恕，可以理遣。实自家有不是处，断无天下国家皆非之理，将惴惴求免人尤之不暇，而敢尤人乎哉！故学至于不尤人，真能密操存、公物我，而为学之至者也。"不尤人：语出《论语·宪问》："子曰：'莫我知也夫！'子贡曰：'何为其莫知子也！'子曰：'不怨天，不尤人。下学而上达，知我者其天乎！'"尤：抱怨、指责、责备。

　　5·37　有潜心于道，忽忽为他虑引去者，此气也。旧习缠绕，未能脱洒，毕竟无益，但乐于旧习耳^①。是故古人欲得朋友与琴瑟简编，常使心在于此。惟圣人知朋友之取益为多，故乐得朋友之来^②。

【译文】

　　有立志于潜下心来追求道的人，内心却飘忽不定，常常被一些不相干的闲思杂念牵引，这是气（战胜志的结果）。（此种人）旧习常常缠绕在身，不能洒脱自如，最终反而（对追求道）无益，只无非是乐于沉溺旧习惯罢了。因此，古人希望得到朋友的善责，音乐的陶冶，书籍的指导，他们常常会把自己的心志专注在这些东西上面。只有圣人知道从朋友身上能获得很多益处，因此，对朋友自远方来，会感到快乐。

【注释】

① 此条出张载《拾遗·近思录拾遗》。"有潜心于道"等七句：茅星来《集注》曰："潜心于道者，义理之良心也。他虑，如出见纷华而悦之类。气，即所谓客气也。旧习，亦此气之习熟者也。脱洒，脱然无系累也，犹言除去也。乐于旧习，言以此为乐，虽明知其无益而不能以除去也。"忽忽：飘忽不定貌。

② "是故古人欲得朋友"等四句：叶采《集解》谓："朋友有讲习责善之益，琴瑟有调适情性之用，简编有前言往行之识，朝夕于是，则心有所养而习俗放僻之念不作矣。然三者之中朋友之益尤多，故有朋自远方来所以乐也。"简编：古人或书于简，或书于帛、纸，编次成书，后因泛称书为简、编，或简编合称，如《旧五代史·唐书·明宗纪七》："帝御文明殿受册徽号，册曰……休征备载于简编，徽号过持于谦让。"清代顾炎武《谒夫子庙》诗云："宅有丝竹响，壁有简编留。"乐朋友之来：语出《论语·学而》："有朋自远方来，不亦乐乎？"

5·38 矫轻警惰。①

【译文】

人应该矫正轻浮，警惕懒惰。

【注释】

　　① 此条出张载《经学理窟·气质》。茅星来《集注》云："轻则不能厚重以自持，惰则不能振作而有为。二者为学之大患，故必有以矫之警之，而后可以进于学。"

　　5·39　"仁之难成久矣，人人失其所好。"盖人人有利欲之心，与学正相背驰，故学者要寡欲。①

【译文】

　　孔子说："仁的难以成功，由来已久了！人人都丢失了自己真正崇尚的仁。"因为人人在利上有私欲，（而私欲）与学道求仁正好背道而驰。因此，要学道求仁一定要不断减少自己的私欲。

【注释】

　　① 此条出张载《经学理窟·学大原上》。张伯行《集解》谓："此言求仁之方在于寡欲也。""仁之难成久矣，人人失其所好"：语出《礼记·表记》："子曰：'仁之难成久矣！人人失其所好；故仁者之过易辞也。'"所好：即5·35条所谓"好仁"。

　　5·40　君子不必避他人之言，以为太柔太弱，至于瞻视亦有节。视有上下，视高则气高，视下则心柔，故视国君者，不离绅带之中。学者先须去其客气，其为人刚行，终不肯进。"堂堂乎张也，难与并为仁矣。"①盖目者，人之所常用,且心常托之,视之上下,且试之。己之敬傲,必见于视。所以欲下其视者,欲柔其心也;柔其心,则听言敬且信。^②人之有朋友,不为燕安^③,所以辅佐其仁。今之朋友,择其善柔以相与,拍肩执袂以为气合^④,一言不合,怒气相加。朋友之际,欲其相下不倦,故于朋友之间主其敬者,日相亲与,得效最速。仲尼尝曰:"吾见其居于位也,与先生并行也,非求益者,欲速成者。"^⑤则学者先须温柔,温柔则可以进学。《诗》曰:"温温恭人,惟德之基"^⑥,盖其所益之多。

【译文】

　　君子不必畏避其他人对你的言论,由此认为你过于柔或过于弱(而改变你的心志),(只要一切守持常理)使自己的一瞻一视都符合节度。人的视线有高有低,视线高就往往意气高而轻扬;视线向下,就自然心细气柔。因此,(礼制规定)瞻视国君的视线,不能游离于国君束腰的带子。读书人首先应该戒除(轻傲的)客气,为人过于刚强张扬,(学问)最终也不会进步。曾子说:"子张一副盛气凌人的样子,别人很难和他一起追求仁。"因为眼睛是人最为常用的感觉器官,而且人的心思常常寄托在眼睛上。人的眼睛视线的高低,能够反过来自我验证,以了解自己的态度确实是这个样子。自己的恭敬或傲慢,一定会通过视线表现出来。因此,希望自己的视线放低的人,就要先柔和自己的内心。能够柔和自己的内心,那么就能够以恭敬诚实的态度倾听他人的意见。人们需要朋友的原因,不是为了安适满足,而

是为了相互辅佐仁德之道。现在的朋友，都选择和善温柔的来
与他相交，相互把拍着肩膀、拉扯着衣袖作为意气相合；但只要
稍有一句话不合，便相互怨怒。朋友往来之间，应该做到相互谦
让而不厌倦。因此，在朋友之间如能彼此做到相互敬重，情感就
会一天天更加亲密，也就能最快地获得忠告善道的好处。孔子
曾经说："我看见这个童子坐在不该坐的位子上，又看见他与年
长的人并行，这不是个要求有所进益的人，是个想急于求成的
人。"那么读书人首先应该温和柔顺，温和柔顺就可以学习进步。
《诗经》说："性情温和恭谨的人们，是具备高尚德行的根基。"
因此他获得的益处就更多。

【注释】

　　① 此条出张载《经学理窟·气质》。"君子不必避他人之言"等十三
句：张伯行《集解》谓："此欲人存恭谨之心也。"叶采《集解》云："学者
当去轻傲之气，存恭谨之心。刚行，粗暴也，其为人粗暴必不肯逊志务学，
而亦终不能深造于道。子张气貌高亢，而无收敛诚实之意，故曾子以为
'难于并为仁'也。""故视国君者，不离绅带之中"：茅星来《集注》："'视
国君不离绅带'者，如《曲礼》：'天子视不上于袷，不下于带。国君绥视。
大夫衡视。士视五步。'……张子盖亦约略言之矣。"绅带：古代士大夫
等官史束在衣外的大带。"堂堂乎张矣，难与并为仁矣"：语出《论语·子
张》："曾子曰：'堂堂乎张也，难与并为仁矣。'"堂堂：盛气凌人貌。张：
即子张。颛孙师（前 503—？），字子张，孔门弟子之一，春秋末陈国阳
城（今河南登封）人。颛孙师为"子张之儒"的创始人，子张之儒位列
儒家八派之首。

② "盖目者"等十一句：茅星来《集注》云："此一节明'瞻视亦有节'之意。试之者，欲其反己自验，而有以知其诚然也。"

③ 燕安：燕，通"宴"，安适满足。

④ 袂：袖子。

⑤ "吾见其"等四句：语出《论语·宪问》："阙党童子将命。或问之曰：'益者与？'子曰：'吾见其居于位也，见其与先生并行也，非求益者也。欲速成者也。'"

⑥ "温温恭人，惟德之基"：意为：温和恭谨的好人，根基深厚品德高。语出《诗·大雅·抑》："温温恭人，维德之基。其维哲人，告之话言，顺德之行。"

　　5·41　世学不讲，男女从幼便骄惰坏了，到长益凶狼①。只为未尝为子弟之事，则于其亲已有物我②，不肯屈下。病根常在，又随所居而长，至死只依旧。为子弟，则不能安洒扫应对；在朋友，则不能下朋友③；有官长，则不能下官长；为宰相，不能下天下之贤；甚则至于徇私意，义理都丧，也只为病根不去，随所居所接而长。人须一事事消了病，则义理常胜。

【译文】

　　当今之世为学之道不讲了，（以致世上）男女们从小的时候便被娇纵坏了，到他们长大后，更加变得像狼一样的凶狠。（这并非他们天性变成了这个样子）而只是源于他们从小就未受到洒扫、应对等弟子们应有的良好教育，就是对待他们的父母也一定分出个你我,不肯以谦卑敬重的态度对待父母。他们骄纵怠惰的病根已经常常缠绕在身上,并且随着他们的生活环境不断滋长,甚至到死也仍旧摆脱不了这种病根。作为弟子,不能够安心于洒水扫地和应答回话这样的弟子职分;在与朋友交往方面,自大骄横而不能谦让朋友;有官长在面前,无视礼法规矩不能屈尊尊敬;作为宰相,却不能礼贤天下的贤能;更有甚者,以至于一味徇私,致使义理都丧失殆尽了,原因也只在于骄惰这一病根没有根除,致使他们随着生活环境以及与他人的交接中滋长出来。因此,人们应该通过一个个具体的事消除了这些病根,那么义理自然就会无往而不胜了。

【注释】

①　此条出张载《经学理窟·学大原上》。(按:"世学不讲"至"病根常在",杨伯峻《衍注》析为第十二卷第三十四条,为避免重复,第十二卷不重出。)茅星来《集注》评此条曰:"此又结言克治之道。盖义理常胜,则病根渐去,自不至随所居所接而长矣。上章言学者贵于柔顺谦和,此又就不能柔顺谦和者推其病根,以穷极其流弊。"世学不讲:谓今之世,为学之道不讲也。骄惰:骄纵怠惰。凶狠:似狼一样凶狠。狼,《张子全书》及叶采《集解》、江永《集注》均作"狠"。

②　亲:父母双亲。有物我:犹言分彼此。

③　下:谓屈己下之,或犹敬重、尊敬意。

5·42　凡所当为一事意不过,则推类如此善也;一事意得过以为且休,则百事废。①

【译文】

大凡应该做的一个事情,感觉不圆满而内心有所不安,那么就不要这样去做,并以此类推,把事情做好,像这样就逐渐向善了。做一事以为圆满而心安理得,而且就此罢了,那么所有的事情都会荒废。

【注释】

① 此条出张载《横渠语录》,杨伯嵒《衍注》本原无,叶采、张伯行《集解》等本亦无,今据李文炤《集解》、茅星来《集注》本增补。茅星来《集注》云:"又采此条以发上条末二句未尽之意。意不过,谓心有所未安也。为一事而心有未安,则当以类而推,凡心之有所未安者,皆不可以苟为也。事事如此,周详审慎,自无有不善者矣。若以意所便安,不复求进,则天下之事皆视为不甚经意而有所不为矣,故曰百事废。以上并横渠语。"

近思录卷之六

处家

凡二十二条

6·1　伊川先生曰：弟子之职，力有余则学文^①；不修其职而学文，非为己之学也^②。

【译文】

程颐先生说：“为人弟为人子履行了应履行的（孝悌等）职责和本分，如果还有剩余的精力，就去学习（《诗》《书》、六艺等）文献典籍。如果不修养自己的职责本分，而仅汲汲于（《诗》《书》、六艺等）文献典籍，（这种学）不是圣人说的“为己之学。”

【注释】

①此条出《河南程氏经说》卷六《论语解》。力有余则学文：语出《论语·学而》：“子曰：‘弟子入则孝，出则悌。谨而信，泛爱众，而亲仁。行有余力，则以学文。’”叶采《集解》谓：“为弟为子者，其职在于孝悌而

已。行之有余力，而后可学《诗》《书》、六艺之文。"文：指《诗》《书》等文献典籍。

②为己之学：意为古代学者的目的在于修养自己的道德学问，现在学者的目的是装饰自己，做给别人看。此语出《论语·宪问》："子曰：'古之学者为己，今之学者为人。'"

6·2　孟子曰："事亲若曾子，可也。"未尝以曾子之孝为有余也。盖子之身所能为者，皆所当为也。①

【译文】

孟子说："侍奉父母如果像曾子那样，就可以了。"但孟子并未曾说曾子尽孝只是因为其在食物上回答"还有余"这件事上。因为作为人子自身能够做的事情，都是其本分应该做的事。

【注释】

①此条出《周易程氏传》卷一《师传》。"事亲若曾子，可也"：语出《孟子·离娄上》："曾子养曾晳，必有酒肉。将彻（撤除），必请所与（给），问有余，必曰：'有。'曾晳死，曾元养曾子，必有酒肉。将彻，不请所与；问有余，曰：'亡矣。'将以复进也。此所谓养口体者也。若曾子，则可谓养志也。事亲若曾子者，可也。"

6·3　"干母之蛊，不可贞。"① 子之于母，当以柔巽辅导之②，使得于义。不顺而致败蛊，则子之罪也。从容将顺，岂无道乎？若伸己刚阳之道，遽然矫拂则伤恩，所害大矣，亦安能入乎？在乎屈己下意，巽顺相承，使之身正事治而已。刚阳之臣，事柔弱之君，义亦相近。

【译文】

《蛊卦》九二爻辞说："纠正母亲的过失，不可固执守正。"儿子对母亲来说，应该以柔顺的态度辅助她、开导她，使她的行为能够符合义理。行为不顺而招致失败，就是儿子的罪过。从容顺从，难道就不讲究方法了吗？如果强调自己刚毅的办法，急切地想要矫正母亲的行为，违背母亲的意愿，就会伤害母亲的感情，这样造成的伤害就很大，又怎么能让母亲听进去呢？（作人子应该做的）在于抑制自己的言行，柔顺地承奉母亲，使她修正自己的行为，把事情处理妥当就行了。性情刚阳的大臣侍奉性情柔弱的君主，道理也是相近的。

【注释】

①此条出《周易程氏传》卷一《蛊传》。张伯行《集解》解此条云："子于母蛊，其不得不思，所以干之者理也，亦情也。然将奉而顺承之，抑岂无道以善其后乎？若直行己志，恃其刚阳之道，遽然矫制而拂逆之，则伤母子之恩，所害于伦理大矣。亦安能入母心而化之？是在屈抑自己之气，低下其意思，巽顺相承，潜移默化，有以喻之于道，使之感悟，而身终处于正，事究归于治，而后此心乃安耳。子之于母所当尽者如此。彼刚阳之臣事柔暗之君，其不可直遂，而务尽其婉转匡救之道者，义与此正相近。""干母之蛊，不可贞"：语出《蛊卦》九二爻辞。干：治也，除去、纠正意。蛊：疾患，此处指事之弊、过失。不可贞：茅星来《集注》谓："刚

阳，谓九也。伸己刚阳之道，则是贞也。贞则矫拂而伤恩矣，以释‘不可贞’之义。"

②巽（xùn）：顺也。柔巽：柔顺。

6·4 《蛊》之九三^①，以阳处刚而不中^②，刚之过也，故"小有悔"。然在《巽》体不为无顺^③。顺，事亲之本也，又居得正^④，故"无大咎"；然有小悔，已非善事亲也。

【译文】

《蛊卦》九三爻，作为阳爻处于刚位，但却不处于中位，这表现为过于阳刚，因此"稍有过失"。然而九三爻又位于《巽卦》之中，不能说没有恭顺之意。恭顺是侍奉父母的根本，并且以阳爻居刚位，得其正位，因此"不会出大问题"。然而有小小的过错，已不能算是善于侍奉父母了。

【注释】

①此条出《周易程氏传》卷一《蛊传》。张伯行《集解》解此条云："此释《蛊》九三爻义也。盖'干父之蛊'当以承顺为主。九三以阳之德处刚之位，而在下之上不得其中，乃刚之太过者也。过刚则为拂逆之病，其小悔所必有，然犹在《巽卦》之体，不可谓无巽顺之意。巽顺者，所以事亲之根本也。且以阳为刚为得正位，故无大咎。但既小有悔，则与下气怡色柔声以谏，心与之一而未始有违者不相侔矣。干蛊若九三，亦非可谓善于事亲者也。"《蛊》之九三：即《蛊卦》九三爻辞："干父之蛊，小有悔，无大咎。"《象》曰："干父之蛊，终无咎也。"

②以阳处刚而不中：据《易传》,《易经》每卦之第二爻为下卦之中位,第五爻为上卦之中位,九三爻为阳爻,但处于下卦之上位,故曰"不中",即不处于中位。

③然在《巽》体不为无顺：《蛊卦》☶为《艮卦》☶和《巽卦》☴相叠,据《易传》,巽为柔,九三一爻在《巽卦》的最上位,虽以阳处刚,但仍在《巽卦》之中,故曰"不为无顺"。

④又居得正：《易传》有当位不当位之说,阳爻居阳位,阴爻居阴位,即为当位。反之为不当位。第一爻(初爻)、第三爻、第五爻为阳位,第二爻、第四爻、第六爻为阴位。《蛊卦》九三一爻,阳爻居阳位,当位,故曰"居得正"。

6·5　正伦理,笃恩义,《家人》之道也。①

【译文】

摆正伦理纲常的道理,笃实亲情恩义的关系,这是《家人卦》讲的方法。

【注释】

①此条出《周易程氏传》卷三《家人传》。叶采《集解》云："正伦理则尊卑之分明,笃恩义则上下之情合。二者并行,而后处家人道笃矣。"《家人卦》之《彖辞》云："家人,女正位乎内,男正位乎外。男女正,天地之大义也。家人有严君焉,父母之谓也。父父、子子、兄兄、弟弟、夫夫、妇妇,而家道正,正家而天下定矣。"《家人卦》:卦象为☲,六十四卦之一,内《离》☲、外《巽》☴。六二(阴位,指女子)得位居中于内卦,

九五（男阳位，指男子）得位居中于外卦，男女的位置正确，这是符合天地的礼义。家里面严肃的君长，便是父母。所以《家人卦》讲君臣、父子、夫妇的家道，家道也是人伦之道。家道正则天下定，则又存王道。

6·6　人之处家，在骨肉父子之间，大率以情胜礼，以恩夺义。惟刚立之人，则能不以私爱失其正理，故《家人卦》，大要以刚为善。[①]

【译文】

人在与家人相处之中，在亲生骨肉的父和子之间，大概会表现为用情感战胜礼法，因恩爱而丢掉义理。只有刚正卓立的人，才不会因为私爱而丢掉正理。因此《家人卦》的根本要义是把刚严做为善。

【注释】

①　此条出《周易程氏传》卷三《家人传》，指《家人卦》之初九、九三、上九三爻而言，以见处家之道，不可无刚方之意。故江永《集注》云："初九之'闲有家'而悔亡，九三之'嗃嗃'而吉，上九之'威如终吉'，皆以刚为善。九五之'王假有家，勿恤，吉'，刚而得中，尤善之至也。"

6·7　《家人》上九爻辞[①]，谓治家当有威严。而夫子又复戒云[②]：当先严其身也。威严不先行于己，则人怨而不服。

【译文】

《家人卦》上九爻辞说,治家应当体现威严。而孔子又进一步告诫说:(治家)首先应该严格要求自身,如果威严不能首先从自身做起,那就会使别人抱怨从而不能使其心悦诚服。

【注释】

①此条出《周易程氏传》卷三《家人传》。《家人》上九爻辞:其辞为"上九,有孚威如,终吉。"意谓《家人卦》最上一爻,诚信威严而肃穆,最终是吉利的。孚:诚信。

②夫子又复戒云:释《家人》上九爻辞含义之《象》辞曰:"威加之吉,反身之谓也。"传统以为《易传》为孔子作。《易传》又称《十翼》,《象》为《十翼》之一,故程颐说:"夫子又复戒云。"

6·8　《归妹》九二:守其幽贞,未失夫妇常正之道。世人以媟狎为常,故以贞静为变常,不知乃常久之道也。①

【译文】

《归妹》九二爻辞说:只要恪守幽闲贞静之德,就不会丧失夫妇之间常久的正确之道。世人把媟亵玩狎作为常态,因此认为贞洁宁静是变常之态,他们不知道贞洁宁静才是维持夫妇之间常久不变之道。

【注释】

①此条出《周易程氏传》卷四《归妹传》。此条乃释《归妹》九二

爻辞及《小象》之义也。言夫虽不良而女能自守其幽静,为不失其常道。《归妹》,六十四卦卦名之一,卦象为☳,《震》上、《兑》下。其九二爻辞为:"眇能视,利幽人之贞。"《象》曰:"利幽人之贞,未变常也。"媟狎(xiè xiá):轻慢、不庄重。

6·9　世人多慎于择婿而忽于择妇。其实婿易见,妇难知,所系甚重,岂可忽哉![1]

【译文】

世上人比较多地往往是对于选择女婿很慎重,然而对于选择媳妇却常常轻忽。其实做为女婿的男方很容易被了解,而做为媳妇的女子则难以被了解。娶媳妇事关重大,岂能可以被轻忽呢!

【注释】

[1]此条出《河南程氏遗书》卷一《端伯传师说》。李文炤《集解》云:"男子之行显于外,女子之行隐于内。然家之兴衰由夫人,故所系为甚重也。"杨伯喦《衍注》则引诚斋语云:"正莫易于天下,而莫难于一家。莫易一家夫子兄弟,而莫难于一妇。一妇正,一家正。"

6·10　人无父母,生日当倍悲痛,安忍置酒张乐以为乐?若具庆者可矣。[1]

【译文】

作为人,一旦父母不在人世了,在自己生日这一天,应该倍加悲痛,怎么能够忍心用设置酒宴、演奏音乐来求取快乐呢? 如果父母都在世,置酒奏乐是可以的。

【注释】

① 此条出《河南程氏遗书》卷六《二先生语六》。张绍价《集义》云:"人无父母,生日悲痛,此人之至情也。哀哀父母,生我劬劳,而忍忘之耶? 置酒张乐以为乐,则随俗习非而忍于忘亲矣。具庆谓父母俱存,则藉此以娱亲可矣。"

6·11　问:《行状》云:"尽性至命,必本于孝弟。"不识孝弟何以能尽性至命也 ① ? 曰:后人便将性命别作一般事说了。性命孝弟,只是一统底事,就孝弟中便可尽性至命。如洒扫应对与尽性至命,亦是一统底事,无有本末,无有精粗,却被后来人言性命者,别作一般高远说 ② 。故举孝弟,是于人切近者言之。然今时非无孝弟之人,而不能尽性至命者,由之而不知也。

【译文】

有人问程颐:您在《明道先生行状》中说:"尽性至命,必须以孝悌为本。"不明白孝悌如何能够尽性至命呢? 程颐回答说:后世人(不了解性命与孝悌二者的本质联系)随便把性命当成(与孝悌无关的)另外一回事解释了。其实,性命孝悌归根结底就是一回事,在孝悌中,就可以尽性至命。例如日常生活中的洒扫应对,与尽性至命也是一回事,两者之间并没有本末、精粗的区分，但却被后世解释性命的人，当作另外一种高深莫测的玄妙之说。因此，我这里讲性命本于孝悌，是从人最切近的孝悌说起。然而，现在并非没有孝悌的人，但却不能尽性至命的原因在于：他们自然而然地履行孝悌，却并没有意识到这就是尽性至命。

【注释】

①　此条出《河南程氏遗书》卷一八《刘元承手编》。《行状》，即程颐所撰记述程颢生平事迹的《明道先生行状》。尽性至命：语出《说卦》："穷理尽性以至于命。"意谓穷尽万物的天理，充分发扬自己的天性，进而把握万物的内在根据，达到体现天命的境界。孝弟：即孝悌。孝，指对父母还报之爱；悌，指兄弟姊妹间之友爱。"尽性至命，必本于孝弟"：张伯行《集解》谓："《行状》言明道'尽性至命，必本于孝弟'。或人不识其义，故以为问，而伊川答之。盖性命者，天人赋受之理；孝弟者，人伦全尽之称。性命无处见，于伦物上见之。后人不知其同条共贯，便将性命看得太深，别作一般道理说了。其实人所受为性，天所赋为命，征之于事则为事亲从兄之道，而谓之孝弟，只是合一统贯底事。就孝弟中尽到无憾，即是尽性至命。如仁义，本性中所具而命于天之理也。亲亲即所以尽仁，敬长即所以尽义，故曰'仁之实，事亲是也；义之实，从兄是也'。又谁谓尽性至命不自孝弟中见之哉？"

②　"如洒扫应对"等六句：张绍价《集义》释曰："洒扫应对，与尽性至命，似有本末、精粗之分，然亦是一统事。洒扫应对之事，程子所谓'其然'，形下之器也，末也、粗也；其理则程子所谓'所以然'，形上之道也，本也、精也。道外无器，器外无道，形上之道，即寓于形下之器，初无本

末、精粗之可言也。"

6·12　问：第五伦视其子之疾^①，与兄子之疾不同，自谓之私。如何？曰：不待安寝与不安寝，只不起与十起，便是私也。父子之爱本是公，才着些心做，便是私也。又问：视己子与兄子有间否？曰：圣人立法，曰兄弟之子犹子也。是欲视之犹子也^②。又问：天性自有轻重，疑若有间然。曰：只为今人以私心看了。孔子曰："父子之道，天性也。"^③此只就孝上说，故言父子天性。若君臣、兄弟、宾主、朋友之类，亦岂不是天性？只为今人小看却，不推其本所由来故尔，己之子与兄之子，所争几何？是同出于父者也。只为兄弟异形，故以兄弟为手足。人多以异形故，亲己之子，异于兄弟之子，甚不是也。又问：孔子以公冶长不及南容，故以兄之子妻南容，以己之子妻公冶长^④。何也？曰：此亦以己之私心看圣人也。凡人避嫌者，皆内不足也。圣人自至公，何更避嫌？凡嫁女，各量其才而求配。或兄之子不甚美，必择其相称者为之配；己之子美，必择其才美者为之配。岂更避嫌耶？若孔子事，或是年不相若，或时有先后，皆不可知。以孔子为避嫌，则大不是。如避嫌事，贤者且不为，况圣人乎？

【译文】

有人问：第五伦对自己儿子的病和对自己兄长儿子的病态度不一样，第五伦自己认为是个人的私心。你对此如何看？程颐说：不用说（第五伦）安寝与不安寝如何不同，只就他一夜不起与一夜十起，就是已经有私心了。父子之爱本出于公道，只要刚刚有些用心表现这种父子爱，便就是私心了。又问：对待自己的儿子与兄长的儿子有区别吗？程颐说：圣人立下的规矩：说兄弟的儿子如同自己的儿子。这是想让人待兄弟的儿子如同自己的儿子一样。又问：就人的天性看（自己的儿子与兄弟的儿子）自然有轻重的区别，因此，（对待自己的儿子与兄弟的儿子）似乎应该是有区别吧？程颐说：只不过是现代人用私心看这个问题。孔子说："父慈子孝的相处方式是天性的体现"，这只是从"孝"这一点上说的，因此说父慈子孝的相处方式是天性的体现。如君臣、兄弟、宾主、朋友这一类的关系，难道不也是天性的体现吗？只因为现代人狭隘地看待这些伦理关系，不能推究它们之所以产生的本原而造成的这些看法。自己的儿子与兄弟的儿子，值得争议的地方有多少呢？同样都是源于自己的父亲。只是因为兄弟属于不同的形体，因此把兄弟称为手足。人们大多根据分属不同形体的原因，爱自己的儿子与爱兄弟的儿子就有不同，这是很不对的。又问：孔子因为公冶长比不上南容，因此就把兄长的女儿嫁给南容为妻，把自己的女儿嫁给公冶长为妻。为什么呢？程颐说：这也是用自己的私心来看圣人。大凡人们要避嫌，都是源于内在信心不足，圣人本就是廓然大公的，何必还须避嫌呢？大凡嫁女儿，各自衡量她的才貌而寻求其合适的配偶。或者因为兄长的女儿形象不太美好，因此必须选择形象相当的男子作为她的配偶；或者因为自己的女儿形象美好，一定选择才华出众的男子作为她的配偶。难道还须避嫌不避嫌吗？像孔子对待这件事，或者是因为年龄不相当，或者是因为选择配偶时间有先后等，我们都不能具体了解了。把孔子（在嫁女儿和侄女事情上）认为是避嫌，那就大错特错了。就避嫌这件事来说，贤人况且都不会放在心上，更何况圣人呢！

【注释】

① 此条出《河南程氏遗书》卷一八《刘元承手编》。第五伦视其子之疾：《后汉书·第五伦传》："汉第五伦，字伯鱼，峭直无私。自郡守以清节著，擢为司空。或问伦曰：'公亦有私乎？'对曰：'昔有人与吾千里马者，吾虽不受，每三公有所选举，心不能忘，而亦终不用也。吾兄子尝病，一夜十往，退而安寝。吾子有疾，虽不省视，而竟夕不眠。若是者，岂可谓无私乎？'"第五伦：复姓第五，名伦。

② 兄弟之子犹子：语出《礼记·檀弓上》："丧服，兄弟之子犹子也，盖引而进之也。"故后世称侄子、侄女为"犹子"。

③ "父子之道，天性也"：语出《孝经·圣治章第九》："父子之道，天性也，君臣之义也。父母生之，续莫大焉。君亲临之，厚莫重焉。"

④ "孔子以公冶长不及南容"等三句：语出《论语·公冶长第五》："子谓公冶长：'可妻也，虽在缧绁之中，非其罪也！'以其子妻之。"又"子谓南容：'邦有道，不废；邦无道，免于刑戮。'以其兄之子妻之。"此借孔子之事以明避嫌不可之意。公冶长：姓公冶，名长，孔子学生，齐人。南容：南宫氏，名适，字子容，孔子学生。

6·13　问：孀妇，于理似不可取，如何？曰：然。凡取以配身也。若取失节者以配身，是己失节也。又问：或有孤孀贫穷无托者可再嫁否？曰：只是后世怕寒饿死，故有是说。然饿死事极小，失节事极大。[1]

【译文】

有人问：寡妇，从理的角度说好像不能娶她做妻子，为什么呢？程颐回答说：是这样。大凡娶妻是要娶和自身相配的。假如娶一个失节的人来和自己相配，这是自己也失节了。又问：或者有贫穷而又没有可以托身的寡妇，可以再次嫁人吗？程颐说：只是后世的人畏惧冻死或饿死，因此有了这种说法。然而，饿死的事非常小，而失节的事非常大。

【注释】

① 此条据杨伯峣《衍注》，原出《河南程氏遗书》卷二十二下《附杂录后》。张伯行《集解》则为另一段文字，作："今人多不知兄弟之爱。且如闾阎小人，得一食必先以食父母，夫何故？以父母之口，重于己之口也。得一衣必先以衣父母，夫何故？以父母之体，重于己之体也。至于犬马亦然。待父母之犬马，必异乎己之犬马也。独爱父母之子，却轻于己之子，甚者至若仇敌。举世皆如此，惑之甚矣。"孀妇：即丧偶的妇女。取：通娶。

6·14　病卧于床，委之庸医，比之不慈不孝。事亲者亦不可不知医。[1]

【译文】

生病卧在床上，托付给庸医来医治，就如同不慈不孝一样。所以侍奉父母和养育子女的人也不能不懂得医学知识。

【注释】

① 此条出《河南程氏遗书》卷二十二下《附杂录后》。李文炤《集解》曰："陈氏曰：'委，犹付托也。病者生死所系而委之庸医，是饮药以加病也。故子有疾而委之庸医，比之不慈；亲有疾而委之庸医，比之不孝。子能知医则可以养亲，且不为庸医所误矣。'"

6·15　程子葬父，使周恭叔主客。客饮酒，恭叔以告，先生曰：勿陷人于恶。①

【译文】

程颐殡葬父亲，让周行己主持宾客接待。有客人想饮酒，周行己就把这事报告给程颐，程颐先生说：不要使他陷入非礼的罪恶之地。

【注释】

① 此条出《河南程氏外书》卷七《胡氏本拾遗》。《礼记·檀弓下》："行吊之日，不饮酒食肉焉。"故临丧饮酒为非礼也。张习孔《传》云："客不能受丧礼之节制，是非贤也。按，《文公家礼》：'凡丧立，护丧、主宾、相礼、司书、司货皆用择，固不可使不贤者厕其间。'既伤主人之意，而亦自纳于恶也。"周恭叔：周行己，字恭叔，浙江永嘉人，程颐学生。主客：

主持接待宾客之事。

6·16　买乳婢，多不得已。或不能自乳，必使人。然食己子而杀人之子，非道。必不得已，用二乳食三子，足备他虞，或乳母病且死，则不为害，又不为己子杀人之子，但有所费。若不幸致误其子，害孰大焉？^①

【译文】

买乳娘（来养育自己的孩子），大多属于不得已。有的自己没有奶哺乳孩子，一定要让他人代养。然而让乳娘专门喂养自己的孩子，却伤害了别人的孩子，是非人道的。在必不得已的情况下，可以用两个乳娘哺乳三个孩子，这样就足以防备意外的事发生。即或乳娘生病甚至死去，那么也不会造成损害，同时又不会因哺乳自己的孩子而导致伤害别人的孩子，但这种事情会多有所费。如若不幸导致乳娘本人的孩子受害，哪种害处更大呢？

【注释】

①　此条据杨伯嵒《衍注》，原出《河南程氏外书》卷一〇《大全集拾遗》，但文字有出入。叶采《集解》云："'幼吾幼以及人之幼'，其虑之周盖如此。"食（sì）：喂养。他虞：意料之外的其他事。

6·17　先公太中讳珦^①，字伯温。前后五得任子^②，以均诸父子孙^③；嫁遣孤女，必尽其力；所得俸钱，分赡亲戚之贫者。伯母刘氏寡居，公奉养其至。其女之夫死，公迎从女兄以归^④，教养其子，均于子侄。既而女兄之女又寡，公惧女兄之悲思，又取甥女以归，嫁之。时小官禄薄，克己为义，人以为难。公慈恕而刚断，平居与幼贱处，惟恐有伤其意，至于犯义理，则不假也。左右使令之人，无日不察其饥饱寒燠^⑤。娶侯氏^⑥。侯夫人事舅姑以孝谨称，与先公相待如宾客。先公赖其内助，礼敬尤至。而夫人谦顺自牧^⑦，虽小事未尝专，必禀而后行^⑧。仁恕宽厚，抚爱诸庶，不异己出。从叔幼姑^⑨，夫人存视，常均己子。治家有法，不严而整。不喜笞扑奴婢^⑩，视小臧获如儿女^⑪，诸子或加呵责，必戒之曰："贵贱虽殊，人则一也。汝如是大时，能为此事否？"先公凡有所怒，必为之宽解；惟诸儿有过，则不掩也。常曰："子之所以不肖者，由母蔽其过而父不知也。"夫人男子六人^⑫，所存惟二，其爱慈可谓至矣，然于教之之道，不少假也。才数岁，行而或踬^⑬，家人走前扶抱，恐其惊啼，夫人未尝不呵责曰："汝若安徐，宁至踬乎？"饮食常置之坐侧，尝食絮羹^⑭，即叱止之曰："幼求称欲，长当何如？"虽使令辈，不得以恶言骂之。故颐兄弟平生于饮食衣服无所择，不能恶言骂人，非性然也，教之使然也。与人争忿，虽直不右，曰："患其不能屈，不患其不能伸。"及稍长，常使从善师友游，虽居贫，或欲延客，则喜而为之具。夫人七八岁时，诵古诗曰："女子不夜出，夜出秉明烛。"自是日暮则不复出房阁。既长，好文而不为辞章，见世之妇女以文章笔札传于人者，则深以为非。

【译文】

　　我先父太中大夫，名程珦，字伯温。先后五次获得任子资格，全部把这些机会让给了叔父伯父的子孙；叔伯的孤女出嫁成家，必定会竭尽自己的全部力量；自己得到的薪俸钱，拿来分给需要周济的贫穷亲戚。伯母刘氏守寡独居，先父悉心奉养，无微不至。刘氏女儿的丈夫死后，先父亲自把我这个堂姐接回娘家，教育和抚养她的子女，而且把其子女与侄儿侄女同等对待。后来我堂姐的女儿又守了寡，先父担心堂姐悲思苦痛，又亲自把她的女儿接回来，再帮助她改嫁。当时先父只是个小官，俸禄微薄，但能够克己行义，人们对他的做法都认为难能可贵。先父为人仁慈宽容而又刚毅果断。平常与晚辈或地位低下的人相处时，只怕伤害他们的感情，至于他们背离义理的行为，就毫不姑息了。对于身边的侍从或下属，没有一天不关心他们是否吃得饱穿得暖。娶侯氏（我母亲）为妻，侯夫人侍奉公婆，以孝顺和细心著称，与先父相处，相敬如宾。先父由于依赖先母的鼎力襄助，（对先母）更是礼敬备至；而先母总是以谦和、柔顺自律，即使是很小的事情也从不自作主张，一定是先禀告先父，然后才去做。（先母）为人仁恕宽厚，抚爱庶出的兄弟姐妹，与自己亲生的子女没有任何不同。我堂叔幼年丧父，先母对他存养看顾，常常与自己的孩子一样对待。（先母）治家有方，不显威严而家庭秩序井然。从不鞭打惩罚奴婢，把小奴婢看作自己的儿女。子女有时呵责奴婢时，先母一定会告诫我们说："身份虽然有贵贱的不同，但作为人都是一样的。你们如果这样大时，能像他们这样做事吗？"先父每每生气动怒时，先母一定会劝解和宽慰先父，但子女们有过错时，先母就不会庇护姑息。先母常常说："子女不肖的原因，往往是由于母亲掩盖他们的过错，而父亲被蒙蔽不了解造成的。"先母生了六个男孩，但只养活了我们兄弟两人，对我们慈爱之情可以说无以复加了，然而在对我们的教育上，一点也没有宽容。我刚刚几岁的时候，因走路不稳而有时会跌倒，家人跑上来把我抱起，唯恐我因惊吓而哭泣，先母总是呵责说："你如果安安稳稳地慢走，怎么会跌倒呢？"吃饭时，先母常常是把我们安置在座位旁侧，我们常因感到羹汤味薄而加以调制时，先母马上就会呵叱和阻止说："从小就追求满足欲望，长大会成什么样？"即使指唤仆从，也不能用恶毒的语言骂人。因此，我们兄弟一生在吃饭穿衣方面从不挑拣，从不用恶言骂人，这并非我们天性如此，而是教育使我们这样。我们与人争辩，直率但不偏激，先母说："担心你们的是不能忍耐，不担心你们不能施展。"等我们逐渐长大后，先母就要我们与良善的老师和朋友们交往，虽然我们家平时也贫困，但有时想要接待客人，先母总是高兴地为我们操劳。先母七、八岁时曾诵古诗曰："女子不夜出，夜出秉明烛。"从那时开始，先母晚上就再也没有走出过房门。先母长大后，喜欢读书但不为辞章之学，看到世上有的妇女把自己的文章书信等传给他人，总是深感这样做是错误的。

【注释】

　　① 此条系摘编程颐为其父母分别所作传文《先公太中家传》《上谷郡家传》而成，言太中公治家律己之严，孝友慈爱之实；侯夫人事上御下有法，修身之道，可为后世齐家者取法焉。先公：去世的父亲。太中：官

职名,即太中大夫,后称谏议大夫。讳:古代一般不能直接称呼帝王或
父母等尊长的名字,称呼时,名字前要加"讳"。

②任子:犹后世所谓荫生也。指父兄在位且具功,得保任其子,使
之入仕。

③诸父:谓伯叔从父。

④女兄:《说文》:"姊,女兄也。"

⑤燠(yù):暖也。

⑥侯氏:太原盂县人,润州丹徒县县令侯道济女,二程生母。

⑦自牧:自我修养。

⑧禀:受命也。

⑨从叔:父亲的从父兄弟,年幼于父者称从叔。幼姑:伊川《文集》
等作"幼孤"。

⑩笞扑:棰击曰笞,杖击曰扑。

⑪臧获:即奴婢。男仆曰臧,女仆曰获。

⑫男子六人:据《伊川文集》,六人为:长应昌,次天锡,皆幼亡。次
颢,次颐。次韩奴、蛮奴二人皆夭。

⑬踣(bó):跌倒。

⑭絮(chù)羹:茅星来《集注》解云:"絮羹,谓羹无味,而就器加
以盐梅调和之也。《曲礼》:'毋絮羹。'郑注:'絮,犹调也。'"

6·18　横渠先生尝曰:事亲奉祭,岂可使人为之?①

【译文】

张载先生曾经说:待奉父母,祭拜祖先,难道能够让别人

去做吗？

【注释】

①此条出《张子全书》卷一五附录吕大临《横渠先生行状》。张伯行《集解》云："事亲所以尽子之道，奉祭所以达己之诚。此二事岂是人可以代的？"

6·19　舜之事亲有不悦者，为父顽母嚚，不近人情①。若中人之性，其爱恶略无害理，姑必顺之。亲之故旧，所喜者，当极力招致，以悦其亲。凡于父母宾客之奉，必极力营办，亦不计家之有无。然为养，又须使不知其勉强劳苦，苟使见其为而不易，则亦不安矣。

【译文】

舜帝侍奉父母孝顺，父母仍有不满意的地方，是为父母的顽固而又愚蠢、凶狠，完全不近人情。假若（父母）是中等人的情性，他们的爱恶倾向大致不会伤害义理，（做子女的）就应该尽量顺从他们。对于父母故交旧友中喜欢的人，子女应当尽最大努力把他们请到家中，用这个办法让父母高兴。凡奉父母之命在家里接待客人，子女一定尽最大努力去经营和办理，也不必考虑家里有没有接待宾客的条件。然而奉养父母，又必须不让父母了解奉养的勉强和辛劳，倘若让父母看到子女奉养的不容易，那么他们内心也会不安的。

【注释】

① 此条出《张子全书》卷一四《拾遗·近思录拾遗》。"舜之事亲有不悦者"等三句：《史记·五帝本纪》："舜父瞽叟盲，而舜母死，瞽叟更娶妻而生象，象傲。瞽叟爱后妻子，常欲杀舜，舜避逃；及有小过，则受罪。舜事父及后母与弟，日以笃谨，匪有解。"嚚（yín）：愚蠢而顽固。

6·20 《斯干》诗言："兄及弟矣，式相好矣，无相犹矣。"① 言兄弟宜相好，不要厮学②。犹，似也。人情大抵患在施之不见报则辍，故恩不能终，不要相学，己施之而已。

【译文】

《斯干》诗说："兄及弟矣，式相好矣，无相犹矣。"意思是说：兄弟之间应该相互友好，但不要学习对方不好的一面。犹，就是相似的意思。就人情上说，大抵令人忧虑的是给予别人恩惠而得不到回报时，就中止这样做了，因此，施恩于人往往不能做到善始善终，不要相互学别人怎样做，而是自己依照义理要求去做就可以了。

【注释】

① 此条出《张子全书》卷一四《拾遗·近思录拾遗》。"《斯干》诗言"等四句：《朱子语类》卷八一："杨问：横渠说《斯干》'兄弟宜相好，不要相学'，指何事而言？曰：不要相学不好处。"《斯干》：《诗经·小雅》篇名之一。式：语助词。好：和好。

② 厮：一作"相"，二字相通。

6·21　"人不为《周南》《召南》,其犹正墙面而立。"①常深思此言,诚是。不从此行,甚隔着事,向前推不去。盖至亲至近,莫甚于此,故须从此始。

【译文】

孔子说:"读书人如果不学习《周南》《召南》,这些人就好像面对墙壁站着。"我常常潜心思考孔子这句话,确实说得好。如果不从此处去做,做什么事都会感到被阻隔着,再向前推进就推不动了。在至亲至近的（修身齐家）方面,没有比《周南》《召南》更重要的了,因此,一切都必须从这里开始学习。

【注释】

①此条出《张子全书》卷一四《拾遗·近思录拾遗》。"人不为"等二句:参见3·30条注2。《朱子语类》卷四七:"亚夫问'不为《周南》《召南》,其犹正墙面而立。'曰:不知所以修身齐家,则不待出门,便已动不得了。所以谓之'正墙面'者,谓其至近之地,亦行不得故也。"

6·22　婢仆始至,本怀勉勉敬心。若到所提掇更谨则加谨,慢则弃其本心,便习以成性。故仕者入治朝则德日进,入乱朝则德日退,只观在上者有可学无可学耳。①

【译文】

婢仆刚开始到主人家时,本是怀着诚敬勤勉之心来的。如果到主人家后,主人慎重地提起警策,婢仆就会更加谨慎小心,若主人管理松懈放纵，他们就会丢弃了自己的本心，从而长期习惯于放纵而养成懒惰之性。所以入仕做官的人，在治朝做官，德行就会天天长进；在乱朝做官，德行就会天天退堕。只要看在他上位的人在德行方面有没有可以学习的地方罢了。

【注释】

①　此条出张载《经学理窟·学大原上》。张伯行《集解》曰："此言御婢仆者须时常警策，使之勿怠勿惰也。提掇者，提醒而点掇之也。……若出仕之人亦是如此，入治朝，则在位多君子，纪纲整肃，不得不勉勉以赴功，故德日进；入乱朝，则在位多小人，法度废弛，遂亦因循而自堕，故德日退。"习以成性：谓长期习惯于怎样，就会形成怎样的性格。语出《尚书·太甲上》："兹乃不义，习与性成。"

近思录卷之七

处己 出处

凡三十九条

7·1　伊川先生曰：贤者在下，岂可自进以求于君？苟自求之，必无能信用之理。古人之所以必待人君致敬尽礼而后往者，非欲自为尊大。盖其尊德乐道之心，不如是，不足与有为也。①

【译文】

程颐先生说：贤德的人在野，难道可以向君主自我推荐来求得君主任用吗？假如自己求官做，必定不会有得到信任和使用的道理。古人之所以一定要等到君主对自己致敬尽礼之后（才去辅佐的原因），并非是故意想要自我尊大。因为君主（对贤人致敬尽礼）要有尊德乐道之心，如果君主不这样做，（这样的君主）贤人是不能与他共同有所作为的。

【注释】

①此条出《周易程氏传》卷一《蒙传》,为程颐释《蒙·象传》意。《蒙卦》卦象为☶,本卦上卦为《艮》为山,下卦为《坎》为水为险。山下有险,草木丛生,故说"蒙"。《蒙·象传》:"蒙,亨,以亨行时中也。匪我求童蒙,童蒙求我,志应也。"张伯行《集解》云:"盖《蒙卦》九二上应六五之童蒙,是为人君纯一不杂,虚中以受之义。时亨而行,为得其中,非干进也。贤者之进,将以行其道耳,岂可自求于君?苟自求之,则君不求我,而我轻身以枉道,彼且将有所挟以傲我,安有信用之理?古人所以守不见之义,必待人君内致其敬,外尽其礼,而后往见之者非故自尊大也。道在我,则我为有德者。人君欲有为于天下,必需道德之佐,而不致敬尽礼,如是,则其尊德乐道之心未至,安足与有为哉?故惟《蒙》九二为刚中,而孟子亦云'大有为之君,必有所不召之臣',欲贤者知所以自处也。"

7·2　君子之需时也,安静自守。志虽有须,而恬然若将终身焉,乃能用常也。虽不进而志动者,不能安其常也。①

【译文】

君子等待时机时,要安静自守。尽管志向的实现需要时机,然而(内心)保持恬淡虚静且像这样将终身坚持下去,这才是把握了常久之道的(本质)。虽然没有进身官位,但心志已躁动起来的人,是不能安于常久之道的。

【注释】

　　① 此条出《周易程氏传》卷一《需传》，为程颐对《需卦》初九象义的阐释。《需卦》卦象为䷄，下《乾》、上《坎》，坎为云、乾为天。初九曰："需于郊，利用恒，无咎。"《象传》曰："需于郊，不犯难行也。利用恒，无咎，未失常也。"需：须也，等待意。张伯行《集解》云："君子藏于身，待时而动，道之常也。初九以阳刚在下，安静自守，虽有上进之志，而远居于郊，其心恬然，若将终身，是谓能用其常久之道。彼未进而志先动者，躁也、妄也，岂能安其常哉？孔子曰'我待贾者也'，其对哀公曰'儒有席上之珍以待聘'，与此意互相发。"

　　7·3　《比》："吉。原筮：元、永、贞，无咎。"《传》曰：人相亲比，必有其道；苟非其道，则有悔咎。故必推原占决其可比者而比之，所比得元、永、贞，则无咎。元，谓有君长之道；永，谓可以常久；贞，谓得正道。上之比下，必有此三者，下之从上，必求此三者，则无咎也。①

【译文】

　　《比卦》之《象辞》说："吉利。推究卜筮的结果：大吉、永久、贞正，没有灾祸。"程颐《易传》说：人相互辅助，一定有相互辅助的道理；如果没有道理，就会带来悔咎。因此，一定推究占卜的决断，可以辅助者就辅助，这样辅助的结果才会是大吉、永久、贞正，没有灾祸。所谓"元"，指君长之道；所谓"永"，指可以常久；所谓"贞"，指处于中正之道。在上者辅助在下者，必须依据"元、永、贞"，在下者顺从在上者，必须得到"元、永、贞"，那就自然无灾祸。

【注释】

①此条出《周易程氏传》卷一《比传》，为程颐解释《比·彖辞》之意。《比》：卦象为☷☵，六十四卦之一。张伯行《集解》谓："比，亲辅也。原，推原也，筮，占决也。原筮云者，指来筮之人而借言之，令自推原占决也。大凡人相亲比必有其道，不可妄从。"筮：用蓍草占卦。《礼记·曲礼上》："龟为卜，策为筮。"元、永、贞：元，大；永，永久；贞，贞正。

7·4　《履》之初九曰："素履，往，无咎。"①《传》曰：夫人不能自安于贫贱之素，则其进也，乃贪躁而动，求去乎贫贱耳，非欲有为也。既得其进，骄溢必矣，故往则有咎。贤者则安履其素，其处也乐，其进也将有为也，故得其进，则有为而无不善②。若欲贵之心与行道之交战于中，岂能安履其素乎③？

【译文】

《履卦》初九爻辞说："素履，往，无咎。"程颐《易传》解释说：人如果不能自然地安心面对贫贱，那么，他进身前行，是在贪婪和焦躁不安下的躁动，他贪求的只是摆脱贫贱罢了，并非真正想要有所作为。即使他得到进身施展的机会，也必然会骄傲自满，因此，他进身前行就会遭遇灾祸。贤德之人就会安心于他所处的本然的地位。他退隐在野会怡然自得；他进身做官会有所作为。因此，他一旦有机会进身做官，就会有所作为，而没有不吉祥的。如若一个人希望富贵之心与奉行仁道之心相互冲突，怎么能够安心于自己原来的境遇呢？

【注释】

①　此条出《周易程氏传》卷一《履传》，为程颐解释《履卦》初九爻辞之意。《履》：卦象为☲，为六十四卦之一。素：平常、常规。履：履行。

②　"贤者则安履其素"等五句：谓贤者素其位而行。叶采《集解》云："穷而在下，初无贫贱之忧；达而在上，将遂行道之志。以是而进，何咎之有？"

③　"若欲贵之心与行道之交战于中，岂能安履其素乎"：张伯行《集解》谓："人止一心，心无两用，若欲贵之心与行道之心交战胸中，则欲贵之心居其胜，而道必不可行，岂能安履其素？"交战：此谓内心两相争而不决。

7·5　大人于否之时①，守其正节，不杂乱于小人之群类，身虽否而道之亨也②。故曰："大人否亨。"③不以道而身亨，乃道否也。

【译文】

德行高尚的人处于困厄闭塞之时，坚守正道，恪守节操，不混杂与小人的群类之间。因此，（德行高尚的人）尽管身处逆境，但仍会亨通。所以《否卦》六二爻辞说："德行高尚的人困厄也亨通。"不因为守正道而境遇亨通，一定是道受阻闭了。

【注释】

① 此条出《周易程氏传》卷一《否传》,为程颐释《否》六二爻《象》意。张伯行《集解》解此条云:"大人以道自重,故当否之时,小人群聚,而能守其正节,不入其当,身虽否而道无否,此大人之所以否亨也。若不以道自重,惟身是谋,枉道以进其身,则道否矣。虽身之亨,曷足贵乎?"《否》:卦象为䷋,六十四卦卦名之一。否(pǐ):闭塞、困厄意。

② 亨:与"否"相对,亨通、通达意。

③ 大人否亨:语出《否卦》六二之《象》:"大人否亨,不乱群也。"

7·6　人之所随①,得正则远邪,从非则失是,无两从之理。《随》之六二:苟系初,则失五矣②。故《象》曰:"弗兼与也。"所以戒人从正当专一也。

【译文】

人选择跟随相伴的人,得到身正的人就远离了邪僻之人,屈从于非就背离了是,绝对没有两从的道理。《随卦》六二爻辞说:假若得到了初九,就丧失了九五。因此六二爻的《象辞》说:"两者不能兼得。"这句话是为了告诫人们:人应当遵从正道且要专一。

【注释】

① 此条出《周易程氏传》卷二《随传》。随:《说文》:"从也。"《广雅·释诂》:"随,顺也。"《随》:卦象为䷐,六十四卦之一。

② "苟系初,则失五矣":此句为程颐对《随卦》六二爻辞的阐释。

《随》六二爻辞曰："系小子，失丈夫。随有所得，利居贞。"意为依附于小人，就会失去刚正的大丈夫。追从他人，有求必有得，有利于安居守正。初：指《随卦》初九爻，初九在下，谓小子之象。五：指《随卦》九五爻，此爻在上，谓丈夫之象。六二爻离初九爻近，离九五爻远，故顾此失彼，获得"小子"，必然失去"丈夫"。

7·7　君子所贵，世俗所羞；世俗所贵，君子所贱。故曰："贲其趾，舍车而徒。"①

【译文】

君子所看重的东西，世俗之人却感到不耻；世俗之人看重的东西，君子又往往是鄙视的。因此《贲卦》初九爻辞说："脚穿纹饰精美的鞋子，舍弃车子不坐，徒步而行。"

【注释】

①此条出《周易程氏传》卷二《贲传》。《贲》：卦象为☶☲，六十四卦之一。张伯行《集解》云："盖《贲》之为卦，《离》下《艮》上，初九刚德明体，自贲于下，为贲其趾，取居下之义，所以宁舍非分之车而安于徒步者，由其取舍审于义利，不以世俗之所贵为贵耳。""贲其趾，舍车而徒"：语出《贲卦》初九爻辞。此爻《象辞》云："舍车而徒，义弗乘也。"贲（bì）：文饰意。贲其趾：纹饰他的脚趾，意为足穿纹饰精美的鞋子。

7·8　《蛊》之上九曰："不事王侯，高尚其事。"《象》曰："不事王侯，志可则也。"①《传》曰：士之自高尚，亦非一道：有怀抱道德，不偶于时，而高洁自守者^②；有知止足之道，退而自保者；有量能度分，安于不求知者；有清介自守，不屑天下之事，独洁其身者。所处虽有得失小大之殊，皆自高尚其事者也。《象》所谓"志可则"者，进退合道者也。

【译文】

《蛊卦》上九说："不为王侯效力，这种做法是高尚的。"《象》说："不为王侯效力，这种志趣可以作为法则效法。"程颐《易传》说：士人品节的自求高尚，并非仅有一个途径：有的怀抱道德，却与时势不合，因而自我守持高洁；有的懂得适可而止且知足不贪，功成身退，寻求自我保身；有的了解自己才能不高，明白自己的天分不足，安于贫贱，不求闻达；有的清廉耿介且能自持和坚守，不屑于为天下事，唯独洁身自好。上述种种选择，尽管有得失大小的分别，但都认为自己的作为是高尚的。《象辞》所说的"这种志趣可以作为法则效法"，意思是说无论进还是退都应该合于道。

【注释】

① 此条出《周易程氏传》卷二《蛊传》。《蛊》：卦象为☶，六十四卦之一。此条为程颐释《蛊卦》上九爻辞义。张伯行《集解》谓："《蛊》之上九，以阳刚之才超然人世之外，有不事王侯之象，高尚其事，如孟子言'尊德乐道'之意。程子取而发明之。"则：法则，效法。

② 偶：遇，迎合、适应。

7·9　《遯》者^①，阴之始长^②，君子知微，故当深戒。而圣人之意，未便遽已也，故有"与时行"，"小利贞"之教^③。圣贤之于天下，虽知道之将废，岂肯坐视其乱而不救？必区区致力于未极之间^④，强此之衰^⑤，难彼之进^⑥，图其暂安。苟得为之，孔孟之所屑为也，王允、谢安之于汉、晋是也^⑦。

【译文】

《遯卦》，为阴开始滋生蔓延，君子洞察秋毫，因此应当深深地警戒自己。但圣人（对待这种情况）的意思是，不能随便就停止自己的作为，因此圣人有："把握时机行动"，"守贞就小有利"的教导。圣贤面对天下之势，尽管了解到天道将要崩废，但哪里能够坐视天道崩毁混乱而不拯救呢？圣贤必定会一心一意致力于在天道未完全崩毁之前挽救，扶强衰落中的阳的力量，责难那阴的邪恶力量的推进，以图达到天下暂时的平安。假若能够这样去做事，孔子、孟子也都会乐于去做的。东汉末的王允、东晋的谢安正是这样做的。

【注释】

① 此条出《周易程氏传》卷三《遯传》。《遯》：卦象为☶，六十四卦之一。本卦《艮》下《乾》上。上卦为乾，乾为天；下卦为艮，艮为山。天下有山，天高山远，正是贤人君子摆脱桎梏，避免灾害，挂冠悬笏，退隐山林的理想境界。所以卦名曰《遯》。遯：《说文》："遯，逃也。"杨伯峱《衍注》："伯峱据《遯》之《彖》曰：'遯亨，遯而亨也。刚当位而应，

与时行也。小利贞，浸而长也。'谓虽遯之时，尚当随时消息，苟可以致其力，犹当尽力以扶持，不可决意遯藏缩手而不之教也。阴浸而长，亦必以渐，尚可以其道而小正之。"

② 阴之始长：《遯卦》象为二阴爻生于下，有逐渐蔓廷之势，故曰"阴之始长"，亦必须有所戒。

③ "与时行，小利贞"：语出《遯·彖》："遯而亨也。刚，当位而应。与时行也。小利贞，浸而长也。"意谓当退避（遯）时即退避，所以亨通。九五以阳刚，当中正之位，而遥与六二的阴柔相应，能够顺时而行，不为所害，故小者利于守正。

④ 区区：犹"拳拳"，意谓恳切专一、一心一意。

⑤ 此：指阳。

⑥ 彼：指阴。

⑦ 王允（137—192），字子师，东汉太原祁（今山西祁县）人，初为郡吏，灵帝时官豫州刺史。献帝即位，任为司徒。后被董卓部将所杀。谢安（320—385），字安石，陈郡阳夏（今河南太康）人，东晋政治家、名士，太常谢裒第三子、镇西将军谢尚从弟。孝武帝时位至宰相。淝水之战，谢安以八万兵力打败了号称百万之前秦军。战后因功名太盛而被孝武帝猜忌，被迫前往广陵避祸。

7·10　《明夷》初九，事未显而处甚艰，非见几之明不能也①。如是，则世俗孰不疑怪？然君子不以世俗之见怪，而迟疑其行也。若俟众人尽识②，则伤已及而不能去矣。

【译文】

《明夷卦》初九爻辞是说，受伤害的事情虽没有显露出来，但已处于岌岌可危的艰困境地，没有见微知著的明智就不能及早抽身。像君子的这种明智诀择，世俗之人谁不怀疑和奇怪呢？但君子决不会因为世俗之人的不理解，而对其行为有所迟疑。如若等到世人都明白时，那么伤害已经降临，而此时就不能抽身离去了。

【注释】

① 此条出《周易程氏传》卷三《明夷传》。《明夷》：六十四卦之一，卦象为䷣。初九：指初九爻辞："明夷于飞，垂其翼，君子于行，三日不食。有攸往，主人有言。"张伯行《集解》谓："此程子释《明夷》初九爻义也。夷，伤也，为卦《离》下《坤》上，《离》火之明入《坤》之地中，明而见伤，曰'明夷'。初九伤犹未显，人不及察，处之甚难。非见几之明者，不能避之早而去之决。"事：指危险、伤害。

② 俟（sì）：等待。

7·11　《晋》之初六①：在下而始进，岂遽能深见信于上？苟上未见信，则当安中自守，雍容宽裕，无急于求上之信也。苟欲信之心切，非汲汲以失其守，则悻悻以伤于义矣②。故曰："晋如、摧如，贞吉。罔孚，裕无咎。"③然圣人又恐后之人，不达宽裕之义，居位者废职失守以为裕。故特云初六"裕则无咎"者，始进未受命当职任故也；若有官守，不信于上而失其职，一日不可居也。然事非一概，

久速惟时 ④，亦容有为之兆者 ⑤。

【译文】

　　《晋卦》初六爻辞是说，地位低下的人出仕之始，怎么就能够立刻得到在上位的信任呢？如果没有得到在上位的信任，就应当安定自己的内心，且自我守持，保持雍容宽裕的心态，不能有急于获得在上位信任的动机。如果急切地企望得到在上位的信任，那结果不是因急切地获取于功名，从而丧失了自己的操守，就是怨恨失意，从而伤害了道义。因此初六爻辞说："出仕而复退，得正则吉。如果得不到在上位的信任，从容超然对待之，就不会有过失。"然而圣人还是担心后人不通达从容超然的含义，误认为占据官位的人不负责任、不理职守是所谓的从容超然。因此圣人特别强调指出，初六爻辞所说的"从容超然，不会有过失"，是特指那些将要出仕为官然而还没有受命任职的人而言的。对于那些有官职的人来说，既得不到上司的信任又失职，这样的官是一天也不可以做的。然而事情又不可以一概而论，长久留任职位还是迅速离去只能依据时势而定，而时势的兴衰也是有朕兆的。

【注释】

　　① 此条出《周易程氏传》卷三《晋传》。《晋》：六十四卦之一，卦象为䷢。初六：指初六爻辞。

　　② 悻悻：怨恨。

　　③ "晋如、摧如，贞吉。罔孚，裕无咎。"此即《晋卦》初六爻辞。其

《象》曰："晋如、摧如，独行正也，裕无咎，未受命也。"杨伯嵒《衍注》云："初以阴居下，应九四又不中正，欲晋而见摧者也，惟守正则吉。罔孚者，谓设不为人所信，亦当处以宽裕，则无咎。"晋：进。如：之。摧：折。贞：正也。罔：无。孚：信。裕：从容、宽裕。

④ 久速惟时：言君子知几，则可久可速，不失其时矣。《孟子·公孙丑上》："（孟子）曰：'可以仕则仕，可以止则止，可以久则久，可以速则速，孔子也。"

⑤ 兆：朕兆、征兆，事之端也。

7·12　不正而合，未有久而不离者也。合以正道，自无终睽之理。故贤者顺理而安行，智者知几而固守。[①]

【译文】

不依据正道而勉强凑合在一起，没有长久而最终不分离的。依据正道结合在一起，自然最终也不会有分离的道理。因此贤人顺理而行，安然无事；智者见几而动，固守正道。

【注释】

① 此条出《周易程氏传》卷三《睽传》。叶采《集解》谓："贤者，顺是理之当然，安而行之；智者，知其几之比然，固而守之。皆谓必以正道而后合者。"睽（kuí）：分离。

7·13　君子当困穷之时，既尽其防虑之道而不得免，则命也，当推致其命以遂其志[①]。知命之当然也，则穷塞祸患不以动其心，行吾义而已。苟不知命，则恐惧于险难，陨获于穷厄 ②，所守亡矣，安能遂其为善之志乎？

【译文】

君子处于困窘艰难境遇的时候，如果已经用尽所有防虑的方法也不能摆脱这种境遇，那只能说是天命了，（此时）君子应当推究命运，（通过付出巨大牺牲的方法）来成就自己的志向。明白命运有其必然性，那么面对穷困险阻和祸患就不会因此而动摇自己的心志，去实践自己的道义而已。假如不明白命运的必然性，那么在险阻和艰难面前就会恐惧，在穷苦和困厄面前就会灰心，应该守持的本心就不存在了，怎么能够成就自己为善的志向呢？

【注释】

①　此条出《周易程氏传》卷四《困传》。当推致其命以遂其志：语出《困》之《象辞》："泽无水，困。君子以致命遂志。"《朱子语类》卷七三："李敬子问：'致命遂志'。曰：'致命'如《论语》'见危授命'与'士见危致命'之义一般，是送这命与他，自家但遂志循义，都不管生死，不顾身命，犹言致死生于度外也。"

②　陨获：丧失志气。语出《礼记·儒行》："儒有不陨获于贫贱，不充诎于富贵，不慁君王，不累长上，不闵有司，故曰儒。"郑玄注："陨获，困迫失志之貌也。"戹：隘也，古同厄，从户乙声。

7·14　寒士之妻，弱国之臣，各安其正而已 ①。苟择势而从，则恶之大者，不容于世矣。

【译文】

　　寒士的妻子，弱国的臣子，都应该安于各自的本分、恪守正道。假如选择富贵权势而随从，就是大恶的人，不会被世所容了。

【注释】

　　① 此条出《周易程氏传》卷四《困传》。"寒士之妻"等三句：张伯行《集解》谓："此程子因《困》九四《象传》而概言之，以为寒士之妻无慕富之理，弱国之臣无远去之义，惟当各安其正而已。盖《困》之初六乃九四正应，但九四以阳处阴，为不当位而不能济物，有寒弱之象。"

　　7·15　《井》之九三，渫治而不见食 ①，乃人有才智而不见用，以不得行为忧恻也。盖刚而不中 ②，故切于施为，异乎"用之则行，舍之则藏"者矣 ③。

【译文】

　　《井卦》九三爻辞说，井水已清洁而不被人饮用，就如人有才智而不被任用，因为不能实现自己的抱负而忧伤悲痛。九三爻虽属刚阳，但却不处于中位，因此表现为过于急切地渴望有所作为。（这种心态）与孔子所主张的"得到任用就去做，不任用我就退隐自守"不同。

【注释】

①此条出《周易程氏传》卷四《井传》。《井》：六十四卦之一，卦象为䷯。九三：指九三爻辞："井渫不食，为我心恻，可用汲。王明，并受其福。"其《象》曰："井渫不食，行恻也；求王明，受福也。"渫（xiè）：除去，淘去污泥，指水清洁。

②刚而不中：《井卦》九三爻为阳爻，但处于下卦之上位，故曰"不中"，即不处于下卦的中位。

③"用之则行，舍之则藏"：语出《论语·述而》："子谓颜渊曰：'用之则行，舍之则藏。惟我与尔有是夫！'"

7·16　《革》之六二①，中正则无偏蔽，文明则尽事理，应上则得权势，体顺则无违悖②。时可矣，位得矣，才足矣，处《革》之至善者也。必待上下之信，故"已日乃革之也。"③如二之才德，当进行其道，则吉而无咎也；不进，则失可为之时，为有咎也。

【译文】

《革卦》六二爻处于中正之位，就无偏无蔽；文明，就会使事物之理得到充分展现；与上位九五一爻接应，就拥有了相应的权势；六二爻卦体柔顺，就没有相违背的地方。（君子行事）时机合适了，权位也获得了，才华完全可以施展了，已处于《革卦》最好的位置。但还必须得到上下之间的信任，所以爻辞说："等到祭祀的日子才能进行变革。"就如六二一爻显示的才德，应当主动推行君子之道，如此才吉利而没有害；如果停滞不前，就丧失了大有作为的时机，就是有害了。

【注释】

　　① 此条出《周易程氏传》卷四《革传》。《革》：六十四卦之一，卦象为䷰。六二：指六二爻辞："巳日乃革之，征吉，无咎。"张伯行《集解》："此程子释《革》六二爻辞也。君子欲出而有为，必须内度其才德，外度其时势，与其所居之位，然后可以行其德。"

　　② "中正则无偏蔽"等四句：叶采《集解》谓："六二居中得正，下卦为《离》，故曰文明。二与五应，故曰应上。爻位皆柔，故曰体顺。"中正：指六二一爻处于下卦之中，为中正之位。上：指上卦中位的九五一爻。

　　③ 巳日：祭祀之日。巳：借为祀。

　　7·17　鼎之有实^①，乃人之有才业也。当慎所趋向，不慎所往，则亦蹈于非义。故曰："鼎有实，慎所之也。"^②

【译文】

　　鼎中有食物，就如人有才能与事业。对于自己的发展趋向与追求应当慎重，不谨慎地对待自己的发展趋向与追求，也就有可能使自己陷入非义之中，因此《鼎卦》象辞说："鼎里有饭食，就应该慎重自己的去向。"

【注释】

　　① 此条出《周易程氏传》卷四《鼎传》。此条为程子释《鼎卦》九二爻《象》义。《鼎卦》卦象为䷱，九二爻以刚位居下卦之中，乃鼎有实之

象。鼎之有实：鼎，烹饪之器。实：食物。

②"鼎有实，慎所之也"：语出《鼎卦》象辞。《鼎卦》九二爻辞云："鼎有实，我仇有疾，不我能即，吉。"《象》曰："鼎有实，慎所之也。我仇有疾，终无尤也。"

7·18　士之处高位，则有拯而无随；在下位，则有当拯，有当随，有拯之不得而后随。①

【译文】

士人如果身处高位，就应该（直行己志）拯救世道而不能随从。士人如果身处下位，就有应当拯救的，也有应当随从的，也有应当拯救而做不到而后随从的。

【注释】

①此条出《周易程氏传》卷四《艮传》。此条为程子释《艮卦》六二爻象之义。叶采《集解》云："在上位者，当以正君定国为己任，故有拯而无随；在下位者，职守所在，是当拯也；职所不及，是当随也。又有拯之不得而后随者，如孔子尝从大夫之列，故请讨陈恒，然不在其位，则亦随之而已。"

7·19　"君子思不出其位。"①位者，所处之分也。万事各有其所，得其所，则止而安。若当行而止，当速而久，或过或不及，皆出其位也。况逾分非据乎？

【译文】

"君子思考问题不超出自己的本位。"本位就是自己所处位置的本分。一切事物都有自己所处的位置；各得其所，就会止在自己应该止的位置而平安无事。倘若应当有所行动时却止而不动，应当迅速离去时却长久滞留，"过"或者"不及"，都属于超出本位。更何况逾越本分又没有根据的行为呢？

【注释】

①此条出《周易程氏传》卷四《艮传》，释《艮卦》之《象辞》。君子思不出其位：语出《艮卦》之《象》："兼山，艮。君子以思不出其位。"杨伯嵒《衍注》："明道先生见寺墙上书'要不闷，守本分'，云'此是好语'。"

7·20　人之止，难于久终。故节或移于晚，守或失于终，事或废于久，人之所同患也。《艮》之上九，敦厚于终，止道之至善也。故曰："敦艮，吉。"①

【译文】

人的"止"，难在长久地保持始终如一。因此会出现品节最终改变、有的操守最终丧失、有的事功最终在长久地拖延下荒废等，（这种种恶果）是人们普遍的担忧。《艮卦》上九的意思是：保持敦厚到最终，是"止"道的最高境界。因此《艮卦》上九说："止于敦厚，自然吉利。"

【注释】

①此条出《周易程氏传》卷四《艮传》，释《艮卦》上九爻辞。叶采《集解》云："人之止，易于暂而难于久，易于始而难于终。《艮》之上九，止于终也。止道愈厚，是以吉也。"敦艮：谓止于敦厚。敦：厚也。艮：止。

7·21　《中孚》之初九曰①："虞吉。"②《象》曰："志未变也。"《传》曰：当信之始，志未有所从③，而虞度所信，则得其正，是以吉也。志有所从，则是变动，虞之不得其正矣。

【译文】

《中孚卦》初九说："（在心志纯正状态下）推测的结果，吉利。"《象辞》说："（这是因为）心志没有变化。"程颐《易传》说：初九居《中孚》之始，是确定某种东西是否可信的开始，由于心志未受到外物影响，由此所思考推导出的"信"，就是不偏不倚而纯正的，这种情况下就是吉利的。心志受到外物影响，心神就会变动不一，所推测出来的东西，就不能够是正的了。

【注释】

①此条出《周易程氏传》卷四《中孚传》。《中孚》：六十四卦之一，卦象为䷼。孚：信也。此条为程子释《中孚卦》初九爻《象》义。张伯行《集解》谓："相信之道，当审于始，初九居《中孚》之始，志未有他岐，中怀无妄，于此度其所以可信者，必能详审而得其正，是以为吉。若志有所从，则恐牵于偏系之私，而好恶成于中，是非淆于外，必易变动，而失

其所度之正矣,何吉之有? 故《象》曰'志未变'者,坚之之词,亦危之之
词也。"

②虞:度、推算。

③从:随从,意谓心志受到外物影响而变化。

7·22　贤者惟知义而已,命在其中;中人以下,乃以
命处义。如言"求之有道,得之有命,是求无益于得"^①,
知命之不可求,故自处以不求。若贤者则求之以道,得之以
义,不必言命。

【译文】

　　贤人只是明白"义"理,"命"包含在"义"之中;中等以下
才智的人,是用"命"来处"义"。如孟子说的"追求是有方法的,
得到它靠命运,这样追求对于得到是没有帮助的。"(中等以下
才智的人)明白命中注定不能求得,因此就安于命运不去强求。
如果是贤人,那么追求就会根据正当的方法,得到也会根据义的
准则,不必要说命运如何。

【注释】

　　① 此条出《河南程氏遗书》卷二上《元丰己未吕与叔东见二先生
语》。"求之有道"等三句:语出《孟子·尽心上》,"孟子曰:'求则得之,
舍则失之,是求有益于得也,求在我者也。求之有道,得之有命,是求无
益于得也,求在外者也。'"意为:你想要追求,就可以得到;但是你如果
放弃了,它就失去了。这种追求是对我们有帮助的,因为这个求的动力

在"我"自己。追求是有一定方法的,能否得到却决定于天命,这种追求无益于得到,因为所追求的动力是外在的(不是"我"的内在动力)。

7·23 人之于患难,只有一个处置,尽人谋之后,却须泰然处之。有人遇一事,则心心念念不肯舍,毕竟何益?若不会处置了,放下便是,无义无命也。①

【译文】

一个人对于患难,只有一种处置的态度,穷尽了个人的全部努力之后,就必须安定自若地对待了。有的人遇到了一个事情,就用所有的心思和念头想着,不肯放下,最终有什么好处和帮助呢?人如果(在尽了努力之后)没有办法了,放下就是对的,即是不知义也不知命了。

【注释】

① 此条出《河南程氏遗书》卷二上《元丰己未吕与叔东见二先生语》。茅星来《集注》云:"只有一个处置,是义也;尽人谋之后,却需泰然处之,是命也。心心念念不肯舍,是无命也;不会处置了,放下,是无义也。"

7·24 门人有居太学而欲归应乡举者①。问其故,曰:"蔡人尠习《戴记》②,决科之利也③。"先生曰:汝之是心,已不可入于尧舜之道矣④。夫子贡之高识,曷尝规规于货利哉⑤?特于丰约之间⑥,不能无留情耳。且贫富有命,彼乃留情于其间，多见其不信道也，故圣人谓之"不受命"。有志于道者，要当去此心而后可语也。

【译文】

　　程颐学生中，有个在太学读书而想回故里参加乡试的人。程颐问他原因，这个学生回答说："蔡州人很少读《戴记》的，这对于我应科考试是有利的。"程颐先生说：你的这种重视功名之心，已不可能进入尧舜之道了。以子贡高远的见识，何时曾经执著于追求商业上的利润呢？不过是在财富的丰厚和贫乏之间，不得不留下自己的情感罢了。何况贫穷与富有是命中注定的，而子贡就留情在贫困和富有问题上，由此可见他是不能通达尧舜之道的，因此圣人说子贡"不能做到坦然接受命运"。有志于以追求尧舜之道的人，就应该要戒除货利的私念，这样之后才可以和他谈（尧舜之道）。

【注释】

　　① 此条出《河南程氏遗书》卷四《游定夫所录》。门人，指程颐学生谢显道。太学：宋代太学为当时最高学府，隶国子监，以传授儒家经典等为主。

　　② 蔡：州名，隋大业元年改溱州为蔡州，大业三年为汝南郡。唐朝复为豫州，后避代宗讳改为蔡州，治所在今河南汝南县。尠：甚少也。《戴记》：《大戴礼记》《小戴礼记》之简称。传为西汉礼学家戴德选编的八十五篇本为《大戴礼记》，至唐代仅余三十九篇。戴德侄子戴圣选编之四十九篇本为《小戴礼记》，即今我们所见之《礼记》。二书各有侧重、取

舍和特色。东汉末年,郑玄为《小戴礼记》作注,至唐代被列为"九经"之一,到宋代则被列入"十三经"之中,为士者必读之书。

③ 决科:指应科举试。

④ 不可入于尧舜之道:叶采《集解》谓:"得失有命,妄起计度之私,是利心也,故不可入尧舜之道。"

⑤ 规规:浅陋拘泥貌。

⑥ 丰约:富贫。

7·25 人苟有"朝闻道,夕死可矣"之志①,则不肯一日安于所不安也。何止一日,须臾不能!如曾子易箦②,须要如此乃安。人不能若此者,只为不见实理。实理者,实见得是,实见得非。凡实理得之于心自别。若耳闻口道者,心实不见;若见得,必不肯安于所不安。人之一身,尽有所不肯为,及至他事又不然。若士者,虽杀之使为穿窬③,必不为,其他事未必然。至如执卷者,莫不知说礼义。又如王公大人,皆能言轩冕外物④,及其临利害,则不知就义理,却就富贵。如此者,只是说得,不实见。及其蹈水火,则人皆避之,是实见得。须是有"见不善如探汤"之心⑤,则自然别。昔曾经伤于虎者,他人语虎,则虽三尺之童,皆知虎之可畏,终不似曾经伤者神色慑惧,至诚畏之,是实见得也。得之于心,是谓有得,不待勉强,然学者则须勉强。古人有捐躯陨命者,若不实见得,则乌能如此?须是实见得,生不重于义,生不安于死也,故有杀身成仁⑥,只是成就一个是而已。

【译文】

　　人如果有如孔子说的"早上获得真理，让我当晚死去，都可以"的志向，那么，哪怕一天他也不肯安然于（背离天道）令人不安的事情上。又何止一天不安呢，甚至片刻也不能。如曾参在病危时坚持要求换掉他不该铺的华美竹席，他必须这样做才能心安。常人之所以不能如曾参这样，只是因为他们没有体悟实理。所谓实理，就是实实在在体悟到什么是对的，什么是不对的。凡是实理在心中得到彰显的人自然就与别人不同。如若只是听到实理，言说实理，那么，这样的实理并不能在内心真正得到显现。倘若实理在内心得到显现，一定不会安然于令人不安的事。对于一个人来说，有的事无论如何也不会做，但在其他事上却又不是这样。例如士人，即使你以杀身来威胁他要他当爬墙而过的盗贼，他一定不会去做，但遇到其他事又不一定这样。又如读书人，没有不了解且把礼义挂在嘴上的。又如王公大人，人人都能说高官厚禄是身外之物，一旦碰到利害关系，就不会去成就义理，只会追慕富贵。像这样的人，只是说说而已，内心并没有体悟实理。等到人们一旦遇到水火的侵害，人人就都会躲避，因为这种情况是人们确实能够看得到的（水火无情的理）。必须是有"看见不好的事情便急忙躲开，好像把手伸到开水里"一样的心态，就自然不同。过去有一个曾经受到老虎伤害的人，别人谈起老虎时，那么即使是一个孩童，也都知道老虎的可怕，但终究不像曾经受到老虎伤害的人，那样恐惧的神色。他确实恐惧老虎，因为是他有亲身体验。求道而有所心得，这才能称得上有得。（内心有得之人）是不需要勉强的，然而一般学者却必须尽心努力。

古人有可以慷慨捐躯的，如果他们不能体悟实理，那么怎么会这样做呢？必须有真实的体悟，知道道义重于生命，生不安而死能安，因此才能做到杀身成仁，这只是为成就一个仁义之道而已。

【注释】

①此条出《河南程氏遗书》卷一五《入关语录》。"朝闻道，夕死可矣"：语出《论语·里仁》。杨伯峻《衍注》云："子贡游夫子之门，盖日闻所不闻矣，乃曰'性与天道，不可得而闻'。盖不以口传耳授为闻，而以了悟为闻也。夫子恐学者守易晓之空言，而不闻至精至赜之道也，故曰'朝闻道，夕死可矣'。"

②曾子易箦：事见《礼记·檀弓上》："曾子寝疾，病，乐正子春坐于床下，曾元、曾申坐于足，童子隅坐而执烛。童子曰："华而睆（明亮）！大夫之箦（竹席）与？'子春曰：'止！'曾子闻之，瞿然曰：'呼！'曰：'华而睆，大夫之箦与！'曾子曰：'然，斯季孙氏之赐也。我未之能易也。元，起易箦。'曾元曰：'夫子之革疾矣！不可以变。幸而至于旦，请敬易之。'曾子曰：'尔之爱我也不如彼。君子之爱人也以德；细人之爱人也以姑息。吾何求哉，吾得正而毙焉，斯已矣。'举扶而易之，反席，未安而没。"江永《集注》引："朱子曰：'程子引易箦之事，盖以道之重于生，明正之安于死，言有夫子所言之志，而后能有曾子所处之事耳。非以闻道便为得正，亦非以闻道而得正者，便无余事而可以死也。'"箦（zé）：竹编之床席。

③穿窬（yú）：穿壁逾墙，指偷盗行为。

④轩冕：古时大夫以上官员之车乘和冕服，此处借指官位爵禄。

⑤见不善如探汤：语出《论语·季氏》："孔子曰：'见善如不及，见

不善如探汤。'"汤：沸水。

　　⑥ 杀身成仁：语出《论语·卫灵公》："子曰：'志士仁人，无求生以害仁，有杀身以成仁。'"

　　7·26　孟子辨舜、蹠之分，只在义利之间^①。言间者，谓相去不甚远，所争毫末尔。义与利，只是个公与私也。才出义，便以利言也，只那计较，便是为有利害。若无利害，何用计较？利害者，天下之常情也，人皆知趋利而避害。圣人则更不论利害，惟看义当为不当为，便是命在其中也。

【译文】

　　孟子辨别舜与蹠的不同，只在于义与利之间。所谓"间"，意思是说相去不很远，争议仅在毫厘之间。义和利，无非只是公与私的区别。一旦离开义，便用利来说，只这样说那就是计较，就是有利害掺杂其间。如果无利害，何必用来计较？利与害是天下的常情，人都知道趋利避害。圣人就根本不考虑利害，唯一考虑的是从义的角度看应当做还是不应当做，这样命也就包括在义之中了。

【注释】

　　① 此条出《河南程氏遗书》卷一七《伊川先生语三》。"舜、蹠之分，只在义利之间"：语出《孟子·尽心上》："孟子曰：'欲知舜与蹠之分，无他，利与善之间也。'"蹠（zhí）：亦作跖，人名。相传为柳下惠之弟，春秋战国之际奴隶起义领袖。

7·27 大凡儒者,未敢望深造于道,且只得所存正^①,分别善恶,识廉耻。如此等人,多亦须渐好。

【译文】

大凡儒生,不敢奢望自己对道有多深的造诣,而且只是做到存心端正,区分善和恶,识别廉和耻。像这样一类人,大多也会渐渐好起来而趋近道。

【注释】

① 此条出《河南程氏遗书》卷一七《伊川先生语三》。所存正:茅星来《集注》云:"所存正,谓所存于心者正也。如利禄不以动其心,耳目口体之欲不以系其怀,皆是。"

7·28 赵景平问^①:"子罕言利"^②,所谓利者,何利?曰:不独财利之利,凡有利心便不可。如作一事,须寻自家稳便处,皆利心也。圣人以义为利,义安处便为利。如释氏之学,皆本于利,故便不是^③。

【译文】

赵景平问程颐:"孔子不轻易说利",所谓利,是什么样的利呢? 程颐回答说:不只是钱财之利的利,凡有利己之心便不对。例如,做一件事,一定找对自己稳当、方便的地方,都是利己之心。圣人把义作为利,从义的角度看安稳就是利。如佛陀学说,一切以利为本,因此,佛陀便不是义。

【注释】

　　① 此条出《河南程氏遗书》卷一六《己巳冬所闻》。赵景平：程颐学生，生平等均不详。

　　② 子罕言利：语出《论语·子罕》：“子罕言利与命与仁。”

　　③ “释氏之学”等三句：张伯行《集解》谓：“释氏空诸色相，似非言利，而不知其为自私自利之尤者也。以人伦为可灭绝，以山河大地为见病者，皆是要寻自家稳便处。且念佛是要求福，布施是要免灾，得道是要超脱苦海，岂非皆本于利？说愈精，害义愈甚，儒者所当力辟也。”

　　7·29　问：邢七久从先生，想都无知识，后来极狼狈^①。先生曰：谓之全无知则不可，只是义理不能胜其利欲之心，便至如此也。

【译文】

　　有人问程颐：邢恕长期追随先生，想来他都没有任何知识，以至后来极为狼狈。程颐先生回答说：说他一点知识都没有是不可以的，只是因为义理没有战胜他的利欲之心，才导致他到这种狼狈可耻的地步。

【注释】

　　① 此条出《河南程氏遗书》卷一九《杨遵道录》。邢七：即邢恕，详见 4·11 条注 ①。狼狈：此喻邢恕朋比蔡京、章惇诸奸为恶。李文炤《集解》谓：“邢恕，为四凶之一。狼前足短，狈后足短，其走多颠蹶，故以为失行之喻。朱子曰：‘斯言也，以责人言之则恕，以教人言之则切。’”

　　7·30　谢湜自蜀之京师①,过洛而见程子②。子曰:将何之? 曰:将试教官。子弗答。湜曰:如何? 子曰:吾尝买婢欲试之,其母怒而弗许,曰:"吾女非可试者也。"今尔求为人师而试之,必为此媪笑也。湜遂不行。

【译文】

　　谢湜从四川到京城开封去,路过洛阳时,拜见了程颐。程颐问:你将到什么地方去? 谢湜回答说:将到京城试聘教师。程颐没有应答。谢湜问:怎么样呢? 程颐说:我曾买了一个婢女,准备试用一下。她的母亲愤怒了而且不答应,说:"我的女儿不容试用。"今天你请求当别人的老师,并且要别人试用你,必定会遭到那个老妇人似的嘲笑。于是,谢湜没有去试聘教师。

【注释】

　　①此条出《河南程氏遗书》卷二一上《师说》。谢湜:字持正,金堂(今属四川)人,程颐学生。

　　②洛:洛阳。

　　7·31　先生在讲筵①,不曾请俸,诸公遂牒户部,问不支俸钱②。户部索前任历子③。先生云:某起自草莱④,无前任历子。(旧注:旧例,初入京官时,用下状出给料钱历。先生不请,其意谓朝廷起我,便当廪人继粟、庖人继肉也⑤。)遂令户部自为出券历。又不为妻求封⑥。范纯甫问其故⑦,先生曰:某当时起自草莱,三辞然后受命,岂有今日乃为妻求封之理？问：今人陈乞恩例，义当然否？人皆以为本分，不为害。先生曰：只为而今士大夫道得个"乞"字惯，却动不动又是"乞"也。因问：陈乞封父祖，如何？先生曰：此事体又别。再三请益，但云：其说甚长，待别时说⑧。

【译文】

　　程颐先生在京都任讲席时，不曾请求自己的俸钱，于是程颐的几位同事起草公文给户部，询问为什么不支付程颐的俸钱。户部向程颐索要他过去任官的历子。程颐先生说：我起自于布衣（过去没有出仕），没有原来任官的历子。（旧注：根据旧例，刚开始做京官的时候，要用接到的状子发给料钱历子。程颐先生不请俸钱，他的意思是说既然朝廷起用我，就应当如孟子说的由掌管粮仓的送来粮食，掌管后厨的送来肉。）于是朝廷让户部给程颐颁发一张历子。程颐又不曾为妻室向皇帝请求封典。范纯甫问程颐其中原因。程颐先生说：我当时起自民间，曾三次推辞出仕，最后才受命做官，今日哪能有为了妻室就向皇帝请求封典的道理？范纯甫又问：如今人们向皇帝乞求恩典是惯例。难道不是当然之义吗？人们都认为这样做符合本分，没有什么不好啊。程颐先生说：只是因为今天士大夫们说"乞"字已成习惯，却动不动又是"乞"。范纯甫接着问：向皇帝陈情乞求给自己的父母、祖先封典，怎么样呢？程颐先生说：这件事又与乞求封妻室不同。范纯甫再三请教，程颐先生只是说：这件事说起来话很长，还是等另有时间再说吧。

【注释】

①　此条出《河南程氏遗书》卷一九《杨遵道录》。讲筵：讲席。宋哲宗元祐元年（1086）程颐以布衣受诏，任崇政殿说书。

②　"不曾请俸"等三句：茅星来《集注》云："时先生尝典钱使，诸公因问，必是俸给大段不足，后乃知不曾请俸也。"牒：本为书写用的木片、竹片等，此指古代官府往来文书。户部：六部之一，掌管全国土地、户籍、赋税、财政收支等事务，长官为户部尚书。

③　历子：一种记录用的本子。宋制，料粮院掌发俸禄，有料钱录、据状注明各官授官日月，发给本人，凭以赴户部领支钱俸。

④　草莱：犹草茅，指在野的、未出仕的。

⑤　"廪人继粟、庖人继肉"：语出《孟子·万章下》："曰：'敢问国君欲养君子，如何斯可谓养矣？'曰：'以君命将之，再拜稽首而受。其后廪人继粟，庖人继肉，不以君命将之。'"

⑥　封：封典。皇帝给予官员本人及其妻室、父母、祖先的荣典。

⑦　范纯甫：名祖禹，字梦得，后改淳夫，又作醇父，程颐学生。茅星来《集注》："按，《遗书》，时先生与赵侍郎暨纯甫同在后省，行见晓示，至节令命妇进表，贺太皇及太后、太妃。问先生，先生云'某家无命妇'。二公愕然，问何不叙封，先生因语之如此。"

⑧　"其说甚长，待别时说"：其说：指封妻与封亲事体之不同这件事。叶采《集解》谓："封亲与封妻，事体不同。显荣其亲，亦人子之至情，谓之不当求则不可，谓之当求，则先生特召，与常人异，故难为言也。或云：'若是应举得官，便只当以常调自处，虽陈乞封荫可也。'朱子曰：'此自今常人言之如此可也，然朝廷待士却不当如此。伊川所以难言也，但云其说甚长，其意谓要当从科举法都变了，乃为正耳。'"

7·32　汉策贤良^①，犹是人举之。如公孙弘者，犹强起之，乃就对^②。至如后世贤良，乃自求举尔。若果有曰"我心只望廷对^③，欲直言天下事"，则亦可尚已。若志富贵，则得志便骄纵，失志则便放旷与悲愁而已。

【译文】

汉代实行策试贤良的办法，但还是要有别人推举。例如公孙弘，也还是在他人强求之下才参加应对的。至于像后世的贤良之士，却是自己请求推举。如果有人说"我的本心是只希望在朝廷当众对答，直接谏言天下的大事"，那么，（他的志向）也是可以崇尚的。如果他的志向是企望富贵，那么他得志必然就骄奢纵恣，一旦失意，自然就只有放旷和悲愁了。

【注释】

①此条出《河南程氏遗书》卷一《端伯传师说》。汉策贤良：汉以来招举贤良文学之士，以政事，经义等设问，写在简策上，使之条对。策：策问。

②"如公孙弘者"等三句：叶采《集解》云："武帝初即位，招贤良文学之士。是时，公孙弘以贤良征为博士，使匈奴，还报，不合意，乃移病免归。元光五年，复征贤良文学，菑川国复推上弘，弘谢曰：'前已尝西用，不能，罢。愿更选。'国人固推弘。"公孙弘（前200—前121），字季，西汉菑川（治所在今山东寿光南）薛人。少为狱吏，年四十余始治《春秋公羊传》。曾建议设五经博士，置弟子员。以熟习文法吏治，被汉武帝任为丞相。对：对策，即对策问提出的问题进行回答。

③廷对：在朝廷中当众对答。

7·33　伊川先生曰：人多说某不教人习举业，某何尝不教人习举业也？人若不习举业而望及第，却是责天理而不修人事①。但举业既可以及第即已，若更去上面尽力求必得之道，是惑也②。

【译文】

程颐先生说：有不少人说我不教弟子学习科举应试，我何尝不教弟子学习科举应试？人如果不学习科举应试而希望科举及第，无非是责备天理而不修习现实的道德学问。但对于科举应试，只要能够达到及第水准就可以了，如果一定要在科举应试上竭尽全力，探求一定及第的方法，那就是糊涂了。

【注释】

①此条出《河南程氏遗书》卷一八《刘元承手编》。责：责备。

②"但举业既可以及第即已"等三句：《朱子语类》卷一三："举业亦不害为学。前辈何尝不应举？只缘今人把心不定，所以有害。才以得失为心，理会文字，意思都别了。"茅星来《集注》云："若于上面尽力求必得之道，便须追逐时好，曲避忌讳，私意横生矣，故曰'是惑也'。"

7·34　问家贫亲老，应举求仕，不免有得失之累，何修可以免此？伊川先生曰：此只是志不胜气。若志胜，自无此累。家贫亲老，须用禄仕，然得之不得为有命。曰：

在己固可，为亲奈何？曰：为己为亲，也只是一事，若不得，其如命何？孔子曰："不知命，无以为君子。"①人苟不知命，见患难必避，遇得丧必动，见利必趋，其何以为君子？

【译文】

　　有人问：我家境贫寒，父母老迈，如果应试科举，出仕做官，却难免没有得失考虑的拖累，怎样修养自己，才能够免除这样的顾虑呢？程颐先生回答说：你的顾虑，只是因为志不胜气，如果志压倒气，自然不会有这样的顾虑。家境贫寒，父母老迈，需要有俸禄和出仕（才能养老），然而考中或不能考中却是命运的安排。又问：我自己固然可以应试，但又怎么能侍奉父母呢？程颐先生回答说：为了自己和侍奉父母，也只是一回事，如果不能考中出仕，那是天命如此，你又能怎么样呢？孔子说："不懂得命运，没有可能做为君子。"人如果不懂得命运，遇到患难必然逃避，看见得失必然心动，碰见利益必然趋求，这样怎么能够做君子呢？

【注释】

　　① 此条出《河南程氏遗书》卷一八《刘元承手编》。《朱子语类》卷一三解此条云："以科举为亲，而不为为己之学，只是无志。以举业为妨实学，不知曾妨饮食否？只是无志也。""不知命，无以为君子"：语出《论语·尧曰》："不知命，无以为君子也；不知礼，无以立也；不知言，无以知人也。"

7·35　或谓科举事业夺人之功,是不然。且一月之中,十日为举业,余日足可为学。然人不志此,必志于彼。故科举之事,不患妨功,惟患夺志。^①

【译文】

有人说科举考试的事业,摧毁了人的功业,这样说是不对的。因为一月之中,十天可以用来做科举应试的功课,其余的时间足够可以学道。然而人的志向不在学道上,必然会定位在功名利禄上。因此,对于科举应试来说,令人担心的不在于应试会妨碍人的功业,而在于担心丧失志向。

【注释】

①　此条出《河南程氏遗书》卷一一《师训》。李文炤《集解》引:“朱子曰:非是科举累人,自是人累科举。若高见远识之士,读圣贤之书,据吾所见而为文以应之,得失利害置之度外,虽日日应举,亦不累也。居今之世,使孔子复生也不免应举,然岂能累孔子耶?”

7·36　横渠先生曰:世禄之荣^①,王者所以录有功,尊有德,爱之厚之,示恩遇之不穷也。为人后者,所宜乐职劝功,以服勤事任^②,长廉远利,以似述世风^③。而近代公卿子孙,方且下比布衣,工声病^④,售有司^⑤,不知求仕非义,而反羞循理为不能;不知荫袭为荣,而反以虚名为善继。诚何心哉!

【译文】

张载先生说：世代享受朝廷俸禄的荣耀，这是帝王记录有功的臣子，尊重有德之人，爱护他们，厚待他们，并表示永久施恩和厚待的用心。作为这些人的后代，应该乐于职守，努力建功，用勤奋不息来履行职责，始终保持廉洁，远离私利，用这样的作为来继承和祖述先世的家风。然而，如今的公卿子孙们，却要与下层布衣平民相比，工研诗赋之学，以此博取官府青睐。他们不但不知道求官是一种不义的行为，反而认为安分循理是羞辱的；不但不知道承继祖先的风范是光荣的职责，反而认为获取虚名是对先人优秀精神的继承。这是一种什么心态啊！

【注释】

①此条出张载《文集佚存·策问》。世禄：即任子法也。任子法本为汉代高官子弟凭藉父兄而得官的制度。西汉有《任子令》，官秩在二千石以上，任职满三年，不问其子弟德才如何，都可获得任其子弟为官的资格。除任子弟外，有时也可任孙、侄等亲属。任子弟的人数一般为一至二人，但也有不受限制的。至宋代，太祖又定任子之法。《宋史·志》第一百十二《选举五》（铨法下）："太祖初定任子之法，台省六品、诸司五品，登朝尝历两任，然后得请。始减岁补千牛、斋郎员额；斋郎须年貌合格，诵书精熟，乃得奏。"

②事任：谓事之责任。

③似：通嗣。述：即祖述，效法遵循意。世风：先世家风。

④工声病：擅长于诗赋之学。声：谓四声。病：谓八病。南朝梁沈约等有关于诗赋的所谓四声八病之说。

⑤有司：指官吏或官府。古代设官分职，各有专司，故称有司。

7·37　不资其力而利其有，则能忘人之势。①

【译文】

不求助别人的权力，又不想用别人的财富获利，那么就能忘掉别人的权势。

【注释】

①此条出张载《正蒙·作者篇第十》，又见张载《孟子说》。《孟子·尽心上》："孟子曰：'古之贤王好善而忘势；古之贤士何独不然？乐其道而忘人之势。故王公不致敬尽礼，则不得亟见之。'"张载以此发挥之。

7·38　人多言安于贫贱，其实只是计穷力屈才短，不能营画耳。若稍动得，恐未肯安之，须是诚知义理之乐于利欲也，乃能。①

【译文】

人们往往说自己应该安心于贫贱，其实，这只不过是他才能有限、力量不足，没有办法谋划罢了。如果他稍有点机会活动，恐怕没有人能够安心于贫贱，一定是确实懂得义理带来的快乐大于利欲的人，才能够安心于贫贱。

【注释】

①此条出张载《经学理窟·气质》。《朱子语类》卷一三："人之所以戚戚于贫贱,汲汲于富贵,只缘不见这个道理。若见得这个道理,贫贱不能损得,富贵不曾添得,只要知这道理。"

　　7·39　天下事,大患只是畏人非笑。不养车马,食粗衣恶,居贫贱,皆恐人非笑。不知当生则生,当死则死。今日万钟,明日弃之。今日富贵,明日饥饿,亦不恤,惟义所在。①

【译文】

　　天下的种种事情,人们最担心的是害怕遭到别人的非议和嘲笑。没有华丽的马车坐,吃得粗糙,穿得简陋,居住寒酸,这些都怕被人非议和嘲笑。这些人不懂得,该生就生,该死就死。今天拥有万钟之禄,明天全部抛弃。今天富贵,明天挨饿,也会毫不忧虑,只看这一切行为是否符合"义"。

【注释】

①此条出张载《经学理窟·自道》。叶采《集解》云:"义之所在,则死生去就有所不顾,况夫怀龌龊之见,畏人非笑而耻居贫贱,岂有大丈夫之气哉?"钟:古计量单位,一钟合六石四斗。恤:忧虑。

近思录卷之八

君道

8·1　濂溪先生曰：治天下有本，身之谓也；治天下有则，家之谓也①。本必端，端本，诚心而已矣；则必善，善则，和亲而已矣。家难而天下易，家亲而天下疏也。家人离必起于妇人。故《睽》次《家人》②，以"二女同居，而其志不同行也。"③尧所以厘降二女于妫汭④，舜可禅乎⑤？吾兹试矣。是治天下观于家，治家观身而已矣。身端，心诚之谓也；诚心，复其不善之动而已矣⑥。不善之动，妄也；妄复，则无妄矣；无妄，则诚焉。故《无妄》次《复》，而曰"先王以茂对时，育万物"⑦，深哉！

【译文】

周敦颐先生说："治理天下有其根本，这个根本就是治理者的修身；治理天下有其法则，这个法则就是治理者的齐家。根本必须端正，要端正根本，就是要先诚心而已；法则必须是好的，好的法则，就是家庭和睦而已。治家困难而治天下容易，因为家人亲近而天下容易疏远。家庭分裂，一定起因于妇人。因此《易》卦的排列次序，《家人卦》之后即是《睽卦》。《睽》之《象辞》说："两个女人住在一起，志向不同，很难一起行动。"尧之所以根据义理在妫水之滨把两个女儿娥皇、女英下嫁给舜，就是看能够把帝位禅让给舜吗？我先要对他进行考验。因此，一个人是否能治天下，要看他是否能治家，而是否能治家要看他是否能修身。自身端正，就是说心要诚；使其诚心，就是让一切不善之念返回到善而已。任何不善的想法和举动，都是虚妄；虚妄能够返回，那就是无妄；无妄，就是诚。因此，《易》卦的排列次序，《无妄卦》在《复卦》之后，并且《无妄卦》之《象辞》说："先王以其勤勉努力应对天道，顺应时令，化育万物。"深刻啊！

【注释】

① 此条出周敦颐《周子通书·家人睽复无妄第三十二》。"治天下有本"等四句：《孟子·离娄上》："天下之本在国，国之本在家，家之本在身。"《礼记·大学》："古之欲明明德于天下者先治其国，欲治其国者先齐其家，欲齐其家者先修其身，欲修其身者先正其心，欲正其心者先诚其意。"则：法则。叶采《集解》引："朱子曰：'则，谓物之可视以为法者，犹俗言则例、则样是也。'"

② 《睽》：六十四卦之一，卦象为☲☱。

③ "二女同居，而其志不同行"：语出《睽卦》之《象辞》："《象》曰：睽，火动而上，泽动而下。二女同居，其志不同行。"《睽卦》由上卦《离》

和下卦《兑》组成。离为火，为中女，兑为泽，为少女。《睽》之卦像是中女、少女同居一起，其势必各自嫁人。《诗·邶风·泉水》云："女子有行，远父母兄弟。"女各有家，故不同行。

④ 厘：理也。降：下也。二女：指娥皇、女英。传说为尧的女儿。妫汭：妫（guī）：水名。妫水在山西省永济县南，源出历山，西流入黄河。《书·尧典》："厘降二女于妫汭，嫔于虞。"孔传："舜为匹夫，能以义理下帝女之心于所居妫水之汭，使行妇道于虞氏。"汭（ruì）：陆德明释文："汭，音如锐反，水之内也。杜预注《左传》云：'水之隈曲曰汭。'"

⑤ 禅（shàn）：以帝位让人。

⑥ 复：《杂卦》："复，反也。"反借为返。张习孔《传》云："'复其不善之动'。'复'字具二义。复，反也，反其所动也。复，覆也，倾覆其所动，不使之存也。又一解曰：妄与诚对，不容并立。诚归于吾之心，妄归于妄之所，如驱之而使反。"

⑦ "先王以茂对时，育万物"：语出《无妄卦》之《象辞》："《象》曰：天下雷行，物与无妄；先王以茂对时育万物。"茂：高亨《周易大传今注·无妄第二十五》："茂读为懋，勉也，努力也。"对：焦循曰："对，犹应也"。对时：犹言顺应时令。

8·2　明道先生尝言于神宗曰①：得天理之正，极人伦之至者，尧舜之道也；用其私心，依仁义之偏者，霸者之事也。王道如砥②，本乎人情，出乎礼义，若履大路而行，无复回曲；霸者崎岖反侧于由迳之中③，而卒不可与入尧舜之道。故诚心而王，则王矣；假之而霸，则霸矣。二者其道不同，在审其初而已。《易》所谓"差若毫厘，缪以千里者"④，其初不可不审也。惟陛下稽先圣之言，察人事之理，知尧舜之道备于己，反身而诚之，推之以及四海，则万世幸甚。

【译文】

　　程颢先生曾对宋神宗说：得到天理的正道，又能达到人伦秩序的极致的，就是尧舜的王道；运用自己的私心，按照仁义的名义却走向背离仁义的偏路，那是霸道的事业。王道就像大道一样平坦，它本于人性，源于礼义，（遵循王道）就如同在大路上行走，不会再有崎岖的小路。而行霸道就好像在蜿蜒曲折的小道上危险地行走，霸道最终也不可能与尧舜之道并行。因此，诚心遵循王道，就能王天下；假借王道行霸道，就是霸道。观察王道与霸道的区别，在于审视他们最初的出发点。《易》说："差若毫厘，谬以千里"，他们的出发点不能不深刻审视。只要陛下考查先圣的言语教诲，洞察人事的道理，就可以知道尧舜的精神尽在自己心中，反躬自问，心悦诚服，然后再把这种精神推及四海，那就是千秋万代最大的幸福。"

【注释】

　　① 此条出《河南程氏文集》卷一《表疏·论王霸札子》。神宗熙宁二年（1069），程颢先生以大臣荐，召除太子中允，权监察御史里行。上疏首言王霸之事。《朱子语类》卷一三五："问宣帝杂王、伯之说。曰：须晓得如何是王，如何是伯，方可论此。宣帝也不识王、伯，只是把宽慈底便唤做王，严酷底便唤做伯。明道《王伯札子》说得后，自古论王、伯，

至此无余蕴矣。"伯：通霸。神宗（1048—1085），即北宋皇帝赵顼，年号
熙宁，十年后改元丰。

②砥：磨刀石，此喻平直。

③崎岖：本谓高低不平，此艰险意。反侧：不安之意。曲迳：蜿蜒
曲折的小路。迳：路之小者。

④"差若毫厘，缪以千里"：语出《礼记·经解》："《易》曰：'君子慎
始，差若毫厘，缪以千里。'"《易经》及彖象辞，均无此语，裴骃曰："今
《易》无此，而《易纬》有之。"程颢盖引自《礼记·经解》。缪（miù）：
错误。

8·3　伊川先生曰：当世之务，所尤先者有三：一曰立
志，二曰责任，三曰求贤①。今虽纳嘉谋，陈善算，非君志先
立，其能听而用之乎？君欲用之，非责任宰辅，其孰承而行
之乎？君相协心，非贤者任职，其能施于天下乎？此三者，
本也。制于事者，用也。三者之中，复以立志为本。所谓立
志者，至诚一心，以道自任，以圣人之训为可必信，先王之
治为可必行，不狃滞于近规，不迁惑于众口，必期致天下如
三代之世也。②

【译文】

　　程颐先生说：当今的国家事务中，最重要且首先要做的有三
点：一是立志，二是责任，三是求贤。当今（君主）即使采纳了
下面提出的好的政策，以及条陈的可行的计画，如果不是君主先
确立远大志向，难道他能够听得进去而采用吗？即使君主想采

用这些政策,如果宰相不负责任,谁来承担? 谁来执行呢? 即使君主和宰相同心协力,如果贤人得不到任用,这样的政策怎么能在天下得到贯彻实施呢? 立志、责任、求贤这三样东西是根本,根本落实在实际事务中,就是用。而这三者中,又以立志为根本。所谓立志,就是恪守内心的"诚",纯正无私,把履行"道"作为自己的使命,把圣人的教训作为必须的信念,把先王的治国方略作为必须忠实执行的原则,不拘泥于眼下的规矩,不因众人议论的迷惑而改变,这样,就必然可以期待整个天下像尧、舜、禹时代一样美好。

【注释】

①　此条出《河南程氏文集》卷五《上书·为家君应诏上英宗皇帝书》。"当世之务"等五句:张伯行《集解》谓此条:"此程子告君以为治之本,而尤以人君之立志为责任求贤之本也。"

②　"以圣人之训为可必信"等五句:言立志者,一定以圣人境界为最高标准,一定师法唐虞三代之志,笃信力行之,且不囿于流俗,不为邪说所迷惑。《朱子语类》卷九三:"至之问:程先生当初进说,只以'圣人之说为可必信,先王之道为可必行。不狃滞于近规,不迁惑于众口,必期致天下如三代之世',何也? 先生曰:也不得不恁地说。如今说与学者,也只得教他依圣人言语恁地做去,待他就里面做工夫有见处,便自知得圣人底是确然恁地。"狃(niǔ):拘泥、因袭。近规:近世规则,犹言近例。

8·4　《比》之九五曰①:"显比。王用三驱,失前禽。"②《传》曰:人君比天下之道,当显明其比道而已。如诚意以

待物，恕己以及人，发政施仁，使天下蒙其惠泽，是人君亲
比天下之道也。如是，天下孰不亲比于上？若乃暴其小仁，
违道干誉，欲以求下之比，其道亦已狭矣，其能得天下之比
乎③？王者显明其比道，天下自然来比；来者抚之，固不煦
煦然求比于物④。若田之三驱，禽之去者，从而不追，来者
则取之也，此王道之大，所以其民皞皞⑤，而莫知为之者也。
非唯人君比天下之道如此，大率人之相比莫不然。以臣于
君言之，竭其忠诚，致其才力，乃显其比君之道也，用之与
否，在君而已，不可阿谀逢迎，求其比己也。在朋友亦然。
修身诚意以待之，亲己与否，在人而已，不可巧言令色，曲
从苟合，以求人之比己也。于乡党、亲戚，于众人，莫不皆
然，"三驱，失前禽"之义也⑥。

【译文】

《比卦》九五爻辞说："充分发挥《比卦》亲辅的力量。君主
狩猎用三面围捕的办法，使跑在前面的野兽能够逃掉。"程颐的
《易传》解释说：君主亲辅天下的方法，就应该是明确其亲辅的
准则。如以诚实之心对待万事万物，把恕己之心推及他人，发布
治理国家政令都出于仁道，让整个天下获受他的恩泽，这就是君
主亲辅天下之道的准则，如果这样，天下的人谁又不会辅佐君主
呢？如果君主只是表露一些小仁，其实是背离天道，沽名钓誉，
却奢望求得人们的亲辅，他的境界已经十分狭隘，他怎么能够得
到天下人的支持呢？君主光明磊落地彰显亲辅天道的准则，天
下人自然就会来亲辅君主。对于来亲辅的人，要爱抚他们，本来

不必仅做出似乎温暖人心的样子请求人们来亲辅。如《比卦》所说的君主采用三面包围的方法狩猎，任凭野兽逃走而不追赶，只是对于自投罗网者才捕捉。这正是王道的博大，因此他的人民欢乐舒畅，然而却不知道是谁带来了这样美好和谐的生活。并非只有君主亲辅天下之道如此，大凡人们之间相互亲辅没有不是如此的。以臣子对君主来说，臣子应该对君主竭尽他的忠诚之心，充分施展自己的才能，这样才能显示臣子亲辅君主的原则。至于自己是否得到信用，那是君主的事情，绝对不能阿谀逢迎，乞求君主辅助自己。朋友关系也是如此。自己首先修身诚意来对待朋友，至于朋友是否亲辅自己，则决定于别人，绝对不能巧言令色、委曲顺从和盲目迎合，来乞求别人亲辅自己。在乡党、亲戚，在众人之间，没有不是这样的，这就是《比卦》九五爻辞所说的"三驱，失前禽"的真正含义。

【注释】

①此条出《周易程氏传》卷一《比传》。《比》：六十四卦之一，卦象为䷇。下《坤》上《坎》，上卦是水，下卦是地，故曰"水地《比》。"九五：即《比卦》九五爻。九五爻，居上卦之中，阳爻居于阳位，为中正之位。其余各爻都比附九五爻，称为"比之"。

②"显比"等三句："显比"者，显现《比卦》亲辅的力量，明亲比和顺之道于天下也。比：亲辅也。"三驱"者，《礼》所谓"天子不围"，天子之畋，合其三面，开其一面，使之可去，不忍尽伤物命，即好生之德也。"失前禽"者，以禽之前去者，失之不追也，商汤之祝网，即是此义。

③"若乃暴其小仁"等五句：叶采《集解》云："暴小惠以市私恩，

违正道以干虚誉，以是求比则非显比矣。"暴（pù）：表露，犹显示也。干：求。

④ 煦煦（xù xù）：日出微温之貌。

⑤ 皞皞（hào hào）：心情舒畅貌。

⑥ "三驱，失前禽"的含义为何？是程子此条的主旨。张绍价《解义》云："此言王者比天下之道，当廓然大公，显明其比。如积诚实之意以待物，而天下无不达之情，推爱己之心以爱人，而天下无不推之恩。诚求絜矩，发政施仁，而不以私恩小惠，违道干誉，天下蒙其惠泽，群心自然亲附。光明正大，而无偏党之私。如王者田猎，开一面之网，用三驱之礼，向我者取之，背我者不追，初不期于必得，此王道之所以为大也。"

8·5　古之时，公卿大夫而下，位各称其德，终身居之，得其分也；位未称德，则君举而进之；士修其学，学至而君求之，皆非有预于己也。农工商贾勤其事，而所享有限①。故皆有定志，而天下之心可一。后世自庶士至于公卿，日志于尊荣；农工商贾，日志于富侈。亿兆之心，交骛于利②，天下纷然，如之何其可一也？欲其不乱，难矣！

【译文】

古时候，从公卿大夫到普通人，他们的社会地位都各自与其德行相称，即使终身处在某一位置上，也能做到安分守己；如若他们的职位与德行不相称，他们就会在君主的推举下得到晋升；而一般士人修养自己的学业，学养达到一定程度后，君主就会访求他（把他们安排在适当的位置上），而这一切，都没有预先设置利己的动机。农工商贾在各自事业上勤奋劳作,而获得的利益决定于他们付出的限度。因此社会上各种身份地位的人都有各自稳定的志向,天下人心就能归于纯一。而后世从普通士人到公卿大夫,每天记着的是显赫虚荣;农工商贾,每天专注的是财富金钱。天下众庶万民都以追逐私利为急务,天下纷扰不堪,怎么能够使人心达到纯一状态呢? 想要社会不至于混乱无序,难啊!

【注释】

① 此条出《周易程氏传》卷一《履传》,释《履卦》象传之意,言为治在定民志。杨伯峱《衍注》云:"《履》之《象》曰:'上天下泽,履。君子以辨上下,定民志。'"叶采《集解》谓:"上之人,不度其德而制爵位,则庶士以至公卿日志于尊荣。不明其分而立品节,则农工商贾日志于富侈。贵贱竞趋,而心欲无穷,此乱之所由生也。"限:限制、决定于。

② 亿兆:万亿为兆。此指天下之民,犹言众庶万民。交骛:交,交往,相互;骛(wù):争着去追求。

8·6 《泰》之九二曰 ①:"包荒,用冯河。" ②《传》曰:人情安肆,则政舒缓,而法度废弛,庶事无节。治之之道,必有包含荒秽之量,则其施为,宽裕详密,弊革事理,而人安之。若无含宏之度 ③,有忿疾之心,则无深远之虑,有暴扰之患。深弊未去,而近患已生矣,故在"包荒"也。自古泰治之世,必渐至于衰替,盖由狃习安逸因循而然,自非刚断之君、英烈之辅,不能挺特奋发以革其弊也,故曰"用冯河"。或疑上云"包荒",则是包含宽容;此云"用冯河",则是奋发改革,似相反也。不知以含容之量,施刚果之用,乃圣贤之为也。

【译文】

《泰卦》九二爻辞说:"(圣贤气量宏大)可以容纳污秽,以横渡江河。"程颐《易传》解释说:人情安闲随意,那么政纪就会松散怠慢,从而法度废弛、一般的事情也就没有节制(等等弊端)。根治这些弊端的方法,必须是要有包容荒秽的恢宏气量,这样,实施的行政措施和作为就自然会宽裕而详密,弊端就会得到革除(人事的运行就会符合义理),而人们也会安心于这种改革和作为。如果没有包容博厚的气度,(面对污秽和弊端)动辄忿怒憎恶,而缺少深谋远虑,必然会有过分扰民的祸患。积弊没有得到根除,而新的祸患已经产生,因此《泰卦》才说关键在"包荒"。自古以来的太平盛世,一定会渐渐趋向衰落,都是由于人们习惯于舒适和因循相袭造成这样的。不是刚毅果断的君主、英杰威烈的宰辅,就不能挺身奋发地来消除各种弊端。因此《泰卦》才说,"用冯河"。也许有人疑惑上面《泰卦》九二爻辞说的"包荒",就是包含和宽容;这里说的"用冯河",就是说要奋发改革,两者似乎是相反的。这样提问的人不明白以包容污秽的气量,实行刚健果断的改革,正是圣贤之为圣贤的道理。

【注释】

①此条出《周易程氏传》卷一《泰传》。《泰》:六十四卦之一,卦象

为䷊。九二：即《泰卦》九二爻。

②"包荒，用冯河"：语出《泰卦》九二爻辞："包荒，用冯河。不遐遗；朋亡，得尚于中行。"包：包容。荒：荒秽。包荒，意谓气量宏大。冯（píng）：借为淜，徒涉，蹚水。

③含宏：同"含弘"，包容博厚。

8·7 《观》①："盥而不荐②，有孚颙若③。"《传》曰：君子居上，为天下之表仪，必极其庄敬，如始盥之初，勿使诚意少散。如既荐之后，则天下莫不尽其孚诚，颙然瞻仰之矣。

【译文】

《观卦》说："在还未奉酒食以祭神之前，把手洗干净，态度诚恳而恭敬。"程颐《易传》解释说：君子身居高位，应为天下人的表率和榜样，一定要极力做到庄重和恭敬，就如同在祭神之前（以虔诚而严肃的态度）洗手一样，不能让自己内在的诚敬意念有一点涣散。即使在祭神仪礼结束后（也不能有丝毫涣散），天下就没有人会不竭尽他们的诚意和恭敬，都会恭敬地仰慕作为君子的你。

【注释】

①此条出《周易程氏传》卷二《观传》。《观》：六十四卦之一，卦象为䷓。

②盥而不荐：《朱子语类》卷七〇："问'盥而不荐'，是取未荐之时

诚意浑全而未散否？曰：祭祀无不荐者，此是假设来说。荐，是用事了；盥，是未用事之初。云'不荐'者，言常持得这诚敬如盥之意常在。若荐，则是用出，用出则才毕便过了，无复有初意矣。《诗》云：'心乎爱矣，遐不谓矣。中心藏之，何日忘之！'《楚辞》云：'思公子兮未敢言。'正是此意。说出这爱了，则都无事可把持矣。惟其不说，但藏在心中，所以常见其不忘也。"盥（guàn）：祭祀前用水洗手。荐：奉酒食以祭神。

③有孚颙若：有孚：诚信；颙（yóng）：头大，转义为敬，内心诚敬之至；若：语气助词，同然。

8·8　凡天下至于一国一家，至于万事，所以不和合者，皆由有间也，无间则合矣。以至天地之生，万物之成，皆合而后能遂。凡未合者，皆为间也。若君臣、父子、亲戚、朋友之间，有离贰怨隙者，盖谗邪间于其间也。去其间隔而合之，则无不和且治矣。《噬嗑》者，治天下之大用也。①

【译文】

大凡上至整个天下，下到一个国家、一个家庭，乃至于万事万物，产生不融洽的原因，都是因为有隔阂。如果没有隔阂，自然就融洽了。以此推至到天地化生，万物成长，都是因为阴阳二气相合，然后按照天道发展。但凡不相合的，都是因为其间隔阂的缘由。就如君臣、父子、亲戚、朋友之间，之所以出现背离、贰心、怨恨和嫌隙，原因无非是谗言邪说在中间离间的结果。根除离间之患而使上述各种关系自然融洽，那么相互之间没有不和谐而秩序井然的了。《噬嗑》,是对治理天下有极大作用的一卦。

【注释】

①此条出《周易程氏传》卷二《噬嗑传》。《噬嗑》:六十四卦之一,卦象为☲☳。张伯行《集解》:"此释《噬嗑》之义,以发明治天下之大用也。'颐中有物曰噬嗑。'噬,啮也。嗑,合也。啮之而后合,去间之义也。"噬嗑(shì kè):张绍价《解义》云:"此言治天下之道,在于去间。有间则彼此相疑,诚意无由交孚,君臣、父子、亲戚、朋友,所以离、贰、怨、隙。恩义日睽者,皆由谗邪以为之间。去其间而后可合。卦体上《离》下《震》,离明则有以烛奸,震威则有以除恶。明威并用,而后间可得而去,故《噬嗑》者,治天下之大用也。"

8·9　《大畜》之六五曰①:"豮豕之牙②,吉。"《传》曰:物有总摄,事有机会③。圣人操得其要,则视亿兆之心犹一心,道之斯行,止之则戢④,故不劳而治,其用若"豮豕之牙"也。豕,刚躁之物。若强制其牙,则用力劳而不能止;若豮去其势,则牙虽存,而刚躁自止。君子法豮豕之义,知天下之恶不可以力制也,则察其机,持其要,塞绝其本源,故不假刑法严峻,而恶自止也。且如止盗,民有欲心,见利则动,苟不知教而迫于饥寒,虽刑杀日施,其能胜亿兆利欲之心乎?圣人则知所以止之之道,不尚威刑而修政教,使之有农桑之业,知廉耻之道,虽赏之而不窃矣。

【译文】

《大畜卦》六五爻辞说："阉割掉长有锋利牙齿的猪，（猪嘴里的长牙就不会伤人了）是吉利的。"程颐《易传》解释说：事物有一个总体上的主宰，事物又有各自的关键。圣人掌握了事物的要旨，就会把天下亿万人心看做一心，教导他们，让他们如何去做应该做的；禁止他们，让他们不去做不应该做的。因此不用过于辛劳就能使天下大治，这样的作用就如同"豮豕之牙"。猪是一种性子刚烈暴躁的动物，如果试图靠强力制服它牙齿的作用，那么用力辛劳，而且也达不到阻止它的目的；如果能够阉割它，消解掉它的攻击性，那么，虽然猪的牙齿还在，但它刚烈暴躁的性子自然没有了。君子取法六五爻象的含义，明白天下的恶不能用暴力去制服，就观察恶的关键，把握恶的核心，塞绝恶的本源，因此不须借助刑法的严厉和峻苛，恶自然就会被抑止。例如制止盗窃，人有贪欲之心，看到利就想动，如果平日缺少礼义的教诲，又迫于饥寒之苦，即便是每天实施刑法镇压，这样怎么能够战胜亿万人的利欲之心呢？圣人就知道抑止偷盗的方法，不在崇尚严刑峻法，而在于修明政教。让人们务农植桑（以安居乐业），有廉耻之心，（这样）即便是奖赏偷窃行为，人们也不会偷窃了。

【注释】

① 此条出《周易程氏传》卷二《大畜传》。《大畜》：六十四卦之一，卦象为䷙。茅星来《集注》释云："此条言圣人化强暴之法，贵察其机要而治其本原，不徒威刑之是尚也。"

②豮（fén）豕之牙：陆德明释文引刘表曰："豕去势曰豮。"去势：即阉割。张伯行《集解》："豮豕之去势者，豕性刚躁，牙足为害，而不可以强制，惟去其势，则有以柔其性，故牙虽存而刚躁自止。"

③机会：张伯行《集解》："机会者，弩之发而赴于其的也。"

④道（dǎo）之斯行：谓导之为善也。止之则戢：谓禁其为恶也。戢（jí）：收敛、停止。

8·10 《解》①："利西南。无所往，其来复吉。有攸往，夙吉②。"《传》曰：西南，坤方。坤之体，广大平易。当天下之难方解，人始离艰苦，不可复以烦苛严急治之，当济以宽大简易，乃其宜也。既解其难而安平无事矣，是"无所往"也。则当修复治道，正纪纲，明法度，进复先代明王之治，是"来复"也，谓反正理也。自古圣王救难定乱，其始未暇遽为也；既安定，则为可久可继之治。自汉以下，乱既除，则不复有为，姑随时维持而已，故不能成善治。盖不知"来复"之义也。"有攸往，夙吉"，谓尚有当解之事，则早为之乃吉也。当解而未尽者，不早去则将复盛。事之复生者，不早为则将渐大，故夙则吉也。

【译文】

《解卦》："适合西南方向。无路可走的时候，沿着来的路返回吉利。有路可走的时候，早到吉利。"程颐《易传》解释说：西南方，是象征大地的坤位，坤体广大平易。当天下的苦难刚刚解除，人民才开始脱离艰厄困苦时，不能再用种种苛刻威严的手段治理国家，而应以宽大简易的心胸补救，这样才是适宜的。既然苦难已经解救，天下安定平稳了，这正是"无所往"。那么应当修复治理之道，整理社会的秩序和国家的法纪，明确国家法律制度，进而回复先代明君的太平景象，这就是"来复"，可称作返回到正道天理。自古以来，圣王拯救危难平定暴乱，刚开始时没有时间立刻做到"来复"；一旦天下已经安定，圣王就可以制订长治久安且可为后世继承的治国策略。自汉代以后，动乱已经消除，（统治者）却不再能有所作为，都是暂时性地随机维持一下而已，因此不能成为好的制度。原因是这些统治者不懂"来复"的含义。《解卦》说："有攸往，夙吉。"是说，如果还有需要解决的事情，就尽早去做，才是吉利的。应当解决还未完全解决的事情，如果不早去解决掉，那么它将会重新滋盛起来。事物是可以再生的，如果不尽早消除，它就将渐渐强大起来，因此，尽早解决，就是吉利的。

【注释】

①　此条出《周易程氏传》卷三《解传》。《解》：六十四卦之一，卦象为䷧，《震》上《坎》下。张伯行《集解》谓："此释《解卦》彖辞，言难之方解，宜与民休息也。盖蹇难之后，元气初复，多一纷更则多一苦难，所以《解》之为言解也。"

②　利：宜也。夙：早。

8・11　夫有物必有则 ①。父止于慈，子止于孝，君止于仁，臣止于敬。万物庶事，莫不各有其所，得其所则安，

失其所则悖。圣人所以能使天下顺治，非能为物作则也，唯止之各于其所而已。^②

【译文】

　　任何事物必定都有它的法则。作为父亲，就要止在"慈"；作为子女，就要止在"孝"；作为国君，就要止在"仁"；作为臣工，就要止在"敬"。天下万物和一切事情，莫不是各自都有它应该止的地方，止在应该止的地方就会安定，止在不该止的地方就会与安定相背离。圣人能够使天下顺物之性从而得到治理的原因，并非圣人为天地万物确立了法则，而是让天地万物止在各自应该止的地方罢了。

【注释】

　　① 此条出《周易程氏传》卷四《艮传》。物必有则：语出《诗·大雅·烝民》："天生烝民，有物有则。"谓天生烝民具形而有物，禀性而有法则。烝民：意即庶民，泛指百姓。烝：多也。则：法则。

　　② "父止于慈"至结尾一段：此均为释《艮卦》彖辞义。《艮卦》彖辞曰："艮，止也。时止则止，时行则行，动静不失其时，其道光明。艮其止，止其所也。上下敌应，不相与也，是以不获其身。行其庭不见其人，无咎也。"叶采《集解》云："事物各有天然之则，圣人非能为物作则，但处之各当其则而已。"

　　8·12　《兑》，说而能贞，是以上顺天理，下应人心，说道之至正至善者也^①。若夫违道以干百姓之誉者，苟说之道。违道不顺天，干誉非应人，苟取一时之说耳，非君子之正道。[2]君子之道，其说于民，如天地之施，感之于心而说服无致[3]。

【译文】

《兑卦》，能以正道取悦人，这是以此在上顺应天理，在下合乎人心，是至正至善的取悦人的办法。如果是悖离天道，并以此来获取百姓赞誉，那是苟且取悦之道。违背天道，不能顺应天意，沽名钓誉又不能合乎人心，只不过苟且获得人们一时的愉悦罢了，但那不是君子（安身立命的）正道。君子以正道取悦于民，如同天地对万物的恩施，人们感怀于心，心悦诚服而不会厌弃。

【注释】

①此条出《周易程氏传》卷四《兑传》。《兑》：六十四卦之一，卦象为䷹。"说而能贞"等四句：张伯行《集解》谓："此释《兑卦》彖辞，而言君子说民之道，顺乎天应乎人也。《兑》之为卦，柔在外而刚得中。柔有'说'之义焉，刚有'贞'之义焉。说而能贞，是上顺天理之正，以下应人心之公，为至善之正道也。正故善耳。"说：同悦。

②"若夫违道以干百姓之誉者"等六句：张绍价《解义》云："说出于正，揆之天理而顺，即之人心而安。说出于苟，私恩小惠，要结人心，违道以干百姓之誉。道原于天，违道则不顺天；誉出于人，干誉则非应人。取悦一时，非君子之正道也。"干：求也。

③致（yì）：厌也。

8·13　天下之事，不进则退，无一定之理。济之终，不进而止矣，无常止也，衰乱至矣，盖其道已穷极也。圣人至此奈何？曰：惟圣人为能通其变于未穷，不使至于极也，尧舜是也，故有终而无乱。①

【译文】

天下一切事情，不进步就会倒退，没有固定不变的道理。《既济》意味终结完满，不再前进就静止了，但世上没有任何永久不变的东西，停止后衰乱就跟着来了，原因是治天下之道已经到了尽头。圣人处在此种境地，有什么办法呢？可以回答说：只有圣人能够做到，在事情还未达到穷竭的情况下通过变通挽救衰败，不至于使事情发展到极端状态，尧舜就是这样的圣人。所以，才能始终保持社会长治久安而不会衰乱。

【注释】

① 此条出《周易程氏传》卷四《既济传》。《既济》一卦为异卦相叠䷾。上卦为《坎》，坎为水；下卦为《离》，离为火。水处火上，水势压倒火势，救火之事，大告成功。本节为程颐对《既济》象辞的阐释。叶采《集解》云："《既济》象曰：'终止则乱，其道穷也。'盛止必衰者，天下之常势；有盛无衰者，圣人之常道。常人苟安于既济，乃衰乱之所由生；圣人通变于未穷，故有终而无乱。《易大传》曰'尧舜氏作，通其变，使民不倦'是也。"济：成也。既济：事之既成也。

8·14　为民立君，所以养之也。养民之道，在爱其力。

民力足则生养遂,生养遂则教化行而风俗美,故为政以民力为重也。《春秋》凡用民力必书,其所兴作,不时害义①,固为罪也。虽时且义必书,见劳民为重事也。后之人君知此义,则知慎重于用民力矣。然有用民力之大而不书者,为教之意深矣。僖公修泮宫,复閟宫②,非不用民力也,然而不书。二者,复古兴废之大事,为国之先务,如是而用民力,乃所当用也。人君知此义,知为政之先后轻重矣。

【译文】

为人民确立一个君主,是为了使人民得到养育。而养民的根本方法,在于爱护民力。民力足,生养的目的就可以顺利实现,生养的目的得以顺利实现,教化就可以得到实行,从而使社会风俗美好。因此,处理政治事务,要把爱护民力作为重点。《春秋》一书凡是涉及动用民力的都要把它记录下来。其所兴建的事项,违背了农时、损害了道义,固然是罪恶的;即使征用民力不违农时,符合道义,也必须记录下来,目的是让人们明白征用民力是一件重要的事。后世国君了解了《春秋》记载征用民力的含义,就知道在征用民力上应该慎重。然而,当时鲁国也有征用大量民力,而《春秋》却不记录的事情,对后世的教化意义深刻。鲁僖公先修泮官,后修閟宫,并不是没有征用民力,然而《春秋》却没有记录。修泮官和修閟宫,是国家复古兴废的大事,作为当时国家首先要做的政务。像这样征用民力,是正当的征用。后世国君明白这个道理,也就明白了处理国家政治事务的先后和轻重了。

【注释】

①　此条出《河南程氏经说》卷四《春秋传》。不时：不依农时，违背农时。杨伯峻《衍注》曰："春夏秋当农之时，不可以用民力，故左氏例以为不时；至冬则农工既毕，无妨民事，故左氏例以为得时。"

②　"僖公修泮宫，复閟宫"：叶采《集解》谓："泮，半也。诸侯之学，乡射之宫，其东西南方有水，形如半璧，以其半于天子之辟廱，故曰泮宫也。閟，闭也，幽阴之义。宫，庙也。毛氏曰：'先妣姜嫄之庙'。孟仲子曰'是禖宫也'。泮宫者，所以教育贤材。閟宫者，所以尊事祖先。二者皆为国之先务，以是而用民力，故无议焉。"僖公：鲁僖公，春秋鲁国国君。

8·15　治身齐家以至平天下者，治之道也。建立治纲，分正百职，顺天时以制事，至于创制立度，尽天下之事者，治之法也。圣人治天下之道，惟此二端而已。①

【译文】

从修身、齐家一直到治国平天下，是治理天下的根本大道。建立治理纲领，区分和摆正各类官吏的职权责任，依据天时来处理人间事务，以至于创立各种制度，使天下的一切事情得以穷尽，这是治理天下的具体方法。圣人治理天下的根本大道，只是治道与治法这两点罢了。

【注释】

①　此条出《河南程氏经说》卷二《书解·尧典》。叶采《集解》云："道

者,治之本。法者,治之具。不可偏废,然亦必本之立,而后其具可举也。"

8·16　明道先生曰:先王之世以道治天下,后世只是以法把持天下。^①

【译文】

程颢先生说:先王之世用天道治理天下,而后世只是用法术把持天下。

【注释】

①此条出《河南程氏遗书》卷一《端伯传师说》。此条言治天下当以仁义为核心的道为主。叶采《集解》谓:"先王治天下以仁义为主,法固在其中。后世惟恃法令以控制天下,而法亦非先王之法矣。"

8·17　为政须要有纪纲文章^①。先有司^②,乡官^③读法^④,平价,谨权量,皆不可阙也。人各亲其亲,然后能不独亲其亲。仲弓曰^⑤:"焉知贤才而举之?"子曰:"举尔所知,尔所不知,人其舍诸?"^⑥便见仲弓与圣人用心之大小。推此义,则一心可以丧邦,一心可以兴邦,只在公私之间尔。

【译文】

从事政治事务一定要依据纲纪和具体的制度规范。要正有司官员,乡官要宣读政令,要平抑物价,要谨慎解决度量衡(等民间商贸问题等等），这都是不能缺少的。人们各自亲敬自己的父母，然后就能做到不仅仅亲敬自己的父母。仲弓曾问："怎么了解有贤德的人才并把他们推举出来呢？"孔子回答说："推举了你所了解的，那些你所不了解的，别人难道会埋没他们吗？"由此可见仲弓与圣人用心大小的区别。推论这个用心大小不同的意义，那么，一心可以丧邦，一心可以兴邦，区别只是在于公心与私心的不同罢了。

【注释】

①《河南程氏遗书》卷一一《师训》。纪纲文章：茅星来《集注》谓："大曰纲，小曰纪。《白虎通》曰：'纲谓纲之大绳，纪谓纲中丝缕之目。'文章，其中之品节条理也。""文章"指描述纲纪的文法章程，亦即纲纪的具体条款和规定。

②先有司：《论语·子路》："子曰：'先有司，赦小过，举贤才'。"有司：官吏。

③乡官：治理一乡事务的官吏。茅星来《集注》引："魏庄渠曰：'乡遂群吏，汉散为亭长、三老、啬夫，尚以教导为务。至唐为里正、坊正、村正，宋为保长、耆长，则仆仆执役于官，惟征催钱粮，勾摄公事耳。'"

④读法：按，《周礼·地官》云州长、党正、族师、闾胥等乡官，于正月之吉、四时孟月及岁时祭祀等，集合民众宣读一年之政令及十二教之法，称读法。茅星来《集注》引贾公彦语云："州长管五党，去民渐亲，故岁四读法。党正去民弥亲，则岁七读法。族师则十四读法。闾胥则不拘时节，但聚众庶，既闭即读法。"

⑤仲弓（前522—？）：春秋鲁国人。冉氏，名雍。孔子学生。

⑥ "焉知"等五句：语出《论语·子路》。

8·18　治道亦有从本而言，亦有从事而言。从本而言，惟从格君心之非^①，正心以正朝廷，正朝廷以正百官。若从事而言，不救则已，若须救之，必须变，大变则大益，小变则小益。

【译文】

治理国家的途径，一是着眼于根本原则，也有的是着眼于具体事务。从根本原则上说，要先纠正君主的不正确思想，君主的思想得以纠正，然后就可以正朝廷。正朝廷，就可以正百官。如果从具体事务上说，事情不可挽救也就罢了，如果必须挽救，就必须改革变更。大变革就有大收益，小变革就有小收益。

【注释】

①《河南程氏遗书》卷一五《入关语录》。惟是格君心之非：语出《孟子·离娄上》："惟大人为能格君心之非。君仁，莫不仁；君义，莫不义；君正，莫不正。一正君而国定矣。"格：正也，纠正意。

8·19　唐有天下，虽号治平，然亦有夷狄之风。三纲不正，无君臣、父子、夫妇，其原始于太宗也^①。故其后世子弟皆不可使，君不君，臣不臣，故藩镇不宾^②，权臣跋扈，陵夷有五代之乱^③。汉之治过于唐，汉大纲正，唐万目举^④，本朝大纲正，万目亦未尽举。

【译文】

　　唐朝拥有天下,尽管号称治理天下太平,然而唐朝也有夷狄等少数民族的风气。三纲不正,不讲君臣、父子、夫妇伦理秩序,这一现象,最初开始于唐太宗。因此其后世子弟都不听指挥。君主不像君主,臣子不像臣子,因此,藩镇不宾服朝廷,权臣专横跋扈,以至国势衰败,从而导致五代天下大乱。汉朝治理天下超过唐朝,汉朝三纲严正,唐朝各种各样的刑政制度完备,宋朝三纲严正,但各种各样的刑政制度也并不完备。

【注释】

　　①此条出《河南程氏遗书》卷一八《刘元承手编》。"三纲不正"等三句:杨伯嵒《衍注》云:"太宗手杀元吉,曾不愧耻,复纳其妃,恶莫大焉! 以明继元吉后,是章其母之为弟妇也。三代之君,莫不修身齐家以正天下,而唐之人主起兵而诛其亲者,谓之定内难。逼父而夺其位者,谓之受内禅。闺门无法,不足以正天下,乱之大者也。"三纲:《白虎通·三纲六纪》:"三纲者,何谓也? 君臣、父子、夫妇也。"《礼记·乐记》:"然后圣人作,为父子君臣作为纪纲。"纲是提网的总绳,意味居于主要或支配地位。

　　②宾:宾服,归顺。

　　③陵夷:衰败,走下坡路。

　　④万目:泛指各种礼乐政刑制度。张伯行《集解》谓:"礼、乐、政、刑、制度、文为之属,谓之万目。"举:全备。

8·20　教人者,养其善心而恶自消,治民者,导之敬

让而争自息。^①

【译文】

　　教育人民要做的是，培养他们自己的善心，邪恶自然就会消除；统治老百姓要做的是，引导他们恭敬谦让，纷争自然就会停息。

【注释】

　　① 此条出《河南程氏外书》卷一一《时氏本拾遗》。李文炤《集解》云："善心，固有之德性，故养之而恶自消。敬让当由之礼俗，故导之而争自息。"

　　8·21　明道先生曰：必有《关雎》《麟趾》之意^①，然后可以行《周官》之法度^②。

【译文】

　　程颢先生说：一定先有《关雎》和《麟趾》体现出来的仁爱忠厚的精神，然后才可以推行《周官》的礼乐制度。

【注释】

　　① 此条出《河南程氏外书》卷一二《传闻杂记》。《关雎》《麟趾》：二者均为《诗经·国风》之诗。张伯行《集解》云："《关雎》《麟趾》，皆《周南》之诗。文王后妃有幽闲贞静之德，故宫人作《关雎》以美之；文王之子孙宗族，有仁爱忠厚之性，故诗人咏《麟趾》以比之。"

②《周官》：指《尚书·周书》，为儒家经典之一。成王既黜殷命，灭淮夷，作《周官》。或谓《周官》即《周礼》之六官：天官冢宰、地官司徒、春官宗伯、夏官司马、秋官司寇、冬官司空。法度：礼乐制度。张伯行《集解》又谓："德化为治之本，法度为治之具，二者交致则治业盛。然后先有其意而后可以行其法，否则内多欲而外施仁义，未见其能行也。"

8·22　"君仁，莫不仁；君义，莫不义。"① 天下之治乱，系乎人君仁不仁耳。离是而非，则生于其心，必害于其政②，岂待乎作之于外哉？昔者，孟子三见齐王而不言事③，门人疑之。孟子曰："我先攻其邪心。"心既正，然后天下之事可从而理也。夫政事之失，用人之非，知者能更之④，直者能谏之。然非心存焉，则一事之失，救而正之；后之失者，将不胜救矣。格其非心，使无不正，非大臣其孰能之⑤。

【译文】

　　孟子说："君主仁，就无人不仁；君主义，就无人不义。"天下的兴衰治乱，决定于君主仁还是不仁。君主背离仁而不仁，那么，不仁就会在他的心中滋长，必然会危害他的施政，哪里还会等到邪心成为外在的行为（直接害政）呢？过去孟子三次见齐宣王，却闭口不谈政事，弟子感到十分疑惑。孟子说："我先批判他的邪心。"他的心纠正了，这样之后天下的事情就能够从而得到治理。政事方面的失误，用人不正确，智慧的人可以改变它，正直的人可以谏阻它。然而如果不是君心存有邪念，那么一件事情失误，还可以挽救和改正；随后不断的失误，就将胜不胜救了。纠正君主的不正之心,使其达到端正,如果不是大德之人,谁还能做得到呢?

【注释】

① 此条出《河南程氏外书》卷六《罗氏本拾遗》。"君仁,莫不仁;君义,莫不义":语出《孟子·离娄上》。详见 8·18 条注 ①。

② "生于其心,必害于其政":语本《孟子·公孙丑上》:"(孟子)曰:'生于其心,害于其政;发于其政,害于其事。'"

③ 齐王:指齐宣王。姓田,名辟疆。约公元前 319 年至前 301 年在位。

④ 知:同智。

⑤ "格其非心"等三句:语本《孟子·离娄上》:"孟子曰:'……惟大人为能格君心之非。'"大臣:一作"大人",谓大德之人。朱熹《孟子集注·离娄上》:"朱子曰:'惟有大人之德,则能格其君心之不正以归于正,而国无不治矣。大人者,大德之人,正己而物正者也。'"

8·23　横渠先生曰:道千乘之国,不及礼乐刑政,而云"节用而爱人,使民以时"①。言能如是则法行,不能如是则法不徒行。礼乐刑政,亦制数而已耳②。

【译文】

张载先生说:孔子讲怎样治理拥有一千辆兵车的国家时,没有说到礼乐刑政制度,而是说:"要节约开支、爱护人民,役使民力要遵循农时。"意思是说,能这样做,法令制度就能推行;不能这样做,那么法令制度只能成为不能推行的摆设。(不能施行的）礼乐刑政，也只不过是制定出来的一组条文罢了。

【注释】

①此条出张载《正蒙·有司篇第十三》。"道千乘之国"等四句：《论语·学而》："子曰：'道千乘之国，敬事而信，节用而爱人，使民以时。'"道：治也。乘（shèng）：表示兵车的量词。古代四匹马拉一辆兵车，称作"乘"。千乘，诸侯之国，其赋可出兵车千乘者。茅星来《集注》云："'节用爱人，使民以时'者，即孟子所谓'仁心'也。'礼乐刑政'，即孟子所谓'仁政'也。"

②制数：张伯行《集解》谓："制，品制；数，条件。"

8·24　法立而能守，则德可久、业可大。郑声佞人，能使为邦者丧所以守，故放远之①。

【译文】

礼法建构起来且能恪守，那么德行就可以持久，事业就可以宏大。类似郑国淫靡的乐曲和谗谀的小人，能够让治理国家的人背离他们应该遵守的法纪，因此应该禁绝淫靡的乐曲，远离谗谀的小人。

【注释】

①此条出张载《正蒙·三十篇第十一》。叶采《集解》云："郑声者，郑国之俗淫邪。其作之诗，著于乐者，声皆淫靡。佞人者，口给而谀之人也。夫子既告颜子以四代之礼乐，而必欲'放郑声、远佞人'，盖二者荡

心之原,败法乱纪之要也。""郑声佞人"等三句:语出《论语·卫灵公》:
"颜渊问为邦。子曰:'行夏之时,乘殷之辂,服周之冕,乐则《韶》《舞》,
放郑声,远佞人。郑声淫,佞人殆。'"郑声:即郑国淫靡的乐曲。

8·25　横渠先生《答范巽之书》曰:朝廷以道学、政
术为二事,此正自古之可忧者。巽之谓孔孟可作,将推其所
得而施诸天下邪? 将以其所不为而强施之于天下欤? ^① 大
都君相以父母天下为王道。不能推父母之心于百姓,谓之
王道可乎? 所谓父母之心,非徒见于言,必须视四海之民
如己之子。设使四海之内,皆为己之子,则讲治之术,必不
为秦汉之少恩,必不为五伯之假名。巽之为朝廷言,"人不
足与适,政不足与间" ^②,能使吾君爱天下之人如赤子,则
治德必日新,人之进者必良士。帝王之道,不必改途而成;
学与政,不殊心而得矣。

【译文】
　　张载先生《答范巽之书》说:"朝廷把道学与政术区别为两
个事,这正是自古以来让人担忧的。巽之你说,如果孔子孟子再
生,将会把他们的思想学问推广出来从而施行于天下呢? 还是
将会把他们所不屑于做的东西强加于天下呢? 大概可以说,君
臣应该把父母心推及天下做为王道。如若不能把父母之心推及
到百姓,称其为王道,可以吗? 我们说的父母之心,不是空洞地
体现在言辞上,必须(在心灵深处)把天下的百姓看做自己的
子女一样。假若能把天下的百姓都看作自己的子女,那么,所讲

治理国家的种种手段，一定不会像秦汉时期那样（强调严刑峻法）对人民寡恩，也一定不会做春秋五霸那样假借仁义之名的事情。因此，你巽之如果要为朝廷说话，"人君用人之非就不必去谴责，政治事务的过失也不值得去非议"，只要能够让皇上爱天下人民如赤子，那么，社会治理的德政一定会一天比一天新，选拔出来的人才一定都是贤良之士。因此，三王五帝之道，不必更改途径，就可得以实现；道学与政术，无须劳形苦求就可得以统一了。

【注释】

①　此条出张载《文集佚存·答范巽之书》。"朝廷以道学、政术为二事"等六句：张绍价《解义》谓："学术可发为治术，治术必原于学术。体用本末，一以贯之，后世以道学为迂阔无用，不可施之政术。而所谓政术者，皆功利苟且之私，岐道学、政术为二事，三代下所以无善治，实由于此。"又云："孔孟有作，必将推其所学之道，施诸天下，以为政术；必不以其所不学者，迎合世俗，施诸天下。此则可断言者。"

②　"人不足与适，政不足与间"：语出《孟子·离娄上》："孟子曰：'人不足于适也，政不足以间也。惟大人为能格君心之非。'"杨伯峻《衍注》谓："适，过也。间，非也。……言人君用人之非不足过谪，行政之失不足非间。惟有大人之德，则能格其君心之不正以归于正，而国无不治矣。"

近思录卷之九

治法 礼乐 兵刑 学校 井田 封建 冠昏丧祭

凡二十七条

9·1 濂溪先生曰：古圣王制礼法，修教化，三纲正，九畴叙，百姓大和，万物咸若①。乃作《乐》以宣八风之气②，以平天下之情。故乐声淡而不伤，和而不淫，入其耳，感其心，莫不淡且和焉。淡则欲心平，和则躁心释。优柔平中③，德之盛也；天下化中，治之至也。是谓道配天地，古之极也。后世礼法不修，刑政苛紊，纵欲败度，下民困苦。谓古乐不足听也，代变新声，妖淫愁怨，导欲增悲，不能自止。故有贼君弃父，轻生败伦，不可禁者矣。呜呼！乐者，古以平心，今以助欲；古以宣化④，今以长怨。不复古礼，不变今乐，而欲至治者，远哉！

【译文】

周敦颐先生说：古代圣王制订礼法，修治教化，三纲严正，九畴有序，百姓一片祥和，万物各得其所。于是圣王作《乐》，目的在于宣导八方的风气,平舒天下人的性情。因此音乐之声淡雅而不哀伤,婉和而不淫靡。这样的音乐听进人的耳朵,感受在心里,人心莫不恬淡和顺。人心恬淡,就会使私欲之心平静;人心和顺就会使躁动之心消释。人们优容和顺柔,内心平和得中,这是盛大的德性啊;(音乐)使天下万民得到感化,归于中道,圣人之治就来到了。圣人作《乐》称得上与天地之德相配,是古代圣贤之教的极致了。后世不修礼法,刑政苛刻而紊乱,统治者放纵私欲,败坏法度,下层百姓困苦不堪。(后世统治者)认为古代的音乐不值得听,代代应该变换新的音乐,新的音乐妖淫愁怨,引导人们追寻私欲,增加悲哀,且欲止不能。所以,后代才有伤害君主、遗弃亲人、轻弃性命、败坏伦常秩序等等事情,而且达到不可禁止的地步。唉!音乐,古代是用来平顺人心,今天却用来增加私欲;古代用来传布德化,而今天却用来助长哀怨。不恢复古代礼法,不改变今天的音乐,而要实现圣人之治,太遥远了!

【注释】

① 此条出周敦颐《周子通书·乐上第十七》。"古圣王制礼法"等六句:张伯行《集解》云:"濂溪言古圣王之宰世也,制为礼法,使人有可循、修教化之道,使风俗归于淳厚。三纲之在天地间者,既正而不紊。《洪范》之所谓九畴者,既顺而有叙,天下之百姓莫不时雍而太和,两间之万物莫不并育而咸若。此可谓治定而功成者矣。"九畴叙:九畴,即九类治国大法,此处泛指治理天下的大法。畴:类也。叙:排好次序。《尚书·洪范》:"天乃锡禹洪范九畴,彝伦攸叙。初一曰五行,次二曰敬用五事,次

三曰农用八政，次四曰协用五纪，次五曰建用皇极，次六曰又用三德，次七曰明用稽疑，次八曰念用庶征，次九曰向用五福，威用六极。"大和：一片祥和。咸：皆。若：平顺。

② 八风：此指八方之风，《吕氏春秋》《淮南子》《说文解字》《左传·隐公五年》等均有载。其中《左传·隐公五年》："夫舞所以节八音，而行八风。"陆德明释文："八方之风，谓东方谷风，东南清明风，南方凯风，西南凉风，西方阊阖风，西北不周风，北方广莫风，东北融风。"

③ 优柔平中：张伯行《集解》引："朱子《通书》注云：'欲心平故平中，躁心释故优柔。'"

④ 宣化：传布德化。

9·2　明道先生言于朝曰：治天下以正风俗、得贤才为本①。宜先礼命近侍贤儒，及百执事，悉心推访②。有德业充备足为师表者，其次有笃志好学材良行修者，延聘敦遣，萃于京师③，俾朝夕相与讲明正学。其道必本于人伦，明乎物理；其教自小学洒扫应对以往④，修其孝悌忠信，周旋礼乐。其所以诱掖激厉、渐摩成就之道，皆有节序。其要在于择善修身，至于化成天下。自乡人而可至于圣人之道，其学行皆中于是者为成德。取材识明达、可进于善者，使日受其业。择其学明德尊者为太学之师⑤，次以分教天下之学。择士入学，县升之州，州宾兴于太学⑥，太学聚而教之。岁论其贤者能者于朝。凡选士之法，皆以性行端洁、居家孝悌、有廉耻礼逊、通明学业、晓达治道者。

【译文】

　　程颢先生在朝廷上说：治理天下以理正风俗、招引贤才为根本原则。皇上应该以正式礼仪，令近臣、有贤德的儒士以及有司百官，悉心寻访荐举。凡德性端正，学业优秀，足以为人师表的贤人；其次是志向坚定，好学不厌，素质良好，潜心修身的人，都应该以恭敬的态度推送出来，由朝廷聘请，会集在京师，使他们相互之间朝夕切磋圣贤道学。他们传授的学问一定要以人伦为根本，明白事物之理；他们教授的内容应该从小学以及日常洒扫应对入手再推及其他，进而修习孝悌忠信，研习和遵从礼乐。通过诱导扶植，相互激励，浸润磨炼，最终成就德业，这一过程都有内在的次序，而其中最根本的在于择善修身，以至于使天下之人都能自然地完善道德人格。一个普通的乡下人（通过不断的道德修养与实践）也可以达到圣人之道的要求，其中学问和品行都符合以上要求的就是成德。选择受业的人应该是那些学识明敏，有可能进于良善者，让他们能够每天接受学业。选择其中学问明达、道德高尚的人任太学的老师；学问德行略次一等的人，让他们分别承担天下各府州县的教授职责。选择士子入学，应该由县学升入州学，再由州学选拔优秀者用上宾之礼送入太学。太学把他们聚集在一起进行教育。朝廷每年讨论其中有德有才的人。大凡选拔士子的原则是：都要选品性端正、行事清廉，躬行孝悌，知廉耻、守礼谦逊，通明圣贤之学，晓达帝王治道之术的人。

【注释】

①此条出《河南程氏文集》卷一《表疏·请修学校尊师儒取士札子》。"治天下以正风俗、得贤才为本"：此二句为本条纲领。李文炤《集解》引："陈氏曰：'风者上所化，俗者下所习；贤有德者，才有能者，二者固治天下之本。然得贤才斯可以正风俗，则得贤才又正风俗之本也。'"

②悉：尽也。推访：推求访问。

③延聘：谓迎之以礼。敦遣：谓命州县以礼遣至京师。萃：聚集。

④小学：指研究文字、训诂、音韵的学问。

⑤太学：中国古代设在京师的官办最高学府，以传授儒家经典为主。

⑥宾兴：本为古代选士之法。周代从乡小学选出贤能的人，以上宾之礼升于国学。《周礼·地官·大司徒》："以乡三物教万民而宾兴之。"汉郑玄注："兴，犹举也。"

9·3　明道先生论十事：一曰师傅①，二曰六官②，三曰经界③，四曰乡党④，五曰贡士⑤，六曰兵役⑥，七曰民食⑦，八曰四民⑧，九曰山泽（旧注：修虞衡之职）⑨，十曰分数（旧注：冠、昏、丧、祭、车服、器用等差）⑩。其言曰，无古今⑪，无治乱，如生民之理有穷，则圣王之法可改。后世能尽其道则大治，或用其偏则小康⑫，此历代彰灼著明之效也。苟或徒知泥古，而不能施之于今，姑欲徇名而遂废其实，此则陋儒之见，何足以论治道哉？然倪谓今人之情，皆已异于古，先王之迹不可复于今，趣便目前，不务高远，则亦恐非大有为之论，而未足以济当今之极弊也。

【译文】

程颢先生谈论十件大事：一是师傅，二是六官，三是经界，四是乡党，五是贡士，六是兵役，七是民食，八是四民，九是山泽（旧注：修定虞衡职责），十是分数（旧注：冠、昏、丧、祭、典礼所用车服、器用的等级差别）。他说，无论古今，无论治世乱世，（凡是治国之道）在生养教育人民这一天理上走到尽头时，那么这圣王之法也就应该变革了。后世（统治者）只要能够极尽圣人之法，天下就能大治；或者用圣人之法的一部分也能使人民安定。这是被历代统治实践充分彰显和证明了的效果。假如有人仅空洞地拘泥于古代圣人之法，而不能（因时变通）使圣人之法作用于当今之世，或者只是想要追求圣人之法的虚名而废弃圣人之法的实质，这都是陋儒们的短浅见识，怎么能够有资格来谈论治理国家之道呢？然而，倘若认为今天的人情已与古代不同，古代先王治国的遗迹，已不可能在今天得以再现，而急切地去追求眼前利益的方便，不去从事和追求（治理天下的）宏远目标，那么，恐怕也不是大有作为之人的观点。而且，（这种人）也不能够解决当今社会的大的流弊了。"

【注释】

①此条出《河南程氏文集》卷一《表疏·论十事札子》。师傅：指依据儒家经典，在导师指导下进行道德修养与实践。张伯行《集解》云："教导之职，自天子至于庶人，皆不可缺，所以成就德业者也。"

②六官：或谓六卿。指由六官根据职责分别管理相关国家政务。或谓天地四时之官为六官：茅星来《集注》云："天地四时之官者，谓天

官冢宰、地官司徒、春官宗伯、夏官司马、秋官司寇、冬官司空也。"此亦是《周礼》所称六官。隋唐以后吏、户、礼、刑、兵、工六部尚书，大致与《周礼》的六官相当，也统称六官。

③经界：划定土地、井田的界限。《孟子·滕文公上》："夫仁政必自经界始。经界不正，井地不钧，谷禄不平，是故暴君污吏必慢其经界。"

④乡党：犹乡里、家乡；乡族朋友。此谓使乡里秩序井然，百姓和谐相处。古代五百家为党，一万二千五百家为乡，合而称乡党。

⑤贡士：此谓依据考试制度，自下而上为国家选送优秀管理人才。叶采《集解》云："庠序，所以明人伦、化成天下。今师学废而道德不一，乡射亡而礼仪不兴。贡士不本于乡里，而行实不修。秀民不养于学校，而人材多废。"《礼·射义》："诸侯岁献贡士于天子。"为贡士一称所由起。唐以后，朝廷取士，由学馆出身者曰生徒，由州县者曰乡贡，由朝廷自诏者曰制举。乡贡有秀才、进士、明经等名目。经乡贡考试合格者称贡士，由州县送京参加会试。

⑥兵役：此谓寓兵于民，建立有效的兵役制度，既保持国家军事力量的强大，又不至于耗匮国力。

⑦民食：此指发展经济，使人民丰衣足食。叶采《集解》云："古者，民必有九年之食。今天下耕之者少，食之者众，地之不尽，人功不勤。固宜渐从古制，均地务农，公私交为储粟之法，以为凶岁之备。"

⑧四民：士农工商称四民。此谓士农工商四民各安其分，各尽其能。

⑨山泽：此谓人类当保护自然资源。叶采《集解》谓："圣人理物，山虞泽衡各有常禁，故万物阜丰而财用不乏。今五官不修，六府不治，用之无节，取之不时。惟修虞衡之职，使将养之，则有变通长久之势。"虞衡乃掌山泽之官，为主山泽之民者。

⑩ 分数：此谓遵守等级秩序，依据礼仪行事。张伯行《集解》："分数者，冠婚丧祭，车服器用，各有差等分别，所以辨上下，定民志，使有所检饬，莫敢僭逾者也。"

⑪ 无：无论。

⑫ 偏：一部分。小康：谓生活较安定。

9·4　伊川先生上疏曰：三代之时，人君必有师、傅、保之官。师，道之教训；傅，傅之德义；保，保其身体①。后世作事无本，知求治而不知正君，知规过而不知养德。傅德义之道，固已疏矣；保身体之法，复无闻焉。臣以为，傅德义者，在乎防见闻之非，节嗜好之过；保身体者，在乎适起居之宜，存畏慎之心。今既不设保傅之官，则此责皆在经筵②，欲乞皇帝在宫中言动服食，皆使经筵官知之。有翦桐之戏③，则随事箴规；违持养之方，则应时谏止。（旧注：《文集》《遗书》云：某尝进说，欲令上于一日之中，亲贤士大夫之时多，亲宦官宫人之时少，所以涵养气质，薰陶德性。）

【译文】

程颐先生上疏说：夏、商、周三代时，天子都设有太师、太傅、太保的官职。太师引导以及教训天子，太傅辅佐天子推行德义，太保保护天子的身心健康。后世人臣，做事不考虑根本，只知道要寻求社会安定，却不懂得端正君主人格；只知道规劝君主的过失，却不懂得培养君主德行。辅佐君主推行德义之道，本来已经荒疏；而保护君主身心健康的方法，也没有再听说过了。我以为,辅佐君主推行德义的关键,在于防止君主目见耳闻非礼的事情,节制君主过分的嗜欲好恶。保护君主身心健康的关键,在于让君主饮食起居要有规律,并保持敬畏审慎之心。如今朝廷既然不再设太保、太傅之类的官职,那么,过去太傅、太保官职的责任都在经筵官身上。臣乞请皇上在宫中的言行举止、饮食起居都应该让经筵官知道,如皇上有戏谑之举,经筵官就应该像周公谏成王一样,随时进行劝告;如皇上的行为违背了持身养身之法,就应该随时谏议制止。(旧注:《文集》《遗书》说:我曾经进谏说,想让皇上在一天之内,用比较多的时间亲近贤士大夫,用较少的时间亲近宦官宫人,用这个方式来涵养气质,薰陶德性。)

【注释】

①此条出《河南程氏文集》卷六《表疏·论经筵第二札子》。“三代之时”等五句:《尚书·周官》:“立太师,太傅,太保。兹惟三公,论道经邦,燮理阴阳。”贾谊《新书·保傅》曰:“昔者,周成王幼在襁褓之中,召公为太保,周公为太傅,太公为太师。保,保其身体;傅,傅之德义;师,道之教训。三公之职也。于是为置三少,皆上大夫也,曰少保、少傅、少师,与太子燕也。”道:音dǎo。

②经筵:茅星来《集注》云:“经筵,王者讲书处也。宋制:经筵无专官,侍从以上兼之,则为侍讲、侍读,庶官则曰崇政殿说书。讲读官旧隶集贤殿,元丰官制既行,而讲读始去翰林之名,自为经筵之官矣。”

③剪桐之戏:《吕氏春秋·审应览第六·重言》:“成王与唐叔虞燕居,援桐叶以为珪,而授唐叔虞,曰:‘余以此封女。’叔虞喜,以告周公。周公以请曰:‘天子其封虞邪?’成王曰:‘余一人与虞戏也。’周公对曰:

'臣闻之,天子无戏言。天子言则史书之,工诵之,士称之。'于是遂封叔虞于晋。"

9·5　伊川先生《看详三学条制》云:旧制,公私试补,盖无虚月。学校礼义相先之地,而月使之争,殊非教养之道。请改试为课,有所未至,则学官召而教之,更不考定高下。① 制尊贤堂,以延天下道德之士,及置待宾、吏师斋②,立检察士人行检等法。又云:自元丰后③,设利诱之法,增国学解额至五百人④,来者奔凑,舍父母之养,忘骨肉之爱,往来道路,旅寓他土,人心日偷⑤,士风日薄。今欲量留一百余人,余四百人分在州郡解额窄处,自然士人各安乡土,养其孝弟之心,息其奔趋流浪之志,风俗亦当稍厚。又云:三舍升补之法,皆案文责迹,有司之事,非庠序育材论秀之道⑥。盖朝廷授法,必达乎下。长官守法而不得有为,是以事成于下,而下得以制其上,此后世所以不治也。或曰:"长贰得人则善矣⑦。或非其人,不若防闲详密⑧,可循守也。"殊不知先王制法,待人而行,未闻立不得人之法也。苟长贰非人,不知教育之道,徒守虚文密法,果足以成人才乎?

【译文】

程颐先生《看详三学条例》说:旧体制规定,无论公学私学,每月都进行考试。学校是争相推崇礼义的地方,每月让士子相互竞争,绝对背离了教育培养的原则。因此,请求把考试改为考核，士子中成绩达不到理想程度的，那么学官就应该召集他们并对其进行教育，更改按考试成绩界定学生高下优劣（的办法）。设立尊贤堂，来延聘天下有道德的士子，以及设置待宾斋和吏师斋，建立检查士人道德行为的制度。又说：自从元丰以后，朝廷设置以利禄诱引的取士制度，增加国学解士名额达五百人，致使士人趋之若鹜，他们舍弃对父母的赡养，忘掉了对骨肉同胞的爱心，奔波在来回的长途道路上，旅行寄居在异乡，结果导致人心一天天变得苟且，士风一天天变得淡薄。现在要把国学解额（五百人中）只留一百多名，其余四百名，分散在解额较少的各州郡，士人自然会各自安心乡土，培养他们的孝悌和仁爱之心，抑制他们奔波劳累的追名逐利志向，世风就会渐渐趋于敦厚。又说：三舍生员升级补缺的办法，都是根据文簿记录和比较等级，但这是有关部门官吏的事，而不是学校培养人材挑选人才的办法。朝廷颁授法规，一定要下达至地方。地方长官固守法规，而不能有所作为，所以事情在下面做成了，而在下边的人反而能够以此胁制上司，这就是后世社会不能得到很好治理的原因。有人说："只要选拔好太学长官和副职就好了。或者没有合适的长官和副职，不如（从制度上）防范得详明周密，让长官和副职按照法规行事。"殊不知先王制定法规，是要贤人来执行的，从来就没有听说制定法规是为得不到执行的人。假如太学长官和副职非贤人，不懂教育之道，那就只是白白固守空虚的条文与详密的法规，果然能够用来培养人才吗？

【注释】

①此条出《河南程氏文集》卷七《学制》。"伊川先生《看详三学条制》云"等十一句：茅星来《集注》谓："伊川时以通直郎充崇政殿说书，元祐元年五月，差同孙觉、顾临等看详国子监条例。三学，太学、律学、武学也。旧制，谓王安石与其党邓绾、李定辈所定学校科举之制也。学官各以其经试士，不待命于上，曰私试。必待命于上而后试，曰公试。盖私试学官自考，而公试则降敕差官也。凡私试，孟月经义，仲月论，季月策；公试，初场以经义，次场以论策，如省试法。公私试补者，外舍生月一私试，岁一公试，补内舍；内舍生间岁一舍试，补上舍也。云'更不考定高下'者，盖旧制糊名考校排定高下故也。"三学：另有与茅星来不同之说。唐以国子学、太学、四门学为三学，隶属国子监。宋以太学之外舍、内舍、上舍为三学。《性理群书》注则谓太学、宗学、生学。补：奖励。相先：犹相尚。月使之争：谓每月有试以较其高下，是使之争竞也。课：考查、考核。

②待宾、吏师斋：张伯行《集解》谓："四方之士有行能可敬者，宾而待之，有通于治道可为吏之师者，馆而隆之，故于尊贤堂而外，更置待宾、吏师二斋，以广其教。"

③元丰：宋神宗年号。

④增国学解（jiè）额至五百人：唐进士由乡而贡，曰解；解有定数，曰额。茅星来《集注》云："国学解额，嘉祐前一百人，元丰后始曾至五百人。"

⑤偷：苟得。

⑥"三舍升补之法"等四句：茅星来《集注》谓："三舍：外舍、内舍、上舍也。初入学为外舍，外舍生升内舍，内舍生升上舍。凡内舍，行艺与

所试之等俱优者,升为上舍。上舍分三等,上等取旨命官;一优一平为中,以俟殿试;一优一否或俱平为下,以俟省试。盖王安石因庆历中尝于太学置内舍生二百人,而遂广之为'三舍法'也。案文责迹,谓旧考察法,专据文簿计较等差。如以不犯法为行,试在高等为艺,注官及免礼部试、免解三等旌擢是也。育材,以教士而言;论秀,以取士而言。"

⑦ 长贰:长:官长;贰:佐贰,即作为副职的官员。

⑧ 防闲:防:堤,用以制水;闲:栏,用以制兽。此引以为防备和禁阻意。

9·6 《明道先生行状》云:先生为泽州晋城令^①,民以事至邑者,必告之以孝弟忠信,入所以事父兄,出所以事长上。度乡村远近为伍保^②,使之力役相助,患难相恤,而奸伪无所容。凡孤茕残废者,责之亲戚乡党,使无失所。行旅出于其途者,疾病皆有所养。诸乡皆有校,暇时亲至,召父老与之语;儿童所读书,亲为正句读^③;教者不善,则为易置;择子弟之秀者,聚而教之。乡民为社会,为立科条,旌别善恶^④,使有劝有耻。

【译文】

程颐的《明道先生行状》说:程颢在泽州晋城作县令时,只要老百姓有事到城中的,他一定会告诫他们孝悌忠信的道理,在家用孝悌侍奉父亲和兄弟,在外用忠信来侍奉长辈和上司。程颢量度乡村情况,以伍保形式把乡村就近家庭组织起来,使他们能够在需要人力物力时相互帮助,遇到患难时相互抚恤,从而让奸邪诈伪者没有藏身的地方。凡是鳏寡孤独和老弱残废的人，就责成他们的亲戚或乡亲赡济，使他们不会流离失所。对于外出行旅在路途上的人，即使不幸生病，也都会有人照顾和养护。晋城县各乡都有学校，程颢有空闲时间亲自到校，召集父老乡亲，和他们交谈；对于儿童读的书，程颢亲自为他们校正句读；对于教师中不称职的，就把他们更换安置；选择乡民子弟中优秀的，聚集在一起教导他们。乡民们组织社团，程颢为他们订立规矩条规，识别善恶；使百姓得到劝善向上，有廉耻之心。

【注释】

① 此条出《河南程氏文集》卷一一《明道先生行状》。泽州晋城：泽州：州名，治所在今山西晋城东北。晋城：原县名，即今山西省晋城市。

② 度（duó）：量度。伍保：伍保之法。叶采《集解》云："五家为伍，五伍为保。伍谓相参比也。保谓相保任也。"

③ 句读：凡书籍文章语绝处，谓之句；语未绝而点分之以便诵咏，谓之读。古籍惯例句点于字之旁，读则点于字之中。

④ 旌别：识别。

9·7 《萃》① ："王假有庙。"②《传》曰：群生至众也，而可一其归仰。人心莫知其乡也③，而能致其诚敬；鬼神之不可度也，而能致其来格④。天下萃合人心、总摄众志之道非一，其至大莫过于宗庙，故王者萃天下之道，至于有庙，则萃道之至也。祭祀之报，本于人心，圣人制礼以成其德耳⑤,故豺獭能祭⑥,其性然也。

【译文】

《萃卦》说:"王到宗庙举行祭祀。"程颐《易传》说:天下众生极多,立宗庙可以统一天下众生万民的信仰。人心飘浮,不知道方向在哪里,而通过宗庙祭祀就能让人心诚敬;鬼神是不可测度的,而通过宗庙祭祀,能够让鬼神降临。天下聚合人心、总摄众志的方法并非只有一种,而最大最重要的方法莫过于宗庙祭祀,因此帝王才把天下聚集人心的种种方法放在宗庙祭祀上,那么聚合人心之道也就达到极致了。通过宗庙祭祀报答先人,本于人的内心。圣人制定祭祀礼仪的目的,就是来成就人们报本的仁德之心,所以豺狼水獭都会祭祀,这是他们的本性使然。

【注释】

①此条出《周易程氏传》卷三《萃传》。《萃》:六十四卦之一,卦象为䷬。

②王假有庙:语出《萃卦》:"亨,王假有庙;利见大人,亨利贞;用大牲吉,利有攸往。"假:至也。

③乡:通"向",方向。

④来格:降临。格:至。

⑤"祭祀之报"等三句:张伯行《集解》谓:"盖祭祀之义,以云'报'也。此报本之意,实本于人心之不容自己。圣人制为礼文以达之,乃所以成人心之德而使之各遂其隐,非多为是礼以勉强人也。"

⑥豺獭能祭:《礼记·月令》:孟春之月,"鱼上冰,獭祭鱼。"高诱注云:"獭祭鲤鱼于水边,四面陈之,谓之祭鱼。"《礼记正义》卷十二按云:"《月令》九月'豺乃祭兽'。《夏小正》十月'豺祭兽',则是九月末十月之初。豺祭兽之后,百姓可以田猎。"又按云:"《月令》正月'獭祭鱼',《孝经纬》云'兽蛰伏,獭祭鱼',则十月中也。是獭一岁再祭鱼。"獭(tǎ):即水獭。

9·8　古者戍役,再期而还。今年春暮行,明年夏代者至,复留备秋,至过十一月而归;又明年中春遣次戍者。每秋与冬初,两番戍者皆在疆圉,乃今之防秋也。①

【译文】

古时候,在边境戍守服役,两年方可还乡。(就是说)今年暮春三月戍守起程,第二年夏天替换的人到达边境,(被替换的人)还要留在边境,以防备秋警,一直到过了十一月才可还乡。第三年仲春之际,又再派遣新的戍守人。每年秋季与冬初,两批戍守人都在边境守防。这就是今天的秋防。

【注释】

①此条出《河南程氏经说》卷三《诗解》。李文炤《集解》谓:"《采薇》诗言'昔我往矣,杨柳依依',正行时也。《出车》诗言'昔我往矣,黍稷方华',至戍时也。《采薇》诗言'今我来思,雨雪霏霏',毕戍时也。《出车》诗言'今我来思,雨雪载图',正归时也。故再期而还。"再期(jī):两周年。还:还乡。圉(yǔ):即边陲。

9·9　圣人无一事不顺天时,故至日闭关。①

【译文】

圣人没有做任何一件事不顺应天时的,因此在冬至之日关闭城门。

【注释】

①此条出《河南程氏外书》卷三《陈氏本拾遗》。至日闭关:语出《复卦》之《象辞》:"先王以至日闭关。"至日:即冬至之日。张伯行《集解》云:"冬至一阳复生,其气甚微,未可以有为,先王以此日闭其关塞,安静以养之。"李文炤《集解》谓:"当静而静,乃天时之自然也。"

9·10　韩信多多益办①,只是分数明②。

【译文】

韩信统帅兵马,越多越好。只是因为他管辖阶级与行伍多寡都能彰明法度。

【注释】

①此条出《河南程氏遗书》卷七《二先生语录七》。多多益办:语原出《汉书》,《史记·淮阴侯列传》作"多多益善",谓:"上(汉高祖)问曰:'如我将几何?'(韩)信曰:'陛下不过能将十万,'上曰:'于君何如?'曰:'臣多多而益善耳。'"

②分数明:叶采《集解》谓:"分者,管辖阶级之分。数者,行伍

多寡之数。分数明，则上下相临，统纪不紊，所御者愈众，而所操者常寡。”

9·11　伊川先生曰：管辖人亦须有法^①，徒严不济事。今帅千人，能使千人依时及节得饭喫，只如此者，亦能有几人？尝谓军中夜惊，亚夫坚卧不起^②。不起，善矣。然犹夜惊何也，亦是未尽善。

【译文】

程颐先生说：管束和统辖军队也必须有法度，仅仅依赖严酷的禁令是不能成事的。当今能统帅一千人的将领，能够使这一千将士在规定的时间和要求内吃上饭（就不容易）。仅能做到这一点者，能有几人？我曾说过，（西汉七国反叛时）汉军营帐内半夜一片惊慌，周亚夫却一直躺着不起床。周亚夫不起床（镇静自若），是值得称赞的。然而还会半夜惊扰是为什么呢？这也是他没有能够做到尽善。

【注释】

①此条出《河南程氏遗书》卷一〇《洛阳议论》。管辖：管束而统辖之。茅星来《集注》引刘安成语曰：“管与锟、辖同，车毂端铁也。辖与鎋、舝同，车轴头铁也。皆机要所在，故以为喻。”

②亚夫（？—前143）：即周亚夫，西汉名将。沛县（今属江苏）人，汉高祖时绛侯周勃之子。景帝时，亚夫任太尉，平定吴楚七国之乱，迁为丞相。

9·12　管摄天下人心,收宗族,厚风俗,使人不忘本,须是明谱系,收世族,立宗子法。(旧注:一年有一年工夫。)①

【译文】

欲统摄天下人心,收拾宗族恩爱之情,使风俗淳厚,使人不忘根本,就必须修明氏族谱系,收聚世代族氏之人,确立宗子制度。(旧注:一年有一年工夫。)

【注释】

①此条出《河南程氏遗书》卷六《二先生语六》。张伯行《集解》:“言在上者欲统摄天下人心,收拾宗族亲爱之情,以厚风俗之化,使人不遗忘根本所由来,须是修明谱牒,以辨其支派之系属,收世代族氏之人,而立宗子之法。庶几人人知尊祖敬宗,各有所统,而情意不至于涣散已。”谱:籍录,此指氏族之册籍。系:联属,此指宗派之联属。宗子法:嫡长子身承大宗的宗法制度。《礼记·内则》:“嫡子、庶子祗事宗子宗妇。虽贵富,不敢以贵富入宗子之家;虽众车徒,舍于外,以寡约入。子弟犹归器、衣服、裘衾、车马则必献其上,而后敢服用其次也。若非所献,则不敢以入于宗子之门。不敢以贵富加于父兄宗族。若富,则具二牲,献其贤者于宗子,夫妇皆齐而宗敬焉。终事而后敢私祭。”唐刘知几《史通·世家》:“至于汉代则不然,其宗子称王者,皆受制京邑,自同州郡。”清刘大槐《方氏支祠碑记》:“封建废而大宗之法不行,则小宗亦无据依而起。于是宗子遂易为族长。”

9·13　宗子法坏，则人不自知来处，以至流转四方，往往亲未绝，不相识。今且试以一二巨公之家行之，其术要得拘守得，须是且如唐时立庙院，仍不得分割了祖业，使一人主之。^①

【译文】

宗子制度一旦毁弃，那么，人就不知道自己家族宗派变迁由来，以至于流落转徙于四方各地，往往是遇到并未断绝血缘的亲戚，也不会相认。现在只能尝试在一二个公卿世家来推行宗子制度。推行的方法是：要拘紧坚守宗子制度，必须是像唐朝时一样建立世族宗庙，（后代子孙）不能分割了祖上的产业，让宗族中一个（有才能的）人主管宗族的事情。

【注释】

①此条出《河南程氏遗书》卷一五《入关语录》。叶采《集解》云："立庙院，则人知所自出而不散。不分祖业，则人重其宗而不迁。"茅星来《集注》："院，斋院也。唐庙垣为东门、南门，斋院在东门外稍北。"宗子法，详见9·12注①。

9·14　凡人家法，须月为一会以合族。古人有花树韦家宗会法^①，可取也。每有族人远来，亦一为之。吉凶嫁娶之类，更须相与为礼，使骨肉之意常相通。骨肉日疏者，只为不相见，情不相接尔。

【译文】

　　大凡世人家法，应该每月聚会一次让族人聚合。古人传说有花树韦家宗族聚会制度，可以取法。每当有同族人远道而来，（全体族人）也要为他聚会一次。如若遇到吉凶嫁娶这一类的大事，（族人）更应该依据礼仪相互表示（祝贺或给予安慰），使族人情亲骨肉之意相互沟通。情亲骨肉之间日益疏远的，只是在于（族人之间）彼此不相往来，情感得不到交流。

【注释】

　　① 此条出《河南程氏遗书》卷一《端伯传师说》。花树韦家宗法会：茅星来《集注》云："唐韦氏宗族最盛，尝会饮花树下。"其引《困学纪闻》云："宗会法今不传，岑参有《韦员外家花树歌》：'君家兄弟不可当，列卿太史尚书郎。朝回花底常会客，花扑玉缸春酒香。'韦员外，失其名。此诗见一门华鄂之盛。"

　　9·15　冠婚丧祭①，礼之大者，今人都不理会。豺獭皆知报本，今士大夫家多忽此，厚于奉养而薄于先祖，甚不可也。某尝修六礼②，大略家必有庙，（旧注：庶人立影堂③。）庙必有主④，（旧注：高祖以上即当祧也⑤。主式见《文集》。又云：今人以影祭或一髭发不相似⑥，则所祭已是别人，大不便。）月朔必荐新⑦，（旧注：荐后方食。）时祭用仲月⑧，（旧注：止于高祖。旁亲无后者，荐之别位。）冬至祭始祖，（旧注：冬至，阳之始也。始祖，厥初生民之祖也。无主，于庙中正位设一位，合考妣享之。）立春祭祖先⑨，（旧注：立春，生物之始也。先祖，始祖而下，高祖而上，非一人也。亦无主，设两位分享考妣。）**季秋祭祢**^⑩，（旧注：季秋，成物之时也。）**忌日迁主，祭于正寝**^⑪。**凡事死之礼，当厚于奉生者。人家能存得此等事数件，虽幼者，可使渐知礼义。**

【译文】

　　冠礼、婚礼、丧礼、祭祀，是礼仪中最重大的活动，如今人们都不理解这些礼仪的意义了。豺狼水獭都知道以祭祀报本，如今士大夫之家却大多给忽略了这些礼仪，看重活着人的奉养而轻视对先祖的祭祀，是很不应该的。我曾修订六礼，大略意思是：每家必须有宗庙，（旧注：庶民百姓要立个影堂。）庙中必须有（供祭祀的）神主；（旧注：高祖以上就应当迁入远祖的庙。神主样式见《二程文集》。又说：现在人用影像祭祀，或许有一根胡须、一根头发不相似，那么祭祀的已经是别的人，大为不便。）每月朔日必须进献新的祭品；（旧注：祭祀进献后自己才能吃。）春夏秋冬每季的第二个月必须祭祀；（旧注：祭祀高祖以下。旁支亲戚没有后代的，另设神位祭祀。）冬至日祭祀始祖；（旧注：冬至日是阴尽一阳始生之时。始祖是最初生民的祖先。没有始祖神位，在宗庙中得正中位置设置一神位，合并男女始祖祭祀。）立春之日祭祀先祖；（旧注：立春之日是万物复生的开始。先祖是始祖以下，高祖以上的历代祖先，不是一人。先祖也没有神位，分设两个神位分别祭祀男先祖和女先祖。）九月祭祀父亲，（旧注：九月是万物收成的季节。）父母去世纪念日把神位迁到家中正室祭祀。大凡事奉死亡丧葬的祭祀礼仪，应当比敬奉活着的人的礼仪更丰厚。一个家庭只要能够存心做好几件上面说的事情，那么，即使是幼小的孩童，也能够使他们逐渐地懂得礼义。

【注释】

① 此条出《河南程氏遗书》卷一八《刘元承手编》。冠：冠礼，古代男子成年时举行加冠的礼仪。

② 六礼：据《二程文集》卷一〇，程子所修六礼分别为《婚礼》《葬说并图》《葬法决疑》《记葬用柏棺事》《作主式》《祭祀》。

③ 影：影像，指先人影像。

④ 主：供奉死者的神主牌位。

⑤ 祧：古代称远祖的庙。

⑥ 髭：本为嘴上边的胡子，此指胡须。

⑦ 月朔必荐新：张伯行《集解》云："月朔，每月之朔也。子孙之于祖宗，月必勿敢忘焉，因思每月各有物之新出者，供而荐之，而未荐则为子孙者不敢先食，所以示尊敬也。"荐新：以初熟谷物或时鲜果物祭献。荐：进献，祭献。新：尝新，尝食新的五谷果实之类。

⑧ 时祭：四时祭，即春秋夏冬四季之祭祀。《礼记·曾子问》："望墓而为坛，以时祭。"《汉书·韦玄成传》："日祭于寝，月祭于庙，时祭于便殿。"

⑨ 先祖：张伯行《集解》："始祖而下，高祖而上，非一人也。"

⑩ 季秋祭祢：张伯行《集解》谓："季秋者，天地成遂万物之候。祢者，生成吾身之人。故祭祢者必取此时。盖以万宝告成之意，寓吾顾复鞠育之思也。"季秋：秋季第三个月，即农历九月。祢（nǐ）：父死在宗庙中立主曰祢，此指父亲。

⑪忌日：父母死日。当死之日，而子孙所忌讳者也，故谓忌日。正寝：正室、正厅。

　　9·16　卜其宅兆^①，卜其地之美恶也。地美则其神灵安，其子孙盛。然则曷谓地之美者？土色之光润，草木之茂盛，乃其验也。而拘忌者，惑以择地之方位，决日之吉凶；甚者不以奉先为计，而专以利后为虑，尤非孝子安措之用心也^②。惟五患者不得不慎：须使异日不为道路，不为城郭，不为沟池，不为贵势所夺，不为耕犁所及。

【译文】

　　选择墓宅，要选择土地的好坏。土地好，那么神灵就心安，他的子孙就兴旺。然而怎么才能称作土地好呢？土的颜色光润，草木长得茂盛，就是土地好的验证。然而拘泥和禁忌的人，迷惑于选择墓地的方位、占决葬日的吉凶。更有甚者，他们不是谋划怎样安奉先人，而专门考虑如何有利于后人，这更不是孝子安葬先人应有的用心。（选择墓宅）尤其有五种隐患不得不慎重考虑：墓地以后不会变成道路，不会为人修城郭而征用，不会被人开挖为沟池，不会被权贵强势侵夺，不会因犁田耕种而受到损毁。

【注释】

　　①此条出《河南程氏文集》卷一〇《礼·葬说》。卜：选择、估量。宅：墓穴也。兆：茔域也。

②安措（cuò）：安置、安葬。

9·17　正叔云^①：某家治丧，不用浮图^②。在洛，亦有一二人家化之^③。

【译文】

程颐说：我家办理丧事，不要和尚念经。在洛阳，也有一部分人家办理丧事时，改变了和尚念经的办法。

【注释】

①此条出《河南程氏遗书》卷一〇《洛阳议论》。正叔：参见1·3条注①。

②浮图：梵语的音译，即佛陀、和尚。

③洛：水名，在河南，此指洛阳。化：改变。

9·18　今无宗子，故朝廷无世臣。若立宗子法^①，则人知尊祖重本；人既重本，则朝廷之势自尊。古者子弟从父兄，今父兄从子弟，由不知其本也。且如汉高祖欲下沛时，只是以帛书与沛父老，其父兄便能率子弟从之^②。又如相如使蜀，亦移书责父老，然后子弟皆听其命而从之^③。只有一个尊卑上下之分，然后顺从而不乱也。若无法以联属之，安可？且立宗子法，亦是天理。譬如木，必有从根直上一干，亦必有旁枝；又如水，虽远必有正源，亦必有分派处，自然之势也。然又有旁枝达而为干者，故曰：古者天子建国,诸侯夺宗云④。

【译文】

当今没有了宗子,因此朝廷就没有世臣。如若建立宗子法,那么,人就知道尊敬祖先敬重本根;人只要敬重本根,朝廷的权威就自然受到尊崇。古时候,子弟顺从父兄,如今则是父兄顺从子弟,原因在于人不知道敬重本根。就象汉高祖当时准备攻取沛县时,只是用锦帛写了一封书信给沛县乡亲父老,他的父兄便率领沛县子弟跟从汉高祖。又如司马相如出使蜀地时,也只是下书督责蜀中父老,随后蜀中子弟都降心听命,归从朝廷。因此,只要有一个尊卑上下的秩序,人人就会顺从而不会导致混乱无序。如若没有一套使人们联结相属的办法,怎么可以(保证社会的有序运转)呢?因此,建立宗子法,也是天理。正如树木一样,必有一枝从根直上的一个主干,也一定有若干分枝;又如河水,虽然流得很远,但一定有源头,也一定有分流,都是自然的趋势。当然,一棵树的分枝也有能长成枝干的。因此说:古代天子建立诸侯国,诸侯国夺宗。

【注释】

①此条出《河南程氏遗书》卷一八《刘元承手编》。宗子法:详见9·12注①。

②"且如汉高祖欲下沛时"等三句:《史记·高祖本纪》:"秦二世元年秋,陈胜等起薪,至陈而王,号为'张楚'。诸郡县皆多杀其长吏以应陈涉。沛令恐,欲以沛应涉。掾、主吏萧何、曹参乃曰:'君为秦吏,今欲

背之,率沛子弟,恐不听。原君召诸亡在外者,可得数百人,因劫众,众不敢不听。'乃令樊哙召刘季。刘季之众已数十百人矣。于是樊哙从刘季来。沛令后悔,恐其有变,乃闭城城守,欲诛萧、曹。萧、曹恐,逾城保刘季。刘季乃书帛射城上,谓沛父老曰:'天下苦秦久矣。今父老虽为沛令守,诸侯并起,今屠沛。沛今共诛令,择子弟可立者立之,以应诸侯,则家室完。不然,父子俱屠,无为也。'父老乃率子弟共杀沛令,开城门迎刘季,欲以为沛令。"且如:就象。沛:沛县,在今江苏省。

③ "又如相如使蜀"等三句:茅星来《集注》据《史记》《汉书》云:"汉武帝元光五年,唐蒙略通夜郎,发巴蜀卒数万人治道。卒多物故,有逃亡者,用军兴法诛其渠率。巴蜀民大惊恐,乃使司马相如责唐蒙等,因谕告巴蜀民以非上意。"

④ "天子建国,诸侯夺宗":张伯行《集解》云:"古者天子建立侯国,则天子为一宗,诸侯既主其国,则诸侯亦得别自为宗。"

9·19　邢和叔叙明道先生事云:尧、舜、三代帝王之治,所以博大悠远,上下与天地同流者,先生固已默而识之①。至于兴造礼乐、制度文为②,下至行师用兵、战阵之法,无所不讲,皆造其极。外之夷狄情状、山川道路之险易,边鄙防戍、城寨斥候控带之要③,摩不究知。其吏事操决,文法簿书,又皆精密详练,若先生,可谓通儒全才矣。

【译文】

邢恕叙述程颢先生事迹说:"尧、舜及禹、商汤、文王三代圣王之治,博大悠远,上下与天地同流的原因,程颢先生本来已经默然其道理且能熟记在心上。以至上起制定礼乐制度法令条文，下至行军用兵和作战阵法，没有程颢不能精通的，几乎都达到了最高境界。另外如周边少数民族区域的人情地貌、山川道路的危险与平稳，边境的防戍、营寨的分布、哨所的作用、区域的控制与围护等要害问题，程颢无不一一研究和熟识。程颢为官，无论是吏治之事的裁决，还是法令条文的运用，官署文书的处理，又都能做到精细、周密、详细和谙练。像程颢先生，可以称得上是通儒全才了。

【注释】

①此条出《河南程氏遗书·附录·门人朋友叙述并序》。邢和叔：参见4·11条注①。"所以博大悠远"等三句：李文炤《集解》云："博大，言其无外。悠远，言其无穷。默而识之，言得其理而能推其用也。"识（zhì）：记也。

②文为：指各种法令条文。文：本指事物错综所造成的纹理或形象。为：变成，制成。

③城寨斥候控带：城：城池，累土居民曰城。寨：军垒，木栅处兵曰寨。斥候：放哨。斥：远。候：伺也，视望也。控：控制。带：围护。

　　9·20　介甫言律是八分书，是他见得。①

【译文】

　　王安石说《刑统》是只有八分道理的律书，这种见解是他认识正确。

【注释】

①此条出《河南程氏外书》卷一〇《大全集拾遗》。王安石（1021—1086），字介甫，临川（今江西抚州）人。庆历二年进士，为宋神宗时宰相。律：指《刑统》一书。茅星来《集注》谓："律，为《刑统》也。初，魏李悝撰次诸国法，著《法经》六篇。萧何定律，益为九篇。以后历代相承，但有损益。周显德四年，诏以律令古文难知，格敕不一，命御史知杂事张湜等训释，详定为《刑统》。宋受禅，诏判大理寺窦仪重定为三十卷。"

9·21　横渠先生曰：兵谋师律，圣人不得已而用之，其术见三王方策、历代简书。惟志士仁人，为能识其远者大者，素求预备而不敢忽忘。①

【译文】

张载先生说：兵法谋略和行军法令，圣人是在不得已时才运用。这些谋略和法令可以在夏禹、商汤、周文王、周武王的典籍和历代书册中见到。只有志士仁人，才能认识到这些谋略和法令的深远而重大的价值，他们平时会精心探求（这方面的学问），以预先戒备，不敢轻易忽视遗忘。

【注释】

①此条出张载《拾遗·近思录拾遗》。兵谋：用兵之谋。师律：出师之律，行军法令。李文炤《集解》谓："方策者，《诗》《书》所载。简书，若《左传》《史记》所录。远者大者，则禁诛乱之义，讲舞治兵之方也。"

9·22　肉辟，于今世死刑中取之，亦足宽民之死。过此，当念其散之之久。^①

【译文】

肉刑，是在今天死刑中情节较轻的罪犯中使用，但也足以免除一些百姓的死刑。在此以下的犯罪，那就只能归结于（统治者教化无方）民心涣散太久的原因了。

【注释】

①此条出张载《拾遗·近思录拾遗》。肉辟：即《尚书》所谓五刑：刻颡曰墨辟、截鼻曰劓辟、刖足曰剕辟、淫刑曰宫辟、死刑曰大辟。汉文帝时始罢墨、劓、刖、宫之刑，止留死刑。张伯行《集解》谓："横渠欲取死刑中情轻者，用肉刑以代之，亦庶几足以宽民之死。过此以往，又当念教化无术，民心涣散已久，故多犯法，亟思所以正其本，不徒有以缓其死而已也。"

9·23　吕与叔撰《横渠先生行状》云：先生慨然有意三代之治。论治人先务，未始不以经界为急。尝曰："仁政必自经界始。"^①贫富不均，教养无法，虽欲言治，皆苟而已。世之病难行者，未始不以亟夺富人之田为辞^②。然兹法之行，悦之者众，苟处之有术，期以数年，不刑一人而可服，所病者特上之未行耳。乃言曰："纵不能行之天下，犹可验之一乡。"方与学者议古之法，共买田一方，画为数井^③，上不失公家之赋役，退以其私正经界，分宅里、正敛法、广储蓄、兴学校、成礼俗，救菑恤患，敦本抑末，足以推先王之遗法，明当今之可行，此皆有志未就。

【译文】

吕大临撰写的《横渠先生行状》说："张载先生慷慨激昂，有志于复兴夏、商、周三代治平之世。论述统治人民，首先要做的，未尝不以划定田地的界线最为急切和关键。孟子曾说过："施行仁政，一定要从划定田地的界线开始。"在贫富不均等、教化和养育没有办法的情况下，尽管想谈国家治理的事情，也无非都是苟且罢了。社会上有人诉病井田制难以推行，未尝不是把侵夺富人的田产作为理由。然而井田制一旦推行，拥护的人一定很多，如果推行此法时再运用适当的手段，在数年之内，不用刑罚一人，便可让人们对井田制恢复信心，应该责备的只是那些上层官吏不愿推行井田制而已。于是张载说："纵然井田制不能在全国推行，但也可以在一个乡村进行试验。"张载和一些学者商议古代井田制的推行计划：共同出钱买一块田地，分为数井让数十家耕种，对上不延误国家的赋税差役；其次划定各家田界，各自经营自己的田地，划分每家的住宅范围；匡正收敛制度，广泛储备；兴办学校，建构礼俗文明；整治荒地抚恤灾患，重本抑末。这样，就完全能够推行先王的遗法。让人们明白，当今实施井田制的可行性。这都是张载复兴井田制的宏大志向但未能完成。

【注释】

①此条出张载《附录·吕大临横渠先生行状》。仁政必自经界始：

语出《孟子·滕文公上》:"夫仁政,必自经界始。经界不正,井底不钧,谷禄不平。是故暴君污吏必慢其经界。经界既正,分田制禄可坐而定也。"经界:田地的分界。叶采《集解》谓:"盖经界不正,则富者有所恃而易于为恶,贫者失所养而不暇为善。教养之法俱废,其治苟且而已。"

②亟(jí):急切也。

③井:相传古制八家为井。《孟子·滕文公下》:"六里而井,井九百亩,其中为公田,八家皆私百亩,同养公田。"

9·24 横渠先生为云岩令①,政事大抵以敦本善俗为先。每以月吉②,具酒食,召乡人高年会县庭,亲为劝酬,使人知养老事长之义。因问民疾苦,及告所以训戒子弟之意。

【译文】

张载先生做云岩县县令时,处理政事大抵首先是敦厚人伦孝悌,改善民风礼俗。每月初一,准备好酒食,邀请乡间老年人在县庭内聚会,亲自为他们敬酒,以使人们知道应该养护老人、尊敬年长者的大义。也借机探问百姓疾苦,并告诉大家,之所以训戒子弟的原因等意思。

【注释】

①此条出张载《附录·吕大临横渠先生行状》。云岩:县名,北魏至宋代置云岩县,宋属永兴军路丹州,旧址在今陕西宜川县北云岩镇。宋神宗熙宁七年(1074)废。

②月吉：即月朔，农历每月初一。

9·25　横渠先生曰：古者有东宫，有西宫，有南宫，有北宫，异宫而同财①。此礼亦可行。古人虑远，目下虽似相疏，其实如此乃能久相亲。盖数十百口之家，自是饮食衣服难为得一。又异宫乃容子得伸其私，所以“避子之私也。子不私其父，则不成为子。”②古之人曲尽人情，必也同宫，有叔父伯父，则为子者何以独厚于其父，为父者又乌得而当之？父子异宫，为命士以上③，愈贵则愈严。故异宫犹今世有逐位④，非如异居也。

【译文】

张载先生说：古代（大家族的居室）有东屋、西屋、南屋、北屋之分，分不同的居屋但财产不分。这种礼制在今天也可以推行。古人考虑问题，看得远。看上去，这种居室格局似乎造成了一家人的相互疏离，其实只有像这样才能保证整个家庭长久相亲相爱。一个几十乃至上百人的大家族，自然是吃饭穿戴难以统一。再者，分屋而居才可以让子女能够表达对父母的私有情感，这就是《仪礼》传文说的："能够避免其他亲戚看见这种私有情感。子女不私自偏爱父母，就不成其为子女。"古人（分室而居）委婉地满足了人间亲情的需要。（整个大家族如果）一定都同住在一屋，有伯父有叔父，那么子女怎么能够只偏向自己的父亲呢？而作为父亲，又怎么能够独自获得这种私情而不与兄弟分享呢？父子住在不同居室，是作为朝廷最初级命官以上士人的要求，地位越高（分屋而居的种种规定）就越细越严。因此，所谓分屋而居，就如同今天依据社会地位高低排列各家的房屋位置，并不是指在异地居住。

【注释】

①　此条出张载《拾遗·近思录拾遗》。“古者有东宫”等五句：语出《仪礼·丧服》经传：“故昆弟之义无分……故有东宫，有西宫，有南宫，有北宫，异居而同财。”贾公彦疏：“案《内则》云：命士以上父子异宫。不命之士父子同宫；纵同宫，亦有隔别，亦为四方之宫也。”《朱子语类》卷九一：“朱子曰：‘古父子异宫。宫如今人四合屋，虽各一处，然四面共墙围。’”

②　“避子之私也”等三句：语出《仪礼·丧服》经传：“故昆弟之义无分，然而有分者，则避子之私也。子不私其父，则不成为子。”

③　“父子异宫，为命士以上”：语出《仪礼·内则》：“由命士以上，父子皆异宫。”命士：指朝廷册封的最低层级的官员。

④　逐位：依次排列的位置。

9·26　治天下不由井地，终无由得平。周道止是均平①。

【译文】

治理天下如若不实行井田制，最终将无法达到天下太平。周朝的治国之道，只是要达到田产均平。

【注释】

①　此条出张载《经学理窟·周礼》。周道止是均平：语出《诗·小雅·大东》："周道如砥,其直如矢。"此取道路之平以喻王道。周道：谓成周之治道。

9·27　井田卒归于封建 ①,乃定。

【译文】

井田制最终要以封建制为根据,才有确定的保证。

【注释】

①　此条出张载《经学理窟·周礼》。封建：古代帝王把爵位、土地赐给诸侯,在封定的区域内建立邦国。

近思录卷之十

臣道

凡六十三条

10·1 伊川先生上疏曰^①：夫钟，怒而击之则武，悲而击之则哀，诚意之感而入也。告于人亦如是，古人所以斋戒而告君也。臣前后两得进讲，未尝敢不宿斋豫戒，潜思存诚，觊感动于上心^②。若使营营于职事，纷纷其思虑，待至上前，然后善其辞说，徒以颊舌感人，不亦浅乎？

【译文】

程颐先生上疏说：钟，人怀着怒气敲击，它就会发出武毅之声；人怀着悲伤心敲击，它就会发出哀惨之声。这是人的真诚实意之感融入到了钟声的缘故。对人说话，道理也是这样。因此古人总是先进行斋戒，然后才向皇帝进言。我前后两次能够在陛下面前进讲，从未敢不在前一天斋戒，潜心思考，持守诚敬之心，就希望能使皇帝心生感动。如若事前忙于处理各种政务，造成思绪纷乱，等到在皇帝面前，这样之后无非是修饰自己的言辞,仅是用口颊唇舌感动人,不也是很浅陋吗?

【注释】

①此条出《河南程氏文集》卷六《表疏·上太皇太后书》。茅星来《集注》云:"此程子自道其事君之诚意,以冀感动于君心也。观程子'营营职事'之言,则知当日之所以使兼他职而固辞者,意固有在矣。此元祐元年《上太皇太后书》中语也。按《文集》,时讲读官(程颐当时为通直郎充崇政殿说书)五人,四人皆兼他职,唯伊川不领别官,近复差修国子监太学条制,无一人专职辅导者。执政之意,盖惜人才,不欲使之闲。又以为虽兼他职不妨讲读。故程子言之,以见讲读官当精思竭诚,专在辅导,不可兼他职之意。"

②"臣前后两得进讲"等四句:《朱子语类》卷九七:"伊川前后进讲,未尝不斋戒,浅思存诚。如此则未进讲已前,还有间断否?曰:不然。寻常未尝不诚,只是临见君时,又加意尔,如孔子沐浴而告哀公是也。"觊:希望。

10·2　伊川《答人示奏稿书》云①:观公之意,专以畏乱为主。颐欲公以爱民为先,力言百姓饥且死,丐朝廷哀怜②,因惧将为寇乱,可也。不惟告君之体当如是,事势亦宜尔。公方求财以活人,祈之以仁爱,则当轻财而重民,惧之以利害,则将恃财以自保③。古之时得丘民则得天下④;后世以兵制民,以财聚众,聚财者能守,保民者为迂。惟当以诚意感动,觊其有不忍之心而已。

【译文】

程颐《答人示奏稿书》说：“看了你信的意思，你专门把担心（老百姓的饥馑状况会导致）社会动乱作为主要观点。我是想要你考虑问题把爱民为出发点，尽力向皇帝呈述百姓饥馁困苦、甚至因饥饿而死的状况，乞请朝廷爱怜同情百姓。借此你再说（百姓的饥饿困苦得不到解决）恐怕就会导致社会动荡、寇盗蜂起，就可以了。（这样做）不仅是向皇帝禀告民情奏稿的文体应当这样，而且就事理情势而言，也（考虑到了先后缓急）是适宜合理的。你在奏章中请求朝廷散财，以此让百姓活下去，不如用仁爱之心祈请朝廷，朝廷就应当轻视钱财而重视民生。如若只是从害怕动乱这一利害关系考虑问题，那么朝廷必将恃财聚财，来贪图自保。古时候，得一丘之民心就可以得天下；后代往往用军队压制人民，用钱财聚集军队，聚积钱财的人就能守护天下，而爱民保民就成了迂腐之见。我们唯有用真诚实意感动皇帝，希望皇帝能有不忍之心而已。

【注释】

①此条出《河南程氏文集》卷九《书启·答人示奏草书》。张伯行《集解》谓：“此言臣之奏牍，当以爱民为急，时势之说又其后着也。有示奏稿者，大要以民饥必致寇乱为言。伊川欲其得立言之本，故为书答之。”奏稿：奏章的草稿。

② 丐（gài）：求也。

③ “公方求财以活人”等五句：叶采《集解》云“哀矜之心生，则能轻财以救民之死。忧惧之心作，反将吝财以防民之变。”

④ 得丘民则得天下：语出《孟子·尽心下》："民为贵，社稷次之，君为轻。是故得乎丘民而为天子，得乎天子为诸侯，得乎诸侯为大夫。"丘民：谓一丘之民。《周礼·小司徒》云："四井为邑，四邑为丘，四丘为甸。"

10·3　明道为邑，及民之事，多众人所谓法所拘者，然为之未尝大戾于法，众亦不甚骇①。谓之得伸其志则不可，求小补，则过今之为政者远矣。人虽异之，不至指为狂也。至谓之狂，则大骇矣。尽诚为之，不容而后去，又何嫌乎？

【译文】

程颢做县令时，涉及百姓事情（的处理），大多是众人认为被法令拘泥而不能做的，然而程颢依然去做这些事，也从来没有在大德方面违背法令，众人也不感到特别骇异。如若说程颢藉此得以施展了自己的志向是谈不上的，若说是求得对百姓能有一些补益，那就远远超过当今执政的官员了。人们尽管对程颢有异议，但不至于指责他狂妄。如若认为他狂妄，那他就会惊骇不安的。竭尽真诚为政谋事，若不为世所容，就会弃官而去，又怎么会有疑惑呢？

【注释】

① 此条出《河南程氏文集》卷九《书启·答吕进伯简三》。"明道为邑"等五句：叶采《集解》云："法令有未便于民者，众人为之未免拘碍。

惟先生道德之盛,从容裁处,故不大戾当时之法,而有补于民。人虽异之,而不至于骇者,亦其存心宽平而区处有方也。"邑:邑宰、县令。戾:违戾、违背。

10·4　明道先生曰:一命之士 ①,苟存心于爱物,于人必有所济。

【译文】

程颢先生说:就是一命这样最低级的官员,诚如常存爱怜万物之心,对于人民一定会有帮助。

【注释】

① 此条出《河南程氏文集》卷一一《明道先生行状》。一命之士:最低级的官吏。李文炤《集解》:"陈氏曰:'《周礼》一命受职,如今之第九品也。苟,诚也。'"

10·5　伊川先生曰:君子观天水违行之象,知人情有争讼之道。故凡所作事必谋其始 ①,绝讼端于事之始,则无讼由先矣。谋始之义广矣,若慎交结、朋契券之类是也 ②。

【译文】

程颐先生说:君子观望天水相背而行的天象,就知道人与人之间会发生争讼的道理。因此凡是在做事时,一定要在事情开始之前就要慎重谋划,把争讼的端倪杜绝在事情发生的开始,那么就没有争讼产生在先了。谋划和思考事情开始的意义非常广泛,例如谨慎地交结(朋友、亲戚)、朋比契约文书内容等等即是。

【注释】

① 此条出《周易程氏传》卷一《讼传》。此条释《讼卦》之《大象》。《讼卦》卦象为☴,《坎》下《乾》上。天上水下,其行相违。"君子观天水"等三句:《讼卦》之《象辞》:"天与水违行,讼,君子以作事谋始。"杨伯峻《衍注》云:"天西运水东流,故曰违行。"

② 交结:指朋友亲戚。朋:比也。契券:文书契约。

10·6 《师》之九二 ① :为师之主,恃专,则失为下之道 ② ;不专,则无成功之理,故得中为吉。凡师之道,威和并至则吉也 ③ 。

【译文】

《师卦》九二爻辞的含义是:作为军队中的主帅,恃权专断,就失去了人臣谦卑的道理;不专断,就没有成功的道理。因此,取中庸之道,才会吉利。大凡统领军队的方法,威严与柔和并用,就能吉利。

【注释】

① 此条出《周易程氏传》卷一《师传》。此条释《师卦》九二爻义。《师》:六十四卦之一,卦象为☷。其九二爻辞云:"在师中,吉,无咎。

王之锡命。"以九居二,在《师卦》之中;一阳统乎群阴,为《师》之主。

②为下:主帅为君王之臣,故说"为下"。

③威和并至则吉:叶采《集解》云:"威而不和,则人心惧而离;和而少威,则人心玩而弛。九二刚中,故有威和相济之象。"

10·7　世儒有论鲁祀周公以天子礼乐 ①,以为周公能为人臣不能为之功,则可用人臣不得用之礼乐,是不知人臣之道也。夫居周公之位,则为周公之事,由其位而能为者,皆所当为也,周公乃尽其职耳。

【译文】

王安石关于鲁国以奉祀天子的礼乐奉祀周公一事,其认为周公因为建立了人臣不能建立的功勋,因此周公可以享用人臣不得享用的礼乐,这种看法是不懂人臣之道啊。在周公的位置上,就做周公这个位置应做的事,由其位置决定所能做的事,都是应该做的事。周公无非是尽他的职责罢了。

【注释】

①此条出《周易程氏传》卷一《师传》。鲁祀周公以天子礼乐:《礼记·明堂位》:"成王以周公为有勤劳于天下,是以封周公于曲阜,地方七百里,革车千乘,命鲁公世世祀周公以天子之礼乐。"朱熹《论语集注》八佾第三引程子曰:"周公之功固大矣,皆臣子之分所当为,鲁安得独用天子礼乐哉?成王之赐,伯禽之受,皆非也。其因袭之弊,遂使季氏僭八佾,三家僭雍彻,故仲尼讥之。"王安石以为,周公能为人臣不能为

之功,故可用人臣不得用之礼乐。世儒:此谓王安石。茅星来《集注》谓:
"以王安石有此言,因特论之。"

10·8 《大有》之九三曰①:"公用享于天子②。小人
弗克③。"《传》曰:三当大有之时④,居诸侯之位,有其富盛。
必用享通于天子,谓以其有为天子之有也,乃人臣之常义
也。若小人处之,则专其富有以为私,不知公己奉上之道,
故曰:"小人弗克"也⑤。

【译文】

《大有卦》九三爻辞说:"公侯把所有奉献给天子,小人做不
到。"程颐《易传》说:九三一爻正处于丰年的时候,又居诸侯的
位置,自然既富贵又显赫。但诸侯必定会把自己所有所用的财
富与荣耀奉献给天子,这是说自己所有的都属于天子所有,这才
是作为人臣永远的道义。假如小人处在贵富显赫的位置上,就
必然只会独占这些财富且据为私有,小人不会懂得己有就是公
有,也就不会做到恭己奉上的道理。所以《大有卦》九三爻辞说:
"小人做不到"啊。

【注释】

①此条出《周易程氏传》卷一《大有传》。《大有》:六十四卦之一,
卦象为☲☰。古语称年谷丰收为"大有",谓筮遇此卦,将得丰年。

②享:供献。

③弗克:不能。克:能。

④三：指九三爻。九三居下卦之上位，在下而居人上，是为公侯之象。

⑤"若小人处之"等五句：张伯行《集解》云："小人昧于公私之义，贪鄙成性，使之处《大有》之时，则专擅其富有之入，以为一己之私。不知己固天子之臣，正当致其身，公己以奉上，乃为人臣之当然。然此岂贪鄙之小人所能乎？故曰'小人弗克'也。"

10·9　《随》九五之《象》曰："孚于嘉①，吉，位正中也②。"《传》曰：《随》以得中为善③，《随》之所防者过也。盖心所说随，则不知其过矣。

【译文】

《随卦》九五爻的《象辞》说："信守中正之道，吉利。因为九五之爻居上卦中位，像人守中正之道。"程颐《易传》说：《随卦》的指向是：守持中正之道，即是善；《随卦》防止的是"过"。因此，人出于喜悦之情而附和顺从他人，自然就不知道自己的言行偏过不正了。

【注释】

①此条出《周易程氏传》卷二《随传》。《随》：六十四卦之一，卦象为䷐。孚于嘉：孚：诚、信用，此处用为动词；嘉：善，指中正之道。

②位正中：依爻象、爻位之说，九五为阳爻，居上卦中位，是谓得位。

③得中为善：叶采《集解》云："《震》下《兑》上为《随》。震，动也。兑，悦也。以悦而动，易过于随而不自知，故必得中为善。"

10·10　人心所从，多所亲爱者也。常人之情，爱之则见其是，恶之则见其非。故妻孥之言，虽失而多从；所憎之言，虽善为恶也。苟以亲爱而随之，则是私情所与，岂合正理？故《随》之初九^①，出门而交，则有功也^②。

【译文】

人们内心顺从的，大多为自己亲爱的人。一般人的情感，爱一个人就总是看见他好的地方，厌恶一个人就总是看见他不好的地方。因此，妻子和儿女说的话，即使说错了，大多也会附和；自己憎恶的人说的话，即使说得对也会感到厌恶。假如因为对方是自己所爱的人就顺从他，那么这种顺从就是私情造成的，怎么能符合正理？所以《随卦》初九爻辞说：抛开家门之私为人处世，就能获得成功。

【注释】

①　此条出《周易程氏传》卷二《随传》，释《随卦》初九爻义。

②　"出门而交，则有功也"：《随卦》初九爻辞原为"出门交有功。"茅星来《集注》云："出门，谓非私昵。交不以私，故其随不失其正，而能有功。"

10·11　《坎》之六四曰^①："樽酒、簋贰、用缶^②，纳约自牖^③，终无咎。"《传》曰：此言人臣以忠信善道结于君心，必自其所明处乃能入也。人心有所蔽，有所通。通者，明处也，当就其明处而告之，求信则易也，故云"纳约自牖"。能如是，则虽艰险之时，终得无咎也。且如君心蔽于荒乐，唯其蔽也故尔，虽力诋其荒乐之非④，如其不省何？必于所不蔽之事推而及之，则能悟其心矣。自古能谏其君者，未有不因其所明者也。故讦直强劲者，率多取忤；而温厚明辩者，其说多行。非唯告于君者如此，为教者亦然。夫教必就人之所长，所长者，心之所明也。从其心之所明而入，然后推及其余，孟子所谓"成德""达才"是也⑤。

【译文】

《坎卦》六四爻辞说："一樽之酒，二簋之食，用瓦器盛，（用上述最质朴的方式，像献酒食一样）献上你的忠信善道，使君主像窗户透明一样明了，最终不会有危险。"程颐《易传》说：此爻的意思是说，人臣如若要君主内心奉守忠信之道，就必须从君主明白的地方开导他。人心有时会被遮蔽，有的也会通达。所谓"通"，就是明白的地方，应当从君主明白的地方劝告他，获得君主的信任就容易了，所以《坎卦》六四爻辞说"纳约自牖"。（如若人臣）能够依据这一原则行事，那么即使在各种艰险的时候，最终也不会有危险。就如，君主之心被荒淫的音乐蒙蔽，只是私欲蒙蔽的结果，虽然（作为人臣）应该尽力指责荒淫音乐的错误，如果君主不知省悟怎么办呢？必须从君主未受到蒙蔽的事情上开导他，然后推及开来说到荒淫音乐的错误，就能使君主从内心深处想明白。自古以来，凡是能够向君主进谏的人，没有不是从君主明白的地方劝谏的。因此，诤诤直言而又强劲的人，大多忤逆君主；而用温柔敦厚语言明辨的人，他们的意见大多被君主接受。非但劝告君主应当如此，教诲他人也是这样。教育人，必须从人的长处启发他。所谓长处，就是内心明白的地方。从人内心明白的地方入手教育，然后再推及到其他方方面面。孟子所说的"因其有德而成就之"，"因其有才而遂达之"，正是这个意思。

【注释】

①此条出《周易程氏传》卷二《习坎传》。《坎》：六十四卦之一，卦象为☵。

②樽酒、簋贰、用缶：樽：盛酒的器皿、酒壶。簋（guǐ）：盛食物的器皿，饭盒。贰：高亨《周易大传今注》："贰当作资，形似而误。资借为粢，米饭也。"缶（fǒu）：瓦器。张伯行《集解》云："樽酒者，一樽之酒。簋贰者，二簋之食。用缶，以瓦缶为器，质朴之极。"

③纳约自牖：纳：引进、纳入。张伯行《集解》："所谓约也，喻人之忠信善道也。"牖：窗，喻明白处。

④诋：指责、谴责。

⑤成德、达才：《孟子·尽心上》："孟子曰：'君子之所以教者五：有如时雨化之者，有成德者，有达财者'。"财：通"才"。叶采《集解》云："成德者，因其有德而成就之。达才者，因其有才而遂达之。皆谓就其所长开导之也。"

10·12 《恒》之初六曰①："浚恒②，贞凶。"《象》曰："浚恒之凶，始求深也。"《传》曰：初六居下，而四为正应。

四以刚居高，又为二三所隔，应初之志，异乎常矣。而初乃求望之深，是知常而不知变也。③世之责望故素而至悔咎者④，皆浚恒者也。

【译文】

《恒卦》初六爻辞说："不断索取，卜问凶险。"《象》说："不断索取之所以凶险，就在于从开始的时候要求就太多了。"程颐《易传》说："初六一爻居下位，而九四一爻照理与之相应。但九四属刚性，又居于高位（难以接应初六），并且九二、九三两爻隔在中间，九四接应初六的志趣已与常态不同了。而初六仍不断地对九四寄予深厚的期望。这种期望（求索），是只懂得常理而不懂得权变。世上之所以责备那些对老朋友期望与要求过深，以至于交情破裂而后悔取咎的人，都是他们不断地向老朋友索求。

【注释】

① 此条出《周易程氏传》卷三《恒传》。《恒》：六十四卦之一，卦象为䷟。

② 浚恒：浚，索取；恒：久。

③ "《传》曰"等九句：此为程颐解释《恒卦》初六爻辞及《小象》之义。张伯行《集解》云："《恒》之初六，所以言'浚恒'而戒其'贞凶'，而《象》又谓其'始求深'，何也？盖初六阴柔居下，而四为正应之爻。其必应者，理之常也。但四以刚性居高，震动上行，而情不下接，又为二、三两爻所间隔，其应初之志意已异乎平常相应之道矣。而初以其巽入之

情,乃求望之深,欲尽其欢,欲竭其忠,是徒知常理之应为不可解,而不知人情之变已不可测也。如是则所求虽正,而期望太深,易生怨隙,故爻、《象》皆谓其不免于凶也。"

④ 责望:责怪和抱怨。故素:故旧之素交也。素:旧也。

10·13 《遁》之九三曰:"系遁①,有疾厉。畜臣妾②,吉。"《传》曰:系恋之私恩,怀小人女子之道也,故以畜养臣妾则吉。然君子之待小人,亦不如是也。③

【译文】

《遁卦》九三爻辞说:"被牵累而不能隐退,如染病一样危险。但用这种方法蓄养奴婢是吉利的。"程颐《易传》说:被私恩所牵累,是怀恋小人女子的方法。因此,(这样的人)蓄养奴婢则是吉利的。但是,君子对待小人,也就不是这样做了。

【注释】

① 此条出《周易程氏传》卷三《遁传》。系遁:犹言被拖累而不能退隐。系:拘系、牵累、拖累意。遁:隐退。

② 臣妾:古称男奴隶为臣,女奴隶为妾。

③ "《传》曰"等六句:此为程颐解释《遁卦》九三爻义。张伯行《集解》云:"此又即畜臣妾之占而反之,以见系恋之私,无一而可。盖小人虽或可以恩结,而近之则不逊,果其当去,亦必决然去之。君子之待小人,亦未尝必以系恋者,贻姑息之悔也。"

10·14　《睽》之《象》曰："君子以同而异。"①《传》曰：圣贤之处世，在人理之常，莫不大同；于世俗所同者，则有时而独异。不能大同者，乱常拂理之人也；不能独异者，随俗习非之人也，要在同而能异耳。②

【译文】

　　《睽卦》之《象辞》说："君子处世有同处有异处。"程颐《易传》说：圣贤为人处世，在遵奉伦常日用之理方面，没有不与天理一致的；但在一般世俗共同崇尚的方面，则有时会独立不同世俗。不能遵从普遍天理的人，是扰乱纲常，拂逆义理的人；不能独立不同世俗的人，是顺随流俗，听任谬误的人。（作为君子）关键在于既要遵从同的普遍法则，又能够保持异的独立人格。

【注释】

　　① 此条出《周易程氏传》卷三《睽传》，释《睽卦》之《象辞》。辞云："上火下泽，睽。君子以同而异。"《睽卦》卦象为☲，为异卦相叠，上卦为《离》，离为火；下卦为《兑》，兑为泽。张伯行《集解》：《睽》之象上火下泽，水火同体而性不同。君子观火泽之象，凡事不故为立异，而亦不能混然从同，故以同而异。"《朱子语类》卷七二："朱子曰：君子有同处有异处，如'周而不比''群而不党'是也。此处伊川说得甚好。"《序卦》："睽，乖也。"

　　② "圣贤之处世"等伊川所解之词：《朱子语类》卷七二："解曰：不能大同者，乱常咈理之人也；不能独异者，随俗习非之人也。要在同而

能异尔。又如今之言地理者,必欲择之吉,是同也;不似世俗专以求富贵为事,惑乱此心,则异矣。如士人应科举,则同也;不曲学以阿世,则异矣。事事推去,斯得其旨。"张伯行《集解》云:"圣贤之道,要在与人同其道,而不至于流,又能异乎众人之所为尔。然其异也,乃所以为同也。"

10·15　《睽》之初九①:当睽之时,虽同德者相与,然小人乖异者至众②,若弃绝之,不几尽天下以仇君子乎? 如此则失含弘之义③,致凶咎之道也,又安能化不善而使之合乎? 故必"见恶人,则无咎"也。古之圣王,所以能化奸凶为善良,革仇敌为臣民者,由弗绝也④。

【译文】

《睽卦》初九爻辞的意思是:当冲突到来的时候,尽管有同德的君子与你相交,然而与你不一心的小人很多,如果抛弃他们,不就是几乎让整个天下人都仇视君子吗? 这样做,就丧失了君子包容博厚的气量,是招致凶险灾祸的做法,又怎么能感化不善的小人而使他们合于正道呢? 因此,君子一定"与恶人相见,就不会有灾祸"呀。古代的圣王,之所以能把奸凶的人感化为善良的人,把仇敌改造成臣民,原因在于(圣王)没有抛弃他们。

【注释】

①此条出《周易程氏传》卷三《睽传》。初九:指初九爻辞:"悔亡,丧马,勿逐,自复。见恶人无咎。"《朱子语类》卷七二:"问:《睽》'见

恶人',其义何取？曰：以其当睽之时,故须见恶人,乃能无咎。"睽：彼此相违,不顺。

②乖异：不一心。

③含弘：包容博厚。

④"古之圣王"等四句：张伯行《集解》云："古之圣王,曲尽人情,善为挽回,所以能化奸恶凶暴之人,使之回心向道,转为善良之行。革仇雠抗敌之辈,使之纳款输诚,乐为臣民之归者。由于自新有路,弗深恶而痛绝之也。"弗绝：不抛弃。

10·16　《睽》之九二①：当睽之时,君心未合,贤臣在下竭力尽诚,期使之信合而已。至诚以感动之,尽力以扶持之,明义理以致其知,杜蔽惑以诚其意,如是宛转以求其合也。"遇"非枉道逢迎也②,"巷"非邪僻由径也③,故《象》曰："遇主于巷④,未失道也。"

【译文】

《睽卦》九二爻辞的意思是：当危机出现的时候,君心不合仁德,身居下位的贤臣就应该竭尽自己的忠敬之诚,期望让君主之心最终合于仁德而已。奉至诚之心来感动君主;竭尽力量来扶持君主;阐明义理使君主能一一知晓;杜绝蔽惑来让君主恪守诚意。如果能像这样曲折宛转地做,来求得君心合于仁德。所谓"遇",并不是违背正道的逢迎邪媚手段;所谓"巷",也不是指邪险小路的机巧。因此《象》说："遇主于巷,未失道也。"

【注释】

①此条出《周易程氏传》卷三《睽传》。九二：指九二爻辞："遇主于巷，无咎。"张绍价《解义》云："此言臣之于君，当委曲以求合也。至诚感动，尽力扶持，所以尽己之心。明义理，杜蔽惑，所以启沃君心。遇主于巷，宛转求合，非逢迎亦非由径。盖二五正应，九二以刚中行之，故委曲而非失道。"

②枉道：违背正道。

③邪僻：乖谬不正。由径：从小路走。径：小路。

④巷：张伯行《集解》："巷者，乃委婉曲折以相通，非偏邪险僻由乎小捷之径也。"

10·17　《损》之九二曰："弗损，益之。"①《传》曰：不自损其刚贞，则能益其上，乃"益之"也。若失其刚贞而用柔说，适足以损之而已。②世之愚者，有虽无邪心，而惟知竭力顺上为忠者，盖不知"弗损，益之"之义也。

【译文】

《损卦》九二爻辞说："（自己的人格）没有受到损伤，才能真正有益（于君主）。"程颐《易传》说：不自我贬损，保持自己刚毅、坚贞的品格，就能对君主有利，这就是"益之"。如若丧失了刚毅、坚贞的品格，用柔邪取悦君主，那正足以对君主造成损害。世上有些愚蠢的人，有的人虽然不一定有什么邪恶之心，只知道把竭尽全力盲目顺从君主做为忠，因为他们不懂得"（自己的人格）没有受到损伤，才能真正有益（于君主）"这一爻辞的意义。

【注释】

① 此条出《周易程氏传》卷三《损传》，释《损卦》九二爻辞之义。《损卦》卦象为☲，其九二爻辞曰："利贞，征凶，弗损，益之。"张伯行《集解》谓："九二刚中，志在自守，不肯损其名节，委曲以干进，而君实受其益而不知。"

② "不自损其刚贞"等五句：叶采《集解》谓："刚正不挠，乃能有益于君。盖柔邪之人，阿意顺旨，惟务容悦。善而遇柔悦，善亦不进；恶而遇柔悦，必长其恶矣。故国有险佞之臣，士有善柔之友，皆有损无益。"

10·18　《益》之初九曰①："利用为大作②，元吉，无咎③。"《象》曰："元吉，无咎，下不厚事也。"《传》曰：在下者本不当处厚事。厚事，重大之事也。以为在上所任，所以当大事，必能济大事而致元吉，乃为无咎。能致元吉，则在上者任之为知人，己当之为胜任。不然，上下皆有咎也。

【译文】

《益卦》初九爻辞说："有利于大有作为，大吉大利，无灾祸。"《象辞》说："大吉大利，无灾祸，因为地位低下的人没有承担重大责任。"程颐《易传》说：地位低下的人本来不应当承担重大责任。所谓"厚事"，即是责任重大的事。由于是在上的人委任，所以担当了重大责任，必定能成就大事而且结果会圆满吉利，这称作无咎。能够获得大的吉利和圆满，就需要在上的人信任且有知人之明，而自己受命承担就应当胜任自己的职责。不然，无论上司或下属都会有过错。

【注释】

① 此条出《周易程氏传》卷三《益传》，释《益卦》初九爻辞及《小象》之义。《益》：六十四卦之一，卦象为☲☳。

② 利用：利于。用：于。大作：即厚事。厚事者：责重任大之事。

③ "元吉，无咎"：大吉大利，没有灾祸。《朱子语类》卷七二："朱子曰：'元吉，无咎'，吉凶是事，咎是道理。盖有事则吉，而理则过差者，是之谓吉而有咎。"

10·19　《革》而无甚益，犹可悔也，况反害乎？古人所以重改作也。①

【译文】

改革没有带来多少益处，而且让人后悔了，更何况反而带来灾害呢？因此，古人以特别慎重的态度对待改变以往的作为。

【注释】

① 此条出《周易程氏传》卷四《革传》。《革》：六十四卦之一，卦象为☱☲。革：革命、改革、改变。此条为程颐对《革卦》之《彖辞》的阐释。《革卦》之《彖辞》云："革而当，其悔乃亡。"叶采《集解》云："事之变更，则于大体不能无伤。苟非有大益、无后患，君子不轻于改作。"

10·20　《渐》之九三曰①："利御寇。"《传》曰：君子之与小人比也②，自守以正。岂惟君子自完其己而已乎？亦使小人得不陷于非义，是以顺道相保，御止其恶也。

【译文】

《渐卦》九三爻辞说："有利于抵御敌寇。"程颐《易传》说：君子与小人呆在一起，君子自然恪守正道。这样，难道仅仅是君子做到自我完善而已吗？君子同时也还要使小人不至于陷入不义，以此来按照义理之道相互保全，抵御和防止小人的邪恶。

【注释】

① 此条出《周易程氏传》卷四《渐传》，释《渐卦》九三爻辞及《小象》之义。《渐》：六十四卦之一，卦象为☶☴。《渐》之九三曰："鸿渐于陆，夫征不复，妇孕不育，凶。利御寇。"《象》曰："夫征不复，离群丑也；妇孕不育，失其道也；利用御寇，顺相保也。"

② 君子与小人比也：《渐》之九三上下皆阴，所以为君子与小人同列相比意。比：同列。

10·21　《旅》之初六曰 ①："旅琐琐 ②，斯其所取灾。"《传》曰：志卑之人，既处旅困，鄙猥琐细，无所不至，乃其所以致悔辱、取灾咎也。

【译文】

《旅卦》初六爻辞说："旅人琐屑，此正是他自取灾祸的原因。"程颐《易传》说：志向卑微的人，在旅途中已经遇到了困境，鄙猥琐细的情况，到了无所不至的程度，这正是导致他悔吝羞辱、自取灾祸的原因。

【注释】

①此条出《周易程氏传》卷四《旅传》,释《旅卦》初六爻义。《旅》:六十四卦之一,卦象为䷷。叶采《集解》谓:"初居《旅》之下,故为志卑之人。此教人处旅困之道,当略细故,存大体,斯免悔咎也。"

②琐琐:琐屑。

10·22　在旅而过刚自高,致困灾之道也。①

【译文】

人在旅途中过于刚愎自傲,就会招致困厄灾祸。

【注释】

①此条出《周易程氏传》卷四《旅传》,释《旅卦》九三爻辞义。叶采《集解》谓:"过刚,则暴戾而乏和顺;自高,则矫亢而人不亲附。处旅如是,必致困灾。"

10·23　《兑》之上六曰①**:"引兑。"**②**《象》曰:"未光也。"**③**《传》曰:说既极矣,又引而长之,虽说之之心不已,而事理已过,实无所说。事之盛则有光辉,既极而强引之长,其无意味甚矣,岂有光也?**

【译文】

《兑卦》上六爻辞说:"引导他人喜悦。"《象辞》说:"(徒为牵引)未必光大。"程颐《易传》说:喜悦之情已到极限,还要不断牵引,使其不断增长。虽然对事物的喜悦之情没有停止,但事理本身(让人喜悦的事情)已经过去,实在没有什么值得喜悦的。事情盛大时就光辉普现,而达到极限时,还要勉强牵引,使之不断增长,这就太没有意味了,怎么可能还有光大呢?

【注释】

①　此条出《周易程氏传》卷四《兑传》,释《兑卦》上六爻义。《象辞》说:"兑,说也。"说:即悦。

②　引兑:《兑卦》上六爻辞,谓引导他人喜悦。张伯行《集解》谓:"《兑》之上六,以阴柔处说之极,牵引其说而不能已。"引:引导、牵引。

③　未光也:《兑卦》之《象辞》,谓徒为牵引,未必光明。张伯行《集解》云:"《象》曰:说当其可,则为光大,徒为牵引,未见其光也。伊川言:凡人之情,极则当止。"

10·24　《中孚》之《象》曰:"君子以议狱缓死。"①《传》曰:君子之于议狱,尽其忠而已;于决死,极于恻而已②。天下之事,无所不尽其忠,而议狱缓死,最其大者也。

【译文】

《中孚卦》之《象辞》说:"君子审议讼狱来减缓死刑。"程颐《易传》说:君子审议讼狱,只是尽职尽忠而已;在裁决死罪方面,只是竭尽恻隐之心而已。天下一切事情,无不要求尽职尽忠;而关于审议讼狱来减缓死刑,是其中尽职尽忠最大的事。

【注释】

①此条出《周易程氏传》卷四《中孚传》,释《中孚卦》大象之义。《中孚》:六十四卦之一,卦象为䷼。君子以议狱缓死:张伯行《集解》谓:"《中孚》之《象》,上巽下泽,风感水受,贞信可通。君子体此以详议犯罪之狱,宽缓其当死之刑。"

②恻:恻怛、恻隐。

10·25 事有时而当过,所以从宜。然岂可甚过也?如过恭、过哀、过俭,大过则不可。所以小过为顺乎宜也,能顺乎宜,所以大吉。①

【译文】

事情有时候有所过头,因此应该权宜行事。然而难道可以太过头吗?如过于恭谦,过于哀伤,过于节俭,(可以小过)大过就不合适。因此,对于小过,只要顺从时宜即可。能顺从时宜,就能大吉大利。

【注释】

①此条出《周易程氏传》卷四《小过传》,释《小过卦》《大象》辞之义。《小过》为六十四卦之一,卦象为䷽。《小过卦》之《象辞》曰:"山上有雷,小过。君子以行过乎恭,丧过乎哀,用过乎俭。"张伯行《集解》云:"如'行过乎恭,丧过乎哀,用过乎俭',三者皆小过,所以犹可,若大过而为足恭,为灭性,为鄙吝,则不可矣。所以小过犹可者,谓顺乎时宜,不妨于过也。过而能顺乎时义之宜,是谓得中之权,所以为吉之大者也。"

10·26　防小人之道，正己为先。^①

【译文】

防备小人的方法，首要的是端正自己。

【注释】

①　此条出《周易程氏传》卷四《小过传》。叶采《集解》谓："《小过卦》九三传。待小人之道，先当正己。己一于正，则彼虽奸诈，将无间之可乘矣。其它防患之道，皆当以正己为先。"

10·27　周公至公不私，进退以道，无利欲之蔽^①。其处己也，夔夔然存恭畏之心^②；其存诚也，荡荡焉无顾虑之意。所以虽在危疑之地，而不失其圣也。《诗》曰："公孙硕肤，赤舄几几。"^③

【译文】

周公大公无私，无论进退，都以"道"为依归，没有任何私欲蔽惑他的心。周公处世行己，以敬谨恐惧的样子内心持守恭顺和敬畏；周公内心至诚而宽广浩瀚，无任何顾虑之心。因此，他虽然处在危险的境地，却依然不失圣人气象。《诗经》说："周公大美而谦逊不居，赤鞋礼服又庄严高贵。"

【注释】

①　此条出《河南程氏经说》卷三《诗解》。叶采《集解》谓："周公之

心在于天下国家，而不在其身。是以至公无私，而进退合道，盖无一毫利欲之蔽。"

②夔夔然：敬谨恐惧貌。

③"公孙硕肤，赤舄几几"：语出《诗·豳风·狼跋》。孙：谦逊也。硕：大也。肤：美也。赤舄（xì）：以金为饰的鞋。几几：《广雅》："盛也。"以状盛服之貌。

10·28　采察求访，使臣之大务。①

【译文】

采察民隐，求访贤人，是使臣的重大责任。

【注释】

①此条出《河南程氏经说》卷三《诗解》。张习孔《传》谓："采察者，知民利病也。求访者，识下贤才也。"

10·29　明道先生与吴师礼谈介甫之学错处①。谓师礼曰：为我尽达诸介甫，我亦未敢自以为是。如有说，愿往复。此天下公理，无彼我。果能明辨，不有益于介甫，则必有益于我。

【译文】

程颐先生和吴师礼在一起谈论王安石学问的差错之处。程颢对吴师礼说：你可以把我的看法全部告诉王安石，我也不敢自认我的观点是正确的。如果有辩论的话，希望转达回来。学问是天下的公理，没有你我的分别。如果能够辩明是非曲直，那么，最终不是有益于王安石，就一定会对我程颢有益。

【注释】

①此条出《河南程氏遗书》卷一《端伯传师说》。明道先生与吴师礼谈介甫之学错处：茅星来《集注》云："吴师礼，字安仲，杭州钱塘人。太学上舍赐第，工翰墨，以直秘阁知宿州卒。安石行事之错，由其学之错故也。程子特就源头处论之。"

10·30　天祺在司竹①，常要用一卒长。及将代，自见其人盗笋皮，遂治之无少贷②。罪已正③，待之复如初，略不介意，其德量如此。

【译文】

张戬在任司竹监丞期间，曾器重一位卒长。到张戬要离任交替工作时，自己发现这位卒长偷盗笋皮，于是张戬对他进行了处罚而毫不宽免。已经治罪以后，张戬依然像从前一样对待他，一点也不介意，张戬德行和气量如此宽大。

【注释】

①此条出《河南程氏遗书》卷二上《元丰己未吕与叔东见二先生语》。张戬：详见4·21条注②。戬于宋神宗熙宁三年，以监察御史里行言事，累章论王安石乱法，连劾韩绛、吕惠卿等支持变法之大臣。司竹：

司竹监,管理竹林的官吏。

②贷:宽恕。

③正:治罪。

10·31　因论"口将言而嗫嚅"云^①:若合开口时,要他头也须开口,(旧注:如荆轲于樊於期^②。)须是"听其言也厉"。^③

【译文】

　　因为谈到韩愈的诗句"口将言而嗫嚅"时,程颢说:如果应该开口说话,即使要砍他的头也要开口说。(旧注:比如荆轲对于樊於期。)一定是"听他说出来的话也是严厉不苟的"。

【注释】

　　①此条出《河南程氏遗书》卷三《谢显道记忆平日语》。口将言而嗫嚅:语出韩愈《送李愿归盘谷序》:"伺候于公卿之门,奔走于形势之途。足将进而趑趄,口将言而嗫嚅。"嗫嚅(niè rú):想说而又吞吞吐吐不敢说的样子。

　　②荆轲于樊於期:事见《史记·刺客传》。樊於期得罪于秦,奔燕。荆轲欲刺秦王,令其刭首以献,使之不疑。

　　③听其言也厉:语出《论语·子张》:"子夏曰:君子三变:望之俨然,即之也温,听其言也厉。"

10·32　须是就事上学。《蛊》:"振民育德"^①,然有所知后，方能如此。何必读书，然后为学？

【译文】

　　应该是从实践中学习。《蛊卦》之《象辞》说："振救百姓，培育自己的品德。"然而，要明白了道理后，才能这样去做。为什么一定要读书，这样以后才叫学习呢？

【注释】

　　① 此条出《河南程氏遗书》卷三《谢显道记忆平日语》。《蛊》："振民育德"：语出《蛊卦》《象辞》："山下有风，蛊。君子以振民育德。"叶采《集解》谓："'振民育德'，修己治人之事也。然必知之至，而后行之至，无非学也，岂但读书而谓之学哉？"

　　10·33　先生见一学者忙迫，问其故。曰："欲了几处人事。"曰："某非不欲周旋人事者，曷尝似贤急迫？"①

【译文】

　　程颢先生看见一位读书人急促匆忙的样子，问他为何如此。这位读书人说："因为要处理几件事情。"程颢说："我并非没有事情要处理，哪里像你这样急促呢？"

【注释】

　　① 此条出《河南程氏遗书》卷三《谢显道记忆平日语》。此条言急迫非所以处事之道也。叶采《集解》谓："事虽多为之必有序，事虽急应

之必有节。未闻可以急遽苟且而处之者。"

10·34 安定之门人^①,往往知稽古爱民矣^②,则于为政也何有?

【译文】

胡瑗的学生,大都懂得稽考古代儒家经典,关爱百姓,那么这样的人为政做官,有什么难处呢?

【注释】

①此条出《河南程氏遗书》卷四《游定夫所录》。胡瑗(993—1059),字翼之,北宋泰州海陵(今江苏泰州)人。因祖籍陕西路安定堡,世称安定先生,有《春秋要义》三十卷等著作。胡瑗为安定学派的创始人,著名门人有程颐、范纯仁、徐积、钱公辅等。

②稽古:稽考研究古代儒家经典。

10·35 门人有曰:吾与人居,视其有过而不告,则于心有所不安,告之而人不受,则奈何?曰:与之处而不告其过,非忠也。要使诚意之交通,在于未言之前,则言出而人信矣。^①又曰:责善之道,要使诚有余而言不足^②,则于人有益,而在我者无自辱矣。

【译文】

程颢的学生中有人说:我与人相处,看见他有过失而不劝告他,就于心不安;而劝告他,他又不接受,那应该怎么办呢?
程颢说:与人相处而不指出他的过错,是不忠。(交结朋友)关
键在于让诚意相互沟通,在于话未出口以前,话一出口别人就
会信服。程颢又说:劝善的方法,关键是要做到真诚之意多而
劝诚之言少,那么对被劝的人是有益的,对自己也就不会自取
其辱。

【注释】

　　① 此条出《河南程氏遗书》卷四《游定夫所录》。"与之处而不告其
过"等五句:李文炤《集解》谓:"不告则非尽己之忠告,而徒恃乎言,亦
无以致人之信,故贵乎平日之积诚也。"

　　② 诚有余而言不足:江永《集注》云:"'诚有余而言不足',为诚至
而不为烦数也。其进言之时,自当宛转开导,非谓言不可尽。如是而人
犹不受,则夫子亦谓不可则止矣。"

　　10·36　职事不可以巧免。①

【译文】

　　做职责范围应该做的事情,不能够用机巧来避难就易。

【注释】

　　① 此条出《河南程氏遗书》卷七《二先生语七》。茅星来《集注》云:
"职事,职所当为之事也。巧免,则避难而就易,避劳而就逸也。"

10·37　"居其邦不非其大夫"，此理最好。①

【译文】

子贡说："在一个邦国居住，就不要非议这个邦国的大夫等命官。"这一道理说得是最好的。

【注释】

①此条出《河南程氏遗书》卷六《二先生语六》。居其邦不非其大夫：语出《孔子家语·曲礼子夏问》："子贡出，谓子路曰：'子谓夫子而弗知之乎，夫子徒无所不知也。子问，非也。礼，居是邦则不非其大夫。'"邦：邦国。非：非议也。

10·38　"克勤小物"最难。①

【译文】

"在小的事情上保持谨慎态度"是最难做到的。

【注释】

①此条出《河南程氏遗书》卷一一《师训》。勤：张伯行《集解》谓："勤，犹言谨也。"茅星来《集注》云："语见《周书·毕命》篇。吴氏曰：'小物犹言小事。不忽小事，谨之至也。'"《书·毕命》："惟公懋德，克勤小物。"

10·39　欲当大任，须是笃实。①

【译文】

想要承担重任，一定要志向笃厚诚实。

【注释】

① 此条出《河南程氏遗书》卷一一《师训》。叶采《集解》云："笃实则力量深厚，而谋虑审固，斯可以任大事。"

10・40　凡为人言者，理胜则事明，气忿则招怫。①

【译文】

大凡与人说话的时候，用道理说服，事理就容易明白；如果气急败坏，就会招致对方愤怒反抗。

【注释】

① 此条出《河南程氏遗书》卷一一《师训》。叶采《集解》谓："理胜而气平，则人易晓而听亦顺。或者理虽明而挟忿气以胜之，则反致扞格矣。"怫（fú）：愤怒。

10・41　居今之时，不安今之法令，非义也。若论为治，不为则已，如复为之，须于今之法度内处得其当，方为合义。若须更改而后为，则何义之有？①

【译文】

生活在今天的时代，不安心遵守今日的法令，是不义。如果说到为政做官，不去做就算了，如果重新出来为政做官，就必须在现行法度之内恰当地处置，才可以说符合义。如果一定要更改（当今的法令制度）之后去作为，那还有什么义可言呢？

【注释】

①此条出《河南程氏遗书》卷二上《元丰己未吕与叔东见二先生语》。叶采《集解》谓：“《中庸》曰：‘非天子，不议礼，不制度，不考文。’居下位而守上之法令，义也。由今之法而处得其宜，斯为善矣。若率意改作，则已失为下之义。”

10·42　今之监司①，多不与州县一体。监司专欲伺察，州县专欲掩蔽。不若推诚心与之共治，有所不逮，可教者教之，可督者督之。至于不听，择其甚者去一二，使足以警众可也。

【译文】

如今的监司，大多不能与地方州县官员一起合作。监司只想着窥伺、暗察州县官吏，而州县官吏就专门想着掩饰和遮蔽。监司不如用诚心与州县官吏共同整肃吏治，（官吏）有尽职达不到一定程度的，可以教育的教育他，可以督责的监督他。至于对那些不听教育监督的人，选择其中一二个情节严重的，罢免他，这样就完全可以达到警戒其他官吏的目的。

【注释】

①此条出《河南程氏遗书》卷二上《元丰己未吕与叔东见二先生语》。监司：安抚转运等监察地方属吏之官。

10·43　伊川先生曰：人恶多事，或人悯之。世事虽多，尽是人事。人事不教人做，更责谁做？①

【译文】

程颐先生说：人们厌恶事情太多缠身，别人会同情他这种情况。世上的事尽管很多，但却都是人应该做的事情。应该做的事情不叫人去做，又能让谁去做呢？

【注释】

①此条出《河南程氏遗书》卷一五《入关语录》。张伯行《集解》谓："此警厌事者之非也。"责：要求。

10·44　感慨杀身者易，从容就义者难。①

【译文】

因感于某事而慷慨杀身的容易，因追求正义而从容不迫地走向死亡困难。

【注释】

①此条出《河南程氏遗书》卷一一《师训》。叶采《集解》云："一

时感慨,至于杀身而不顾,此匹夫匹妇犹或能之。若夫从容就义,死得其所,自非义精仁熟者莫之能也。《中庸》曰'白刃可蹈,中庸不可能'是也。"

10·45　人或劝先生以加礼近贵。先生曰:何不见责以尽礼,而责之以加礼? 礼尽则已,岂有加也? ①

【译文】

有人劝程颐先生在权贵面前要加倍恪守礼。程颐先生说:为什么不要求人们应该尽心守礼,反而要求人们应该加倍守礼呢? 礼只要求尽心恪守就可以了,哪里有加倍之说?

【注释】

①此条出《河南程氏遗书》卷一七《伊川先生语三》。张绍价《集义》云:"礼贵得中,加则谄,不尽则傲。傲非中,君子不为也。谄非中,君子亦不为也。故礼有尽而无加。"

10·46　或问:簿,佐令者也①。簿所欲为,令或不从,奈何? 曰:当以诚意动之。今令与簿不和,只是争私意。令是邑之长,若能以事父兄之道事之,过则归己,善则唯恐不归于令。积此诚意,岂有不动得人?

【译文】

有人问:主簿是辅佐县令的官员。主簿想要做的事,县令有时不同意,怎么办呢? 程颐说:应当用真诚之意打动县令。现在的县令与主簿不和,只是以个人私意相互争斗。县令是一个地方的行政长官,(主簿)如果能像事奉父兄那样事奉县令,有过错就自己承担,有政绩则惟恐不归功于县令。逐渐积累这样的诚意,哪里有不会感动人的呢?

【注释】

①此条出《河南程氏遗书》卷一八《刘元承手编》。"簿,佐令者也":唐代簿之上有丞,而宋代无,故云"簿,佐令者也"。簿:主簿,职官名。令:邑宰。宋制:县千户以上置令、尉、主簿,凡三员。户不满千置令、尉,县令兼主簿事。户不满四百止置主簿、尉,以主簿兼知县事。户不满二百止置主簿,兼令、尉。

10·47　问:人于议论多欲直己,无含容之气,是气不平否? 曰:固是气不平,亦是量狭。人量随识长,亦有人识高而量不长者,是识实未至也。大凡别事人都强得,惟识量不可强。今人有斗筲之量①,有釜斛之量②,有钟鼎之量,有江河之量。江河之量亦大矣,然有涯,有涯亦有时而满,惟天地之量则无满。故圣人者,天地之量也。圣人之量,道也;常人之有量者,天资也。天资有量须有限,大抵六尺之躯,力量只如此,虽欲不满,不可得也。如邓艾位三公③,年七十,处得甚好,及因下蜀有功,便动了。谢安闻谢玄破苻坚④,对客围棋,报至不喜。及归,折屐齿⑤,强终不得也。更如人大醉后益恭谨者,只益恭便是动了。虽与放肆者不同，其为酒所动一也。又如贵公子，位益高，益卑谦，只卑谦便是动了，虽与骄傲者不同，其为位所动一也。然惟知道者，量自然宏大，不勉强而成。今人有所见卑下者，无他，亦是识量不足也。

【译文】

有人问：人们在讨论事理时，大多想直接表达自己的意见，没有含宏宽容的气度，这是心气不平吗？程颐回答说：固然是心气不平，也是度量狭小。人的度量会随着见识增长而增长，也有见识很高而度量依然不能长进的人，这只能说他并没有获得真正的见识。大凡人间其他事情，人们都可以勉强能做到，唯独见识与度量，是不可强求的。现在人的度量有斗筲之量，有釜斛之量，有钟鼎之量，有江河之量。像江河的度量也是大度量了，然而它依然有限度，有限度也就有溢满的时候，只有天地之量才会永不溢满。因此圣人的度量是天地的度量。圣人的度量，与天道合一；常人有度量的，是天赋所赐。天赋所赐的度量，一定是有限的。大抵一个六尺身高的人，其才识与度量只能如此。虽然不满足（自己有限的才识与度量），也不可能再有所提高了。如邓艾官位做到三公，年寿七十，处事也处得很好，等到因灭蜀有了功劳，心意便飘飘然了。谢安听到谢玄大破苻坚的消息，正和客人下围棋，喜报到来没有喜形于色，等他回到内室，屐齿都被折断了，（一个人的器量）最终是不可强求的。又如，有人大醉之后更加谦恭谨敬，只是这更加谦恭谨敬，便是心意动了，虽然这与酒后放肆的人不同，但都因为喝酒而引起心动则是一样的。又如贵家公子，地位愈高就愈加谦卑，只要这样刻意谦卑，便是因官位动心。虽然谦卑与骄傲不同，但都为显赫地位而心动则完全一样。因此，只有懂得"道"的人，度量自然会宏大，无须刻意强求就能成就其度量。现在之所以有一些人显得见识低下，没有其他原因，也是由于他们见识和度量不足。

【注释】

① 此条出《河南程氏遗书》卷一八《刘元承手编》。斗筲之量：斗和筲都是很小的容器，此喻度量狭小。筲（shāo）：竹器，容斗二升。

② 釜斛：均为量器。釜容量为六斗四升，十釜为钟；斛（hú）容量为十斗。

③ 邓艾（197—264），字士载，三国魏棘阳（今河南新野东北）人。魏国大将，同钟会分兵灭蜀，官至太尉。后因钟会诬其谋反，被杀。《魏志·邓艾传》："艾深自矜伐，谓蜀士大夫曰：'诸军赖遭某，故得有今日耳。如遇吴汉之徒，已殄灭矣。'又曰：'姜维自一时雄儿也，与某相值，故穷耳。'有识者笑之。所谓'因下蜀有功而动'也。"

④ 谢玄（343—388），字幼度，谢安侄。东晋名将，为淝水大捷功臣之一。苻坚（338—385），字永固，一名文玉，氐族，略阳临渭（今甘肃秦安东南）人。十六国时期前秦皇帝。淝水大败后，被羌族首领擒杀。

⑤ 折屐（jī）齿：《晋书·谢安传》："（谢）玄等既破（苻）坚，有驿书至，安方对客围棋，看书既竟，便摄放床上，了无喜色，棋如故……既罢还内。过户限，心甚喜，不觉屐齿之折，其娇情镇物如此。"屐齿：木鞋的齿。

10·48 人才有意于为公，便是私心。昔有人典选^①，其子弟系磨勘^②，皆不为理，此乃是私心。人多言古时用直^③，不避嫌得，后世用此不得。自是无人，岂是无时？（旧注：因言少师典举，明道荐才事^④。）

【译文】

人只要着意去克己奉公，便是有了私心。过去有一位官吏负责选举，只要他的学生属于应该被考核之列的，他都因避嫌不予理会，这就是私心。人们大多说古代的人直率，做事不避嫌也行得通，如今不避嫌就行不通。这只是如今无人秉公做事，哪里能说是没有时机呢？（旧注：因为谈到了其高祖父当年主持考试和其兄程颢荐举人才的事，而说了上面的话。）

【注释】

① 此条出《河南程氏遗书》卷一八《刘元承手编》。典选：典主选举之事。古代选举，包括举士举官。自隋以来，选举分为二途，举士属礼部，包括考试与学校；举官属吏部，掌管铨选与考绩。

② 系：该也。磨勘：研磨勘验其舛错也。宋制：文武官吏皆按年分磨勘其功绩，以转升官阶也。

③ 直：谓直道，此指不避嫌而言。

④ "少师典举，明道荐才事"：茅星来《集注》云："少师，讳羽，字冲远。官尚书兵部侍郎，赠太子少师。二程先生之高王父也。太平兴国五年典试贡士，得人居多。其典举不避嫌处未详。明道荐才者，神宗尝使明道推择人才，明道所荐者数十人，而以父表弟张载暨弟颐为首。引此

以明'自是无人,岂是无使'之意。"

10·49　君实尝问先生云^①:欲除一人给事中^②,谁可为者? 先生曰:初若泛论人才却可。今既如此,颐虽有其人,何可言? 君实曰:出于公口,入于光耳,又何害? 先生终不言。

【译文】

司马光曾问程颐先生说:想选一个人除授为给事中,你看谁能胜任呢? 程颐先生说:当初如果只是一般性地讨论人才问题,我可以直抒己见,现在既然已经如此明确,我虽然有人选,怎么可以明说呢? 司马光说:话出于你的口,进入我的耳,又有什么害处呢? 程颐先生最终也没有说。

【注释】

①此条出《河南程氏遗书》卷一九《杨遵道录》。司马光(1019—1086),字君实,号迂叟,陕州夏县(今山西夏县)涑水乡人,世称涑水先生。历仕宋仁宗、英宗、神宗、哲宗四朝。卒赠太师、温国公,谥文正。

②给(jǐ)事中:官名,常在皇帝左右侍从,备顾问应对等事,隋唐以后为门下省之要职,在侍中及门下侍郎之下,分治门下省日常公务,审读内外出纳文书,驳正政令、授官之失当者,日录奏章以进,纠治其违失。

10·50　先生云:韩持国服义^①,最不可得。一日,颐与持国、范夷叟泛舟于颍昌西湖②。须臾，客将云③："有一官员上书谒见大资④。"颐将为有甚急切公事，乃是求知己。颐云："大资居位，却不求人，乃使人倒来求己，是甚道理？"夷叟云："只为正叔太执。求荐章，常事也。"颐云："不然，只为曾有不求者不与，来求者与之，遂致人如此。"持国便服。

【译文】

程颐先生说：韩维对义理心悦诚服，极为难得。一天，我与韩维、范纯礼在颍昌西湖泛舟。不一会牙将传话说："有一位官员上书，要谒见韩资政。"我起先以为是有什么紧急公务。后来才知道来人乞望韩资政推荐自己。我说："韩资政身居高位，却不求访贤才，反而要人来向自己荐举，这是什么道理？"范纯礼说："只是你程颐过于拘执了。上书请他人荐举，是很平常的事。"我说："不是这样，只是因为曾有不求者不推荐的，而来求者就推荐的，才导致人们这样争相求官。"韩维于是心服口服。

【注释】

①　此条出《河南程氏遗书》卷一九《杨遵道录》。韩持国：名维（1017—1098），字持国，相州安阳（今属河南）人，韩琦子。元祐二年以资政殿大学士出知邓州，改汝州，知颍昌府。

②　范夷叟：名纯礼（1031—1106），字彝叟，一作夷叟，吴县（今江苏苏州）人，范仲淹第三子。颍昌：府名，即许州。宋元丰三年（1080）

升许州置颍昌府，治所在长社（今河南许昌）。

③ 客将：即牙将，传命之官。以其主客往来因名。

④ 大资：即资政殿大学士。此时韩维以资政殿大学士出知颍昌府。茅星来《集注》谓："资政称大资者，犹参政称大参，观文称大观也。"

10·51　先生因言：今日供职①，只第一件便做他底不得。吏人押申转运司状，颐不曾签②。国子监自系台省③，台省系朝廷官。外司有事，合行申状④，岂有台省倒申外司之理？只为从前人只计较利害，不计较事体⑤，直得恁地⑥。须看圣人欲正名处，见得道名不正时，便至礼乐不兴⑦，是自然住不得。

【译文】

程颐先生说：我如今（在国子监）供职，仅第一件事就不能做。（国子监）有的官吏在向转运司申报的文书上签押，我没有签。国子监属于京都台省衙门，台省官吏是朝廷内官。地方官署有事，应该向台省递交申报文书，哪里有要台省反过来向地方官署申报的道理？只是因为从前的官吏们仅计较利害，却不计较内外尊卑之体统，就一直这么做了。必须认真看看圣人要"正名"的地方。看得到他说名分不正的时候，将导致礼乐秩序混乱，这样的话，就知道自然做不得了。

【注释】

① 此条出《河南程氏遗书》卷一九《杨遵道录》。今日供职：指宋哲

宗元符三年（1100）复以程颐判西京国子监。既受命，程颐本以身体健康原因不欲就任，然是时徽宗赵佶初即位，首被大恩，不就职又不妥。既而供职，门人尹焞疑之。茅星来《集注》因言：“此盖先生供职之初，既以解门人之疑，而因以此语之也。”

②押：在文书上签名或画记号，表示负责。状：文体的一种，向上级陈述事实的文书。转运司：官署名，亦称转运使司。宋代诸道（路）皆置，均调一道（路）租税以供国家支用，以转运使、副使主其事，兼分巡所部，监察官吏能否，其属有转运判官。签：签押。

③台省：汉尚书治事之地为中台，在禁省中，故称台省。唐宋时尚书省称中台，门下省称东台，中书省称西台，统称台省。

④合：应该。

⑤事体：内外尊卑之体统。

⑥恁（nèn）地：如此。

⑦“名不正时，便至礼乐不兴”：语出《论语·子路》：“子曰：‘名不正则言不顺，言不顺则事不成，事不成则礼乐不兴。”

10·52　学者不可不通世务。天下事譬如一家，非我为则彼为。非甲为则乙为。①

【译文】

学者不可以不通晓人间事务。天下的事情就如同一家人的事情一样，不是该我做就是该他做，不是该甲做就是该乙做。

【注释】

　　① 此条出《河南程氏遗书》卷二二下《附杂录后》。世务：天文、地理、礼乐、制度、兵刑钱谷之类皆是。

　　10·53　"人无远虑，必有近忧。"① 思虑当在事外。

【译文】

　　孔子曾说："人无远虑，必有近忧。"人们思虑的问题，应该超脱当下所做的事情。

【注释】

　　① 此条出《河南程氏遗书》卷二《朱公掞问学拾遗》。"人无远虑，必有近忧"：语出《论语·卫灵公》："子曰：人无远虑，必有近忧。"《论语正义》引解："虑之不远，其忧即至，故曰近忧。"《荀子·大略》云："先事虑事，先患虑患。先事虑事谓之接，接则事犹成。先患虑患谓之豫，豫则祸不生。事至而后虑者谓之困，困则祸不可御。"

　　10·54　圣人之责人也常缓，便见只欲事正，无显人过恶之意。①

【译文】

　　圣人责备别人，总是和缓宽容的，从中可以看到圣人希望的只是把事情做得正当，没有显露他人过错的意思。

【注释】

①此条出《河南程氏遗书》卷七《胡氏本拾遗》。茅星来《集注》云：
"只欲事正，公也。无显人过恶之意，恕也。公而恕，所以责人常缓。"

10·55　伊川先生曰：今之守令，唯"制民之产"一事
不得为①，其他在法度中甚有可为者，患人不为耳。

【译文】

程颐先生说：现在的太守、县令，除了"制民之产"这一件
事不能做以外，其他在法律制度容许的范围内有很多能够去做
的事，令人担忧的是官员们不去做。

【注释】

①此条出《河南程氏遗书》卷一二《传闻杂记》。制民之产：语出《孟
子·梁惠王上》："（孟子）曰：'是故明君制民之产，必使仰足以事父母，
俯足以畜妻子，乐岁终身饱，凶年免于死亡，然后驱而之善，故民之从之
也轻。'""制民之产"谓井田贡助之法，也是孟子的基本经济思想，其实
质是划田界，实行井田制，让人民拥有自己的耕地。

10·56　明道先生作县，凡坐处皆书"视民如伤"四
字①。尝曰：颢常愧此四字。

【译文】

程颢先生做县令时，凡是住和坐的地方都写有"视民如伤"

四字。程颢曾说：我常常感到有愧于这四个字。

【注释】

①此条出《河南程氏遗书》卷一二《传闻杂记》。视民如伤：语出《左传·哀公元年》："臣闻国之兴也，视民如伤，是其福也。"《孟子·离娄下》亦有："文王视民如伤，望道而未之见。"意谓爱民心切，爱惜老百姓如同爱惜自己的伤口。视民如有伤，是爱之至也。

10·57　伊川每见人论前辈之短，则曰：汝辈且取他长处。①

【译文】

程颐每当看到人们议论年辈尊长之人的短处时，就说：你们应该汲取他的长处。

【注释】

①此条出《河南程氏遗书》卷一二《传闻杂记》。叶采《集解》云："扬人之短，本为薄德，况前辈乎？"

10·58　刘安礼云①：王荆公执政，议法改令，言者攻之甚力。明道先生尝被旨赴中堂议事②，荆公方怒言者，厉色待之。先生徐曰："天下之事，非一家私议，愿公平气以听。"荆公为之愧屈。

【译文】

刘立之说：王安石执掌朝政，议订新法，改革律令，进言论事的人猛烈攻击他。程颢先生曾有一次奉命到政事堂参与讨论改革的事情，此时王安石正恼怒进言反对的人，神色非常严厉地等待着程颢。程颢先生从容地说："天下的大事，不同于讨论一家的私事，希望您能心平气和地倾听大家的意见。"王安石对此感到惭愧和理亏。

【注释】

① 此条出《河南程氏遗书·附录·门人朋友叙述并序》。刘立之，字安礼（一作宗礼），河间（今属河北）人，程门弟子。刘立之早孤，几岁时就在二程家育养，后娶二程叔父之女。

② 中堂：即中书堂，也即中书省内的政事堂。宋制，宰相议事，及见客于中堂，故中堂为宰相议事之所。后也用为宰相的别称。时程颢先生权监察御史里行，故被召议事。

10·59　刘安礼问临民①。明道先生曰：使民各得输其情②。问御吏。曰：正己以格物。③

【译文】

刘立之问如何治理百姓。程颢先生说：应让百姓都能尽情陈述自己各种各样的情况。问如何驾驭官吏。程颢说：首先端正自己，（以身作则）从而达到政治治理的清明。

【注释】

　　① 此条出《河南程氏遗书·附录·门人朋友叙述并序》。临：统管、治理。

　　② 输：本送也，如物相输送也，此犹尽送。

　　③ 正己以格物：茅星来《集注》云："格，感格也，言正己而推之，以格夫物也。盖必正己而后物可以格，非谓己正而物自无不格，可无事防检劝惩之道。"

　　10·60　横渠先生曰：凡人为上则易，为下则难，然不能为下，亦未能使下，不尽其情伪也。大抵使人，常在其前己尝为之，则能使人。①

【译文】

　　张载先生说：大凡人，做为上司做事就容易，作为下级做事就困难。然而不能做下级的人，也就不能指使下级，因为这样的人没有充分了解人情世故的真伪。大抵指使别人的人，常常是在过去都曾做过这些事，因此能够指使他人。

【注释】

　　① 此条出《经学理窟·义理》。叶采《集解》云："乐于使人而惮于事人，此常情也。然知事人之道，然后知使人之道。己未尝事人，则使人之际必不能尽其情。"上、下：以上下司而言。情：实也。

　　10·61　《坎》："维心亨"，故"行有尚"①。外虽积险②，苟处之心亨不疑，则虽难必济，而"往有功也"。今水临万仞之山，要下即下，无复凝滞之于前。惟知有义理而已，则复何回避，所以心通。

【译文】

《坎卦》之《彖辞》说："（卦象困难重重）只要内心亨通"，所以"出行必得赏"。外在环境虽然有很多险阻，如果能泰然处之，保持内心亨通，没有疑虑，那么尽管困难也一定能度过，而且能"往而有功"。现在的形势就如河水面临万丈高山，要落下会立即落下，决不会凝滞不前。（面对艰险）只要懂得按义理行事，那还有什么要回避的呢，这就是内心亨通的原因。

【注释】

①　此条出《横渠易说·上经·习坎》。《坎》为六十四卦之一，卦象为☵，此卦二、五以刚居中，故外虽有积险，其中心自亨通而无所疑惧也。心亨而无疑，则可以出险矣。"《坎》：'维心亨'，故'行有尚'"：此为《坎卦》之《彖辞》："习坎，重险也。水流而不盈。行险而不失其信。维心亨，乃以刚中也。行有尚，往有动也。"维：同"惟"。尚：同"赏"。

②　积险：《坎》为重险，故曰"积险"。

10·62　人所以不能行己者，于其所难者则惰，其异俗者虽易而羞缩。惟心弘，则不顾人之非笑，所趋义理耳，视天下莫能移其道①。然为之，人亦未必怪，正以在己者义理不胜。惰与羞缩之病，消则有长②，不消则病常在。意思齟齬，无由作事。在古气节之士，冒死以有为，于义未必中，然非有志概者莫能，况吾于义理已明，何为不为 ③ ？

【译文】

　　人之所以不能推行自己的主张，原因在于遇到难做的事就懈惰，对于那些与习俗不同的事，虽然容易做却羞怯畏缩而不愿做。只有心胸宏大的人，就不会顾及世人的非议嘲笑，因为他们所追求的只是义理，顾视天下，都不能改变他们对义理的追求。如果他们真的去做了，人们也未必就会非议责怪。正因为他们自己不能在义理上战胜懈惰与羞怯、畏缩的毛病。毛病消除了，内在的义理之心就会呈现出来；懈惰与羞怯、畏缩的毛病不能消除，这些弊害就会长久盘亘在你内心。一个人意念和思想齟齬，就不可能干成什么事。古代有气节的人，冒着生命危险也要有所作为，虽然（他们的选择）未必符合义理，然而没有气概的人不可能做得到。更何况对于我们这些明白义理的人来说，必须清楚要做什么？不可以去做什么呢？

【注释】

　　① 此条出《横渠易说·下经·大壮》，为对《大壮卦》之《象辞》的解释。《大壮》为六十四卦之一，卦象为☳。《大壮》之《象辞》云："大壮，大者壮也。刚以动，故壮。大壮利贞，大者正也。正大而天地之情可见矣。"此条言人之立心贵弘，弘则无怠惰羞缩之病。"人所以不能行己者"等七句：叶采《集解》谓："志不立，气不充，故有怠惰与羞缩。惟心弘则立志远大，义理胜则气充。"

② 消:指惰与羞缩之病的消除。长:谓义理之心的增长与呈现。

③ "在古气节之士"等六句:张绍价《解义》云:"自古气节之士,刀锯在前,鼎镬在后,冒万死而不悔。虽未必合于义理之中,然激昂慷慨,非有志概者不能。况儒者明于义理,当为即为,何疑何惧,怠惰而不振,羞缩而不前哉!"

10·63 《姤》初六 ①:"羸豕孚蹢躅。" ② 豕方羸时,力未能动,然至诚在于蹢躅,得伸则伸矣 ③。如李德裕处置阉宦 ④,徒知其帖息威伏 ⑤,而忽于志不忘逞,照察少不至,则失其几也 ⑥。

【译文】

《姤卦》初六爻辞说:"瘦弱的猪也想徘徊走动。"当猪瘦弱之时,体力虚弱,不能过度走动,但它志诚的地方在于一心想通过徘徊走动,待能够伸张其走动的愿望时就毫不犹豫地奔走。例如李德裕处置宦官,只知道要他们俯首帖耳,却忽略了他们内心里专权逞狂的隐情。对他们的监察稍有疏忽之处,就丧失了制服他们的机会。

【注释】

① 此条出张载《横渠易说·下经·姤》,释《姤卦》初六爻义。《姤》:六十四卦之一,卦象为☰。初六爻,乃五阳之下,一阴甚微,故于豕为羸,但一阴始生于下,其势必盛,甚可畏也。姤:音 gòu。

② 羸豕孚蹢躅:羸(léi):瘦弱;豕:猪;孚:通"浮",显露。蹢躅:

徘徊。

③"豕方羸时"等四句：叶采《集解》云："豕性阴躁，虽当羸弱之时，其诚心未尝不在于动也，得肆则肆矣。犹小人虽困，志在求逞，君子所当察也。"

④李德裕（787—850），字文饶，赵郡（治今河北赵县）人。唐武宗时居相位，唐宣宗初贬崖州司户参军，三年卒。李系牛李党争中李派代表人物。叶采《集解》云："唐武宗时，德裕为相，君臣契合，莫能间之。宦寺之徒帖息畏伏，诚若无能为者，而不知其志在求逞也。继嗣重事，卒定于宦者之手，而德裕逐矣。盖几微之间，所当深察。"

⑤帖息：安静平息。

⑥几：通"机"，机会。

近思录卷之十一

教人

凡二十二条

11·1　濂溪先生曰：刚，善：为义，为直，为断，为严毅，为干固；恶：为猛，为隘，为强梁。柔，善：为慈，为顺，为巽；恶：为懦弱，为无断，为邪佞。惟中者，和也，中节也，天下之达道也，圣人之事也。故圣人立教，俾人自易其恶，自至其中而止矣。^①

【译文】

周敦颐先生说：刚有善和恶两方面，善的一面：表现为仗义、正直、果断、严峻而坚毅、干练而坚定；恶的一面：表现为凶猛、偏狭、强暴。柔也有善恶两方面，善的一面：表现为仁慈、温和、谦逊；恶的一面：表现为懦弱、寡断、邪佞。唯有（兼取刚柔两者之善）得中，才是和，才符合常理，才是贯通天下的大道，才是圣人追求的事业。因此圣人教化的终极目的，就是帮助排除自身种种恶的因素，从而达到并保持至善的"中"。

【注释】

①　此条出《周子通书·师第七》，为周敦颐教人以变化气质为先。叶采《集解》云："朱子曰：'气禀刚柔，固阴阳之大分，而其中又各有善恶之分焉。恶者固为非正，而善者亦未必皆得乎中也。'"张伯行《集解》谓："凡以使人变化气质，自易其刚柔之恶，自至于善之中而止。此师道之立，所以继天而有功者也。此章所谓'中'与中庸不同，而与《书》之言'允执厥中'者相合，君子而时中，亦是恁地看。盖单就已发言之，故即以和为中，若中庸之中，则兼中和二字之义。"干固：干练而坚定。巽：谦逊、谦让。中节：合常理，符合一定的法度。

11·2　伊川先生曰：古人生子，能食能言而教之①。大学之法，以豫为先②。人之幼也，知思未有所主，便当以格言至论日陈于前，虽未晓知，且当薰聒，使盈耳充腹③，久自安习，若固有之，虽以他言惑之，不能入也。若为之不豫，及乎稍长，私意偏好生于内，众口辩言铄于外，欲其纯完，不可得也。④

【译文】

程颐先生说：古人生了孩子，在孩子能吃东西能说话时就对他们进行教育。大学施教的方法，是以预防为先。人在幼小的时候，知识和思考问题还没有主见。此时，就应该把圣贤格言和最重要的论述，每天都放在他面前（用来教育他们）。虽然他们未必懂得这些东西的道理，但只要反复不断地对他们进行薰陶和教育，使圣贤的话塞满他的耳朵、充满他的脑袋，时间久了他们就会安心于学习和把握圣贤思想，如同原本固有的东西一样，即令有种种其他邪说诱惑他，这些邪说也不会进入他的头脑。如若在孩子小的时候不预先对他们进行教育，等到他们长大后，私欲、偏好在内心产生，众人各种邪说又在外面消损着他，此时，若要他们保持纯正、完满的人格，是不可能做到的了。

【注释】

① 此条出《河南程氏文集》卷六《上太皇太后书》。张伯行《集解》谓此条："言教子贵豫，所以养其纯心为圣功之基也。是古人之于子，当其初生，而教固已行乎其间矣。""古人生子，能食能言而教之"：《礼记·内则》："子能食食，教以右手；能言男唯女俞。"唯、俞：应答之词，男答"唯"，女答"俞"。

② 豫：预先、预防。《礼记·学记》："大学之法，禁于未发之谓豫，当其可之谓时，不陵节而施之谓孙，相观而善之谓摩。此四者，教之所由兴也。"

③ 薰：同熏，薰炙、熏陶。聒：谨语也，此指反复说教。

④ "若为之不豫"等六句：张习孔《传》云："此养蒙至言也。家训固要，又当择里处仁，内外交养。"铄（shuò）：消损。

11·3　《观》之上九曰："观其生，君子无咎。"①《象》曰："观其生，志未平也②。"《传》曰：君子虽不在位，然以人观其德，用为仪法，故当自慎省，观其所生，常不失于君子，则人不失所望而化之矣。不可以不在于位，故安然放意，无所事也。③

【译文】

《观卦》上九爻辞说:"观察君子的人生作为,君子没有过错。"《象》说:"观察君子的人生作为,君子(修美道德的)心志,不能忘掉戒惧谦慎。"程颐《易传》解释说:君子虽然没有官位,然而通过别人观察君子的德行,(就知道)君子的德行可以成为人民效法的礼仪和法度。因此君子自己应当小心地省察自己,观察其人生作为,应常常不失君子形象。这样,人们就不会丧失希望,自然被君子所感化。君子不能够因为没有官位,就随意放松自己的心志而无所作为。

【注释】

① 此条出《周易程氏传》卷二《观传》。《观》:六十四卦之一,卦象为☷☴。此条释《观卦》上九爻《象》义。"观其生,君子无咎":《观卦》上九爻辞,《朱子语类》卷七〇:"朱子曰:上九之'观其生',则是就自家视听言动应事接物处自观。九五、上九'君子无咎',盖为君子有刚阳之德,故无咎;小人无此德,自当不得此爻。"

② 志未平:张伯行《集解》:"言不可忘戒惧也。"

③ "不可以不在于位"等三句:叶采《集解》谓:"释'志未平'也,言高尚之士亦不可以轻意肆志也。"

11·4　圣人之道如天然,与众人之识甚殊邈也。门人弟子既亲炙,而后益知其高远。既若不可及,则趋望之心怠矣。故圣人之教,常俯而就之①。事上临丧,不敢不勉,君子之常行。"不困于酒",尤其近也。②而以己处之者,不独使夫资之下者，勉思企及，而才之高者，亦不敢易乎近矣。

【译文】

　　孔子的学说就像天然生成一样，与一般人的见识相比非常特别又深邃高远。孔子的门生弟子亲身接受到孔子熏陶教诲后，会更加体会到孔子思想的博大精深。如果人们感觉（圣人的学说）不可能达到，那么，一般人的向往之心就会懈怠不前。因此，圣人的教诲，常常是看看对象具体情况来施教。出仕就侍奉上司、居家就侍奉父母，办理丧事不敢不勉力而作，因为这是君子的通常行为。孔子说"不要被酒所困扰"，更加与一般人切近了。而这都是孔子自己这样处理这些事的。（这样做）它不仅仅是对那些才资低下的人，能够勉励其思考希望达到，而才智高的人也不敢轻易忽视这些切近的事情。

【注释】

　　① 此条出《河南程氏粹言》卷二《圣贤篇》《程氏经说》等。张伯行《集解》谓："此取《论语》之言而明其意，见圣人循循善教也。""故圣人之教，常俯而就之"：叶采《集解》谓："圣人教人循循善诱，常俯而就之，盖亦因其资以设教，不使之徒见高远而自沮也。"

　　②"事上临丧"等五句：语出《论语·子罕》："子曰：出则事公卿，入则事父兄，丧事不敢不勉，不为酒困，何有于我哉？"

　　11·5　明道先生曰：忧子弟之轻俊者，只教以经学念书，不得令作文字。子弟凡百玩好皆夺志。^① 至于书札，于儒者事最近，然一向好着，亦自丧志。如王、虞、颜、柳辈^②，诚为好人则有之，曾见有善书者知道否？平生精力，一用于此，非惟徒废时日，于道便有妨处，足知丧志也。

【译文】

程颢先生说：担忧弟子中性格轻狂、才智出众的人，（对于这样的人）只能教导他们儒家经典学问，诵习经典书籍，不能让他们写作文章。一般子弟但凡玩乐嗜好，都会改变人们原来的志向。至于书法笔札，与儒生日常生活最为贴近。然而如一味喜好，自然也会导致志向的丧失。例如王羲之、虞世南、颜真卿、柳公权这些书法家，的确，说他们是好人是可以的，但谁曾经见过擅长书法的人了解圣人之道呢？一生精力，专用在诸如书法等嗜好技艺上，不但只会白白地荒废时光，并且还会在学习圣人之道上有妨碍，足以了解这些嗜好会丧失人的志向。

【注释】

① 此条出《河南程氏遗书》卷一《端伯传师说》。此条言教育子弟，当以求道为志，而不可用其他嗜好来夺其志。"忧子弟之轻俊者"等四句：江永《集注》云："常人于子弟清俊者，不以为忧而以为喜，且早教之作文以干进。他日清俊之害，不可胜言，此由父兄之无识。"忧者：此指忧其不能致远也。

② 王、虞、颜、柳：指王羲之、虞世南、颜真卿、柳公权四位书法家。

11·6　胡安定在湖州,置治道斋^①。学者有欲明治道者,讲之于中,如治民、治兵、水利、算数之类^②。尝言刘彝善治水利^③,后累为政,皆兴水利有功。

【译文】

胡瑗在湖州做官时,设置治道斋,学者如果有想在"治道"方面阐明自己主张的,可以在治道斋讲学,其他如治民、治兵、水利,算数等等(都可以在此讲授)。胡瑗曾说刘彝善于治理水利,刘彝后来多次出仕做官,都以兴修水利建立了功绩。

【注释】

① 此条出《河南程氏遗书》卷二上《元丰己未吕与叔东见二先生语》。胡安定:即胡瑗,详见10·34条注①。宋庆历二年(1042),胡瑗任保宁(今浙江金华)节度推官。不久应湖州(今属浙江省)太守滕宗谅之邀,至当地州学任主讲教授,并在此创立了著名的"湖学"。其在湖州教学设数科,每科为一斋,如治道斋、经义斋等。

② "治民、治兵、水利、算数之类":叶采《集解》谓:"治民,如政教施设之方;治兵,如战陈部武之法;水利,如江河渠堰之利;算数,如律历、九章之数。"

③ 刘彝,字执中,福州人,胡瑗学生。庆历第进土,为朐山令。宋熙宁初神宗择水官,以刘彝熟悉东南水利,除授都水丞。久雨汴水大涨,众议开长城口,刘彝请但启杨桥斗门,水即退。

11·7　凡立言,欲涵蓄意思,不使知德者厌,无德

者惑。^①

【译文】

凡著书立说,应该要让意思涵蓄深厚,不至于让了解德性的人感到厌倦,德性不深厚的人感到困惑。

【注释】

① 此条出《河南程氏遗书》卷二上《元丰己未吕与叔东见二先生语》。茅星来《集注》解云:"厌,谓厌其说之繁芜也;惑,谓惑其说之澜翻也。"

11·8　教人未见意趣,必不乐学。欲且教之歌舞,如古《诗》三百篇,皆古人作之。如《关雎》之类,正家之始^①,故用之乡人,用之邦国,日使人闻之。此等诗,其言简奥,今人未易晓。别欲作诗,略言教童子洒扫应对、事长之节,令朝夕歌之,似当有助。

【译文】

教育人,如果不能让他们感受意味和兴趣,他们一定不乐意学。古人想要教育儿童诵诗,会同时教他们歌舞,例如《诗》三百篇,都是古人作的(配乐演唱)作品。其中如《关雎》这一类的诗篇,(以夫妻之礼正于闺门之内)是正家的关键,所以圣人把它用到乡民身上(来教导乡民),用到邦国治理(来教育臣子),天天让他们听到这一类诗歌的吟诵。但这一类古诗,它的言词简约而意思深奥,今天的人不容易理解。因此,应该设法另外创作一些(浅显通俗的)诗歌,通过诗歌教育儿童洒扫应对、事奉长辈等日常生活的礼节,让他们早晚吟诵,这样,也许应当对他们的成长有所帮助。

【注释】

①此条出《河南程氏遗书》卷二上《元丰己未吕与叔东见二先生语》。《关雎》之类,正家之始":《诗》有"四始"说,其一指"风""小雅""大雅""颂"。《〈诗〉大序》:"一国之事,系一人之本,谓之'风';言天下之事,形四方之风,谓之'雅';雅者,正也,言王政之所由废兴也,政有大小,故有'小雅'焉,有'大雅'焉;'颂'者,美盛德之形容,以其成功告于神明者也。是谓四始,《诗》之至也。"孔颖达疏引郑玄《答张逸》云:"四始,'风'也,'小雅'也,'大雅'也,'颂'也。此四者,人君行之则为兴,废之则为衰。"其二指'风''小雅''大雅''颂'的首篇。《史记·孔子世家》:"《关雎》之乱以为'风'始,《鹿鸣》为'小雅'始,《文王》为'大雅'始,《清庙》为'颂'始。"此处程子取司马迁《史记》说,故李文炤《集解》云:"《关雎》,《周南》《国风》诗之首篇。《关雎》等篇为教于闺门之内,乃正家始,故当时上下通用之。简奥者,辞简约而意深奥也。以洒扫等事编为韵语,令朝夕咏歌之,庶见意趣而好学矣。'"

11·9　子厚以礼教学者,最善,使学者先有所据守。①

【译文】

张载用礼来教育学生,最为正确,这样就使学生先有了守持的依据。

【注释】

① 此条出《河南程氏遗书》卷二上《元丰己未吕与叔东见二先生语》。叶采《集解》云："礼以恭敬辞逊为本，而有节文度数之详。学者从事乎此，则日用言动之间，皆有依据持守之地。"

11·10　语学者以所见未到之理，不惟所闻不深彻，久将理低看了。①

【译文】

把一时难以明白的道理骤然讲给学生，不但学生闻道无法深入体会，久而久之反而把道理看低了。

【注释】

① 此条出《河南程氏遗书》卷三《谢显道记忆平日语》。此言教育学者应循序渐进。张伯行《集解》谓："圣门教不躐等，苟学者见识未到而骤语之，不惟教无由入，学无由明，所闻不得深彻，反将妄意躐等，将理低看了。此所以性与天道，夫子罕言之也。"躐等：逾越等级，不按次序。

11·11　舞射便见人诚。古之教人，莫非使之成己。自洒扫应对上，便可到圣人事。①

【译文】

舞乐、射箭等事情便可以看出一个人的"诚"。古代圣贤教育人，没有不是让他做到"诚"，从而成就自己的。从日常的洒扫应对等生活中落实"诚"，就可以做到圣人所做的事。

【注释】

①此条出《河南程氏遗书》卷五《二先生语五》。此言古之教人，乃寓"诚"于切亲之事上。李文炤《集解》云："舞中节、射中度，皆诚之所发也。诚者，所以成己也。洒扫应对，立诚之始，由之而安焉，即可至圣人之事矣。"

11·12　自"幼子常视毋诳"以上①，便是教以圣人事。

【译文】

《礼记·曲礼上》从"对幼小的孩子平常让他看到的不能是欺妄"以上部分，即是用圣人所做的事情来教育。

【注释】

①此条出《河南程氏遗书》卷六《二先生语六》。此条说的是圣人无妄之道。幼子常视毋诳：语出《礼记·曲礼上》："幼子常视毋诳，童子不衣裘裳，立必正方。"视：同示。诳：欺妄、谎言。

11·13　先传后倦①，君子教人有序：先传以小者近者，而后教以大者远者；非是先传以近小，而后不教以远大也。

【译文】

先传授什么，后讲述什么，君子教导他人是有一定次序的：先传授日常生活中的洒扫应对等小道理以及周围的具体事情，此后教导他们（明德新民等）大道理和外围的事物；并非只先传授日常生活中的小道理以及周围的具体事情，而后不教导他们大道理和外围的事物。

【注释】

①此条出《河南程氏遗书》卷八《二先生语八》。先传后倦：语出《论语·子张》："子游曰：'子夏之门人小子，当洒扫应对进退，则可矣，抑末也。本之则无，如之何？'子夏闻之，曰：'噫！言游过矣！君子之道，孰先传焉？孰后倦焉？譬诸草木，区以别矣。君子之道，焉可诬也？有始有卒者，其惟圣人乎！'"倦：不倦地教诲。李文炤《集解》谓："陈氏曰：'小者、近者，谓洒扫应对进退之事。大者、远者，谓明德新民之事。'"

11·14　伊川先生曰：说书必非古意，转使人薄。学者须是潜心积虑，优游涵养，使之自得。今一日说尽，只是教得薄，至如汉时说下帷讲诵①，犹未必说书。

【译文】

程颐先生说：今人解说经典，肯定不合经典原意，反而使听解说的人变得浅薄了。因此，学者必须潜心钻研，反复思考，并且以悠然的心态，仔细玩味、涵泳持养，使自己获得实在的心得、体会。如今一天就把经典的精微之处解说完毕，只不过是讲授得肤浅而已。至于如汉代说的董仲舒放下帐子讲诵经典（是自家用功涵养），也未必是（像今天的人们一样）解说经典。

【注释】

①此条出《河南程氏遗书》卷一五《入关语录》。下帷讲诵：《史记·董仲舒传》："下帷讲诵，弟子传以久次相授业。或莫见其面。盖三年董仲舒不观于舍园，其精如此。"张伯行《集解》云："至如《汉书》中称董仲舒'下帷讲诵'，可谓勤矣。然所云讲诵者，乃是自家用功，非如今说书之谓也。"下帷：放下室内悬挂的帷幕。

11·15　古者八岁入小学，十五入大学。择其才可教者聚之，不肖者复之农亩。盖士农不易业，既入学则不治农，然后士农判。①在学之养，若士大夫之子，则不虑无养，虽庶人之子，既入学则亦必有养。古之士者，自十五入学，至四十方仕，中间自有二十五年学，又无利可趋，则所志可知，须去趋善，便自此成德。后之人，自童稚间已有汲汲趋利之意，何由得向善？故古人必使四十而仕，然后志定。只营衣食却无害，惟利禄之诱最害人。②（旧注：人有养，便方定志于学。）

【译文】

古时候儿童八岁进入小学读书，十五岁进入大学。（大学是）依据每个人的才能和品德，把可以教育的汇聚在一起（深造）；对其中品行不好的就让他们回到田间务农。因为士和农分属不同的职业,彼此不能改换。已经进入大学读书,就不再务农,这样,士与农的界线就分开了。(至于)在大学读书的供养问题,如果是士大夫的子弟,自然就不必顾虑他的供养,即使普通老百姓的孩子,既然已经进入大学,必然也就会有供养。古时候的读书人,从十五岁进入大学,到四十岁时才开始入仕做官,中间有二十五年读书学习时间,而且又没有利禄可以去追求,那么他们的志向是可知的,必须去追求善,这样就会成就自己的德性。后代的人,从儿童时候开始就已经急切地去追求利欲,怎么能够向善靠拢呢?因此古代人(制度规定)必须四十岁才能让其入仕做官,这样以后才能使读书人心志坚定。读书若只是为今后衣食生计考虑,并没有多大危害,如若一心为利禄诱惑驱使,那是最害人的。(旧注:人有了供养,就能够定下心来立志学习了。)

【注释】

①此条出《河南程氏遗书》卷一五《入关语录》。此条言教养人才,使有定志,方能趋善以成德。"古者八岁入小学"等七句:茅星来《集注》谓:"小学、大学者,按《学记》:'家有塾,党有庠,术有序,国有学。'"张伯行《集解》云:"古者八岁皆使入小学,养其德性,收其放心,而试其可教与否。迨至十五岁,而其才见矣。于是择其才之可教者,聚于大学之中,而业为士,其不肖者则使复田亩,而业为农。"《朱子语类》卷七:"古者初入小学,只是教之以事,如礼乐射御书数及孝弟忠信之事。自十六七入大学,然后教之以理,如致知、格物及所以为忠信孝弟者。"判:区别,分开。

② "在学之养"至本条终：叶采《集解》云："先王设教，养之周而待之久，士有定志，专于修己而缓于干禄，故能一意趋善，卒于成德。后世反是。只营衣食者，求于力分之内，未足以夺志，故无害；若诱于利禄，则所学皆非为己，而根本已拨矣，故害最甚。"养：去声，抚育，供给生活品；教育、训练。至四十方仕：《礼记·曲礼上》："四十曰强而仕。"

11·16　天下有多少才！只为道不明于天下，故不得有所成就。且古者"兴于《诗》，立于礼，成于乐"①，如今人怎生会得？古人于《诗》，如今人歌曲一般，虽闾巷童稚，皆习闻其说而晓其义，故能兴起于《诗》。后世老师宿儒，尚不能晓其义，怎生责得学者？是不得"兴于《诗》"也。古礼既废，人伦不明，以至治家皆无法度，是不得"立于礼"也。古人有歌咏以养其性情，声音以养其耳目，舞蹈以养其血脉，今皆无之，是不得"成于乐"也。古之成材也易，今之成材也难。

【译文】

天下有多少人才啊！就只因为天道没有在天下得到彰显，因而都不能够有所成就。况且古圣贤孔子说："（人的修为）开始于学诗，自立于学礼，完成于学乐。"如今的人们怎么能够体会得到？《诗经》对于古人来说，就像今人演唱歌曲一样，即便是街巷的无知的小孩子，人人都经常听到并熟习了它的内容，且了解了它的含义。因此古人修为从《诗经》开始。后世的老经师和所谓修养有素的老学者尚且不能理解《诗经》的含义，又怎么能够责求一般学习的人呢？今人的修为是不能够"从《诗经》开始"啊。古代的周礼已经废止，人伦秩序不够明晰了，以至于治理家庭事务没有了法度，这是今人不能够"自立于礼"啊。古人用歌咏来涵养培育自己的性情，用音乐的声音来养育自己的耳目，用舞蹈来养护自己的血脉，如今这一切都没有了。这是今人不能够"通过音乐完成（人格修养）"啊。古时候成材也容易，如今成材难啊！

【注释】

① 此条出《河南程氏遗书》卷一八《刘元承手编》。此言成材"兴于《诗》，立于礼，成于乐"之重要性。"兴于《诗》"等三句：语出《论语·泰伯》："子曰：兴于《诗》，立于礼，成于乐。"杨伯峻《衍注》原云："伯峻据，晦翁曰：'兴，起也。诗本性情，有邪有正，其为言既易知，而吟咏之间，抑扬反覆，其感人又易入。故学者之初，所以兴起其好善恶恶之心，而不能自已者，必于是而得之。礼以恭敬辞逊为本，而有节文度数之详，可以固人肌肤之会，筋骸之束。故学者之中，所以能卓然自立，而不为事物之所摇夺者，必于此而得之。乐有五声十二律，更唱迭和，以为歌舞八音之节，可以养人之情性，荡涤其邪秽，消融其查滓。故学者之终，所以至于义精仁熟，而自和顺于道德者，必于此而得之。是学之成也。'"

11·17　孔子教人"不愤不启，不悱不发。"① 盖不待愤、悱而发，则知之不固；待愤悱而后发，则沛然矣②。学者须是深思之，思而不得，然后为他说便好。初学者须是且为他说，不然，非独他不晓，亦止人好问之心也。

【译文】

孔子教育别人是："不到他想要把问题搞通而还没有搞通的时候，不去开导他；不到他想要说出而又说不出来的时候，不去启发他。"因为不到他想要把问题搞通、想要说出而又说不出来的时候，就开导、启发他们，那么，他们学到的东西就不会牢固。只有在他想要把问题搞通、想要说出而又说不出来的时候开导、启发，他们就会如时雨之化一样豁然充沛了。学者一定是要先深入思考问题，如果思考之后仍然没有收获，这种情况下老师再去为他解说就对了。对于初学者来说，老师应该是先对他们进行解说教育，不这样，不是仅仅他不明白，而且也阻止了他们向老师提问的想法。

【注释】

① 此条出《河南程氏遗书》卷一八《刘元承手编》。"不愤不启，不悱不发"：语出《论语·述而》："不愤不启，不悱不发。举一隅不以三隅反，则不复也。"愤：心欲求通而未通。启：开导。悱（fěi）：口欲言而又不能恰当地表达。发：启发，谓达其辞。

② 沛然：江永《集注》引朱子解云："问：'如何是沛然？'曰：'此正所谓时雨之化。如种植之物，人力随分已加，但正当那时节，欲发生未发生之际，却欠了雨。忽然得些雨来，生意岂可御也！'"

11·18　横渠先生曰："恭敬撙节退让以明礼"①，仁之至也，爱道之极也。己不勉明，则人无从倡，道无从弘，教无从成矣。

【译文】

张载先生说:《礼记·曲礼》所谓"恭敬而不怠慢,约束自己而不放肆,谦让而不怨争,都是来彰显礼",是仁的最高境界,是爱人之道的极致。自己不努力明礼守礼,那么,其他人就没有随从学习的表率,天道就不能得以弘扬,教育教化就不能有所成就了。

【注释】

① 此条出《正蒙·至当篇第九》。恭敬撙节退让以明礼:语出《礼记·曲礼》:"道德仁义,非礼不成,教训正俗,非礼不备。分争辨讼,非礼不决。君臣、上下、父子、兄弟,非礼不定。宦学事师,非礼不亲。班朝治军,莅官行法,非礼威严不行。祷祠祭祀,供给鬼神,非礼不诚不庄。是以君子恭敬撙节退让以明礼。"撙:郑玄注曰:"撙,犹趋也,谓趋就乎。节,约也。恭敬者,礼之本。撙节退让者,礼之文。"退让:孔颖达疏:"应进而迁曰退,应受而推曰让。"叶采《集解》云:"恭敬则无忽慢,撙节则无骄溢,退让则无怨争,是皆所以尽仁爱之道者也。"

11·19 《学记》曰:"进而不顾其安,使人不由其诚,教人不尽其材。"① 人未安之又进之,未喻之又告之,徒使人生此节目;不尽材,不顾安,不由诚,皆是施之妄也。教人至难,必尽人之材,乃不误人,观可及处,然后告之。圣人之明,直若庖丁之解牛,皆知其隙,刃投余地,无全牛矣②。人之才足以有为,但以其不由于诚,则不尽其才。若曰勉率而为之,则岂有由诚哉?

【译文】

《礼记·学记》说："（老师不断）向学生灌输知识而又不顾及学生是否对此已安心熟识；让学生按照自己教导的去做而又不考虑学生是否诚实地使用其力；教育人又不能充分发挥学生个人的潜力和特长。"学生在没有安心和熟悉掌握知识的情况下，还要增加新的负担；在问题没有弄懂的时候，又向他告知新的东西，白白地使学生生发出这些（胡乱盲目的）节目。（老师在传授知识时）不能让学生充分发挥自己的才能，不考虑学生学习知识的熟悉程度，不管学生在学习上是否诚心诚意，这样的所谓教育，都是愚妄教育的实施。教育人最难，（老师通过教育）一定让学生充分发挥自己的才能，才不至于误人子弟。观察（每个学生根据自己情况）能够达到的高度，然后（把相应的知识）告诉他。圣人的明睿，就如同《庄子·养生主》中庖丁的善于解牛。庖丁完全把握了牛生理结构间的缝隙，下手处游刃有余，因为在他眼中，牛已不是完整的牛了。人各有才，完全可以使每个人有所作为。但是，因为他们如果没有诚实的态度，就不能使自己潜在的才能全部发挥出来。如果说用勉强草率的态度去做，那怎么称得上诚实呢？

【注释】

①　此条出《张子语录·语录钞》、张载《礼记说》。"进而不顾其安"等三句：出《礼记·学记》。张伯行《集解》谓："此发明《学记》之言，见教者不可妄施也。其安、其诚、其材，皆谓受教者。"不顾其安：谓不恤学者心思安然熟识于此；不由其诚：谓不考虑学生是否肯实用其力；不尽

其材：谓不能使学者尽其材之所长。

　　②“庖丁之解牛”等四句：见《庄子·养生主》：“庖丁释刀对曰：‘臣之所好者，道也，进乎技矣。始臣之解牛之时，所见无非牛者。三年之后，未尝见全牛也。……今臣之刀十九年矣，所解数千牛矣，而刀刃若新发于硎。彼节者有间，而刀刃者无厚；以无厚入有间，恢恢乎其于游刃必有余地矣，是以十九年而刀刃若新发于硎。’”

　　11·20　古之小儿，便能敬事①。“长者与之提携，则两手奉长者之手；问之，掩口而对。”②盖稍不敬事，便不忠信。故教小儿，且先安详恭敬③。

【译文】

　　古时候的小孩子，自幼就能够做到敬事长辈。《礼记·曲礼上》说：“长辈领着小孩走路，那么小孩一定会双手捧着长辈的手；长辈问他话，他一定会用手捂住嘴对答。”小孩子只要稍有一点不敬事长辈，就很可能会不够忠信。因此，教育儿童，首先就要要求他们做到安详恭敬。

【注释】

　　①此条出《张子语录·语录钞》、张载《礼记说》。敬事：茅星来《集注》云：“谓敬其所事也，与《论语》‘执事敬’‘事思敬’意同。”

　　②“长者与之提携”等四句：语出《礼记·曲礼上》“长者与之提携，则两手奉长者之手；负剑辟咡而诏之，则掩口而对。”叶采《集解》谓：“捧手，习扶持尊者。掩口而对，习其乡尊者屏气也。”提携：牵扶、携带。

奉：捧也。

③安详恭敬：叶采《集解》云："安详则不躁率，恭敬则不诞慢。此忠信之本也。"

11·21　孟子曰："人不足与适也，政不足与间也，唯大人为能格君心之非。"① 非唯君心，至于朋游学者之际，彼虽议论异同，未欲深较，惟整理其心，使归之正，岂小补哉？

【译文】

孟子说："当政的人不值得去责备，政治事务也不值得去批评，只有堂堂正正的大人才能够纠正君主思想的错误。"（孟子的这种说法）不仅仅君主之心如此，至于朋友之间相互交流学习的时候，他们之间尽管立论观点有异有同，不必要深究较量；唯一重要的是整顿、清理内心思想，使本心回归到正道上来，（这样做）难道可以说收益小吗？

【注释】

①此条出张载《孟子说》。"人不足与适也"等三句：语出《孟子·离娄上》："孟子曰：'人不足与适也，政不足与间也，唯大人为能格君心之非。君仁，莫不仁；君义，莫不义；君正，莫不正。一正君而国定矣。'"适（zhé）：通"谪"，谴责，责备。间：去声，评论、批评。格：整理、变革、纠正。"格君心之非"：《朱子语类》卷五六："朱子曰：'大人格君心之非'，此谓精神意气自有感格处，然亦须有个开导底道理，不但默默而已。"

伊川解'遇主于乡',所谓'至诚以感动之,尽力以扶持之,明理义以致其知,杜蔽惑以诚其意',正此意也。"

11·22　人教小童,亦可取益。绊己不出入,一益也;授人数数,己亦了此文义,二益也;对之,必正衣冠,尊瞻视,三益也;常以因己而坏人之才为忧,则不敢惰,四益也。^①

【译文】

人们教导小童子,也可以从中获得种种益处。(因教导童子)绊住了自己不能外出,是获得的第一个益处;教授别人一遍又一遍,自己也就明白了文义,是获得的第二个益处;面对童子,一定要端正衣冠,严肃地一瞻一视,是获得的第三个益处;经常担心因为自己(教导不好)而坏了人家的人才,就不敢怠惰,是获得的第四个益处。

【注释】

① 此条出张载《经学理窟·义理》。杨伯峻《衍注》此条原在第十卷末,内容为教人,与臣道无关,今据张伯行《集解》例移此。李文炤《集解》谓:"出入绊,则其益在专;文义了,则益在明;衣冠正、瞻视尊,则其益在敬;不敢惰,则其益在勤。何往而非学哉!"取益:谓有益于己。绊:牵系也。数数(shuò shuò):谓授书遍数多也。了:晓彻也。憛:通惰。

近思录卷之十二

警戒　迁善改过

凡三十三条

12·1　濂溪先生曰：仲由喜闻过，令名无穷焉。今人有过，不喜人规，如护疾而忌医，宁灭其身而无悟也。噫！　①

【译文】

周敦颐先生说：子路闻过则喜，因此美名千古流传。现在的人有了过失，却不乐意接受别人的规劝。就如避讳自己的疾病忌言医者一样，宁愿疾病毁掉自己的身体也无法醒悟。唉！

【注释】

① 此条出《周子通书·过第二十六》。叶采《集解》云："子路有改过迁善之实，故令名无穷焉。"

12·2　伊川先生曰：德善日积，则福禄日臻。德逾于禄，则虽盛而非满。自古隆盛，未有不失道而丧败者也。①

【译文】

程颐先生说：德和善一天天积累起来，那么福和禄也就一天天到来。德行超过了个人享有的禄位，那么尽管因禄位极盛、生活优厚也不会奢侈。自古以来的隆盛富贵之家，没有不因为丧失道而衰败的。

【注释】

①此条出《周易程氏传》卷一《泰传》，为程颐释《泰卦》九三爻之义。茅星来《集注》云："行德则善，受禄则福，德为善之实，禄为福之实。故下止言德与禄也。臻，至也。逾，过也。隆盛而溢其量曰满。盖三句《泰》之中，在诸阳之上，泰之盛也。泰盛则有将否之渐，惟于方泰之时愈厚其德，而不敢自安逸，则可常保其泰矣。"泰：本安定、平安意。

12·3　人之于豫乐①，心说之，故迟迟，遂至于耽恋不能已也。《豫》之六二：以中正自守，其介如石，其去之速，不俟终日，故贞正而吉也②。处豫不可安且久也，久则溺矣。如二，可谓见几而作者也。盖中正，故其守坚，而能辨之早、去之速也。

【译文】

人若置身于安乐之境，内心喜悦不已，因而迟迟不会离去，乃至于沉溺迷恋其间不能抑制自己。《豫卦》六二爻辞的意思是：用中正之道持立自守，其品格坚如磐石，但若义不可留就迅速离去，不会终日等待，因此卜问中正而吉利。处于安乐之境，不能心安理得，亦不能长久，长久就会沉溺其中。就如六二爻辞，可说是看准时机就要有所作为。因为中正，因而其操守就能够坚定，也能够尽早地辨别安乐所蕴含的危机，脱离它也就会非常迅速。

【注释】

① 此条出《周易程氏传》卷二《豫传》。《豫》：六十四卦之第十六卦，卦象为䷏。豫：安乐。

② "《豫》之六二"等六句：叶采《集解》谓："六二中正，上又无应，特立自守，其节之坚，介然如石，无所转移也。其去之速，不俟终日，无所耽恋也。"六二：指《豫卦》六二爻辞："介于石，不终日，贞吉。"其《象》曰："不终日，贞吉，以中正也。"介石：谓操守坚贞如石。介：耿直。

12·4　人君致危亡之道非一，而以豫为多。①

【译文】

导致君主危亡的原因不止一种，但大多是贪图安乐造成的。

【注释】

① 此条出《周易程氏传》卷二《豫传》，为解释《豫卦》六五爻辞义。《豫》六五爻辞云："贞疾，恒不死。"言一个国家若能常备不懈，即使发

生祸患,也不会灭亡。但六五以阴尊居君位,当豫之时,溺于豫不能自立。茅星来《集注》谓:"五以柔居尊,威权去已,不能自立。如汉成、宋徽之类皆是也。然大约沉溺于豫,不能节制以至于此,可不戒哉!"

12·5　圣人为戒,必于方盛之时。方其盛而不知戒,故狃安富则骄侈生,乐舒肆则纪纲坏,忘祸乱则衅孽萌,是以浸淫不知乱之至也。①

【译文】

　　圣人发出警戒,一定是在事业成功、隆盛发达的时候。正当事业隆盛的时候不懂得警戒,于是,贪图安乐富贵,就会走向骄奢淫逸;乐于散漫放肆,就会导致纪纲败坏;忘却祸乱的危害,就会导致叛乱四处滋生。因此,就必然如水的累积渐渐侵蚀一样,不知不觉各种祸患就到来了。

【注释】

　　①此条出《周易程氏传》卷二《临传》,释《临卦》之《象辞》义。《临卦》☷,《兑》下《坤》上。《象辞》有"至于八月,有凶。"因为二阳正长于下,阳道向盛之时,圣人应为之戒:阳虽方长,到八月则其道消矣,是有凶之兆,圣人当豫,为戒。方盛而虑衰,以防其满极,而图永久。叶采《集解》云:"骄侈每生于安富之余,纲纪每废于舒肆之日,衅端祸孽每兆于无虞之中,故方盛之时实将衰之渐。圣人为戒于早,则可保其长盛矣。"狃(niǔ):贪也。

12·6　《复》之六三：以阴躁处动之极，复之频数而不能固者也①。复贵安固，频复频失，不安于复也。复善而屡失，危之道也②。圣人开迁善之道，与其复而危其屡失，故云"厉，无咎。"③不可以频失而戒其复也，频失则为危，屡复何咎？过在失而不在复也。（旧注：刘质夫曰：频复不已，遂至迷复④。）

【译文】

《复卦》六三爻：以阴爻处于动的极端状态，往返频繁不断而无法固守自己的位置。回返的可贵在于找到一个安稳固定的位置。屡次返回又屡次丧失，原因在于不安于自己的归宿。屡次向善回归，又屡次抛弃善，就是危险的路了。圣人开创了指引人们向善的大道，赞扬人们向善回归，而告诫其屡屡失误的危害。因此《复卦》六三爻辞说："很危险，却无罪咎可言。"决不能因为屡屡失守，就放弃对善的回归。屡屡失守，就很危险，但不断追求，又有什么罪咎呢？罪咎在于失守而不在于追求回归。（旧注：刘绚说：频繁地失误且没有完的时候，以致于导致昏迷而不能复。）

【注释】

①此条出《周易程氏传》卷二《复传》。《震》下《坤》上为《复》，卦象为䷗。"《复》之六三"等三句：张伯行《集解》谓此条："释《复》六三爻传也。……《复》之六三以阴居阳，不中不正，是为阴躁，又震动之。终则其于复善也，为躁而动，屡失屡复，而不能固守其德者也。释'频

复’二字之义。”六三：指六三爻辞：“频复，厉，无咎。”其《象》曰：“频复之厉，义无咎也。”以阴躁处动之极：《复卦》，下卦为《震》，震为阳为动。阴谓六，躁谓三。六三一爻处下卦之上位以阴爻居阳位，不中不正，为处动之极，故为阴躁。

　　②“复贵安固”等五句：张伯行《集解》谓：“复贵勿失，以安静而固守，乃为善耳。今乃屡复屡失，则是不安于复也，岂能固乎？苟安而固，何至频复？言频复则频失可知，故曰复善而复失，危之道也。厉，危也。此释‘厉’字。”

　　③“与其复而危其屡失，故云‘厉，无咎’”：叶采《集解》云：“屡失故危厉，屡复故无咎。无咎者，补过之称。”与：赞许。

　　④刘绚，字质夫，程门弟子。迷复：茅星来《集注》谓：“迷复，上六爻辞也。徐氏曰：‘上六位高而无下仁之美，刚远而无迁善之机，厚极而有难开之蔽，柔终而无改过之勇，是昏迷而不知复者也。’”

　　12·7　睽极则怫戾而难合①，刚极则躁暴而不详，明极则过察而多疑。《睽》之上九，有六三之正应，实不孤，而其才性如此②，自睽孤也③。如人虽有亲党，而多自疑猜，妄生乖离，虽处骨肉亲党之间，而常孤独也。

【译文】

　　睽违到了极点就会变得乖戾而难以与人相处，刚烈到了极点就会变得躁暴而不安详，精明到了极点就会变得审察过度而多疑。《睽卦》上九一爻，有六三一爻与其正相呼应，其实并不孤立，然而此爻特性使其处于乖戾、躁暴、精明的极限，是自我孤立起来了。比如，一个人尽管有亲人、同事、朋友，然而却动辄怀疑猜忌，无端滋生种种乖离之感，虽然置身亲人和朋友中间，也常常会是孤独的。

【注释】

①　此条出《周易程氏传》卷三《睽传》。《兑》下《离》上为《睽》，卦象为䷥。睽：不合。咈（fú）：乖戾。

②　才性如此：指《睽卦》上九爻辞体现出的特点：上九一爻处《睽卦》之终，故为睽极；九为阳刚，处刚之终，故为刚极；《睽卦》上卦为《离》，离为明，九处明之上，故为明极。

③　睽孤：上九爻辞。张伯行《集解》云："以刚极、明极处睽极之位，其才性如此，自猜狠而乖离也。虽有正应，亦不合矣，何往而不'睽孤'哉？"

12·8　《解》之六三曰："负且乘，致寇至，贞吝。"①《传》曰：小人而窃盛位，虽勉为正事，而气质卑下，本非在上之物，终可吝也。若能大正，则如何？曰：大正，非阴柔所能也。若能之，则是化为君子矣。

【译文】

《解卦》六三爻辞说："背负东西的小人乘车而行，将招致盗寇劫夺，卜问有灾祸之象。"程颐《易传》解释说：小人窃据高位，尽管想要尽力做一些正当的事，但由于气质卑下，原本就不是在上位的人，最终会招致灾祸。如果小人能够光明正大地做事，那么又怎样呢？回答说：光明正大，不是阴柔的小人能做得到的。若小人能做到这一点，那么，小人就会变化成为君子。

【注释】

①　此条出《周易程氏传》卷三《解传》，释《解卦》六三爻义。《解》：六十四卦之一，卦象为䷧。"负且乘，致寇至，贞吝"：张伯行《集解》曰："负者，小人劳力之事。乘者，有德君子所御之器。寇至者，非有所指，借言无其德而居其位，必致见夺于人。贞，正也。程子之意，以为《解》之六三以阴柔冒居内卦之上，是为小人窃居盛位，有'负且乘'之象。据非其分，盗思夺之，虽使勉为贞正之事，然而气质阴柔，自是卑下，本非可在上位之物，才德不称，终见羞吝也。世之盗得阴据者，可以戒矣。"

12·9　《益》之上九曰："莫益之，或击之。"《传》曰：理者，天下之至公；利者，众人所同欲。苟公其心，不失其正理，则与众同利，无侵于人，人亦欲与之。若切于好利，蔽于自私，求自益以损于人，则人亦与之力争。故莫肯益之，而有击夺之者矣。①

【译文】

《益卦》上九爻辞说："没有人帮助他，有人夺取其利。"程颐《易传》解释说：天下至公的是天理，大家想共同占有的是私利。假如做事出于公心，不失去做事的正理，那么你做事与众人利益一致，就不会侵害他人，他人也就想要与你共同做事。如若急切地谋取个人利益，蒙蔽于自己的私欲，贪求自己的利益来损害他人，那么，他人也就必然会与你奋力争夺。所以《益》上九爻辞说"没有人帮助他，有人夺取其利"。

【注释】

① 此条出《周易程氏传》卷三《益传》。《益》：六十四卦之一，卦象为☲。上九：《益》卦上九爻辞。张伯行《集解》解此条云："此释《益》上九爻义。《震》下《巽》上为《益》，《益》之上九，以阳处极，非能行益于人，而欲自求益之甚，故莫益而若或击之。击，夺也。程子之意，以为利必准乎理，私不可害公。"

12·10　《艮》之九三曰："艮其限①，列其夤②，厉，薰心③。"《易传》曰：夫止道贵乎得宜，行止不能以时，而定于一，其坚强如此，则处世乖戾，与物睽绝，其危甚矣。人之固止一隅，而举世莫与宜者，则艰蹇忿畏④，焚挠其中⑤，岂有安裕之理？"厉，薰心"，谓不安之势，薰烁其中也。

【译文】

《艮卦》九三爻辞说："目光停止在腰部的界限上，上看不到背肉裂开，很危险，这是由于心中迷乱造成的。"程颐《传》解释说：止的可贵之处在于止于合适的时机，什么时候应该行动和停止不能按照时机，而是固定于一点，如果坚持固执到这样，那么处世一定乖戾不合，必然背弃人情物理，其处境当然就十分危险了。人若固执地把自己胶着在一个角落，全世界没有能够和他合得来的人,那么,艰阻之感、乖塞之念、忿怒之情、畏惧之心汇集一处,焚烧和扰乱着他的心。(在这样的心境下)哪里还有平静、宽阔心态的道理?九三爻辞所谓"历,薰心",是说,种种忧惧、忿恨等不安因素如燎原之势,薰烤、煎熬着他的内心。

【注释】

①此条出《周易程氏传》卷四《艮传》,释《艮卦》九三爻义。艮其限:艮:《广韵》释:"艮,卦名也,止也。"限:腰。茅星来《集注》云:"腰为上下之界限,故曰限。"

②列其夤:列:同裂,分裂,此谓皮肉裂开;夤(yín):夹脊骨也,即背上肉。

③薰心:心中迷乱。

④艰、蹇、忿、畏:四者都是薰心的原因。蹇(jiǎn):不顺利。

⑤中:此处即心也。

12·11　大率以说而动,安有不失正者。①

【译文】

大凡受快感等情绪牵引而感情冲动的人,其行动哪里有不丧失正当根据的。

【注释】

①此条出《周易程氏传》卷四《归妹传》。《兑》下《震》上为《归妹》,其卦象为䷵。兑:悦也。震:动也。

12·12　男女有尊卑之序,夫妇有倡随之理,此常理也。若徇情肆欲,惟说是动,男牵欲而失其刚,妇狃说而忘其顺,则凶而无所利矣。①

【译文】

男女之间有尊卑排列的顺序,夫妇之间有夫唱妇随的道理,这是常理。如果为谋求私情任意妄为,一切为自己喜欢的人而动,男人会受情欲牵引而丧失刚强,女人因贪图快乐而忘记柔顺,那就只会有凶险而没有什么利了。

【注释】

① 此条出《周易程氏传》卷四《归妹传》,释《归妹》之《象辞》义。《归妹》之《象辞》曰:"无攸利,柔乘刚也。"张伯行《集解》谓:"男女交媾,本天尊地卑之序。夫妇配合,乃阳倡阴随之义。此理之常,常即正也。然情不可徇,欲不可肆,动必以理,乃利有攸往。若徇情肆欲,如《归妹》之三五,以柔乘刚,惟说是动,则宜刚者失其刚,宜顺者忘其顺,伤身败德,岂人理哉?此《归妹》之所以凶而往,无攸利也。故君子重以为戒,而发乎情,必止乎礼义焉。"徇情:曲从私情。

12·13　虽舜之圣,且畏巧言令色,说之惑人,易入,而可惧也如此。①

【译文】

即使像舜这样的圣人,也畏惧巧言令色,花言巧语容易惑人也容易迷惑人，可怕到这种程度。

【注释】

　　① 此条出《周易程氏传》卷四《兑传》。巧言令色：花言巧语和伪善的面貌。《论语·学而》：“子曰：‘巧言令色，鲜矣仁。’”巧：好也。令：善也。易：去声。

　　12·14　治水，天下之大任也，非其至公之心，能舍己从人，尽天下之议，则不能成其功。岂方命圮族者所能乎①？鲧虽九年而功弗成②，然其所治，固非他人所及也。惟其功有叙，故其自任益强，咈戾圮类益甚，公议隔而人心离矣③，是其恶益显，而其功卒不可成也。

【译文】

　　治水是天下最重要的责任。除非具有大公无私的精神，能够舍弃个人观点而听从他人意见，充分采纳天下有识之士关于治水的见解，否则就不能取得治水的成功。（治水这一崇高使命）难道是不顺从天命、败坏族类的人所能担当的吗？鲧尽管历经九年治水而未见成功，但他治水的能力，原本就不是他人所能达到的。也正因为鲧有了可叙的功绩，因此他更加自信自己的能力，乖戾无惮，败坏族类，致使公议隔离而人心离散，这样他的恶果日益显示出来，最终导致治水之功无法成就。

【注释】

①此条出《河南程氏经说》卷二《书解·尧典》。方命圮族：语出《尚书·尧典》："帝曰：'咨四岳，汤汤洪水方割，荡荡怀山襄陵，浩浩滔天，下民其共咨，有能俾乂？'佥曰：'于！鲧哉。'帝曰：'吁，咈哉！方命圮族。'"方：不顺也。命：天命、天理。圮（pǐ）：毁坏。族：类也。

②鲧（gǔn）：传说中原始时代部落首领，居于崇，号崇伯。由四岳推举，奉尧命治水。九年未治平，被舜杀死在羽山。

③公议隔而人心离：叶采《集解》谓："公议隔而得失莫闻，人心离而事功莫与共之者矣。"

12·15　君子敬以直内。微生高所枉虽小，而害则大。①

【译文】

君子保持恭敬，以恪守内心和人格的正直。微生高的欺骗行为虽然是小事情，但对正直的伤害却很大。

【注释】

①此条出《河南程氏经说》卷六《论语解·公冶长》。张伯行《集解》云："此发明《论语》所言之意。君子居敬以直其内，不容有一毫私曲也。内直则己不自欺，安有欺人之事？微生高于或人乞醯之时，以无为有，曲意徇物，多少周旋，自欺欺人。所枉者事虽小，而有害于直则甚大，故圣人因以立教。"微生高：《论语·公冶长》："子曰：'孰谓微生高直。或乞醯焉，乞诸其邻而与之。"杨伯峻《论语译注》："《庄子》《战国策》诸书载有尾生高守信的故事，说这人和一位女子相约，在桥梁之下见面。到

时候,女子不来,他却老等,水涨了都不走,终于淹死。'微''尾'古音相近,字通,因此很多人认为微生高就是尾生高。"

12·16 人有欲则无刚,刚则不屈于欲。①

【译文】

人有私欲就无刚直可言,刚直,就不会屈从私欲。

【注释】

① 此条出《河南程氏经说》卷六《论语解·公冶长》。《朱子语类》卷二八:"朱子曰:欲与刚正相反。若耳之欲声,目之欲色之类,皆是欲。才有些被他牵引去,此中便无所主,焉得刚。"

12·17 人之过也各于其类。君子常失于厚,小人常失于薄;君子过于爱,小人伤于忍。①

【译文】

人的过失,依其类别而各有不同。君子常常过于宽厚,小人往往过于刻薄;君子过于慈爱,小人害处在过于残忍。

【注释】

① 此条出《河南程氏经说》卷六《论语解·公冶长》。叶采《集解》云:"君子小人之分,在于仁与不仁而已。故仁者之过,常在于厚与爱;不仁者之过,常在于薄与忍。"《朱子语类》卷二六:"朱子曰:此段也只

是论仁。若论义,则当云:君子过于公,小人过于私;君子过于廉,小人过于贪;君子过于严,小人过于纵。观过斯知义矣,方得。"忍:残忍。

12·18　明道先生曰:富贵骄人固不善,学问骄人,害亦不细。^①

【译文】

程颢先生说:向别人炫耀富贵,固然是不善,但向别人炫耀学问,其危害也不小。

【注释】

①此条出《河南程氏遗书》卷一《端伯传师说》。张伯行《集解》云:"人有骄心,无一而可,以富贵骄人者,此俗辈也。气盈识潜,卑卑何足深论?学问骄人亦极害事。"

12·19　人以料事为明,便骎骎入逆诈亿不信去也。^①

【译文】

人们若把能够预料事情以为有先见之明,那么,他便会急迫地把时间浪费在揣测、预料不可预测的荒唐可笑的事情上去。

【注释】

①此条出《河南程氏遗书》卷一《端伯传师说》。李文炤《集解》云:"不能明理而但以料事为明,则必不以诚待人,渐至欺。未至而逆之,疑

未见而亿之也。"料事：揣料事机也。骎骎：马前进貌，此谓疾速、急迫意。逆：逆料，未至而迎之也。诈：无法确定的事。亿：预料，未见而度之也。

12·20　人于外物奉身者，事事要好。只有自家一个身与心，却不要好。苟得外面物好时，却不知道自家身与心，却已先不好了也。①

【译文】

人对于能够奉养自身的外物，事事处处都要好。人自己只有这一个身体和人格精神，却对自己的身心性命满不在乎。假若能够使外物都好的时候，却不知道他自己的身体和人格精神已经先出问题不好了。

【注释】

①此条出《河南程氏遗书》卷一《端伯传师说》。张伯行《集解》谓："外物，声色臭味以及一切货利皆是也。既谓之外，何须要好？自家身心不好，便不可复偿，怎生不要好？世人无识，要于外面讨好者，谓其可以奉身耳，岂知役自家之身心，干办没紧要之外物，欲以奉身，身已先为物屈，物纵好身心却已不好矣？可笑之甚！可哀之甚！"

12·21　人于天理昏者，是只为嗜欲乱着他。庄子言"其嗜欲深者，其天机浅"，此言却最是。①

【译文】

人在天理问题上不明白的，这种情况只是在于他被嗜好和欲望侵扰，庄子说："那些在嗜好和欲望方面陷得很深的人，他们的天机是浮浅的"，这句话却是完全正确的。

【注释】

① 此条出《河南程氏遗书》卷二上《元丰己未吕与叔东见二先生语》。叶采《集解》谓："嗜欲多，则志乱气昏，而天理微矣。二者常相为消长。""其嗜欲深者，其天机浅"：语出《庄子·大宗师》："真人之息以踵，众人之息以喉。屈服者，其嗌言若哇。其耆欲深者，其天机浅。"嗜欲：指五官所嗜之欲。天机：指天生的悟性。

12·22　伊川先生曰：阅机事之久，机心必生^①。盖方其阅时心必喜，既喜则如种下种子。

【译文】

程颐先生说：人阅历的机巧的事情多了，时间长久了，机巧之心必然就会产生。因为当他见到种种机巧之事时，内心一定产生喜悦感；既然有了喜悦感，就如种下了机巧之心的种子。

【注释】

① 此条出《河南程氏遗书》卷三《谢显道记忆平日语》。"机事""机心"：《庄子·天地》："有机械者必有机事，有机事者必有机心。"机事：谓机巧之事。机心：谓智巧变诈之心。

12·23　疑病者,未有事至时,先有疑端在心;周罗事者,先有周事之端在心,皆病也。[1]

【译文】

怀疑自己有病的人,疾病还未出现时心里就先有了各种各样的疑惑;兜揽各种事情的人,(事情还没有出现)心里先凭空兜揽了各种事情,这都是心病。

【注释】

[1] 此条出《河南程氏遗书》卷三《谢显道记忆平日语》。叶采《集解》:"周罗,俚语,犹兜揽也。事未至而有好疑喜事之端,则事至之时有不当疑而疑、不当揽而揽者矣。故治心者,必去其端。"端:端绪。

12·24　较事大小,其弊为"枉尺直寻"之病。[1]

【译文】

凡事计较利的大小,计较的弊端就如"屈缩一尺而伸展一寻"的毛病。

【注释】

[1] 此条出《河南程氏遗书》卷三《谢显道记忆平日语》。张伯行《集解》云:"'事无大小,惟理是视。'若计较于大小之间,则有苟成急就之心,便是利根,必至害道。其弊也,有托为'所屈者小,所伸者大',如陈代'枉尺直寻'之说,谓功利为可徼,谓礼义为可弃,其病不可胜言矣。

原其初心止为计较大小，冒然未至，遂至于此，最宜深省。"枉尺直寻：语出《孟子·滕文公下》："陈代曰：且《志》曰：'枉尺而直寻'，宜若可为也。"八尺为一寻，人屈一尺而得伸直一寻，指小有所屈而大有所获，先儒不苟同此较利之心。

12·25　小人、小丈夫，不合小了，他本不是恶。^①

【译文】

小人、小丈夫，不应把他们都看小了，他的本性并不是邪恶的。

【注释】

①此条出《河南程氏遗书》卷六《二先生语六》。张绍价《集义》云："天之所以命人者，至善无恶。充以学问，皆可为大人，皆可为大丈夫。拘于气禀、蔽于物欲，自小之耳，非性之本恶也。"小人：谓小人物。小丈夫：指小气之人。《孟子·公孙丑下》："予岂若是小丈夫然哉，谏于其君而不受则怒，悻悻然见于其面，去则穷日之力而后宿哉？"他：指小人、小丈夫。

12·26　虽公天下事，若用私意为之，便是私。^①

【译文】

尽管是天下公共的事，倘若用私意去做这些事，即是追求私利。

【注释】

　　① 此条出《河南程氏遗书》卷六《二先生语五》。《朱子语类》卷一三："朱子曰：将天下正大底道理去处置事，便公；以自家私意去处之，便私。"故叶采《集解》云："学者以正心为本，论人者必察其心，不徒考其事。"

　　12·27　做官夺人志。①

【译文】

　　出仕做官（而不以成德为目的）会丧失人的志向。

【注释】

　　① 此条出《河南程氏遗书》卷一五《入关语录》。叶采《集解》云："仕而志于富贵者，固不必言。或驰骛乎是非予夺之境，而此志动于喜怒爱恶之私；或经营于建功立业之间，而此志陷于计度区画之巧。德未成而从政者，未有不夺其志，学者所当深省也。"

　　12·28　骄是气盈，吝是气歉。人若吝时，于财上亦不足，于事上亦不足，凡百事皆不足，必有歉歉之色也。①

【译文】

　　骄矜者是神气充盈，悭吝者是心气萎靡。人如果吝啬时，在钱财上也显得小气，做事上也总会是不足的，大凡所有的事情都会是不足的，也一定是一副不满足的模样。

【注释】

　　①此条出《河南程氏遗书》卷一八《刘元承手编》。骄：矜夸。吝：
鄙吝、吝啬。歉歉：不满足貌。如（宋）司马光《投梅圣俞》诗云："平
生未相识，歉歉不自足。"

　　12·29　未知道者如醉人，方其醉时，无所不至；及其
醒也，莫不愧耻。人之未知学者，自视以为无阙，及既知学，
反思前日所为，则骇且惧矣①。

【译文】

　　不懂得"道"的人，如同喝醉酒一样，当他醉的时候，无方
向的四处乱走；等他酒醒时，没有不感到羞愧的。不懂得学问的
人，自己审视时以为没有任何不足，等到通过学习了解了学问之
后，再反思自己以前的所作所为，那么他就会（因过去自己的无
知）惊骇和恐惧。

【注释】

　　①此条出《河南程氏遗书》卷一八《刘元承手编》。阙：缺点，错误，
不足。骇且惧：李文炤《集解》："骇，所以戒已往。惧，所以警将来。"

　　12·30　邢七云：一日三点检。明道先生曰：可哀也
哉！其余时理会甚事？盖仿三省之说错了①，可见不曾用
功，又多逐人面上说一般话。明道责之。邢曰：无可说。
明道曰：无可说，便不得不说。

【译文】

邢恕说：我一天三次检查自己。程颢先生说：（你这样）可悲可哀啊！其余的时间你都做和思考什么事呢？因为你模仿曾子"三省"之说就错了。可见你平常没有用功，又大多是喜欢在别人面前说些套话。程颢责成邢恕解释曾子"三省"。邢恕说：没有什么可说的。程颢说：正因为你说不出什么，所以就不得不说清楚。

【注释】

① 此条出《河南程氏外书》卷一二《传闻杂记》。仿三省之说错了：茅星来《集注》谓："曾子日以三事自省，恕误以为三次点检，故程子警之。"张伯行《集解》曰："曾子三省之学，非是一日只省三事，其余都不点检。正于'终日乾乾'中，猛见得切身要务，尤无时无处不宜用其心。""三省之说"出《论语·学而》："曾子曰：吾日三省吾身：为人谋而不忠乎？与朋友交而不信乎？传不习乎？"

12·31　横渠先生曰：学者舍礼义，则饱食终日，无所猷为 ①，与下民一致，所事不逾衣食之间，燕游之乐耳 ②。

【译文】

张载先生说：学者如果舍弃礼义，就会饱食终日无所作为，与普通百姓一样（没有什么区别了），其所做的事情也不会超出穿衣吃饭，宴饮游乐而已。

【注释】

①此条出张载《正蒙·中正篇第八》。猷为：谋猷作为。猷（yóu）：计画，谋略。

②燕游：宴饮游乐。

12·32　郑卫之音悲哀，令人意思留连，又生怠惰之意，从而致骄淫之心①。虽珍玩奇货，其始感人也亦不如是切，从而生无限嗜好，故孔子曰必放之②。亦是圣人经历过，但圣人能不为物所移耳。

【译文】

郑国、卫国的乐曲特点是悲哀，让人听后思考回味留连不舍，又会让人滋生怠惰之情，从而导致人们产生骄淫之心。尽管是珍玩奇货，它们开始感动人处也没有这种乐曲真切，可以让人产生种种非分的嗜欲。因此孔子说，必须抛弃它。这也是孔子听过这类乐曲，但孔子能够不因为外物改变他的志向罢了。

【注释】

①此条出《拾遗·近思录拾遗》。"意思留连"等三句：茅星来《集注》谓："'意思留连'三句，总极言郑、卫之音惑人之切也。"

②孔子曰必放之：《论语·卫灵公》："子曰：'放郑声，远佞人，郑声淫，佞人殆。'"放：抛弃。

12·33　孟子言反经特于乡原之后者①，以乡原大者不先立，心中初无怍，惟是左右看，顺人情，不欲违，一生如此。

【译文】

孟子告诫人们要返回到常道上来，特意放在先批判乡原之后的原因，就是因为乡原做人的大的原则没有先确立起来，（因为他们）心中原本就没有惭愧之意，只是一味地左右观察别人的颜色，顺遂于人情世故，不想违背（任何人、事），一生都这样。

【注释】

①此条出张载《孟子说》，又见《拾遗·近思录拾遗》。孟子言反经特于乡原之后者：事见《孟子·尽心下》："曰：'何以是嘐嘐也？言不顾行，行不顾言，则曰：古之人，古之人。行何为踽踽凉凉？生斯世也，为斯世也，善斯可矣。'阉然媚于世也者，是乡原也。万子曰：'一乡皆称原人焉，无所往而不为原人，孔子以为德之贼，何哉？'曰：'非之无举也，刺之无刺也，同乎流俗，合乎污世，居之似忠信，行之似廉洁，众皆悦之，自以为是，而不可与入尧舜之道，故曰德之贼也。孔子曰：恶似而非者：恶莠，恐其乱苗也；恶佞，恐其乱义也；恶利口，恐其乱信也；恶郑声，恐其乱乐也；恶紫，恐其乱朱也；恶乡原，恐其乱德也。君子反经而已矣。经正，则庶民兴；庶民兴，斯无邪慝矣。'"。反经：杨伯峻《衍注》："反，复也；经，常也，万世不易之常道也。"乡原：即乡里所谓愿人。孔子以其似德非德，谓之"德之贼"，即伪君子。《朱子语类》卷六一："朱子曰：乡原是个无骨肋底人，东倒西擂，东边去取奉人，西边去周全人，看人眉头眼尾，周遮掩蔽，惟恐伤触了人。"

近思录卷之十三

辨异端

凡十四条

13·1　明道先生曰：杨、墨之害，甚于申、韩^①；佛老之害，甚于杨、墨。杨氏为我，疑于仁；墨氏兼爱，疑于义。申、韩则浅陋易见。故孟子只辟杨、墨，为其惑世之甚也^②。佛老其言近理，又非杨、墨之比，此所以为害尤甚^③。杨、墨之害，亦经孟子辟之^④，所以廓如也^⑤。

【译文】

　　程颢先生说：杨朱、墨子的危害，超过申不害、韩非；佛教、老子的危害，超过杨朱、墨子。杨朱主张"为我"，疑似于无欲之"仁"；墨子主张"兼爱"，疑似于无欲之"义"。申不害、韩非的思想就极为浅陋，容易看到。因此孟子只批驳杨朱、墨子，因为他们的思想给社会造成了严重的混乱。佛教、老子的言论专心言性，接近理，又不是杨朱、墨子能比的，正因为如此，佛教、老子的危害更大。杨朱、墨子的危害，也遭到了孟子的批驳，这是他们已经被清除的原因。

【注释】

① 此条出《河南程氏遗书》卷一三《亥八月见先生于洛所闻》。杨、墨：即杨朱、墨翟，详见1·29注①。申、韩：指申不害和韩非。申不害（约公元前385—前337），又称申子，战国时郑国京邑（今河南荥阳东南）人，法家创始人之一。主张法制，尤重视"术"，曾任韩昭侯相十五年，《汉书·艺文志》著录其《申子》六篇。韩非（约公元前280—前233），战国末期韩国（今河南新郑）人，为韩国君之子，荀子学生，哲学家，法家主要代表人物。其曾受秦王政邀请出使秦国，不久因李斯等陷害，自杀于狱中。著有《韩非子》五十五篇。

② "佛、老之害"等九句：叶采《集解》云："杨氏为我，可谓自私而不仁矣，然而犹疑似于无欲之仁。墨氏兼爱，可谓泛滥而无义矣，然犹疑似于无私之义，故足以惑人也。若申、韩之刑名功利，浅陋而易见，故孟子但辟杨、墨，恐其为人心之害，而申、韩不足辟也。"

③ "佛、老其言近理"等三句：李文炤《集解》谓："佛氏专言心性，故最近于理，然大乱乎真，所以为害尤甚也。朱子曰：'今释氏亦有两股禅学。杨朱也，苦行；布施，墨翟也。道士则全是假，今无说可辟。'"

④ "杨、墨之害，亦经孟子辟之"：《孟子·滕文公下》："孟子曰：'杨氏为我，是无君也；墨氏兼爱，是无父也。无父无君，是禽兽也。……杨墨之道不息，孔子之道不著，是邪说诬民，充塞仁义也。仁义充塞，则率兽食人，人将相食。吾为此惧，闲先圣之道，距杨墨，放淫辞，邪说者不得作。'"辟：驳斥。

⑤ 廓如：澄清貌。语出汉扬雄《法言·吾子》："古者杨、墨塞路，孟

子辞而辟之,廓如也。”

13·2　伊川先生曰：儒者潜心正道,不容有差。其始甚微,其终则不可救。如“师也过,商也不及”,于圣人中道,师只是过于厚些,商只是不及些。然而厚则渐至于兼爱,不及则便至于为我,其过不及同出于儒者,其末遂至杨、墨。至如杨、墨,亦未至于无父无君,孟子推之便至于此,盖其差必至于是也。①

【译文】

程颐先生说：儒者潜心于恪守正道,不容许有丝毫偏差。只要开始有一点点偏差,最终就会（导致其背离正道）不可救药。孔子评价子张、子夏时说：“师也过,商也不及。”对于圣人的中正之道来说,子张过于加厚了一些,子夏则略有一些达不到。然而过于宽厚就会渐渐流于“兼爱”,稍微达不到就会发展为“为我”。虽然孔子所说的“过”和“不及”都发生在儒者身上,两者的末流就会演变为杨朱“为我”与墨子的“兼爱”。就杨朱、墨子而论,他们也未必就真的主张无父无君,但正如孟子的推理那样,“为我”“兼爱”走向极端,便必然导致无君无父,这是由于微小的差别必然导致这样的逻辑结果。

【注释】

①此条出《河南程氏遗书》卷一七《伊川先生语三》。此条论正道不可有毫发之差,儒者当慎于始。叶采《集解》解此条谓：“子张才高志

广，泛爱兼容，故常过乎中。子夏笃信自守，规模谨密，故常不及乎中。二子于道亦未远也。然师之过，其流必至于墨氏之兼爱。子夏之不及，其后传田子方，子方之后为庄周，是杨氏为我之学也。孟氏推杨、墨之极致，则兼爱者至于无父，盖爱其父亦同于路人，是无父也。为我者至于无君，盖自私其身而不知有上下，是无君也。""师也过，商也不及"：语出《论语·先进》："子贡问：'师与商也孰贤？'子曰：'师也过。商也不及。'"师：子张名。商：子夏名。

13·3　明道先生曰：道之外无物，物之外无道，是天地之间无适而非道也。即父子而父子在所亲，即君臣而君臣在所严，以至为夫妇、为长幼、为朋友，无所为而非道，此道所以不可须臾离也。然则毁人伦、去四大者[①]，其分于道也远矣。故"君子之于天下也，无适也，无莫也，义之与比。"[②]若有适有莫，则于道为有间，非天地之全也。彼释氏之学，于"敬以直内"则有之矣，"义以方外"则未之有也。故滞固者入于枯槁，疏通者归于恣肆，此佛之教所以为隘也。吾道则不然，率性而已。斯理也，圣人于《易》备言之。又曰：佛有一个觉之理，可以"敬以直内"矣，然无"义以方外"，其直内者，要之其本亦不是。

【译文】

　　程颢先生说：道之外没有物，物之外没有道，这是因为天地之间，无处不是道。道体现在父子关系上，就是父子之间的亲；体现在君臣关系上，就是君臣之间的严，以此推及到夫妇之间、长幼之间、朋友之间等等，无处不是道的体现，这就是道之所以不可须臾背离的原因。然而佛陀毁弃人间的伦理秩序，要去除地、水、火、风等四大血肉神气，当然就距离道很远了。所以孔子说："君子对于天下的事情，没规定一定要去怎样做，也没规定一定不要去怎样做，而是怎样做合义就怎样做。"如果人为地规定一定要去怎样做，一定不要去怎样做，那就在道这个问题上有了差距，也就不是天地间普遍的法则了。那些佛教的学说，与儒家经典《坤》之《文言》上说的"敬以直内"有相同之处，但与"义以方外"则没有相同之处。因此，佛陀中拘滞固执的，会进入形容枯槁一类；疏旷圆通的，会趋向放纵恣肆一类，这就是佛教思想狭隘的原因。儒家学说就不是这样，它遵循人的本性罢了。而这种理，圣人早已在《易经》一书中全面详尽地阐述过了。又说：佛教有一个觉悟之理，可以用来"敬以直内"了，然而没有"义以方外"，那么那些使其内心正直的，从根本上说其出发点就不对了。

【注释】

①　此条出《河南程氏遗书》卷四《游定夫所录》。四大：佛教以地、水、火、风为四大。《楞严经》："身中坚相为地，润湿为水，暖融为火，动摇为风。"

②　"君子之于天下也"等四句：语出《论语·里仁》，杨伯峻《论语译注》解释为："君子对于天下的事情，没规定要怎样干，也没规定不要怎样干，只要怎样干合理恰当，便怎样干。"适：本义为往、到，此指归向。莫：通慕，向往意。义：取义。

13·4　释氏本怖死生为利,岂是公道^①？惟务上达而无下学^②,然则其上达处,岂有是也？元不相连属,但有间断,非道也。孟子曰："尽其心者,知其性也。"彼所谓识心见性是也,若存心养性一段事则无矣。^③彼固曰出家独善,便于道体自不足^④。或曰:释氏地狱之类,皆是为下根之人设此怖,令为善。先生曰:至诚贯天地,人尚有不化,岂有立伪教而人可化乎？

【译文】

　　佛教从根本上把贪生怕死,做为一己之利,哪里是公道？佛教只务求豁然顿悟,而没有下学通于人事的功夫,然而这样的顿悟,哪里是正确的呢？若下学通于人事的功夫与顿悟从根本上不相连接,只要两者是割裂的,就不是道。孟子说:"尽其心者,知其性也。"佛教所说的"识心见性"就是这个意思,但儒家关于"存心养性"这样的要求,在佛教那里是没有的。他们本质上说是要通过出家来独善其身,这便是在天道本体认识上与儒家的差距。有人说:佛教关于地狱之类的说法,都是为根器低下的人故意设置的这种恐惧情景,由此让他们去做向善的事情。程颢先生说:至高无上的"诚"贯穿在天地宇宙间,人还有不被感化的,哪里有树立起一个本无诚心的伪教,人就能够被感化的呢？

【注释】

　　①此条出《河南程氏遗书》卷一三《亥八月见先生于洛所闻》,张伯

行《集解》解此条云：“此言释氏不知死生之说，不察学达之理，不识心性之原，不晓为善之公，皆以利己私心，成为异学伪教者也。”“释氏本怖死生为利”等二句：怖：惧也。

②惟务上达而无下学：语出孔子《论语·宪问》：“子曰：不怨天，不尤人，下学而上达。知我者其天乎！”下学：谓学于通人事。上达：谓达于知天命。于下学中求知人道，又知人道之原本于天。由此上达，而知道本由于天命；又知道之穷通亦无不由于天命。程颢以为，佛教只讲顿悟、上达，不讲下学，割裂了两者的内在统一性。

③“尽其心者”等四句：张伯行《集解》谓：“夫道散于事，物具于心，而原于性。孟子曰：‘尽其心者，知其性也。’即《大学》所谓物格知至也。彼释氏识心见性之说，亦若与孟子之言相近。但只见得自家一个精神知觉，在光明不昧中，遂指为心性，是不过恍惚之间略见心性影子，未曾见里面许多道理，故不肯实用存养之功。若孟子所谓‘存其心、养其性’一段说话盖无之矣。然则释氏以精魂为心，而非真识心也；以作用为性，而非实见性也。不识心性，则其不识道也固宜。”“尽其心者，知其性也”：语出《孟子·尽心上》：“孟子曰：‘尽其心者，知其性也。知其性，则知天矣。存其心，养其性，所以事天也。夭寿不贰，修身以俟之，所以立命也。’”意思是说：充分运用心灵思考的人，是通晓人的本性的人。通晓人的本性，就知道天命。保持心灵的思考，涵养本性，这就是对待天命的方法。无论寿命长短都一心一意地修身以等待天命，这就是安身立命的方法。

④“彼固曰出家独善，便于道体自不足”：茅星来《集注》云：“道体无所不备，而人伦为大。今日出家，则无父子兄弟夫妇之伦；曰独善，则无君臣朋友之伦，便于道体自不足矣。”

13·5　学者于释氏之说，直须如淫声美色以远之；不尔，则骎骎然入于其中矣①。颜渊问为邦，孔子既告之以二帝、三王之事，而复戒以"放郑声，远佞人。"曰："郑声淫，佞人殆。"②彼佞人者，是他一边佞耳，然而于己则危，只是能使人移，故危也。至于禹之言曰："何畏乎巧言令色！"③直消言畏，只是须着如此戒慎，犹恐不免。释氏之学，更不消言常戒，到自家自信后，便不能乱传。

【译文】

　　学者对于佛教的学说，应当直接像对待淫声美色一样，来远离它。不这样的话，那么这些异端邪说就会很快地损害你的内心。颜渊曾问孔子应该如何治理国家，孔子就告诉他二帝、三王（制订的礼乐文化、典章制度等）的事迹。孔子随后又告诫他"抛弃郑国的乐曲，远离巧言谄媚的小人。"说："郑国的乐曲淫荡，巧言谄媚的小人危险。"那些巧言谄媚的小人，是他自己花言巧语罢了，然而对你来说不远离它，就会给你带来危害。只是因为（花言巧语）能改变你的道德志向，所以才危险。至于大禹说的话："巧言令色有什么可以畏惧的呢！"因为只要谈到对巧言令色的畏惧，就是务必要守持这样的戒备、谨慎的态度，即使这样还恐怕难免不受到损害。佛教的学说，更不用说是常常守持戒惧之心的了，只要自己获得了坚定的信念，它就不可能扰乱你的精神方向了。

【注释】

① 此条出《河南程氏遗书》卷二上《元丰己未吕与叔东见二先生语》。此条谓释氏乱人，非儒者信道之坚笃，未有不为其所溺者。骎骎（qīn qīn）然：马行疾貌、迅疾的样子、很快。

② "颜渊问为邦"等五句：语出《论语·卫灵公》："颜渊问为邦。子曰：'行夏之时，乘殷之辂，服周之冕，乐则《韶》《舞》。放郑声，远佞人，郑声淫，佞人殆。'"二帝、三王之事：泛指尧、舜、禹、汤、周文王、周武王时代的礼乐文化、典章制度。

③ 何畏乎巧言令色：语出《尚书·皋陶谟》："禹曰：'吁！咸若时，惟帝其难之。知人则哲，能官人。安民则惠，黎民怀之。能哲而惠，何忧乎骧兜？何迁乎有苗？何畏乎巧言令色孔壬？'"孔：甚、很。壬：佞。张伯行《集解》谓："不独夫子告颜渊，即禹亦尝以'巧言令色'戒矣。然其言曰'何畏'，似不足畏者，何也？畏者，戒慎之谓。岂有巧令在侧，不消言畏者？只是中无主宰，怀着戒慎，犹恐不免。况吾儒于身心性命道理，未能原始反终，实见人伦日用，无适非道，则虽日以释氏为戒，而未尝不骎骎入其中。故学者不消言常戒，只要反求自信，到自信后便如冰炭之不相入，不能以彼之非乱我之是也。"

13·6 所以谓万物一体者，皆有此理，只为从那里来。"生生之谓易"，生则一时生，皆具此理。人则能推，物则气昏推不得，不可道他物不与有也。① 人只为自私，将自家躯壳上头起意，故看得道理小了他底②。放这身来，都在万物中一例看，大小大快活。释氏以不知此，去他身上起意思，奈何那身不得，故却厌恶，要得去尽根尘，为心源不定，故要得如枯木死灰，然没此理^③。要有此理，除是死也。释氏其实是爱身，放不得，故说许多。譬如负贩之虫^④，已载不起，犹自更取物在身；又如抱石投河，以其重愈沉，终不道放下石头，惟嫌重也。

【译文】

　　说天地万物一体的原因，是因为万物都存在这样一个天理，只因为万物都从天理而来。所以《周易》说："生生不已就是变易无穷的天理。"虽然万物各自一时而生，但都是因应变易无穷的天理。人为万物之灵，就能把天理推及一切；物则由于气的阻塞，故不能推及其它，但不能由此说其它的物不能与此物共同蕴含天理。人只是因为自私，在自己的躯壳上妄起意念，所以他们就把至高无上的天理看得小了。把自己的这个躯壳私念放下，把自身作为放置在天地万物中的一个具体例子看待，就会达到超越一切大小等概念的大喜悦境界。佛教因为不懂万物一体的道理，一味在抛弃肉身上思考，但没有办法的是肉身又抛弃不掉，所以对肉身产生厌恶，要想除尽眼、耳、鼻、舌、身、意等六根及其六尘，又因为本心不定，所以要使这人心如枯木死灰来空其心，然而世上是没有这种道理的。要使佛教的这些观点体现天理，除非是肉身死灭。其实，佛教正因为太爱肉身、放不下肉身，所以才反复阐释了那么多（无法自圆其说的）观点。比如蝜蝂之虫，它的身体本来已无法负荷，然而却还要把另外的东西加在自己身上？又如抱着石头投河，因为石头愈重，沉得愈快。但最终却不说放下石头，而是嫌石头太重。

【注释】

① 此条出《河南程氏遗书》卷二上《元丰己未吕与叔东见二先生语》。张伯行《集解》谓此条"言释氏不知万物一体之理,所以欲脱根尘,而不知皆私妄之见,决无是理也。""万物一体"等九句:叶采《集解》云:"天地之理,流行化生。人之与物,均有是生,则亦均具是理,所谓'万物一体'也。然人所禀之气通,故能推。物所禀之气塞,故不能推。"生生之谓易:语出《易·系辞上》:"生生之谓易。"唐孔颖达疏云:"生生,不绝之辞。阴阳变转,后生次于前生,是万物恒生,谓之易。"

② 他底:犹言其人。

③ "释氏以不知此"等八句:张绍价《解义》云:"释氏不知万物一体之理,自私自利,从躯壳起意,不惟毁弃人伦,出家独善,并此身亦以为幻妄。以耳、目、鼻、舌、身、意为幻根,以色、声、香、味、触、法为幻尘,离却幻身,别寻一真身真性,故欲灭绝根尘:使此心如枯木死灰。以求其所谓大自在大解脱者,而不知其无是理也。"根尘:佛教以目、耳、鼻、舌、身、意为六根,从六根所接触的物件上说有色、声、香、味、触、法,称为六尘。

④ 负贩:一作"负版"。茅星来《集注》谓:"'负版',《尔雅》作'傅,负版',郭璞云:'未详。'惟唐《柳宗元集》有《蝜蝂传》云:'善负小虫,行遇物,辄持取,仰其首负之,背愈重,虽困剧不止。'程子说盖本此。"

13·7 人有语导气者①,问先生曰:君亦有术乎?曰:吾尝夏葛而冬裘,饥食而渴饮,节嗜欲,定心气②,如斯而已矣。

【译文】

　　有一个信奉导引延年之术的人问程颢先生说：先生有延年益寿之术吗？程颢回答说：我只是夏天穿单衣，冬天穿皮衣，饿了就吃饭，渴了就喝水，节制欲望，保持心气平静，像这样罢了。

【注释】

　　① 此条出《河南程氏遗书》卷四《游定夫所录》。导气：即导引，一种养生术，指呼吸俯仰，屈伸手足，使血气流通，促进身体健康。

　　② "节嗜欲，定心气"：李文炤《集解》谓："节嗜欲，而外去其诱，定心气耳。内静其扰，所以养心也。岂若熊经鸟伸之术哉？"

　　13·8　佛氏不识阴阳、昼夜、死生、古今，安得谓形而上者与圣人同乎？①

【译文】

　　佛家不懂得阴阳、昼夜、死生、古今等规律，怎么能够说他们形而上的理论与儒家圣人的理论是相同的呢？

【注释】

　　① 此条出《河南程氏遗书》卷一四《亥九月过汝所闻》。叶采《集解》谓："形而上者，性命也。阴阳、昼夜、死生、古今，乃天命之流行，二气之屈伸。释氏指为轮回，为幻妄，则其所谈性命，亦异乎圣人矣。"

　　13·9　释氏之说，若欲穷其说而去取之，则其说未能穷，固已化而为佛矣。只且于迹上考之，其设教如是，则其心果如何？固难为取其心不取其迹，有是心则有是迹。王通言"心，迹之判"，便是乱说[①]。故不若且于迹上断定不与圣人合，其言有合处，则吾道固已有；有不合者，固所不取，如是立定却省易。

【译文】

关于佛教学说，如若想要先透彻了解他的思想然后再决定取舍，那么在他们的思想还没有透彻了解之前，你就已经被它改变成为佛徒了。只从它的行迹上来考察它，佛教设立的教义如果是正确的，那么，创立这种教义的内心动机究竟怎样呢？本来很难只取其内心动机而不看其行迹效果。有什么样的内心动机，就有什么样的行迹结果。王通说的"心、迹的判别"，便就是胡言乱语。因此，我们不如从行迹效果上进行判断考察，（佛教思想）一定是与孔子为代表的圣人思想不相合的。如果佛教思想与圣人的儒家思想有一些相合的地方，那么我们儒家学说本来已有；而与我们儒家学说有不相合的地方，我们本来就不应当汲取（应毫不犹豫地给予否定），只有这样做，才能立定脚跟，且简单明白地确定是非。

【注释】

①此条出《河南程氏遗书》卷一五《入关语录》。张伯行《集解》云此条"为初学者定辟邪之要领，直截明快，无毫发差者也。""王通言'心、迹之判'，便是乱说"：王通《中说》卷五《问易篇》："魏征曰：'圣人有

忧乎？'子曰：'天下皆忧，吾独得不忧乎？'问疑。子曰：'天下皆疑，
吾独得不疑乎？'征退，子谓董常曰：'乐天知命，吾何忧？穷理尽性，
吾何疑？'常曰：'非告征也，子亦二言乎？'子曰：'征所问者迹也，吾
告汝者心也。心、迹之判久矣，吾独得不二言乎？'"张伯行《集解》谓：
"今为学者计，只就迹上判定。迹者，心之著也。迹正则心必正，迹邪则
心必邪。近世士大夫于佛学，每每言他设教虽差，心犹有可取。殊不知，
心迹合一，彼既以是设教矣，则其心果如何？不取其迹而取其心，固甚难
也。王通亦尝言心、迹之判，此是析理未精胡乱说话，天下未有迹非而心
是者，为穿窬自是有贼心，为光棍自是有恶念，贪财贿自是无廉耻，贪功
名自是无气节。"

13·10　问：神仙之说有诸[①]？明道曰：若说白日飞
升之类，则无；若言居山林间，保形炼气以延年益寿，则有
之。譬如一炉火，置之风中则易过，置之密室则难过[②]，有
此理也。又问：扬子言："圣人不师仙，厥术异也。"[③]圣人
能为此等事否？曰：此是天地间一贼，若非窃造化之机[④]，
安能延年？使圣人肯为，周、孔为之矣。

【译文】

　　有人问：有神仙之说这回事吗？程颢回答说：如果说指所
谓白日飞升之类的事，就是没有的；如果说指隐居山林，通过保
形炼气来达到延年益寿，那是有的。例如一炉火，放在风中就容
易燃尽，而放在密闭的房屋中就不容易燃尽，这个道理是有的。
又问：扬雄说："圣人不学习神仙之术，因为神仙术与圣人之道

不同。"圣人会不会学神仙之术呢？程颢回答说：所谓仙人是天地间的一个贼，若不是妄窃天地造化之机，哪里能延年益寿？假如圣人愿意做这种事的话，周公、孔子早就去做了。

【注释】

①此条出《河南程氏遗书》卷一八《刘元承手编》。神仙之说：《朱子语类》卷一二五云："朱子曰：'人言仙人不死。不是不死，但只渐渐销融了，不觉耳。盖他能炼其形气，使渣滓都销融了。唯有那些清虚之气，故能升腾变化。'"

②过：宋元俗语，火熄灭。

③"圣人不师仙，厥术异也"：语出《扬子法言·君子卷第十二》："或问：'人言仙者，有诸乎？''吁，吾闻伏羲、神农殁，黄帝、尧、舜殂落而死，文王毕，孔子鲁城之北。独子爱其死乎？非人之所及也。仙亦无益子之汇矣！'或曰：'圣人不师仙，厥术异也。圣人之于天下，耻一物之不知；仙人之于天下，耻一日之不生。'曰：'生乎！生乎！名生而实死也。'"

④窃造化之机：李文炤《集解》云："窃造化之机，即《阴符经》所谓'五贼在心'，'三盗既宜'也。圣人事天，顺受其正，岂肯为之乎？"

13·11　谢显道历举佛说与吾儒同处，问伊川先生。先生曰：恁地同处虽多，只是本领不是，一齐差却。①

【译文】

谢良佐历举佛教学说与我们儒家思想相同的地方，请教程颐先生。程颐先生回答说：表面这样看两者相同之处尽管很多，只是儒、佛两家根本原则不一样，（由此导致）佛教整体上谬误。

【注释】

①此条出《河南程氏外书》卷一二《传闻杂记》。《朱子语类》卷一二六："朱子曰：'儒、释言性异处，只是释言空，儒言实；释言无，儒言有。'"

13·12 横渠先生曰：释氏妄意天性①，而不知范围之用②，反以六根之微因缘天地③，明不能尽，则诬天地日月为幻妄，蔽其用于一身之小，溺其志于虚空之大④，此所以语大语小，流遁失中。其过于大也，尘芥六合；其蔽于小也，梦幻人世⑤。谓之穷理，可乎？不知穷理而谓之尽性，可乎？谓之无不知，可乎？尘芥六合，谓天地为有穷也；梦幻人世，明不能究其所从也⑥。

【译文】

张载先生说：佛教妄见臆断天体，而不懂儒家圣人尽性而裁成天地之道的作用，反而把六根这样小小的感官作为生成天地的缘由。他们明明不能穷尽生成天地的缘由，就欺骗性地以为天地日月是虚幻的，蔽塞在自己肉身这样狭小的范围内，然而又让人的心志沉迷于那么大的虚空之中。这就是他们无论从大处着眼还是从小处着眼，都流于极端而不得其中的原因。佛教过失在大的方面（是沉溺于虚空），认为天地四方在无限的虚空中只不过是尘埃草芥；佛教弊端在小的方面（是把人限制在个体肉身范围内），认为人世就如梦幻泡影。（佛教的这些观点）说它是穷尽了天理，可以吗？佛教不能穷尽天理，而说它穷尽了人和物的本性，可以吗？说它无所不知，可以吗？佛教把天地四方看成是尘埃草芥，认为天地是有限的；把人世看成梦幻泡影，就明白地看出他们不了解万事万物生灭变化的终极来源了。

【注释】

① 此条出张载《正蒙·大心篇第七》。意：猜测。天性：谓天体也。

② 范围：叶采《集解》："范围犹裁成也。圣人尽性，故能裁成天地之道。"用：指天用，即化育也。

③ 微：虚幻，不真实。

④ 溺：沉迷不悟。

⑤ "其过于大也"等四句：叶采《集解》云："上下四方为六合。谓六合在虚空中，特一微尘芥子耳，所以言虚空之大。一切有为法，如梦幻泡影，所以言人世之微。此皆不能穷理尽性之过。"茅星来《集注》谓："人世之事何一非身之所当尽，而彼直视为梦幻，所以明蔽其用于一身之小。"

⑥ "尘芥六合"等四句：叶采《集解》谓："佛说谓虚空无穷，天地有穷，人世起灭，皆为幻妄，莫知所从来也。"明不能究其所从：茅星来《集注》云："言彼之明不能究其所从来，故以人世为梦幻耳。"

13·13　大《易》不言有无，言有无，诸子之陋也。①

【译文】

《易经》不说有无（只说阴阳），说有无，正是诸子的浅陋所在。

【注释】

① 此条出张载《正蒙·大易篇第十四》。叶采《集解》谓："《易》曰：'一阴一阳之谓道。'盖阴阳之运，其所以然者，即道也。体用相因，精粗罔间，不可以有无分。后世异端见道不明，始以道为无，以器为有。有者为幻妄，为土苴。无者为玄妙，为真空。析有无而二之，皆诸子之陋见也。"

13·14　浮图明鬼，谓有识之死，受生循环，遂厌苦求免，可谓知鬼乎①？以人生为妄见，可谓知人乎②？天人一物，辄生取舍，可谓知天乎③？孔孟所谓天，彼所谓道。惑者指"游魂为变"④，为轮回⑤，未之思也。《大学》当先知天德，知天德则知圣人、知鬼神。今浮图剧论要归，必谓死生流转，非得道不免，谓之悟道，可乎？⑥（旧注：悟则有义有命，均死生，一天人，推知昼夜，通阴阳，体之无二。）自其说炽传中国⑦，儒者未容窥圣学门墙，已为引取，沦胥其间⑧，指为大道。乃其俗达之天下，致善恶、知愚、男女、臧获，人人著信。使英才间气⑨，生则溺耳目恬习之事⑩，长则师世儒崇尚之言，遂冥然被驱，因谓圣人可不修而至，大道可不学而知。故未识圣人心，已谓不必求其迹；未见君子志，已谓不必事其文。此人伦所以不察，庶物所以不明^⑪，治所以忽，德所以乱。异言满耳，上无礼以防其伪，下无学以稽其弊。自古诐、淫、邪、遁之辞^⑫，翕然并兴^⑬，一出于佛氏之门者已五百年。向非独立不惧^⑭，精一自信，有大过人之才，何以正立其间，与之较是非，计得失哉？

【译文】

　　佛教自认为明白鬼的道理，以为人死后而神识不散，生生死死轮回不已，于是人们希望脱离死生，企求免除死生的折磨。（佛教的这种说法）可以说是真正了解鬼吗？佛教认为人生是虚幻的，难道可以说是真正的了解人吗？天人一体，佛教却往往妄生取舍，难道能够说他们了解天的本质吗？孔孟所说的天，即佛教所说的道。受佛教迷惑的人，把"游魂的变动不定"说成是佛教的六道生死轮回，他们没有对此思考啊。《大学》的原则，首先是应当了解天德，了解天德就可以了解圣人，从而了解鬼神。如今佛教极论的要旨，一定说生死流转不已，不得道就不能避免轮回的命运，称这种说法为体悟了天道的真谛，可以吗？（旧注：如果悟道就会懂得死生由义由命决定，同等地对待死和生，把天人看做一体，推知昼夜，通晓阴阳，其天理原本无二。）自从佛教学说盛传于中国后，一些读书人还未来得及窥视圣学的门径，就已经先被诱惑而去，相互牵率而共同沉陷其中，且认为佛教指引的是一条（人生终极解脱的）大道。于是佛教之风弥漫天下，以致无论是善良的人、邪恶的人，还是聪明的人、愚笨的人，也无论是男人、女人，还是奴仆、婢女，人人迷信佛教。即使有杰出人才出世，但他们生下来就耳濡目染且安然于佛教的事情，长大后，又师从世俗儒人崇尚佛教的说教。于是，他们糊里糊涂地被佛家思想所驱使，因而以为圣人境界可以不通过修身就能达到，天道可以不通过学习就能把握。所以，他们不了解圣人的存心精神，就说不必探究圣人的事迹；他们不理解君子的志向，就说不必学习他们的礼乐文化。这样的结果是人伦秩序得不到彰显，事物的道理不明白，社会治理因而被忽视，道德操守因而紊乱不堪。怪异之言到处都能听到，在上的统治者不懂用圣人之礼来防范佛教的伪道；下层士人不学圣人之道也不能审察佛教的弊端。自古以来，一切的诐辞、淫辞、邪辞、遁辞等异端邪说，全都兴盛起来，它们一同出于佛门，且影响已有五百年之久。一个人如果不是向来独立无所畏惧、精诚专一而坚定自信、且具有非凡超越他人的才能，怎么能够坚定正确地立身在这种氛围之中，又怎么能与佛教较量是非，辨析得失呢？

【注释】

　　① 此条出张载《正蒙·乾称篇第十七》。"浮屠明鬼"等五句：叶采《集解》云："精气聚则为人，散则为鬼。散则渐灭就尽而已。释氏谓神识不散，复寓形而受生，是不明鬼之理也。"有识之死：谓人虽死而神识不散。受生循环：谓佛教所谓生死轮回说。厌苦求免：谓欲脱离生死也。

　　② "以人生为妄见，可谓知人乎"：叶采《集解》谓："人生日用，无非天理之当然。释氏指为浮生幻化，岂为治人乎？"妄见：佛教用语，其认为一切皆非实有，肯定存在都是妄见，和"真如"相对。按：佛教之"真

如"：即非真如，假名真如，真如无我，无我一切皆真如。真如者，非实非虚，非真非妄，非有非无，非是非非，非生非灭，非增非减，非垢非净，非大非小，非子非母，非方非圆，等等。

③"天人一物"等三句：天人一物，即天人一理，也即儒家认为的天人本为一体，由此儒家以为人死自然归天，而佛教却以为只有成佛才能升天，是妄生取舍。

④游魂为变：语出《易·系辞上》："精气为物，游魂为变，是故知鬼神之情状。"韩康伯注此曰："精气𬘬缊，聚而成物，聚极则散，而游魂为变也。游魂，言其游散也。"江永《集注》谓："孔子答宰我鬼神之问云：'骨肉毙于下阴，为野土；其气发扬于上，为昭明。焄蒿、凄怆，此百物之精也，神之著也。'是即'游魂为变'之说也，指为轮回，惑矣。"故儒家以为游魂即游散之气，佛家以为"变"，为轮回。

⑤轮回：即上文"受生循环"，佛教术语，亦称"六道轮回"。佛教认为，众生各依所作善恶业因，一直在所谓天、人、阿修罗、地狱、饿鬼、畜生等大道中生死相续，轮回不已，有如车轮一样旋转不停。

⑥"《大学》当先知天德"等七句：张伯行《集解》云："《大学》当先知天德，知天德则因以知圣人、知鬼神。如此，方谓之知道。今释氏之极论，必谓死生流转，非得道者不免。夫道以免轮回，非率性之道矣，谓之能悟可乎？……甚矣，释氏之诬也！"天德：茅星来《集注》解云："即天道之本然者，如下文所谓死生、天人、昼夜、阴阳之类皆是。"剧论：极论。剧：甚也。要归：要领指归，要旨也。

⑦炽：盛也。

⑧沦胥：犹言相互牵连而共同沉陷。沦：《尔雅》："率也"，疏云："谓相牵率"。胥：《广韵》："相也。"此相引意。

⑨ 间气：谓杰出之人才秉五行之气而生，此处代指杰出人才。古谶纬之说以五行附会人事，谓帝王臣民各受五行之气以生，正气为若木，得之以生为帝；间气乃"不包不行"之气，得之以生为臣。

⑩ 耳目恬习：听惯看惯，耳濡目染，不以为然。

⑪ "人伦所以不察，庶物所以不明"：语出《孟子·离娄下》："舜明于庶物，察于人伦，由仁义行，非行仁义也。"庶物：众物、万物，泛指一切事物。

⑫ 诐、淫、邪、遁之辞：语出《孟子·公孙丑上》："诐辞知其所蔽，淫辞知其所陷，邪辞知其所离，遁辞知其所穷。"诐（bì）：不正。遁：躲闪。这里泛指种种秽言邪说。

⑬ 翕（xī）然：一致貌。

⑭ 向：向令，假如，如果。

近思录卷之十四

圣贤气象

凡二十六条

14·1　明道先生曰：尧与舜更无优劣，及至汤、武便别。孟子言性之、反之①。自古无人如此说，只孟子分别出来，便知得尧、舜是生而知之，汤、武是学而能之，文王之德则似尧、舜，禹之德则似汤、武，要之皆是圣人②。

【译文】

程颢先生说：尧与舜无优劣之分，至于汤与周武王，则与尧舜有区别。孟子谈到性时认为尧、舜与商汤、周武王是相反的。自古以来，没有人这样说过，只是孟子第一次把他们之间的不同区别了出来。由此我们可以知道：尧、舜是生而知之者，汤、武是学而能之者；周文王的德性则与尧、舜相似，禹的德性则与汤、武相似。概括起来说，他们都是圣人。

【注释】

　　① 此条出《河南程氏遗书》卷二上《元丰己未吕与叔东见二先生语》。性之、反之：语出《孟子·尽心下》："孟子曰：'尧、舜，性者也；汤、武，反之也。'"性者：言出于本性之自然。反：通"返"，犹言经过修身回复本性。

　　② "尧、舜是生而知之"等五句：叶采《集解》谓："性之者，生而知之，安而行之，天性浑全，不待修习者也。反之者，学而知之，利而行之，修身体道，以复其性者也。文王'不识不知，顺帝之则'，盖亦生知之性也。禹'克勤克俭，不矜不伐'，盖亦学能之也。"

　　14·2　仲尼，元气也；颜子，春生也；孟子并秋杀尽见①。仲尼无所不包；颜子示"不违如愚"之学于后世②，有自然之和气，不言而化者也；孟子则露其材，盖亦时然而已。仲尼，天地也；颜子，和风庆云也③；孟子，泰山岩岩之气象也。观其言，皆可见之矣。仲尼无迹，颜子微有迹，孟子其迹著。孔子尽是明快人④，颜子尽岂弟⑤，孟子尽雄辨。

【译文】

　　孔子如一元之气（天地周流）；颜回如春天的发育（生意盎然）；孟子则如秋天的肃杀（刚毅而严峻）。孔子博大无比，无所不包。颜回给后世学者展示的形象是："像个愚笨的人一样从不提出与孔子的见解相违背的看法"，然而颜回禀赋有一种春生的自然和谐之气（并不是愚笨），可以不著一言，而能默默地体悟、

消化孔子的思想；孟子则能充分显露自己的才华，因为也是时势
让他成为这样。孔子像天地一样（宽广）；颜回像和风及五彩云
一样（和畅明亮）；孟子高迈，像泰山傲然矗立一样的气象。看
看他们的学说，（其气象）就完全可以想见得到。孔子，人们无
法窥视他的踪迹；颜回，人们可以略微窥见他的形迹；而孟子，
他的行迹就非常显著。孔子各方面清明大公，颜回各方面和乐
平易，孟子则尽显其雄辩风采。

【注释】

① 此条出《河南程氏遗书》卷五《二先生语五》。"仲尼，元气也"等
三句：李文炤《集解》谓："元气，太和之气，周流四时也。春生，则微露
其发育之机。并秋杀尽见，则悉著其敛肃之象。朱子曰：'并秋杀尽见，
以春生为主而兼举之也。'"此三句形容圣贤气象，乃希望人们潜心体认
圣贤，并要反求诸自身，从而学习领会。

② 不违如愚：语出《论语·为政》："子曰：'吾与回言终日，不违如愚。
退而省其私，亦足以发。回也不愚。'"颜子不违如愚，正与圣人合德。叶
采《集解》谓："后世可想其自然和气，嘿而成之，不言而信者也。"

③ 庆云：五彩云。

④ 明快：张伯行《集解》云："明者，心无渣滓，人欲尽而天理见也。
快者，心无系累，万物一体而因物付物也。所谓气质清明，义理昭然，廓
然大公，物来顺应是也。"

⑤ 岂弟（kǎi tì）：和乐平易。岂：和乐；弟：谦逊也。

14·3　曾子传圣人学^①，其德后来不可测，安知其不

至圣人？如言"吾得正而毙"^②，且休理会文字，只看他气象极好，被他所见处大。后人虽有好言语，只被气象卑，终不类道。

【译文】

曾参传承孔圣人的学说，他的德行日臻完善，不可估量，怎么能说他达不到圣人的高度呢？如曾参临死时说："我死，只求规规矩矩合理地死去。"我们姑且不对他说的这句话进行评论，只看他从容自得的气象就非常好，可以感到他呈现的境界的博大。后代人尽管有很好的论述，只是由于境界低下，最终也与得道者不同。

【注释】

① 此条出《河南程氏遗书》卷一五《入关语录》。曾子即曾参，孔子贤弟子。曾子传圣人学：据《孟子外书》："曼丘不择问于孟子曰：'夫子何学？'孟子曰：'鲁有圣人曰孔子，曾子学于孔子，子思学于曾子。子思，孔子之孙，伯鱼之子也。子思之子曰子上，轲尝学焉，是以得圣人之传也。'"李文炤《集解》云："曾子悟一贯之旨，示《大学》之方，是传圣人之道也。"

② 吾得正而毙：《礼记·檀弓上》记：曾参病将死，而其所铺为大夫才能用的"箦"（竹编的床席），曾子坚持要换掉，云其易箦之言曰："吾何求哉？吾得正而毙焉，斯可矣。"又详见 7·25 条注 ②。叶采《集解》评曾子易箦之事云：曾子"自非乐善不倦，安行天理，一息尚存，必归于正。夫岂一时之所能勉强哉！"

14·4　传经为难，如圣人之后才百年，传之已差。圣人之学，若非子思、孟子，则几乎息矣。道何尝息？只是人不由之；道非亡也，幽、厉不由也。①

【译文】

传承儒家经典是一件困难的事情，例如孔子去世才一百年时间，儒家经典的传承已出现问题。圣人的学说，如果没有子思、孟子两人，几乎已经失传了。然而，天道何尝停息过？只是人不遵循天道而已。天道不会消亡，尽管周幽王、周厉王这类人不遵循天道。

【注释】

①此条出《河南程氏遗书》卷一七《伊川先生语三》。幽、厉：指周幽王和周厉王。两人历史上均以昏庸、残暴著称。茅星来《集注》谓："《汉书》董仲舒《对贤良策》云：'夫周道衰于幽、厉，非道亡也。幽、厉不繇也。'"繇：由也。

14·5　荀卿才高其过多①，扬雄才短其过少②。

【译文】

荀子才华横溢，他的过错也很多；扬雄才智短浅，他的过失却较少。

【注释】

① 此条出《河南程氏遗书》卷一八《刘元承手编》。荀卿：即荀子（约公元前313—公元前238），名况，字卿，时人尊称"荀卿"。战国末期赵国人，曾游学于齐，后三为祭酒，继赴楚国，由春申君召为兰陵令，著书终老其地。韩非、李斯均是他的学生。著有《荀子》。为我国著名思想家、文学家、政治家。其以为人性恶，以为子思、孟子是错误的。荀子敢为异论，故其过多。

② 扬雄，详见3·35条注③。扬雄作《太玄》以拟《易》，《法言》以拟《论语》，皆模仿前圣之遗言，故云其才短，过少。

14·6　荀子极偏驳，只一句"性恶"①，大本已失。扬子虽少过，然已自不识性②，更说甚道。

【译文】

荀子的思想极为偏执、驳杂，仅就他说的"人之性恶"这一句话而言，在本原上就已经错了。扬雄虽然较少过失，然而他在人性善恶方面认识不清，更没有资格谈论"道"了。

【注释】

① 此条出《河南程氏遗书》卷一九《杨遵道录》。一句"性恶"：语出《荀子·性恶篇》："人之性恶，其善者，伪也。"荀子在人性问题上，提倡性恶论，主张人性有恶，否认天赋的道德观念，强调后天环境和教育对人的影响。其学说常被后人拿来跟孟子的"性善论"比较。

② 自不识性：扬雄《法言·修事》云："人之性也善恶混，修其善则

为善人,修其恶则为恶人。"扬雄认为人性无明确界定,故程颢说他"自不识性"。

14·7　董仲舒曰:"正其谊不谋其利,明其道不计其功。"此董子所以度越诸子。①

【译文】

　　董仲舒说:"言行符合大义,不图谋求个人私利;明白以道为归依,不计较个人功过。"这就是董仲舒境界超出先秦诸子的地方。

【注释】

　　① 此条出《河南程氏遗书》卷二五《畅潜道录》。叶采《集解》云:"自春秋以来,举世皆趋功利。仲舒此言最为纯正。"正:合于法则的。谊:通"义",合宜的道德、行为。谋:图谋。

14·8　汉儒如毛苌、董仲舒,最得圣贤之意,然见道不甚分明。下此即至扬雄,规模又窄狭矣。①

【译文】

　　汉儒如毛苌、董仲舒,最能体悟圣贤的思想,然而他们对于"道"却没有特别明白。至于后来的扬雄,其境界就显得有些窄狭了。

【注释】

① 此条出《河南程氏遗书》卷一《端伯传师说》。叶采《集解》谓：
"毛苌治《诗》，为河间献王博士。仲舒举贤良对策，为胶西相。二子言
治皆以修身齐家为本。先德教而后功利，最为得圣贤意。扬雄以清净寂
寞为道，无儒者规模。或问：'伊川谓仲舒见道不分明。'朱子曰：如云
'性者生之质，性非教化不成'似不识本然之性。"毛苌：西汉赵郡（今
河北邯郸西南）人，曾为河间献王博士，称为"小毛公"。苌：相传毛苌
是古文"毛诗学"的传授者，据称其得子夏之传，诗学则传自毛亨。毛公
言行今并不闻于世。

14·9　林希谓扬雄为禄隐①。扬雄，后人只为见他著
书，便须要做他是，怎生做得是②？

【译文】

林希说扬雄是享受着俸禄的隐士。对于扬雄，后人只看见
他有著作传世，就一定要肯定他的是。（但对于扬雄这种为王莽
做官失身败节的人来说）怎么能够认为他做得是呢？

【注释】

① 此条出《河南程氏遗书》卷一九《杨遵道录》。林希：福州人，字
子中。熙宁进士，宋神宗时知太常礼院，卒谥文节。禄隐：叶采《集解》：
"禄隐，谓浮沈下位，依禄而隐，即禄仕之意也。雄失身事莽，以是禄隐，
何辞而可？。"扬雄失身事莽，大节已亏。所谓"禄隐"之说，是对扬雄
的开脱。

② 是：即"是非"之"是"。

14·10　孔明有王佐之心，道则未尽。王者如天地之无私心焉，行一不义而得天下，不为。孔明必求有成而取刘璋①。圣人宁无成耳，此不可为也。若刘表子琮，将为曹公所并，取而兴刘氏，可也②。

【译文】

诸葛亮有辅佐刘备的志向，但他的行为并不完全符合"道"。王道正如天地的大公无私一样，即使做一件不合道义的事就可以得到整个天下，也不去做。诸葛亮急于一定要在事业上取得成功，（置信义于不顾）而利用刘璋（夺取了成都）。圣人宁愿事业无成，这种（与道义有亏的）事也是不可能去做的。如果在刘琮将要被曹操吞并的时候，诸葛亮出兵取代刘琮，占领荆州，以此作为刘备复兴刘氏汉室的基地，（这样做）在道义上是可以的。

【注释】

① 此条出《河南程氏遗书》卷二四《邹德久本》。杨伯峻《衍注》："刘璋据益州，张松劝璋结刘备，遣法正将四千人迎备，令讨张鲁。庞统言于备曰：'荆州荒残，东有孙车骑，北有曹操，难以得志，得益州以为资大业可成。'备曰：'以小利而失信义于天下，奈何？'统曰：'事定之后封以大国，何负于信？'松兄肃发其谋，璋斩松，敕关戍将勿与备通。备怒进据涪城，围成都；诸葛亮、张飞等以兵会，璋开城降。"刘璋（？—219）：

三国江夏竟陵（今湖北潜江西北）人，字季玉。继其父刘焉为益州牧，据有今四川地。

　　② "若刘表子琮" 等四句：叶采《集解》："先主依刘表。曹操南侵，会表卒，子琮迎降。孔明说先主取荆州，先主不忍。琮降则地归曹氏。取以兴汉，何负于表？较之取刘璋，则曲直有间矣。" 刘表（142—208）：东汉末山阳高平（今山东鱼台东北）人，字景升。先后为荆州刺史和荆州牧。据有今湖北、湖南某些地方。刘琮，为荆州牧刘表次子、刘琦之弟。刘表死后刘琮继承官爵，当曹操大军南下时，其在蔡瑁等人劝说下举荆州而降，后为曹操封为青州刺史，迁谏议大夫，爵封列侯。

14·11　诸葛武侯有儒者气象。①

【译文】

　　诸葛亮有儒家的风范和气象。

【注释】

　　① 此条出《河南程氏遗书》卷一八《刘元承手编》。《朱子语类》卷九六："问：'诸葛亮有儒者气象'，如何？曰孔明学不甚正，但资质好，有正大气象。" 李文炤《集解》谓："武侯，亮之谥武侯。出处以正，事君以忠，治国以公平，讨贼以信义，皆儒者之气象。"

14·12　孔明庶几礼乐。①

【译文】

诸葛亮或许能以礼乐治理蜀国。

【注释】

①此条出《河南程氏遗书》卷二四《邹德久本》。叶采《集解》："文中子曰：'使孔明而无死，礼乐其有兴乎！''亮之治国，政刑修治，而人心豫附，名正言顺，礼乐其庶几乎！'"

14·13　文中子本是一隐君子①，世人往往得其议论，附会成书②，其间极有格言，荀、扬道不到处。

【译文】

文中子本来是一个隐士，世上人往往把他的议论收集起来，汇编成《中说》一书。该书中有很多极好的格言，是荀子、扬雄所达不到的。

【注释】

①此条出《河南程氏遗书》卷一九《杨遵道录》。文中子：详见3·28条注①"。隐君子：隐士。

②书：指《中说》，亦称《文中子》。

14·14　韩愈亦近世豪杰之士，如《原道》中言语虽有病①，然自孟子而后，能将许大见识寻求者，才见此人。至如断曰"孟氏醇乎醇。"②又曰荀与扬"择焉而不精，语焉而不详。”③若不是他见得，岂千余年后，便能断得如此分明？

【译文】

　　韩愈也是近世的豪杰之士了。尽管如他的《原道》等文在语言论述上有一些毛病，然而自孟子以后，能够在哲学层面对儒家“道”的本质等进行探求的，只有韩愈这一人。例如他断定说：“孟子纯正无比”；又如他说：荀子和扬雄“选择过一些（儒家‘道’的观点），但不够精审；论述过一些（儒家‘道’的道理），但说得不够详细。”如果不是他感悟并把握了儒家“道”（的内在精神），哪里能够在一千多年以后，判断得如此明白呢？

【注释】

　　① 此条出《河南程氏遗书》卷一《端伯传师说》。《原道》中言语虽有病：叶采《集解》云：“韩愈，字退之，仕唐为吏部侍郎。尝著《原道》，其间如‘博爱之谓仁’，则明其用，而未尽其体。如‘道德为虚位’，则辨其名，而不究其实。如言‘正心诚意之学，而遗‘格物致知’之功。凡此类皆有疵病，然其扶正学、辟异端，秦汉以来未有及之者。’”《原道》：韩愈的哲学论文。以尧舜至孔孟一脉相承之儒家“道统”说，来攻击当时流行之佛老思想。

　　② 孟氏醇乎醇：语出韩愈《读荀子》：“孟氏，醇乎醇者也；荀与杨，大醇而小疵。”醇：纯正。疵：小毛病。

　　③ “荀与扬‘择焉而不精，语焉而不详’”：语出韩愈《原道》：“夫所谓先王之教者，何也？博爱之谓仁，行而宜之之谓义。由是而之焉之谓

道。足乎己无待于外之谓德。……曰：斯吾所谓道也，非向所谓老与佛之道也。尧以是传之舜，舜以是传之禹，禹以是传之汤，汤以是传之文、武、周公，文、武、周公传之孔子，孔子传之孟轲，轲之死，不得其传焉。荀与扬也，择焉而不精，语焉而不详。由周公而上，上而为君，故其事行。由周公而下，下而为臣，故其说长。"

14·15　学本是修德，有德然后有言。退之却倒学了，因学文日求所未至，遂有所得①。如曰"轲之死，不得其传。"②似此言语，非是蹈袭前人，又非凿空撰得出，必有所见。若无所见，不知言所传者何事。

【译文】

学，从根本上说是先修养自己的德性。人有什么样的德性，然后才会说什么样的话。韩愈的学习路径与此是相反的，由学习经典的文词，然后每天不断地思考和探求自己没有把握和达到的东西，于是他就有了心得。例如他说："孟子死后，（儒家道统）就不能往下传了。"像这样的语言，既非因袭前人的学说，又不是凭空杜撰得出的结论，一定是有自己的见解。如果韩愈没有自己的见解，他就不知道儒家代代传承的东西是怎么一回事。

【注释】

① 此条出《河南程氏遗书》卷一八《刘元承手编》。"学本是修德"等五句：张伯行《集解》谓："德，本也。文，末也。古之学者务修德而已。

德积于中，文自见于外，所谓'有德者必有言'。退之学文而后见道，是由末以及本，却倒学了，然不如今之学文者，荒忽其本意，或固滞而无所通达。盖因学文日求所未至，观其论'得之于心，应之于手'，'先醇后肆'，'仁义之人，其言蔼如'，皆优游涵泳之功，充积既久，遂有所得，如《原道》《原性》《师说》诸篇，皆度越诸子，而不同于无用之赘言。"

②"轲之死，不得其传"：言孟轲死后，儒道就没有继承的人了。语原出韩愈《原道》，详见14·14条注③。

14·16　周茂叔胸中洒落，如光风霁月 ①。其为政，精密严恕，务尽道理。

【译文】

周敦颐心胸洒落自然，犹如雨雪过后初晴的风和月色（一样晶莹明澈）。他从事政务，既精练又缜密，既严谨又宽厚，使其事事务必符合道理。

【注释】

①此条出《周子全书》卷一九、二〇，杨伯嵒《衍注》云见《通书·附录》，叶采《集解》云见潘延之（兴嗣）所撰《墓志》。茅星来《集注》谓："朱子曰：'所谓洒落者，只是形容其不疑所行、清明高远之意。若有一毫私吝心，则何处更有此等气象？'此节言其体。"光风霁月：语出宋黄庭坚《豫章集·濂溪诗序》："舂陵周茂叔，人品甚高，胸中洒落，如光风霁月。"光风：指雨后初晴之风。霁：谓雨雪停止。光风霁月本形容雨过天晴时万物澄碧明净之景象，此处借指周敦颐开阔之胸襟与心地。

14・17　伊川撰《明道先生行状》曰：先生资禀既异，而充养有道①。纯粹如精金，温润如良玉。宽而有制，和而不流。忠诚贯于金石，孝弟通于神明。②视其色，其接物也如春阳之温；听其言，其入人也，如时雨之润。胸怀洞然，彻视无间。测其蕴，则浩乎若沧溟之无际；③极其德，美言盖不足以形容。先生行己，内主于敬，而行之以恕④；见善若出诸己，不欲弗施于人⑤；居广居而行大道⑥，言有物而动有常。先生为学，自十五六时，闻汝南周茂叔论道，遂厌科举之业，慨然有求道之志⑦。未知其要，泛滥于诸家，出入于老、释者几十年，返求诸《六经》而后得之。明于庶物，察于人伦⑧。知尽性至命⑨，必本于孝弟；穷神知化⑩，由通于礼乐。辨异端似是之非，开百代未明之惑。秦汉而下，未有臻斯理也。谓孟子没而圣学不传，以兴起斯文为己任。其言曰："道之不明，异端害之也。昔之害近而易知，今之害深而难辨；昔之惑人也，乘其迷暗；今之入人也，因其高明。自谓之穷神知化，而不足以开物成务⑪；言为无不周遍，实则外于伦理；穷深极微，而不可以入尧舜之道。天下之学，非浅陋固滞，则必入于此。自道之不明也，邪诞妖异之说竞起，涂生民之耳目，溺天下于污浊。虽高才明智，胶于见闻，醉生梦死，不自觉也。是皆正路之蓁芜⑫，圣门之蔽塞，辟之而后可以入道。"先生进将觉斯人，退将明之书，不幸早世，皆未及也。其辨析精微，稍见于世者，学者之所传耳。先生之门，学者多矣。先生之言，平易易知，贤愚皆获其益，如群饮于河，各充其量。先生教人，自致知至于知止，诚意至于平天下，洒扫应对至于穷理尽性，循循有序。病世之学者舍近而趋远，处下而窥高，所以轻自大而卒无得也。先生接物，辨而不间，感而能通。教人而人易从，怒人而人不怨。贤愚善恶，咸得其心。狡伪者献其诚，暴慢者致其恭。闻风者诚服，觌德者心醉⑬。虽小人以趋向之异，顾于利害时见排斥，退而省其私，未有不以先生为君子也。先生为政，治恶以宽，处烦而裕。当法令繁密之际，未尝从众为应文逃责之事。人皆病于拘碍，而先生处之绰然；众忧以为甚难，而先生为之沛然。虽当仓卒，不动声色。方监司竞为严急之时⑭，其待先生率皆宽厚，设施之际，有所赖焉。先生所为纲条法度，人可效而为也；至其道之而从，动之而和，不求物而物应，未施信而民信，则人不可及也。

【译文】

程颐先生撰写的《明道先生行状》说：程颢不但天资和禀赋不同于一般人，同时他扩充和涵养德性又有方法。他（个人品性）像真金一样纯粹，像宝玉一样温润。他（为人做事）宽厚而有规矩，平和而有节制。他（对国君）无比忠诚，其精神可以贯穿金石。他（对兄弟）恪守孝悌，其完美可以通达神明。看他的颜色，接人待物就如春天的阳光一样温暖；听他说话，教育人讲学论道仿佛及时雨一样滋润人心。他心胸光明开朗，能非常透彻地观察事物。探测他精神世界蕴含的丰富内容，就如同浩瀚的大海一样无边无际；他的品德极为崇高，任何美好的语言都不足以形容。程颢推行自己的思想：以诚敬之心守持自己，以

宽容之心对待他人；他把善看成是自己的本分，自己不想接受
的，绝不施加于别人；（他的境界）如住在一个广大的居室，行
走在光明正大的路上（与天地万物为一体）；他言之有物，朴实
无华；他行之有度，恒常不变。程颢求学，从十五六岁时开始，
听说汝南郡周敦颐讲学论道，于是对科举考试极为厌恶，慨然立
下了修身求道的志向。还不了解儒家精髓和关键时，他广泛阅
览诸子百家，特别是他深入研究道家、佛教著作，前后达数十年
之久，最后，程颢又返回到儒家经典上来，探究《六经》后有了真
正的收获。程颢明白一般事物的道理，洞察人伦的常情。（他熟
知）要穷究人的本性，把握人的终极目的，就必须以恪守孝悌为
本；而要穷究万物的奥秘，通晓万物的变化，就必须通过对礼乐
制度的体悟和认识。他通过辨别、揭露了异端邪说似是而非的
面目，拨开了历代人们没有明白的疑惑。自从秦汉以后，还没有
谁能（像程颢那样）达到对天理这么缜密的把握。他说孟子死
后，圣学没有得到传承，因此，他毅然把复兴儒家文化精神看成
是自己的使命。他说："道没有得到彰显，是异端邪说危害的结
果。过去（杨朱、墨子、申不害、韩非等）的危害并不深，且容
易认识；现在（佛教、老子等的）危害很深，且难以识别。过去
（杨、墨、申、韩）之所以能迷惑人，是趁了当时人们认识迷糊昏
暗；今天（佛教、老子等）之所以能侵入人心，是因为它们有高
明的地方。它们自以为能穷究世界的奥秘，能通晓万物的变化，
然而，它们并不足以使万事万物各得其所。佛老自以为其思想
体系无所不包，无不周遍，然而却外在于人间纲常伦理。佛老自
以为其精神指向无比深远精微，然而与尧舜中正之道格格不入。

天下的学问，若不是自弃自囿于浅陋固滞，就必然走向佛老的路子。自从天道没有得到彰显以来，邪诞妖异的学说竞相兴起，它们遮蔽了天下人的耳目，使整个天下沉溺于混乱昏浊之中。即使那些自诩为才高智明的人，由于他们的视野凝聚在感觉经验上，不自觉地陷入醉生梦死之中。而这一切，正是大路杂草丛生、圣门蔽塞的原因。因此，只有开辟儒学正路，才能够进入圣学之门，认识圣人之道。"程颢出仕做官就教育这些人觉醒，退隐就著书立说。不幸的是他过早离开人世，教育和著书立说都未能完全达到。他辨析阐释极其精辟微妙的著述，有些留存到了后世，而且为学子所传承。程颢门下，学生很多。先生的言论，平易近人，容易理解，无论聪明的人还是不够聪明的人都能从他那里获得收益。（他的学说）就如大批人饮用的河水，可以满足每个人需求的最大容量。程颢教书育人是从《大学》所讲的格物致知到知其所当止，从正心诚意到修身、齐家、治国、平天下，从童子日常的洒扫应对到圣人追寻的推究事物的道理，透彻了解人类的天性。这样一步一个脚印、循序渐进。程颢批评世俗的学者不脚踏实地从身边的小事做起，而是企望过高的目标，身处下位而窥望不可企及的高处，这正是轻任自大而最终一无所得的原因。程颢先生接人待物，既分辨是非曲直，又物我一体不曾分隔，对一切疑惑的事情，他都能够理解和通达。他教育人，人容易听从；他怒责人，人却不产生怨恨之感。无论是贤明的人还是愚笨的人，也无论是善良的人还是凶恶的人，他都能够得到这些人的人心。（在他面前）狡猾虚伪的人也会奉献忠诚，暴戾傲慢的人也会表达恭敬。听到程颢行为风范的人，无不心悦诚服；看到他德行的人，无不为之心醉。尽管小人的追求与程颢不同，小人考虑利害关系，一有机会就排挤、斥责程颢，然而一旦他们私下里进行反省时，没有不认为程颢是一个真正君子的。程颢先生从政做官，以宽容精神处治恶人，以从容态度处理烦杂事务。当法令烦苛峻密之时，他也从不苟且从众去做虚伪应付逃避责任的事情。其他人都责怪法令过于拘碍工作的时候，程颢处理却能绰绰有余。众人都忧心忡忡地认为实施法令是一件棘手难办的事，但程颢先生做起来却行动迅速。即使遇到紧迫急促的事情，他依然镇静，不动声色。有次正当监察官吏竞相苛刻严峻地巡查地方时，他们对待程颢先生都非常宽厚。但凡有施政计画、行政措施出台的时候，他们都依赖程颢先生。程颢所制订的法定条文的纲领、条目、法令、制度等等，人人可以效仿而能够很好地去实施。至于他以仁爱引导人心，人们就跟从他，他以真诚感动人心，人们就会和谐相处；他不求人们回应他，然而人们却自愿顺应他；他没有把信施与别人，然而百姓却相信他。这些就不是其他人所能达到的。

【注释】

①此条出《河南程氏文集》卷一一《明道先生行状》。"先生资禀既异，而充养有道"：张伯行《集解》谓："资禀，谓其所得于天者；充养，谓其所存于己者。此二句为一篇之纲领。盖质非中和，后来成就虽好，能造其极而不能合于中；养有未充，则虽天资高，而精微周折恐有所未尽。资与学齐到，所以非诸儒可及。"充养：此处指后天的学习与实践。

②"宽而有制"等四句：李文炤《集解》云："有制，言其有规矩也。

不流,言其有撙节也。贯于金石,言其无间也。通于神明,言其无方也。"

③ "视其色"等九句:李文炤《集解》曰:"春阳之温,和乐而可亲也。时雨之润,游而中节也。彻视无间,则易直。沧溟无际,则宏深。"

④ "先生行己"等三句:张伯行《集解》谓:"综先生之行己而论之。敬以持身,无妄思,无妄动;恕以及物,推心如心。敬其本也,恕其用也。本立而用有以行,故心存而理得也。"

⑤ 不欲弗施于人:语出《论语·颜渊》:"子曰:'己所不欲,勿施于人。'"意为自己不想接受的,绝不施加于别人。

⑥ 居广居而行大道:语出《孟子·滕文公下》:"孟子曰:'居天下之广居,立天下之正位,行天下之大道。'"朱熹《四书集注》注此云:"广居,仁也;正位,礼也;大道,义也。"叶采《集解》谓:"居天下之广居,不安于狭陋;行天下之大道,不由于邪僻。"

⑦ "先生为学"等五句:叶采《集解》谓:"濂溪先生为南安军司理参军时,程公珦摄通守事。视其气貌,非常人,与语,知其为学知道也。因与为友,且使其二子受学焉。"汝南:指汝南郡南安军。军:宋代行政区划名。宋淳化元年,以虔州原辖南康、大庾、上犹三县另置南安军,治大庾(今江西大余县)。

⑧ "明于庶物,察于人伦":语出《孟子·离娄下》:"孟子曰:'……舜明于庶物,察于人伦,由仁义行,非行仁义也。'"庶物:众物、万物。

⑨ 尽性至命:语出《说卦》:"穷理尽性而至于命。"

⑩ 穷神知化:参见 2·89 条注 ⑪。

⑪ 开物成务:意为通晓万物之理,按理办事,得到成功。茅星来《集注》云:"陈氏曰:'开物,谓人所未知者开发之;成务,谓人所欲为者成全之。'"语出《易·系辞上》:"夫《易》,开物成务,冒天下之道,如斯而

已者也。"

⑫ 蓁芜：杂草丛生。蓁（zhēn）：草盛貌。芜：秽也，谓丛生之草。

⑬ 觌（dí）：见、相见。

⑭ 监司：监察地方属吏之官。

14·18　明道先生曰：周茂叔窗前草不除。问之，云："与自家意思一般。"①

【译文】

程颢先生说：周敦颐窗前的青草不清除。有人问周敦颐原因。周敦颐说："（青草展现的生意）与我自己生生不息的仁心是一致的。"

【注释】

① 此条出《河南程氏遗书》卷三《谢显道记忆平日语》。叶采《集解》谓："天地生意流行发育，惟仁者生生之意，充满胸中，故观之有会于其心者。"

14·19　张子厚闻生皇子，喜甚；见饿莩者，食便不美。①

【译文】

张载听到皇子出生，十分喜悦；看到有饿死的人，吃饭时就感觉到食之无味。

【注释】

①此条出《河南程氏遗书》卷三《谢显道记忆平日语》。张伯行《集解》云："仁者以天地之心为心，故己之休戚与万物之休戚相为流通。张子作《西铭》，以大君为吾父母宗子，又以凡天下之颠连无告者皆吾兄弟，则闻生皇子而喜，见饥莩者而不甘食，即《西铭》意也。"饿莩：饿死的人。莩（piǎo）：同"殍"。

14·20　伯淳尝与子厚在兴国寺讲论终日。而曰：不知旧日曾有甚人，于此处讲此事。①

【译文】

程颢曾经与张载一整天在兴国寺讲学论道。又说：不知道过去有什么人曾经在这个地方讨论这样的事情。

【注释】

①此条出《河南程氏遗书》卷二上《元丰己未吕与叔东见二先生语》。张伯行《集解》谓："千载上下，皆此心此理，则旧日合有如此人，讲论亦合有如此事。当时二先生终日讲论，今亦不知其何事，而乃于兴国寺中作此疑语者，正以见道脉相续，必得朋友讲习之益，但恐自有此寺以来，久为念佛谈禅之地，汩没异教，未审甚人体究此事。"兴国寺：即相国寺，在开封城内。

14·21　谢显道云：明道先生坐如泥塑人，接人①则浑是一团和气。

【译文】

谢良佐说：程颢先生坐着时就像一个泥塑人，而接人待物就是浑身一团和气。

【注释】

①此条出《河南程氏外书》卷一二《传闻杂记》。张伯行《集解》云："坐如泥塑人，静而不偏不倚之中也。接人浑是和气，动而中节之和也。总是主敬功深，故其动静之间非勉强拟合，而人之亲承其下者，自有'望之俨然，即之也温'气象。"接人：待人接物。

14·22　侯师圣云①：朱公掞见明道于汝②，归，谓曰："光庭在春风中坐了一个月。"游、杨初见伊川③，伊川瞑目而坐，二子侍立。既觉，顾谓曰："贤辈尚在此乎？日既晚，且休矣。"及出门，门外之雪深一尺。

【译文】

侯仲良说：朱光庭在汝阳拜见程颢先生，回来后，对别人说："我陪老师坐了一个月，就如同沐浴春风一样。"游酢和杨时第一次拜见程颐时，程颐正在闭目打坐，他们两人就一直侍立在旁。程颐醒来后，转过头去对他们说："你们还在这里吗？今天已经晚了，就回去休息吧。"等他们出门时，门外的雪已经一尺多深了。

【注释】

①此条出《河南程氏外书》卷一二《传闻杂记》,言二程先生为学子师范,又言二先生气象之不同。叶采《集解》谓:"明道接人和粹,伊川师道尊严,皆盛德所形,但其气质成就有不同耳。明道似颜子,伊川似孟子。"侯仲良,生卒年不详,字师圣,河东(今山西盂县)人,居华阴(今属陕西),二程先生舅氏无可之孙。有《论语说》和《雅言》。

②朱光庭(1037—1094),字公掞,河南偃师人,初学于孙复,后为二程弟子,时称洛党之魁。

③游、杨:指游酢与杨时,均为程门弟子。游酢,详见3·59条注①。杨时,字中立,宋熙宁进士,官至龙图阁学士,有《龟山集》。

14·23　刘安礼云:明道先生德性充完,粹和之气益于面背,乐易多恕,终日怡悦。立之从先生三十年,未尝见其忿厉之容。①

【译文】

刘立之说:程颢先生德性充实完满,一派纯粹中和之气洋溢在他的全身。他和乐,平易,心胸宽广,整天喜悦自如。我追随先生学习三十年,从未看到他有忿怒粗厉的脸色。

【注释】

①此条出《河南程氏遗书·附录·门人朋友叙述并序》。张伯行《集解》云:"刘立之,幼从先生教养,知先生最详,故述其为人如此。原其德性者,天资优也。言其充完者,学养到也。粹和之气益于面背者,根心

而发自大本上流出也。乐易多恕者，无欲故乐，明通故易，公溥故恕也。终日怡悦者，不忧惑惧，故怡悦也。相从三十年之久而忿厉不形者，中心安仁，满腔子都是恻隐之心也。先生其遂至于斯乎！"刘安礼：详见10·58条注①。益：洋溢。

14·24　吕与叔撰《明道先生哀词》云：先生负特立之才①，知《大学》之要，博文强识，躬行力究，察伦明物②，极其所止，涣然心释，洞见道体。其造于约也③，虽事变之感不一，知应以是心而不穷；虽天下之理至众，知反之吾身而自足。其致于一也④，异端并立而不能移，圣人复起而不与易。其养之成也，和气充浃⑤，见于声容，然望之崇深，不可慢也；遇事优为⑥，从容不迫，然诚心恳恻，弗之措也⑦。其自任之重也，宁学圣人而未至，不欲以一善成名；宁以一物不被泽为己病，不欲以一时之利为己功⑧。其自信之笃也，吾志可行，不苟洁其去就；吾义所安，虽小官有所不屑⑨。

【译文】

吕大临撰写的《明道先生哀词》说：程颢禀赋有特立高迈的才能，通晓《大学》的要义，博文强记，身体力行笃于探究天道，洞察人伦且格物致知，达到了他所应该达到的道德及实践高度，以致他处于涣然冰释，透彻理解天道的境界之中。程颢的成就达到了由繁到约（把握了天理的规律）。因此，尽管事物变化给他带来的感受各不相同，但程颢都懂得以本然之心以应对无穷尽的变化而不失中道。虽然天地万物具有各自不同的许多道理，但程颢通过反求自身，明白万物各有定分，自足其性的道理。程颢达到了对天理归一的把握，因此，异端之说纷繁但不能改变他对天理归一的认同。这点，即使圣人再生，也不会改变他的观点。程颢自我修养已达到的成就，表现为声音容貌上和气充盈，然而让人看到他的崇高、深邃，感觉不可轻慢；他遇到事情卓有余力，从容不迫，然而他做事诚恳深切，且从不放弃诚心。程颢自觉担当儒学重任。他立志学圣人宁可终生达不到圣人境界，他也不想以一时的善行成就自己的美名；他宁愿把一物不受恩泽看成是自己的过错，也不想把一时的获得看成是自己的功劳。程颢自信坚笃。如果自己的志向可以得到推行，就不随意以清高自许而退隐去位；如果道义要求心安，也不屑于出仕做个小官。

【注释】

①此条出《河南程氏遗书·附录·哀词》。才：通"材"。

②"博文强识"等三句：叶采《集解》："识，记也。博闻强识，博学也。躬行力究，力行也。'察伦明物'以下，物格而知至也。"

③造于约：张伯行《集解》："先生之学，盖由博以归于约也。"意为通过格物致知工夫，到达对总摄万物之理规律的把握。约：简明之理。

④致于一：叶采《集解》谓："致一者，见之明而守之定。"

⑤浃（jiā）：透、遍及。

⑥优为：从容。

⑦措：委置、搁置、放弃。

⑧ "自任之重"等五句：李文炤《集解》云："修己不安于小成，及物不急于近功，所以任道也。"

⑨ "自信之笃"等五句：李文炤《集解》谓："行吾志而无慕于名，安吾义而无择于位，所以信道也。"

14·25　吕与叔撰《横渠先生行状》云：康定用兵时①，先生年十八，慨然以功名自许，上书谒范文正公②。公知其远器，欲成就之，乃责之曰："儒者自有名教，何事于兵？"因劝读《中庸》。先生读其书，虽爱之，犹以为未足。于是又访诸释、老之书，累年尽究其说，知无所得，反而求之《六经》。嘉祐初③，见程伯淳、正叔于京师，共语道学之要。先生涣然自信曰："吾道自足，何事旁求。"于是尽弃异学，淳如也。④（旧注：尹彦明云：横渠昔在京师，坐虎皮，说《周易》，听从甚众。一夕，二程先生至论《易》。次日，横渠撤去虎皮，曰："吾平日为诸公说者，皆乱道。有二程近到，深明《易》道，吾所弗及，汝辈可师之。"）晚自崇文移疾，西归横渠⑤，终日危坐一室，左右简编，俯而读，仰而思，有得则识之。或中夜起坐，取烛以书，其志道精思，未始须臾息，亦未尝须臾忘也。学者有问，多告以知礼成性、变化气质之道，学必如圣人而后已，闻者莫不动心有进。尝谓门人曰："吾学既得于心，则修其辞；命辞无差，然后断事；断事无失，吾乃沛然。精义入神者，豫而已矣。"⑥先生气质刚毅，德盛貌严，然与人居久而日亲。其治家接物，大要正己以感人；人未之信，反躬自治，不以语人；虽有未谕，安行而无悔。故识与不识，闻风而畏。非其义也，不敢以一毫及之。

【译文】

　　吕大临撰写的《横渠先生行状》说：宋康定年间，与西夏交兵时，张载先生十八岁，此时他慷慨激昂以立功边疆自许，便上书拜谒范仲淹。范仲淹了解张载远大的志向，希望成就他的理想，于是责备他说："读书的人自有读书人的名分与任务，为什么要在军事上有所作为呢？"于是范仲淹劝张载读《中庸》。张载读《中庸》，虽然喜爱这部书，但仍感到不能完全满足自己，于是他又寻访佛教和道家的经典，多年潜心探究他们的学说，然而却毫无收获，于是他就返来探求《六经》。宋嘉祐初年，张载在京城拜见程颢、程颐兄弟，他们一起讨论道学的关键问题。张载精神振奋，无比自信地说："我们的学说已经完满自足，为何要向外寻求！"于是他把种种异端异说都抛弃了，成为一个纯正的儒者。（旧注：尹焞说：张载过去在京城，坐着老虎皮，讲解《周易》，随从听众很多。一天晚上，二程先生来讲《周易》。第二天，张载撤去老虎皮，说："我平时给你们这些人讲的，都是胡乱讲。有二程先生近日来到京城，他们深明《周易》的道理，我达不到他们的程度，你们这些人可以向二程先生拜师学习。"）张载晚年上书称病离开崇文院，回到家乡横渠。他终日正襟危坐在自己的室内，周围满是书籍，时而俯首读书，时而仰头思考，一有心得就记下来。有时半夜起来，点燃蜡烛，把心得写下来。张载志于求道，精心探究，勤于思考，一刻也未停止过，一刻也没有忘却过。学者如有来请教的，他总是劝告他们要懂得礼义以成就天地之性,通过学习明白转换气质的方法,学习必须达到圣人的境界,否则永不停息。受到张载教育启发的人,无不内心感动且取得进步的。张载曾对学生说:"我们治学时有了心得体会,就用文字修饰并记录下来。自己的心得(与圣人的教诲)毫厘不差,这样之后才能来推断事物。推断事物没有差错,我就感觉底气足而胸中充沛了。精准把握义理而且达到出神入化的地步,那是因先已熟悉了这些事物的天理(因此愉悦而已)。"张载先生气质刚强坚毅,德性盛大,容貌庄严,然而,只要人们长期和他在一起,就会日益感到他可亲可爱。张载无论治家还是接人待物,根本原则是端正自己来感动他人。如果有人对他的这种境界不相信,他就反躬自省,从不对别人抱怨。虽然最终还是有人不明白他的追求与动机,他依然稳稳地前行而无悔无憾。因此,无论认识还是不认识张载的人,听到他的名字都会产生敬畏之心。不合乎义的事情,丝毫的非议都不会说到他。

【注释】

① 此条出张载《张子全书·附录·吕大临横渠先生行状》。吕与叔,详见4·10条注①。康定用兵时:茅星来《集注》:"仁宗康定元年,西夏赵元昊攻保安军,取金明砦,李士彬父子被执,乘胜抵延州城下,执副总管刘平、石元孙以归,又陷塞门诸砦,所谓'用兵时'也。"康定:宋仁宗年号。

② 范文正公:即范仲淹。北宋政治家、文学家。康定用兵时,范文正为陕西招讨副使。故张载上书谒之。

③ 嘉祐：宋仁宗年号。

④ "见程伯淳、正叔于京师"等七句：叶采《集解》："此可以见横渠先生勇于从善，无一毫私吝之意，非大公至明，孰能如是！"涣然：光明、光亮貌。

⑤ "晚自崇文移疾，西归横渠"：张伯行《集解》谓："熙宁二年（1069），（张载）被召入对，除崇文院校书，与执政不合。明年移疾西归，居于横渠故地。"崇文：宋代藏书馆名。据茅星来《集注》云："乾德初，置三馆于长庆门西，谓之西馆，书凡八万卷。太平兴国三年，帝临幸，嫌其陋，命于升龙门北创立三馆，赐名'崇文院'，迁西馆书贮焉。三馆者，史馆、昭文馆、集贤院也。元丰定官制，改名秘书省。神宗熙宁二年，吕正献公荐先生有古学，召见，问治道。先生曰：'为政不法三代者，终苟道也。'帝悦，以为崇文院校书。"移疾：作书称病，此指张载熙宁三年因与执政不合，辞崇文院校书西归故地。横渠：即张载故地凤翔郿县横渠（今陕西眉县横渠镇）。

⑥ "吾学既得于心"等七句：张伯行《集解》云："此一节言张子之学，全是苦心得之，其用功恁地亲切也。"江永《集注》谓："朱子曰：横渠言'吾学既得于心'云云，他意谓须先说得分明，然后行处分明。今人见得不明，故说得自侭侗，如何到得行处分明？横渠言'吾学既得于心'云云，看来理会道理须是说得出，一字不稳便无下落，所以中夜便笔之于纸，只要有下落。横渠如此……。天理人欲之分，只争些子，故周先生只管说个'几'字，然辨之又不可不早，故横渠每说'豫'字。"豫：预计、熟虑意，取《豫》卦义："豫，刚应而志行，顺以动，豫。"

14·26　横渠先生曰：二程从十四五岁时，便脱然欲学圣人。①

【译文】

张载先生说：程颢、程颐兄弟从十四五岁的时候开始，就决然地立下了向圣人学习的志向。

【注释】

①此条出张载《经学理窟·学大原上》。茅星来《集注》云："此言二程自幼立志如此，以见人之皆可以为圣人也。"脱然：或作"锐然"，锐意进取的样子。

附　录

近思录集解序

[南宋] 叶　采

　　皇宋受命，列圣传德，跨唐越汉，上接三代统纪。而天僖、明道间，仁深泽厚，儒术兴行，天相斯文，是生濂溪周子，抽关发矇，启千载无传之学；既而洛二程子、关中张子，缵承羽翼，阐而大之。圣学湮而复明，道统绝而复续。猗欤盛哉！中兴再造，崇儒务学，遹遵祖武，是以巨儒辈出，沿溯大原，考合绪论。时则朱子与吕成公，采摭四先生之书，条分类别，凡十四卷，名曰《近思录》。规模之大而进修有序，纲领之要而节目详明。体用兼该，本末殚举。至于辟邪说、明正宗，罔不精核洞尽。是则我宋之一经，将与四子并列，诏后学而垂无穷者也。尝闻朱子曰："四子，《六经》之阶梯；《近思录》，四子之阶梯。"盖时有远近，言有详约不同，学者必自近而详者，推求远且约者，斯可矣。采年在志学，受读是书，字求其训，句探其旨，研思积久，因成《集解》。其诸纲要，悉本朱子旧注，参以《升堂纪闻》及诸儒辩论，择其精纯，刊除繁复，以次编入。有阙略者，乃出臆说，朝删暮辑，逾三十年，义稍明备，以授家庭训习。或者谓寒乡晚出，有志古学而旁无师友，苟得是集观之，亦可创通大义，然后以类而推，以观四先生之大全，亦"近思"之意云。

淳祐戊申长至日，建安叶采谨序。

（录自元刻明修本《近思录集解》）

近思录传序

[清] 张习孔

《近思录》者，吾乡先正朱晦庵先生所裒集周、张、二程四子之文辞德业，举其要领，编次成书，以嘉惠后学者也。先生与东莱吕伯恭氏读四子之书，以为广大闳博，若无津涯，恐初学之士不知所从入，故采其关于大体、切于日用者，辑为此篇，分为十四卷，总六百十二条。精粗、本末、先后之序，条理精善，其功于往圣，德于来者，甚盛心也。至淳祐间，建安叶氏为之集解，自序已经进御。后乃有曰鹭洲周公恕者，取叶氏本参错离析之，先后倒乱，且有删逸，仍冒叶氏名，曰"分类集解"，创为二百余类，全失朱子之意。流传既久，几乱本真，世亦无知而辨之者，此实后学者之责也。

习孔幸同先生梓里，凡先生一言一字，无论其云仍世守，保无亡失，而郡邑之士，亦家藏户习，代有表章。至于此《录》，上自天地阴阳之奥，下及修己治人之方，无弗具备。上智之士，循习不已，可以入圣，即姿质中下，随其力之所至，亦不失为善人，诚学者所当服膺而弗失也。习孔自少受读是书，喜其约而备、微而显，晰夕玩诵，意有所会，辄不自揆，敬为传数行，附缀本文之下，以相发明。序次篇章，悉本朱子之旧，日诠月徙，积成篇集。自甲寅编定以来，又已数易其稿，间有旁通微辨，要亦本乎心之所明，直而弗有。盖不敢屈抑依附，以蹈不诚之愆，或亦无悖于先贤戒欺之旨欤。

尝见朱子《与孙敬甫书》："《易》说初以未成，故不敢出。近觉衰耄,不能复有所进,颇欲传之于人"云。习孔虽抱望道未见之志,而衰耄甚于朱子,其不能进于是也,愧慊当无已矣。呜呼! 义理无穷,而资识有量,以孔子之圣,且以不能徙义为忧,习孔何人,敢谓此编为不易之书哉? 亦以日迫崦嵫,微志窃同夫朱子云尔。况保其故物,无使紊轶,固后学所宜有事也。用是不避僭逾之责,而溃于成,以俟后之君子择焉。

康熙戊午二月甲子,新安张习孔序,时年七十有三。

（录自清康熙十七年诒清堂刻本《近思录传》）

近思录集解序

[清] 张伯行

集群圣之成者,孔子也,删定往训,垂为《六经》,而道统治法备焉。集诸儒之成者,朱子也,采摭遗书,作《近思录》,而性功王事该焉。夫以尧、舜、禹、汤、文、武、周公之圣,使不得孔子继起而绍述之,则《诗》《书》《礼》《乐》,虽识大识小之有人,而残缺灭裂之余,谁为阐圣言于来祀? 以周子、程子、张子诸儒之贤,使不得朱子会萃而表章之,则微文大义,所与及门授受而讲贯者,即未尽泯没于庐山之阜、伊洛之滨,关中之所传贻,然而斯人徒与,寥落几何? 一脉绵延,安恃不坠? 况其时又有介甫之坚僻,杨、刘之纤巧,佛老之寂灭虚无,浸淫渐染,卒难划除,其势皆足为吾道敌。唯子朱子承先启后,崇正辟邪,振寰宇之心思,开一时之聋聩;亟取周子、二程子、张子各书,采其关于大体,切于日用者,辑为是录。俾学者寻绎玩味,心解力行,庶几自近及远,自卑升高,而诐淫邪遁不能淆,训诂词章不得而汩没焉。此则许鲁斋所称"为入圣之基",而朱子亦谓"四子,《六经》之阶梯;

《近思录》，又四子之阶梯"者也。噫! 尧、舜、禹、汤、文、武、周公虽圣，得孔子而益彰；周子、二程子、张子虽贤，不亦得朱子而益著哉! 我皇上德迈唐、虞，学配孔、孟，性功与王猷并懋，道统偕治法兼隆。故《六经》、四子而外，每于濂、洛、关、闽四氏之书，加意振兴，以宏教育。近复特颁盛典，俎豆宫墙，跻朱子于十哲之次。诚以集群圣之成者孔子，用是师表于万世；集诸儒之成者朱子，故能启佑乎后人也。

伯行束发受书，垂五十余年，兢兢焉以周、程、张、朱为标准，而于朱子是录，尤服膺弗失。间尝纂集诸说，谬为疏解，极知浅陋无当。然藉是以与天下之有志者，端厥趋向，淬厉濯磨，毋厌卑近而骛高远，毋觊凌躐而遁虚无，然后优柔厌饫，有先后次序。所谓江海之浸，膏泽之润，焕然冰释，怡然理顺，以不负先儒谆复诲诱之心也。于是乎士希贤而贤希圣，其以维持道脉，光辅圣朝，斯文之盛未艾矣。爰命李生丹桂、史生大范校梓，而书此以为序。

康熙四十九年庚寅仲夏穀旦，仪封后学张伯行题于姑苏之正谊堂。

（录自清康熙间初刻本《近思录集解》）

近思录集注原序

[清]茅星来

子朱子纂辑周、程、张四先生之书以为《近思录》，盖古圣贤穷理正心、修己治人之要实具于此，而与《大学》一书相发明者也。故其书篇目，要不外"三纲领""八条目"之间，而子朱子亦往往以《小学》并称，意可见矣。先君子默存先生尝手录是书，俾不肖星来受而卒业，谓曰："此圣道阶梯也。"星来反复寻绎，久而稍觉有得，颇思博求注解，以资参讨，顾今坊间所行者，惟建安叶氏《集解》而已，杨氏泳斋《衍注》则藏书家仅有存者。星来尝取读之，粗率肤浅，于是书了无发明，又都解所不必解，其有稍费拟议处则阙焉，至于中间彼此错乱，字句舛讹，以二子亲承朱子绪论，而其为书乃如此，其他又何论乎？然彼穷乡晚进，无明师良友以先后之者，虽使有志于学，得是书而玩心焉，亦恐终无以得其门而入矣。星来用是不揣固陋，辄购取四先生全书及宋元来《近思录》本，为之校正其异同得失，其先后次第，悉仍其旧本。舛错仿朱氏《论孟》重出错简之例，注明其下，不敢擅自更易也。本既定，然后乃敢会萃众说，参以愚见，支分节解，不留疑窦。其名物训诂，虽非是书所重，亦必详其本末，庶几为学者多识之一助。又仿朱氏《论孟》附《史记》"世家""列传"例，取《伊洛渊源录》中四先生事状，删其繁复，为之注释，以附简端。盖是二书相为表里，且以见《录》中所言，实可见诸施行，四先生固已小用之而小效也。其与朱子有未尽合处，亦以愚见斟酌从违，使会归于一也。盖星来悉心探讨，随得随记，亦已有年。期于是书粗有所补，弇之箧衍，以为后之有志于学者取焉。

康熙辛丑七月七日，归安茅星来序。

（录自《钦定四库全书》子部儒家类，台湾商务印书馆影印文渊阁本。）

近思录集解序

[清]李文炤

炤按，昔者衰周之运，百家竞作，孔孟之徒有忧之，缉微言而成

《论语》，遵正学而著七篇，使学者不迷于向方，其功盛矣。秦汉以降，道术分裂，荀、扬、王、韩，各驾其说而不能相一。有宋周子，以先知先觉之诣，建图属书，弁冕群言，以传之程氏，而张氏亦与有闻焉。顾其业至广，其说愈详，学者乃或望洋而兴叹，甚至未尝究其巅末而妄肆诋诃，有如陆九渊议《太极》之非，是大原可得而湮也；林栗攻《西铭》之失，是弘纲可得而绝也；程迥诋主敬之误，是圣功可得而废也；陈亮疑道治天下之迂，是王猷可得而杂也。朱子盖深悯之，于是不得已而为近思之录，著性命之蕴，而天下之言道者有所宗；揭进修之要，而天下之言学者有所准。至于穷理居敬检身之方，理家入官均平天下之法，以逮应物教人制心之则，与夫闲邪说、宗正学之归，莫不举之有要而循之有序，诚可以羽翼四子而补其所未备焉。欲求数君子之道而不先之以是书，固不得其门而入矣。然其微词奥义，多未易晓，朱子虽往往发明之，而散见于各书，（《四书集注》《或问》《大全》《文集》《语类》。）盖学者欲观其聚焉而不得也。窃不自揣，为之裒集而次列之，而又取其意之相类与其说之相资者，条而附之，以备一家之言。至其所阙之处，则取叶氏、陈氏、薛氏、胡氏之说以补之，（叶氏名采，字平岩，著《近思集解》。陈氏，一名埴，字器之，著《近思杂问》；一名选，字士贤，著《小学集注》。薛氏，名瑄，字德温，著《读书录》。胡氏，名居仁，字淑心，著《居业录》。其与《近思录》相发者取之。）间亦或附已意于其间，庶几可以便观览、备遗忘，以待同志者之取裁而已矣。呜呼！学者诚能逊志于此书，则诸子百家皆难为言，而于内圣外王之要，不患其无阶以升，较之役志于词章之中，老死于训诂之下，风推浪旋，无以自拔，而犹共矜衣钵之传者，其大小之不同量，为何如也！聊志其概于此，以自警云。

康熙庚子仲夏天中节，湘川李文炤谨序。

（录自清雍正十二年四为堂《宋五子书集解》本）

近思录纲领

［清］李文炤

朱子曰：修身大法，《小学》备矣，义理精微，《近思录》详之。

又曰：《四书》，六经之阶梯；《近思录》，四子之阶梯。

又曰：《近思录》逐篇纲目，一道体，二为学大要，三格物穷理，四存养，五迁善改过、克己复礼，六齐家之道，七出处进退辞受之义，八治国平天下之道，九制度，十君子处事之方，十一教学之道，十二改过及人心疵病，十三异端之学，十四圣贤气象。

又曰：《近思录》一书，无不切人身、救人病者。

又曰：看《近思录》，若于第一卷未晓得，且从第二、第三卷看起。久之，复看一卷，则渐晓得。

又曰：刘子澄编《近思录》，取程门诸公之说，某看来其间好处固多，但终不及程子，难于附入。

果斋李氏曰：先生尝集《小学》，使学者得以先正其操履；集《近思录》，使学者得以先识其门庭，羽翼四子，以相左右。盖此六书者，学者之饮食裘葛、准绳规矩，不可以须臾离也。圣人复起，不易斯言矣。

薛氏曰：《近思录》宜熟读，程子论未发之中处，当参看朱子《中庸或问》，其余间有不同者亦当参考。

胡氏曰：今更有圣贤出，其说不过于《大学》《语》《孟》《中庸》，此后书莫过于《小学》《近思录》。学者能于此处真知力践，他书不读，无憾也。

又曰：入头处最怕差，将来无救处；入头亦怕偏，将来偏到底。要从《小学》《近思》《大学》《语》《孟》入，则路途正矣。

又曰：《小学》《四书》《近思录》熟读体验，有所得，然后可博观古今。

又曰：在《小学》《四书》《近思录》做得功夫真，异端、功利俱害不得。

（录自清雍正十二年四为堂《宋五子书集解》本）

近思录集注序

[清] 江　永

道在天下，亘古长存，自孟子后，一线弗坠。有宋诸大儒起而昌之，所谓"为天地立心，为生民立道，为去圣继绝学，为万世开太平"，其功伟矣！其书广大精微，学者所当博观而约取，玩索而服膺者也。昔朱子与吕东莱先生晤于寒泉精舍，读周子、程子、张子之书，叹其闳博无涯，恐始学不得其门，因共掇其关于大体、切于日用者，为《近思录》十四卷。凡义理根原，圣学体用，皆在此编。其于学者心身疵病，应接乖违，言之尤详，箴之极切。盖自孔、曾、思、孟而后，仅见此书。朱子尝谓："四子，《六经》之阶梯；《近思录》，四子之阶梯。"又谓《近思录》所言："无不切人身、救人病者。"则此书直亚于《论》《孟》《学》《庸》，岂寻常之编录哉！其间义旨渊微，非注不显。考朱子朝夕及门人讲论，多及此书，或解析文义，或阐发奥理，或辨别同异，或指摘瑕疵，又或因他事及之，与此相发，散见《文集》《或问》

《语类》诸书，前人未有为之荟萃者。宋淳祐间，平岩叶氏采，进《近思录集解》，采朱子语甚略。近世有周公恕者，因叶氏注，以己意别立条目，移置篇章，破析句段。细校原文，或增或复，且复脱漏讹舛，大非寒泉纂集之旧。后来刻本相仍，几不可读。永自早岁，先人授以《朱子遗书》原本，沈潜反覆有年。今已垂暮，所学无成，日置是书案头，默自省察，以当严师。窃病近本既行，原书破碎，朱子精言，复多刊落。因仍原本次第，裒辑朱子之言有关此《录》者，悉采入注。朱子说未备，乃采平岩及他氏说补之，间亦窃附鄙说，尽其余蕴。盖欲昭晰，不厌详备。由是寻绎本文，弥觉义旨深远，研之愈出，味之无穷。窃谓此《录》既为四子之阶梯，则此《注》又当为此《录》之牡钥，开扃发镾，祛疑释蔽，于读者不无小补。晚学幸生朱子之乡，取其遗编，辑而释之，或亦儒先之志，既以自勖，且公诸同好，共相与砥砺焉。

　　乾隆壬戌九月丁巳朔，婺源后学江永序。

（录自南京图书馆藏清乾隆七年刻本《近思录》，清·江永集注。）

近思录解义序

［民国］张绍价

　　继《四书》《六经》而载道者《近思录》。《四书》《六经》圣人传道以垂教万世，自辞章考据家起，哗世取荣，弋名干禄，经为无用之糟粕，道术遂为天下裂。周、程、张子崛起千数百年后，发挥道要，默契邹鲁。紫阳朱子采录精言，勒成一编，惧人骛于高远，蹈于卤莽，而引之于近，慎之于思。学者读其书，始恍然于先圣遗经皆切身心，而深悟辞章考据之为陋。《近思录》所以阶梯《四书》《六经》，允为入道之津梁。朱子纂辑是书，体裁略仿《学》《庸》，与《论》《孟》之单章只句各为一义不相联贯者异。后之注是书者，乃不取则于《学》《庸》章句，而取则于《论》《孟》集注，章各为解，节各为说，无由观其会通。朱子当日编辑之意，郁而不明，学者始终用功之要，亦缺焉弗详。予弱冠后，即服膺是书，而莫能识其要领，中年获交琅邪刘君缄三，缄三之言曰："《近思录》一书，规模宏大，纲目精详，文理接续，血脉贯通，六百二十二条，分之为十四卷，合之直如一篇。"予依其说读之，沉潜反复，垂二十年，颇有所见，不揣固陋，撰为《解义》，分析其章段，提挈其纲维，疏通其节目，阐发其蕴奥。道原于天，学尽于人，理之所以明，心之所以存，身之所以修，家国天下之所以齐治平，出处进退之义，礼乐制度之文，处事教人之方，改过迁善之法，异端之近理乱真，圣贤之可学而至，主敬存诚，尽人合天，宏纲奥旨，灿然明著。虽于朱子编辑之意，未敢谓吻合无间，而学者有志向道，循是求之，以进于《四书》《六经》，固无难得门而入矣。

夏正甲子岁秋八月甲辰，即墨后学张绍价序。

（录自民国二十五年青岛同文印书局铅印本《近思录解义》，民国·张绍价撰。）